21世纪经济管理新形态教材·国际经济与贸易系列

进出口报关实务

（第4版）

张兵 ◎ 主编

清华大学出版社

北京

内 容 简 介

本书紧密联系我国对外贸易和报关业务的现实发展状况，系统阐述了进出口报关专业知识和专业技能。其中，在报关专业知识部分，全面系统地分析了最新的与我国报关活动有关的对外贸易和海关管理的系列制度与规范；在报关专业技能方面，具体深入地阐释了货物报关程序和管理规范、进出口商品归类、进出口税费计算以及报关单填制等报关的基本操作技能。本书适用于高等院校国际经济与贸易相关专业本科生以及高职高专学生学习报关基础理论和知识，同时也可为我国外贸公司与报关企业的报关从业人员提供有益的参考和借鉴。

本书封面贴有清华大学出版社防伪标签，无标签者不得销售。
版权所有，侵权必究。举报：010-62782989，beiqinquan@tup.tsinghua.edu.cn。

图书在版编目(CIP)数据

进出口报关实务/张兵主编．—4 版．—北京：清华大学出版社，2023.1(2024.2 重印)
21 世纪经济管理新形态教材. 国际经济与贸易系列
ISBN 978-7-302-62192-8

Ⅰ. ①进… Ⅱ. ①张… Ⅲ. ①进出口贸易－海关手续－中国－高等学校－教材 Ⅳ. ①F752.5

中国版本图书馆 CIP 数据核字(2022)第 217639 号

责任编辑：张　伟
封面设计：汉风唐韵
责任校对：宋玉莲
责任印制：沈　露

出版发行：清华大学出版社
　　　　网　　址：https://www.tup.com.cn，https://www.wqxuetang.com
　　　　地　　址：北京清华大学学研大厦 A 座　　邮　　编：100084
　　　　社 总 机：010-83470000　　邮　　购：010-62786544
　　　　投稿与读者服务：010-62776969，c-service@tup.tsinghua.edu.cn
　　　　质量反馈：010-62772015，zhiliang@tup.tsinghua.edu.cn
　　　　课件下载：https://www.tup.com.cn，010-83470142
印 装 者：三河市东方印刷有限公司
经　　销：全国新华书店
开　　本：185mm×260mm　　印　张：20.75　　字　数：475 千字
版　　次：2006 年 11 月第 1 版　 2023 年 1 月第 4 版　　印　次：2024 年 2 月第 2 次印刷
定　　价：59.80 元

产品编号：097450-01

第 4 版 前 言

  运输工具、货物、物品的进出境都是通过报关活动来完成和实现的。近年来，虽然遭受逆全球化和新冠肺炎疫情的冲击，我国外贸进出口总额却逆势上扬，屡创历史新高。2021年，我国货物贸易进出口总额高达6.05万亿美元，稳居世界第一位。对外贸易的持续发展和对外经济交往的不断深入，客观上产生了对报关人员的大量需求。同时"放管服"改革和通关作业无纸化带来的报关管理制度变化也对报关人员的业务能力不断提出新的更高要求。本书正是基于我国对外贸易和报关业务的现实发展需要而编写的，旨在全面系统地阐述我国进出口报关的专业知识和专业技能，培养高素质的报关从业人员。

  进出口报关业务是一项实践性、政策性非常强的工作，涉及对外贸易、国家政策法规、对外经济关系的方方面面，而且处于不断变化发展的动态过程之中。随着我国对外经济贸易的不断深入发展、"放管服"改革过程中海关职能的转变以及通关作业无纸化的深入推进，报关的管理制度与操作规范不断健全和完善。这一点可以从全国人民代表大会、国务院、海关总署和商务部等国家职能部门发布的一系列与报关活动相关的法律、法规和部门规章中清晰地反映出来。本书第4版正是基于报关业务的这一特点，紧密联系我国对外贸易和报关业务的现实发展状况，结合我国最新发布的报关业务法律法规和操作规范，在系统阐述我国与报关活动有关的最新对外贸易和海关管理的系列制度与措施等报关专业知识的同时，具体深入地分析了报关程序、进出口商品归类、进出口税费计算以及报关单填制等报关的基本操作技能及其最新规范。与前3版相比，第4版教材进行了大幅度修订和完善，特别是对于国务院机构改革后的关检融合和全国海关通关一体化、报关单位由注册登记变更为备案管理制度、海关对企业信用管理制度、经核准出口商管理制度、进出口商品检验检疫制度、综合保税区监管、两步申报、通关作业无纸化改革、跨境电子商务进出境货物和物品、RCEP原产地规则、自报自缴以及进出口货物报关单的填制规范等内容均依据最新的法律、法规和部门规章进行了修订与补充，充分体现了本书与时俱进、全面系统的鲜明特色。同时，为更深入推进课程思政建设，本书第4版增加了"思政课堂"栏目，通过生动形象的案例阐释与报关专业知识和专业技能相关的思政元素，增强学生在实践中诚信守法、维护国家利益的意识，提升学生开拓创新、改革发展的工作能力，树立学生严谨踏实、细致认真的工作作风，为落实立德树人根本任务、培养中国特色社会主义事业合格建设者和可靠接班人作出贡献。

  本书编者在编写过程中参阅了大量学者的相关著作和国家有关职能部门公布的外贸与报关业务相关法律法规资料。可以说，本书编写工作的顺利完成凝结了众多学者与报关实务界人士的智慧和心血。在此，本书编者向所有相关学者、报关政策制定者与报关业务实践者表示由衷的敬意和感谢！清华大学出版社的领导和编辑为本书的出版提供了大力支持并付出了辛勤劳动，在此编者对他们一并表示最衷心的感谢！

当然,由于时间仓促,加之编者理论水平和实践能力有限,书中的纰漏在所难免,恳请读者不吝赐教。

编 者

2022 年 6 月于南开大学

目 录

第一篇 报关基础知识

第一章 报关与海关概述 ·· 3
- 第一节 报关概述 ·· 3
- 第二节 海关概述 ·· 11
- 第三节 海关的管理体制与组织机构 ·· 20
- 本章重要概念 ·· 25
- 本章小结 ·· 26
- 本章思考题 ·· 26
- 即测即练 ·· 26

第二篇 报关专业知识

第二章 报关管理制度 ·· 28
- 第一节 报关单位备案管理制度 ·· 28
- 第二节 海关注册登记和备案企业信用管理制度 ····························· 31
- 第三节 海关经核准出口商管理制度 ··· 36
- 本章重要概念 ·· 40
- 本章小结 ·· 40
- 本章思考题 ·· 40
- 即测即练 ·· 40

第三章 进出口贸易管理制度 ·· 41
- 第一节 对外贸易经营者管理制度 ·· 41
- 第二节 货物、技术进出口许可管理制度 ······································· 43
- 第三节 进出口商品检验检疫制度 ·· 51
- 第四节 进出口货物收付汇管理制度 ·· 57
- 第五节 我国进出口贸易管理的主要工具及报关规范 ···················· 58
- 第六节 对外贸易救济措施 ··· 82
- 本章重要概念 ·· 88
- 本章小结 ·· 88
- 本章思考题 ·· 89
- 即测即练 ·· 89

第三篇 报关专业技能

第四章 货物报关程序和管理规范 ·· 92
- 第一节 一般进出口货物报关程序和管理规范 ······························· 92

第二节	保税货物报关程序和管理规范	105
第三节	特定减免税货物报关程序和管理规范	148
第四节	暂准进出口货物报关程序和管理规范	155
第五节	其他进出境货物报关程序和管理规范	166
本章重要概念		189
本章小结		189
本章思考题		189
即测即练		190

第五章　进出口商品归类 191

第一节	《协调制度》的结构和特点	191
第二节	《协调制度》中商品归类总规则	193
第三节	我国海关进出口商品分类目录	199
第四节	进出口商品归类的海关行政管理	208
本章重要概念		217
本章小结		217
本章思考题		218
即测即练		218

第六章　进出口税费 219

第一节	进出口税费概述	219
第二节	进出口货物完税价格的审定	227
第三节	进口货物原产地的确定与税率适用	241
第四节	进出口税费的计算	259
第五节	进出口税费的缴纳征收、减免及退补	266
本章重要概念		280
本章小结		280
本章思考题		280
即测即练		281

第七章　进出口货物报关单填制 282

第一节	进出口货物报关单概述	282
第二节	进出口货物报关单的填制规范	283
本章重要概念		313
本章小结		313
本章思考题		314
即测即练		314

参考文献 315

附录：与报关工作相关的法律、法规 324

第一篇 报关基础知识

第一章 报关与海关概述

第一章　报关与海关概述

本章学习目标

本章介绍报关与海关的基本概念和基础知识。通过本章的学习,应当重点掌握报关的概念和范围、报关的分类和基本内容、我国海关的性质与任务、海关权力、海关的领导体制、组织机构和职责等内容。

第一节　报关概述

一、报关的概念

在进行国际交流和经贸往来活动的过程中,为维护国家主权和利益,保障对外经贸和交流活动顺利进行,各国海关都依法对运输工具、货物、物品的进出境实行报关管理制度。《中华人民共和国海关法》(以下简称《海关法》)第八条、九条和第十四条分别规定:"进出境运输工具、货物、物品,必须通过设立海关的地点进境或者出境。在特殊情况下,需要经过未设立海关的地点临时进境或者出境的,必须经国务院或者国务院授权的机关批准,并依照本法规定办理海关手续。""进出口货物,除另有规定的外,可以由进出口货物收发货人自行办理报关纳税手续,也可以由进出口货物收发货人委托报关企业办理报关纳税手续。进出境物品的所有人可以自行办理报关纳税手续,也可以委托他人办理报关纳税手续。""进出境运输工具到达或者驶离设立海关的地点时,运输工具负责人应当向海关如实申报,交验单证,并接受海关监管和检查。"因此,由设立海关的地点进出境并办理规定的海关手续是运输工具、货物、物品进出境的基本原则,也是进出境运输工具负责人、进出口货物收发货人、进出境物品的所有人应履行的一项基本义务。我们通常所说的报关就是与运输工具、货物、物品的进出境密切相关的一个概念,它是指进出境运输工具负责人、进出口货物收发货人、进出境物品的所有人或者他们的代理人,向海关办理运输工具、货物、物品进出境手续及其他相关海关事务的全过程。

在这里,我们需要注意"报关"概念与"通关"概念的区别。通关一方面包括海关管理相对人(包括进出境运输工具负责人、进出口货物收发货人、进出境物品的所有人或者他们的代理人)向海关办理运输工具、货物、物品的进出境手续;另一方面也包括海关根据管理相对人的申报,对进出境运输工具、货物、物品依法进行查验、征缴税费直至核准其进出境的监督管理全过程。因此,报关和通关活动的对象虽然都是针对运输工具、货物、物品的进出境而言的,但二者所包括的内容和考察角度仍然存在一定区别。

二、报关的范围

按照法律规定,所有进出境运输工具、货物、物品都需要办理报关手续。报关的具体范围如下。

(一)进出境运输工具

进出境运输工具主要包括用以载运人员、货物、物品进出境的各种船舶、车辆、航空器和驮畜等。

(二)进出境货物

进出境货物主要包括:一般进口货物;一般出口货物;保税货物;暂准进出口货物;特定减免税进出口货物;过境、转运和通运货物及其他进出境货物。

另外,一些特殊货物,如通过电缆、管道输送进出境的水、电等和无形的货物,如附着在货品载体上的软件等也属报关的范围。

(三)进出境物品

进出境物品主要包括进出境的行李物品、邮递物品和其他物品。以进出境人员携带、托运等方式进出境的物品为行李物品;以邮递方式进出境的物品为邮递物品;其他物品主要包括享有外交特权和豁免的外国机构或者人员的公务用品或自用物品以及通过国际速递企业进出境的快件等。

三、报关的分类

(一)按照报关的对象,可分为运输工具报关、货物报关和物品报关

进出境运输工具作为人员、货物、物品的进出境载体,其报关主要是向海关直接交验随附的、符合国际商业运输惯例、能反映运输工具进出境合法性及其所承运货物、物品情况的合法证件、清单和其他运输单证,报关手续较为简单。进出境货物的报关较为复杂,海关根据不同类型进出境货物的监管要求,制定了一系列报关管理规范,并且通常需要由具备一定专业知识和技能的专业人员专门办理。进出境物品由于其非贸易性质,且一般限于自用、合理数量,其报关手续也很简单。

(二)按照报关的目的,可分为进境报关和出境报关

由于海关对运输工具、货物、物品的进、出境有不同的管理要求,运输工具、货物、物品根据进境或出境的目的分别形成了一套进境报关手续和一套出境报关手续。另外,由于运输或其他方面的需要,有些海关监管货物需要办理从一个设关地点运至另一个设关地点的海关手续,在实践中产生了"转关"的需要,转关货物也需办理相关的报关手续。

(三)按照报关活动的实施者,可分为自理报关和代理报关

进出境运输工具、货物、物品的报关是一项专业性较强的工作,尤其是进出境货物的报关比较复杂,一些进出境运输工具负责人、进出口货物收发货人或者进出境物品的所有人由于经济、时间、地点等方面的原因不能或者不愿意自行办理报关手续,而委托代理人代为办理报关手续,从而形成了自理报关和代理报关两种报关类型。《海关法》规定,进出口货物,除另有规定的外,可以由进出口货物收发货人自行办理报关纳税手续,也可以由

进出口货物收发货人委托报关企业办理报关纳税手续。进出境物品的所有人可以自行办理报关纳税手续,也可以委托他人办理报关纳税手续。报关企业和报关人员不得非法代理他人报关。

报关企业接受进出口货物收发货人的委托,以委托人的名义办理报关手续的(直接代理报关),应当向海关提交由委托人签署的授权委托书,遵守海关法对委托人的各项规定。报关企业接受进出口货物收发货人的委托,以自己的名义办理报关手续的(间接代理报关),应当承担与收发货人相同的法律责任。目前我国报关企业大多从事直接代理报关,间接代理报关主要适用于经营快件业务的国际货物运输代理企业。

四、报关的基本内容

(一)进出境运输工具报关的基本内容

国际贸易的交货任务、国际人员往来及携带物品进出境,除经其他特殊运输方式外,都要通过各种运输工具的国际运输来实现。根据《海关法》的规定,所有进出我国关境的运输工具必须经由设有海关的港口、空港、车站、国界孔道、国际邮件互换局(交换站)和其他有海关监管业务的场所,以及虽未设立海关但是经国务院或者国务院授权的机关批准的进出境地点申报进出境。根据海关监管的要求,进出境运输工具报关管理的主要内容如下。

1. 备案管理

进出境运输工具、进出境运输工具负责人[①]和进出境运输工具服务企业[②]应当在经营业务所在地的直属海关或者经直属海关授权的隶属海关备案。海关对进出境运输工具、进出境运输工具负责人以及进出境运输工具服务企业的备案实行全国海关联网管理。

进出境运输工具、进出境运输工具负责人和进出境运输工具服务企业在海关办理备案的,应当按不同运输方式分别提交《进出境国际航行船舶备案表》《进出境航空器备案表》《进出境铁路列车备案表》《进出境公路车辆备案表》《运输工具负责人备案表》《运输工具服务企业备案表》,并同时提交上述备案表随附单证栏中列明的材料。

2. 运输工具管理

1)进境监管

进境运输工具负责人应当在规定时限[③]将运输工具预计抵达境内目的港和预计抵达时间以电子数据形式通知海关。因客观条件限制,经海关批准,公路车辆负责人可以采用电话、传真等方式通知海关。

进境运输工具抵达设立海关的地点以前,运输工具负责人应当将进境时间、抵达目的

---

① 运输工具负责人是指进出境运输工具的所有企业、经营企业,船长、机长、汽车驾驶员、列车长,以及上述企业或者人员授权的代理人。

② 运输工具服务企业是指为进出境运输工具提供保障进出境运输工具行驶、航行的轻油、重油等燃料,供进出境运输工具工作人员和旅客的日常生活用品、食品,保障进出境运输工具及所载货物运输安全的备件、垫舱物料和加固、苫盖用的绳索、篷布、苫网等以及海关核准的其他物品等规定的物料或者接受运输工具(包括工作人员及所载旅客)消耗产生的废、旧物品的企业。

③ 有关水空运进出境运输工具的申报时限参见海关总署公告2020年第107号(关于进一步调整水空运进出境运输工具监管相关事项的公告)。

港的时间和停靠位置通知海关。

进境运输工具抵达设立海关的地点时，运输工具负责人应当按不同运输方式向海关申报，分别提交《中华人民共和国海关船舶进境（港）申报单》《中华人民共和国海关航空器进境（港）申报单》《中华人民共和国海关铁路列车进境申报单》《中华人民共和国海关公路车辆进境（港）申报单》，以及上述申报单中列明应当交验的其他单证。进境运输工具负责人也可以在运输工具进境前提前向海关办理申报手续。

进境运输工具抵达监管场所时，监管场所经营人应当通知海关。

海关接受进境运输工具申报时，应当审核申报单证。

进境运输工具在向海关申报以前，未经海关同意，不得装卸货物、物品，除引航员、口岸检查机关工作人员外不得上下人员。

2）停留监管

进出境运输工具到达设立海关的地点时，应当接受海关监管和检查。海关检查进出境运输工具时，运输工具负责人应当到场，并根据海关的要求开启舱室、房间、车门；有走私嫌疑的，并应当开拆可能藏匿走私货物、物品的部位，搬移货物、物料。海关认为必要时，可以要求进出境运输工具工作人员进行集中，配合海关实施检查。海关检查完毕后，应当按规定制作《检查记录》。

海关认为必要的，可以派员对进出境运输工具值守，进出境运输工具负责人应当为海关人员提供方便。海关派员对进出境运输工具值守的，进出境运输工具装卸货物、物品以及上下人员应当征得值守海关人员同意。

进出境运输工具负责人应当在进出境运输工具装卸货物的1小时以前通知海关；航程或者路程不足1小时的，可以在装卸货物以前通知海关。海关可以对进出境运输工具装卸货物实施监装监卸。进出境运输工具装卸货物、物品完毕后，进出境运输工具负责人应当向海关递交反映实际装卸情况的交接单据和记录。

进出境运输工具在海关监管场所停靠期间更换停靠地点的，进出境运输工具负责人应当事先通知海关。

3）境内续驶监管

进出境运输工具在境内从一个设立海关的地点驶往另一个设立海关的地点的，进出境运输工具负责人应当按照规定办理驶离手续。进出境运输工具在境内从一个设立海关的地点驶往另一个设立海关的地点的，应当符合海关监管要求，驶离地海关应当制发关封。进出境运输工具负责人应当妥善保管关封，抵达另一个设立海关的地点时提交目的地海关。未经驶离地海关同意，进出境运输工具不得改驶其他目的地；未办结海关手续的，不得改驶境外。

进出境运输工具在境内从一个设立海关的地点驶往另一个设立海关的地点时，海关可以派员随运输工具实施监管，进出境运输工具负责人应当为海关人员提供方便。进出境运输工具在境内从一个设立海关的地点驶往另一个设立海关的地点，抵达目的地以后，应当按照规定办理抵达手续。

4）出境监管

出境运输工具离开设立海关的地点驶往境外的2小时以前，运输工具负责人应当将驶离时间以电子数据形式通知海关。对临时出境的运输工具,运输工具负责人可以在其驶离设立海关的地点以前将驶离时间通知海关。因客观条件限制,经海关批准,公路车辆负责人可以在车辆出境前采用电话、传真等方式通知海关。

运输工具出境时,运输工具负责人应当按不同运输方式向海关申报,分别提交《中华人民共和国海关船舶出境(港)申报单》《中华人民共和国海关航空器出境(港)申报单》《中华人民共和国海关铁路列车出境申报单》《中华人民共和国海关公路车辆出境(港)申报单》,以及上述申报单中列明应当交验的其他单证。

出境运输工具负责人在货物、物品装载完毕或者旅客全部登机(船、车)以后,应当向海关提交结关申请。海关审核无误的,制发《结关通知书》。海关制发《结关通知书》以后,非经海关同意,出境运输工具不得装卸货物、上下旅客。

出境运输工具驶离海关监管场所时,监管场所经营人应当通知海关。

出境运输工具在办结海关出境或者续驶手续后的 24 小时未能驶离的,运输工具负责人应当重新办理有关手续。

3. 运输工具进出境监管作业无纸化

为贯彻落实"放管服"改革要求,优化口岸营商环境、促进物流便利化,海关总署不断推进运输工具进出境监管领域作业无纸化,进出境运输工具负责人、进出境运输工具服务企业可向海关提交电子数据办理备案和进出境相关手续。

进出境运输工具负责人、进出境运输工具服务企业办理相关企业及运输工具备案、备案变更、备案撤(注)销手续,以及来往港澳公路货运企业及公路车辆年审、验车手续的,可向海关提交电子数据办理相关手续,无须提交备案登记表、备案变更表、年审报告书、验车记录表、临时进境验车申报表等纸质单证资料及相关随附单证。海关以电子方式向进出境运输工具负责人、进出境运输工具服务企业反馈办理结果,不再核发《船舶进出境(港)海关监管簿》《中国籍兼营船舶海关监管签证簿》《来往港澳小型船舶登记备案证书》《来往港澳小型船舶进出境(港)海关监管簿》《来往香港/澳门货运企业备案登记证》《来往香港/澳门车辆进出境签证簿》等纸质证簿。

进出境运输工具负责人、进出境运输工具服务企业办理进出境、境内续驶手续,以及物料添加/起卸/调拨、沿海空箱调运、兼营运输工具改营、运输工具结关等手续的,可向海关提交电子数据办理相关手续,无须提交纸质单证资料及相关随附单证,无须交验纸质证簿。其中进出境运输工具负责人办理境内续驶手续的,海关以电子方式反馈相关手续办理结果,不再制发纸质关封;进出境运输工具须实施登临检查的,海关以电子方式向运输工具负责人发送运输工具登临检查通知。

因海关监管需要或者系统故障等原因无法正常传输相关电子数据的,进出境运输工具负责人、进出境运输工具服务企业应提供纸质单证资料。

(二)进出境货物报关的基本内容

相对而言,进出境货物的报关比较复杂。根据《海关法》的规定,进出境货物的报关内容主要包括:报关单位向海关如实申报其进出境货物的情况,配合海关查验货物,对部分货物还需缴纳进出口税费或提供担保,最后海关放行货物。除此以外,根据海关监管的要求,对于保税货物、特定减免税货物以及暂准进出口货物在向海关申报前和海关放行后还需办理其他海关手续。

一般来说,进出境货物报关时,报关人员要做好以下几个方面的工作。

(1) 进出口货物收发货人接到运输公司或邮递公司寄交的"提货通知单"或根据合同规定备齐出口货物后,应当做好向海关办理货物进出境手续的准备工作,或者签署委托代理协议,委托报关企业向海关申报。

(2) 准备好报关单证,在海关规定的报关地点和报关时限内以电子数据与书面方式向海关申报。《中华人民共和国海关进(出)口货物报关单》或海关规定的其他报关单(证)是报关单位向海关申报货物情况的法律文书,申报人必须认真、如实填写,并对其所填制内容的真实性和合法性负责,承担相应的法律责任和经济责任。除此之外,还应准备与进出口货物直接相关的商业和货运单证(如发票、装箱单、提单等);属于国家限制性的进出口货物,应准备国家有关法律、法规规定实行特殊管制的证件(如进出口货物许可证等);还要准备好其他海关可能需要查阅或收取的单证和资料(如贸易合同、原产地证明等)。报关单证准备完毕后,报关人员要把报关单上的数据经电子计算机传送给海关,并在海关规定时间、地点向海关递交书面报关单证。

(3) 经海关对报关电子数据和书面报关单证进行审核后,在海关认为必要的情况下,报关人员要配合海关查验货物。

(4) 属于应缴纳税费的进出口货物,报关单位应在海关规定的期限内缴纳进出口税费。

(5) 以上手续完成,进出口货物经海关放行后,报关单位可以安排装卸货物。

除了上述工作外,对于保税货物、特定减免税货物和暂准进出口货物,在进出境前还需办理备案申请等手续;在进出境后还需在规定时间、以规定的方式向海关办理核销、结案等手续。

(三) 进出境物品报关的基本内容

中华人民共和国海关总署令第43号发布了《中华人民共和国禁止进出境物品表》和《中华人民共和国限制进出境物品表》,规定了禁止和限制进出境物品。其中禁止进境物品包括:各种武器、仿真武器、弹药及爆炸物品;伪造的货币及伪造的有价证券;对中国政治、经济、文化、道德有害的印刷品、胶卷、照片、唱片、影片、录音带、录像带、激光视盘、计算机存储介质及其他物品(如赌博用筹码);各种烈性毒药;鸦片、吗啡、海洛因、大麻以及其他能使人成瘾的麻醉品、精神药物;带有危险性病菌、害虫及其他有害生物的动物、植物及其产品;有碍人畜健康的、来自疫区的以及其他能传播疾病的食品、药品或其他物品。禁止出境物品包括:列入禁止进境范围的所有物品;内容涉及国家秘密的手稿、印刷品、胶卷、照片、唱片、影片、录音带、录像带、激光视盘、计算机存储介质及其他物品;珍贵文物及其他禁止出境的文物;濒危的和珍贵的动物、植物(均含标本)及其种子和繁殖材料。限制进境物品包括:无线电收发信机、通信保密机、烟、酒;濒危的和珍贵的动物、植物(均含标本)及其种子和繁殖材料;国家货币;海关限制进境的其他物品(如微生物、生物制品、血液及其制品、人类遗传资源、管制刀具、卫星电视接收设备)。限制出境物品包括:金银等贵重金属及其制品;国家货币;外币及其有价证券;无线电收发信机、通信保密机;贵重中药材;一般文物;海关限制出境的其他物品(如微生物、生物制品、血液及其制品、人类遗传资源、管制刀具)。

【思政课堂】

榕城海关在出口邮递渠道查获赌博筹码

2022年2月,福州海关所属榕城海关对两件申报为"玩具日用品"的邮件进行查验时,发现内件实际为赌博用筹码,标注面值分别为人民币1000元、100元、25元、5元等,标注面值合计约134.6万元。目前,该案已联系海关处置部门做后续处理。

近年来,榕城海关认真落实习近平总书记重要指示批示精神,深入贯彻落实海关总署有关工作部署,持续加大对寄递渠道走私赌博相关物品的打击治理力度,切实筑牢监管屏障。

海关提醒,赌博用筹码属于《中华人民共和国禁止进出境物品表》中所列禁止进出境物品。请遵守相关法律法规规定,不销售购买筹码等赌博工具,从源头上杜绝和防范跨境赌博。

资料来源:廖世晖:"榕城海关在出口邮递渠道查获赌博筹码",福州海关网站。

《海关法》规定,个人携带进出境的行李物品、邮寄进出境的物品,应当以自用、合理数量为限。对于行李物品而言,自用指的是进出境旅客本人使用、馈赠亲友而非出售或出租,合理数量是指海关对进出境邮递物品规定的征、免税限制。自用、合理数量原则是海关对进出境物品监管的基本原则,也是对进出境物品报关的基本要求。

1. 进出境行李物品的报关

国际上许多国家的海关对进出境旅客行李物品普遍采用的通关制度是红绿通道(也称申报通道和无申报通道)通关制度。实施红绿通道通关制度的海关,在旅客行李物品检查场所设置通道,并用中英文分别标明申报通道(红色通道,goods to declare)和无申报通道(绿色通道,nothing to declare)。实施这一通关制度的目的是简化海关手续,方便旅客进出境。目前,我国大部分海关均已实施这种通关制度。进出境旅客在向海关申报时,可以在两种通道中选择。进出境旅客没有携带应向海关申报物品的,无须填写《中华人民共和国海关进出境旅客行李物品申报单》(以下简称《申报单》),选择无申报通道通关。除海关免于监管的人员以及随同成人旅行的16周岁以下旅客以外,进出境旅客携带有应向海关申报物品的,须填写《申报单》,向海关书面申报,并选择申报通道通关。

进境旅客携带有下列物品的,应在《申报单》相应栏目内如实填报,并将有关物品交海关验核,办理有关手续:

(1) 动、植物及其产品,微生物、生物制品、人体组织、血液制品;
(2) 居民旅客在境外获取的总值超过人民币5000元(含5000元,下同)的自用物品;
(3) 非居民旅客拟留在中国境内的总值超过2000元的物品①;
(4) 酒精饮料超过1500毫升(酒精含量12度以上),或香烟超过400支,或雪茄超过

---

① 进境居民旅客携带在境外获取的个人自用进境物品,总值在5000元人民币以内(含5000元);非居民旅客携带拟留在中国境内的个人自用进境物品,总值在2000元人民币以内(含2000元),海关予以免税放行,单一品种限自用、合理数量,但烟草制品、酒精制品以及国家规定应当征税的20种商品等另按有关规定办理。进境居民旅客携带超出5000元人民币的个人自用进境物品,经海关审核确属自用的;进境非居民旅客携带拟留在中国境内的个人自用进境物品,超出人民币2000元的,海关仅对超出部分的个人自用物品征税,对不可分割的单件物品全额征税。

100支,或烟丝超过500克;

(5) 人民币现钞超过20 000元,或外币现钞折合超过5 000美元;

(6) 分离运输行李、货物、货样、广告品;

(7) 其他需要向海关申报的物品。

出境旅客携带有下列物品的,应在《申报单》相应栏目内如实填报,并将有关物品交海关验核,办理有关手续:

(1) 文物、濒危动植物及其制品、生物物种资源、金银等贵重金属;

(2) 居民旅客需复带进境的单价超过5 000元的照相机、摄像机、手提电脑等旅行自用物品;

(3) 人民币现钞超过20 000元,或外币现钞折合超过5 000美元;

(4) 货物、货样、广告品;

(5) 其他需要向海关申报的物品。

非居民旅客返程出境时,如需要选择申报通道通关,可在其原进境时填写并经海关批注和签章的《申报单》出境栏目内填写相关内容,或者另填写一份《申报单》,向海关办理出境申报手续。居民旅客回程进境时,如需要选择申报通道通关,可在其原出境时填写并经海关批注和签章的《申报单》进境栏目内填写相关内容,或者另填写一份《申报单》,向海关办理进境申报手续。

持有中华人民共和国政府主管部门给予外交、礼遇签证的进出境旅客,通关时应主动向海关出示本人有效证件,海关予以免验礼遇。

违反海关规定,逃避海关监管,携带国家禁止、限制进出境或者依法应当缴纳税款的货物、物品进出境的,海关将依据《海关法》和《中华人民共和国海关行政处罚实施条例》的规定予以处罚。

2. 进出境邮递物品的报关

海关对进出境个人邮递物品的管理原则是:既要方便正常往来,照顾个人合理需要,又要限制走私违法活动。进出境个人邮递物品应以自用、合理数量为限。根据这一原则,海关规定了个人每次邮寄物品的限值、免税额和禁止、限制邮寄物品的品种。对邮寄进出境的物品,海关依法进行查验,并按章征税或免税放行。邮寄出境邮递物品,寄件人应填写报关单,如邮寄出境小包邮件,还须加填绿色验关标签,如实填报内装物品的品名、数量、价值,向派驻邮局的海关申报,经海关验放后,交由邮局投寄。在未设海关的邮局投寄时,可按上述手续直接向邮局投寄,由邮局交驻出口邮件交换局的海关验放。接收邮寄进境的物品,考虑到收件人分散在各地,要求他们亲自到海关办理手续确有困难。为方便收件人和加速邮运,海关与邮局商定,对邮寄进境的物品,由邮局代收件人向海关办理报关等手续。海关查验放行邮包后,再由邮局投递。如遇特殊情况,或经收件人申请要求,也可以由收件人到邮局向派驻邮局的海关办理邮包的进境报关手续。为照顾个人合理、正常的需要,海关规定:

(1) 个人邮寄进境物品,海关依法征收进口税,但应征进口税税额在人民币50元(含50元)以下的,海关予以免征。

(2) 个人寄自或寄往港、澳、台地区的物品,每次限值为800元人民币;寄自或寄往其他国家和地区的物品,每次限值为 1 000 元人民币。

（3）个人邮寄进出境物品超出规定限值的,应办理退运手续或者按照货物规定办理通关手续。但邮包内仅有一件物品且不可分割的,虽超出规定限值,经海关审核确属个人自用的,可以按照个人物品规定办理通关手续。

（4）邮运进出口的商业性邮件,应按照货物规定办理通关手续。

目前我国海关对进境物品的归类、完税价格的确定以及税率的适用按照海关总署 2012 年第 15 号公告(海关总署 2016 年第 25 号公告、2018 年第 140 号公告、2019 年第 63 号公告予以调整)中的《中华人民共和国进境物品归类表》和《中华人民共和国进境物品完税价格表》的规定实施。①

为进一步严密进出境邮件监管,提高邮件通关效率,海关总署自 2018 年 11 月 30 日起在全国海关推广使用进出境邮递物品信息化管理系统。海关总署与中国邮政集团有限公司通过建立总对总对接的方式实现进出境邮件全国联网传输数据。邮政企业负责采集邮件面单电子数据并向海关信息系统传输,面单信息包括:收寄件人名称,收寄国家(地区)及具体地址,内件品名、数量、重量、价格(含币种)等。进出境邮件面单数据不完整的,由邮政企业通知境内收寄件人办理补充申报手续。进出境邮递物品所有人应当承担邮寄进出境物品的申报责任。出境邮件的寄件人为申报主体;进境邮件以寄件人在邮件面单填写信息为申报内容,境内收件人可以补充邮件的有关申报内容,并对补充信息的真实性负责。收件人或者寄件人可以自行向海关办理物品的通关手续,也可以委托代理人办理。收件人或者寄件人声明放弃的邮件、在规定期限内未办理海关手续或者无人认领的邮件,以及无法投递又无法退回的进境邮件,由海关按照《海关法》的规定处理。海关通过信息系统向邮政企业发送对邮件的处置结果,邮政企业应当按照海关反馈的处置结果对邮件进行相应的业务处置。邮政企业办理邮件总包的进境、出境、转关手续,应当向海关传输总包路单等相关电子数据。

第二节　海关概述

一、中国海关的性质与任务

《海关法》以立法的形式明确表述了中国海关的性质与任务。《海关法》第二条规定:中华人民共和国海关是国家的进出关境监督管理机关。海关依照本法和其他有关法律、行政法规,监管进出境的运输工具、货物、行李物品、邮递物品和其他物品,征收关税和其他税、费,查缉走私,并编制海关统计和办理其他海关业务。

---

① 国务院关税税则委员会发布的《中华人民共和国进出口税则(2024)》将进境物品的关税以及进口环节海关代征税合并为进口税,进口税税率分为 13%、20%、50%三类。

(一) 海关的性质

1. 海关是国家行政机关

海关是国家的行政机关之一,从属于国家行政管理体制,是我国最高国家行政机关——国务院的直属机构。海关对内对外代表国家依法独立行使行政管理权。

2. 海关是国家进出境监督管理机关

海关履行国家行政制度的监督职能,是国家宏观管理的一个重要组成部分。海关依照有关法律、行政法规并通过法律赋予的权力,制定具体的行政规章和行政措施,对特定领域的活动开展监督管理,以保证其按国家的法律规范进行。海关实施监督管理的对象和范围是运输工具、货物、物品的进出关境及与之有关的活动。

3. 海关的监督管理是国家行政执法活动

海关执法的依据是《海关法》和其他有关法律、行政法规。《海关法》是管理海关事务的基本法律规范。其他有关法律是指由全国人民代表大会或者全国人民代表大会常务委员会制定的与海关监督管理相关的法律规范,主要包括:《中华人民共和国宪法》,基本法律如《中华人民共和国刑法》《中华人民共和国刑事诉讼法》《中华人民共和国行政诉讼法》《中华人民共和国行政复议法》《中华人民共和国行政处罚法》《中华人民共和国行政许可法》等,以及其他行政管理法律如《中华人民共和国对外贸易法》(以下简称《对外贸易法》)、《中华人民共和国进出口商品检验法》、《中华人民共和国固体废物污染环境防治法》等。行政法规是指由国务院制定的法律规范,包括专门适用于海关执法活动的行政法规和其他与海关管理相关的行政法规。

海关通过法律赋予的权力,对特定范围内的社会经济活动进行监督管理,并对违法行为依法实施行政处罚,以保证这些社会经济活动按照国家的法律规范进行。因此,海关的监督管理是保证国家有关法律、法规实施的行政执法活动。

海关事务属于中央立法事权,立法者为全国人民代表大会及其常务委员会以及国家最高权力机关的最高执行机关——国务院。除此以外,海关总署可以根据法律和国务院的法规、决定、命令制定规章,作为执法依据的补充。各省、自治区、直辖市人民代表大会和人民政府不得制定海关法律规范,其制定的地方法规、地方规章也不是海关执法的依据。

(二) 海关的任务

《海关法》明确规定海关有四项基本任务:监管进出境的运输工具、货物、行李物品、邮递物品和其他物品;征收关税和其他税、费;查缉走私;编制海关统计。

1. 监管进出境的运输工具、货物、行李物品、邮递物品和其他物品

对进出境的运输工具、货物、行李物品、邮递物品和其他物品进行监管是海关最基本的任务,海关的其他任务都是在监管工作的基础上进行的。海关运用国家和法律赋予的权力,通过一系列管理制度与管理程序对进出境运输工具、货物、物品及相关人员的进出境活动实施行政管理。海关监管是一项国家职能,其目的在于保证一切进出境活动符合国家政策与法律的规范和要求,从而维护国家主权和利益。根据监管对象的不同,海关监管可分为运输工具监管、货物监管和物品监管三大类,每一类都有一套规范的监督管理程序与方法。

除了通过备案、审单、查验、放行、核销结案管理等环节和方式对运输工具、货物、物品的进出境活动进行监管外,海关还要执行或监督执行国家其他对外贸易管理制度的实施,如进出口许可制度、外汇管理制度、进出口商品检验检疫制度等,从而在政治、经济、文化道德、公众健康等方面维护国家利益。

2. 征收关税和其他税、费

海关的另一项重要任务是代表国家征收关税和其他税、费。关税是指由海关代表国家，按照《海关法》和《中华人民共和国进出口税则》，对准许进出口的货物、进出境物品征收的一种税。其他税、费是指海关按照征收程序对货物、物品及船舶等征收的有关税、费，如进口环节增值税、消费税、船舶吨税等。

海关征税工作的基本法律依据是《海关法》和《中华人民共和国进出口关税条例》。海关通过执行国家制定的法律和政策，对进出口货物、进出境物品征收关税和其他税费，可以起到保护国内工农业生产、调整产业结构、增加财政收入和调节进出口贸易活动等作用。

3. 查缉走私

查缉走私是海关为保证顺利完成监管和征税等任务而采取的保障措施。查缉走私是指海关依照法律赋予的权力在海关监管场所和海关附近的沿海沿边规定地区，为发现、制止、打击、综合治理走私活动而进行的一种调查和惩处活动。

走私是指进出境活动的当事人或相关人违反《海关法》及有关法律、行政法规的规定，逃避海关监管，偷逃应纳税款、逃避国家有关进出境的禁止性或者限制性管理，非法运输、携带、邮寄国家禁止、限制进出口或者依法应当缴纳税款的货物、物品进出境，或者未经海关许可并且未缴应纳税款、交验有关许可证件，擅自将保税货物、特定减免税货物以及其他海关监管货物、物品、进境的境外运输工具在境内销售的行为。走私以逃避监管、偷逃关税、牟取暴利为目的，扰乱经济秩序，冲击民族工业，腐蚀干部群众，毒化社会风气，引发违法犯罪，对国家危害性极大，必须予以严厉打击。

《海关法》规定："国家实行联合缉私、统一处理、综合治理的缉私体制。海关负责组织、协调、管理查缉走私工作。"这一规定从法律上明确了海关打击走私的主导地位以及与有关部门的执法协调。海关是打击走私的主管机关，查缉走私是海关的一项重要任务。海关通过查缉走私，制止和打击一切非法进出境货物、物品的行为，维护国家进出口贸易的正常秩序，保障社会主义现代化建设的顺利进行，维护国家关税政策的有效实施，保证国家关税和其他税、费的依法征收，保证海关职能作用的发挥。为了严厉打击走私犯罪活动，国家在海关设立专门侦查走私犯罪的公安机构，配备专职缉私警察，负责对其管辖的走私犯罪案件的侦查、拘留、执行逮捕、预审等工作。

4. 编制海关统计

海关对实际进出境并引起境内物质存量增加或者减少的货物实施进出口货物贸易统计；根据管理需要，对其他海关监管货物实施单项统计；对海关进出境监督管理活动和内部管理事务实施海关业务统计。海关根据统计工作需要，可以向进出口货物的收发货人或者其代理人以及有关政府部门、行业协会和相关企业等统计调查对象开展统计调查。海关利用行政记录全面采集统计原始资料。行政记录不能满足统计调查需要的，海关通过抽样调查、重点调查和补充调查等方法采集统计原始资料。① 海关对统计数据进行分析，研究对外贸易和海关业务运行特点、趋势和规律，开展动态预警工作。海关统计信息

---

① 海关统计原始资料是指经海关确认的中华人民共和国海关进出口货物报关单等报关单证及其随附单证和其他相关资料，以及海关实施抽样调查、重点调查和补充调查采集的原始资料。

是国家制定对外经济贸易政策、进行宏观经济调控、实施海关严密高效管理的重要依据，是研究我国对外贸易发展和国际经济贸易关系的重要资料。[①]

海关的四项基本任务是一个统一的、有机联系的整体。监管工作通过监管进出境运输工具、货物、物品的合法进出，保证国家有关进出口政策、法律、行政法规的贯彻实施，是海关四项基本任务的基础。征税工作所需的数据、资料等是在海关监管的基础上获取的，征税与监管有着十分密切的关系。缉私工作则是监管、征税两项基本任务的延伸，监管、征税工作中发现的逃避监管和偷漏税款的行为，必须运用法律手段制止和打击。编制海关统计是在监管、征税工作的基础上完成的，它为国家宏观经济调控提供了准确、及时的信息，同时又对监管、征税等业务环节的工作质量起到检验把关的作用。

除了这四项基本任务以外，近年来国家通过有关法律、行政法规赋予了海关一些新的职责，如海关对反倾销和反补贴的调查、知识产权海关保护、出入境检验检疫管理等，这些新的职责也是海关的任务。随着我国对外经贸关系的不断深化发展，海关新的职责和任务也会不断增加。

为加快转变政府职能，适应开放型经济新体制要求，深化简政放权放管结合优化服务，海关总署不断推进全国海关通关一体化改革。目前全国海关通关一体化改革已实现全覆盖，设立了风险防控中心和税收征管中心；深化以企业信用为核心的新型海关监管机制改革，落实差别化管理；推广"一次申报、分步处置"通关模式，大幅降低通关环节人工干预比例，降低企业通关成本；优化税收征管作业方式，扩大电子支付范围，推广"总担保"制度，提高"汇总征税""自报自缴"比例。新时代海关不断通过强化监管、优化服务为打造我国高水平、制度型对外开放新格局作出更大贡献。

【思政课堂】

中华人民共和国海关关徽

中华人民共和国海关关徽由商神手杖与钥匙交叉组成（图1-1）。商神手杖代表国际贸易，钥匙象征海关为祖国把关。关徽寓意着中国海关依法实施进出境监督管理，维护国家的主权和利益，促进对外经济贸易发展和科技文化交往，保障社会主义现代化建设。

图1-1 中华人民共和国海关关徽

资料来源：海关总署网站。

[①] 有关我国海关统计的具体管理规定请参见海关总署第242号令《中华人民共和国海关统计工作管理规定》（海关总署第247号令进行第一次修改）和海关总署公告2018年第125号（关于执行《中华人民共和国海关统计工作管理规定》有关问题的公告）。

二、海关的权力

《海关法》在规定海关任务的同时,为了保证任务的完成,赋予海关许多具体权力。海关权力,是指国家为保证海关依法履行职责,通过《海关法》和其他法律、行政法规赋予海关的对进出境运输工具、货物、物品的监督管理权能。海关权力属于公共行政职权,其行使受一定范围和条件的限制,并应当接受执法监督。

(一)海关权力的特点

海关权力作为一种行政权力,除了具有一般行政权力的单方性、强制性、无偿性等基本特点外,还具有以下特点。

1. 特定性

《海关法》规定:中华人民共和国海关是国家的进出关境监督管理机关,从法律上明确了海关享有对进出关境活动进行监督管理的行政主体资格,具有进出关境监督管理权。其他任何机关、团体、个人都不具备行使海关权力的资格,不拥有这种权力。海关权力的特定性也体现在对海关权力的限制上,即这种权力只适用于进出关境监督管理领域,而不能作用于其他场合。

2. 独立性

海关权力是国家权力的一种,为了确保海关实现国家权能的作用,必须保证海关拥有自身组织系统上的独立性和海关依法行使其职权的独立性。因此,《海关法》第三条规定:"国务院设立海关总署,统一管理全国海关。国家在对外开放的口岸和海关监管业务集中的地点设立海关。海关的隶属关系,不受行政区划的限制。海关依法独立行使职权,向海关总署负责。"这不仅明确了我国海关的垂直领导管理体制,也表明海关行使职权只对法律和上级海关负责,不受地方政府、其他机关、企事业单位或个人的干预。

3. 效力先定性

海关权力的效力先定性表现在海关行政行为一经作出,就应推定其符合法律规定,对海关本身和海关管理相对人都具有约束力。在没有被国家有关机关宣布为违法和无效之前,即使管理相对人认为海关行政行为侵犯其合法权益,也必须遵守和服从。

4. 优益性

海关权力具有优益性的特点,即海关在行使行政职权时,依法享有一定的行政优先权和行政受益权。行政优先权是国家为保障海关有效地行使职权而赋予海关的职务上的优先条件,如海关执行职务受到暴力抗拒时,执行有关任务的公安机关和人民武装警察部队应当予以协助。行政受益权是指海关享受国家所提供的各种物质优益条件,如直属中央的财政经费等。

(二)海关权力的内容

根据《海关法》及有关法律、行政法规的规定,海关的权力主要包括以下几方面。

1. 行政法规制定权

行政法规制定权是指海关依照国家法律、法规的授权,针对海关业务制定和颁布具有行政约束力的规则、条例、办法的权力。

2. 行政许可权

行政许可权包括海关对报关企业备案、对从事海关监管货物的仓储、转关运输货物的境内运输、加工贸易备案、变更和核销业务的许可等权力。

3. 税费征收权

税费征收权是指海关代表国家依法对进出口货物、物品征收关税及其他税费，根据法律、行政法规及有关规定对特定的进出口货物、物品减征或免征关税，对经海关放行后的有关进出口货物、物品，发现少征或者漏征税款的，依法追征、补征税款的权力。

4. 行政监督检查权

行政监督检查权是海关保证其行政管理职能得到履行的基本权力，主要包括以下几方面。

1）检查权

海关有权检查进出境运输工具，检查有走私嫌疑的运输工具和有藏匿走私货物、物品嫌疑的场所，检查走私嫌疑人的身体。海关对进出境运输工具的检查不受海关监管区域的限制；对走私嫌疑人身体的检查，应在海关监管区和海关附近沿海沿边规定地区内进行；对于有走私嫌疑的运输工具和有藏匿走私货物、物品嫌疑的场所，在海关监管区和海关附近沿海沿边规定地区内，海关人员可直接检查，超出这个范围，在调查走私案件时，须经直属海关关长或者其授权的隶属海关关长批准，才能进行检查，但不能检查公民住处。海关进行检查时，有关当事人应当到场；当事人未到场的，在有见证人在场的情况下，可以径行检查。

2）查验权

海关对进出关境的货物、物品有权进行查验，以确定货物、物品申报是否属实。

3）查阅、复制权

海关有权查阅进出境人员的证件，查阅、复制与进出境运输工具、货物、物品有关的合同、发票、账册、单据、记录、文件、业务函电、录音录像制品以及计算机储存介质等资料。

4）查问权

海关有权对违反《海关法》或者其他有关法律、行政法规的嫌疑人进行查问。通过查问查明违法事实，核实案件材料，收集定案证据；同时，通过查问听取当事人辩解，分辨是非，保护当事人合法权益。

5）查询权

海关在调查走私案件时，经直属海关关长或者其授权的隶属海关关长批准，可以查询案件涉嫌单位和涉嫌人员在金融机构、邮政企业的存款、汇款。

6）稽查权

自进出口货物放行之日起3年内或者在保税货物、减免税进口货物的海关监管期限内及其后的3年内，海关可以对与进出口货物直接有关的企业、单位的会计账簿、会计凭证、报关单证以及其他有关资料和有关进出口货物进行核查，监督其进出口活动的真实性和合法性。根据《中华人民共和国海关稽查条例》规定，海关进行稽查时，可以行使下列职权：查阅、复制被稽查人的账簿、单证等有关资料；进入被稽查人的生产经营场所、货物存放场所，检查与进出口活动有关的生产经营情况和货物；询问被稽查人的法定代表人、主要负责人员和其他有关人员与进出口活动有关的情况和问题;经直属海关关长或者其授权的隶属海关关长批准,查询被稽查人在商业银行或者其他金融机构的存款账户。海关进行稽查时,发现被稽查人有可能转移、隐匿、篡改、毁弃账簿、单证等有关资料的,经直属海关关长或者其授权的隶属海关关长批准,可以查封、扣押其账簿、单证等有关资料以及相关电子数据存储介质。采取该项措施时,不得妨碍被稽查人正常的生产经营活动。海关对有关情况查明或者取证后,应当立即解除对账簿、单证等有关资料以及相关电子数据存储介质的查封、扣押。海关进行稽查时,发现被稽查人的进出口货物有违反海关法和其他有关法律、行政法规规定的嫌疑的,经直属海关关长或者其授权的隶属海关关长批准,可以查封、扣押有关进出口货物。

5. 行政强制权

行政强制权是《海关法》及相关法律、行政法规得以贯彻实施的重要保障。海关的行政强制权具体包括以下几方面。

1) 扣留权

海关在下列情况下可以行使扣留权。

(1) 对违反《海关法》或者其他有关法律、行政法规的进出境运输工具、货物和物品以及与之有牵连的合同、发票、账册、单据、记录、文件、业务函电、录音录像制品以及计算机储存介质等资料,可以扣留。

(2) 在海关监管区和海关附近沿海沿边规定地区,对有走私嫌疑的运输工具、货物、物品和走私犯罪嫌疑人,经直属海关关长或者其授权的隶属海关关长批准,可以扣留;对走私犯罪嫌疑人,扣留时间不得超过24小时,在特殊情况下可以延长至48小时。

(3) 在海关监管区和海关附近沿海沿边规定地区以外,海关在调查走私案件时,对其中有证据证明走私嫌疑的运输工具、货物、物品,可以扣留。

2) 滞报金、滞纳金征收权

海关有权对超过法定申报期限申报进出口的货物征收滞报金;有权对进出口货物的纳税义务人未按法定期限缴纳进出口税费征收滞纳金。

3) 提取货样、施加封志权

根据《海关法》的规定,海关查验货物认为必要时,可以径行提取货样;海关对有违反《海关法》或其他法律、行政法规嫌疑的进出境运输工具、货物、物品,所有未办结海关手续、处于海关监管状态的进出境运输工具、货物、物品,有权施加封志,任何单位或个人不得损毁封志或擅自提取、转移、动用在封的运输工具、货物、物品。

4) 提取货物变卖、先行变卖权

进口货物的收货人自运输工具申报进境之日起超过3个月未向海关申报的,其进口货物由海关提取依法变卖处理;进口货物收货人或其所有人声明放弃的货物,海关有权提取依法变卖处理;海关依法扣留的货物、物品,不宜长期保存的,经直属海关关长或其授权的隶属海关关长批准,可以先行依法变卖;在规定期限内未向海关申报以及误卸或溢卸的不宜长期保存的货物,海关可以按照实际情况提前变卖处理。

5) 强制扣缴、变价抵缴关税权

进出口货物的纳税义务人、担保人超过规定期限未缴纳税款的,经直属海关关长或者

其授权的隶属海关关长批准,海关可以采取下列强制措施:

(1) 书面通知其开户银行或者其他金融机构从其存款中扣缴税款;

(2) 将应税货物依法变卖,以变卖所得抵缴税款;

(3) 扣留并依法变卖其价值相当于应纳税款的货物或者其他财产,以变卖所得抵缴税款。

6) 税收保全

进出口货物的纳税义务人在规定的纳税期限内有明显的转移、藏匿其应税货物以及其他财产迹象的,海关可以责令纳税义务人提供担保;纳税义务人不能提供纳税担保的,经直属海关关长或者其授权的隶属海关关长批准,海关可以采取下列税收保全措施:

(1) 书面通知纳税义务人开户银行或者其他金融机构暂停支付纳税义务人相当于应纳税款的存款;

(2) 扣留纳税义务人价值相当于应纳税款的货物或者其他财产。

7) 抵缴、变价抵缴罚款权

根据《海关法》的规定,当事人逾期不履行海关的处罚决定又不申请复议或者向人民法院提起诉讼的,作出处罚决定的海关可以将其保证金抵缴或者将其被扣留的货物、物品、运输工具依法变价抵缴,也可以申请人民法院强制执行。

8) 连续追缉权

进出境运输工具或者个人违抗海关监管逃逸的,海关可以连续追至海关监管区和海关附近沿海沿边规定地区以外,将其带回处理。

9) 其他特殊行政强制权

(1) 处罚担保。根据《海关法》及有关行政法规的规定,海关依法扣留有走私嫌疑的货物、物品、运输工具,如果无法或不便扣留的,或者有违法嫌疑但依法不应予以没收货物、物品、运输工具,当事人申请先予放行或解除扣留的,海关可要求当事人或者运输工具负责人提供等值担保,未提供等值担保的,海关可以扣留当事人等值的其他财产;受海关处罚的当事人在离境前未缴纳罚款,或未缴清依法被没收的违法所得和依法被追缴的货物、物品、走私运输工具的等值价款的,应当提供相当于上述款项的担保。

(2) 税收担保。根据《海关法》的规定,进出口货物的纳税义务人在规定的缴纳期限内有明显转移、藏匿其应税货物以及其他财产迹象的,海关可以责令纳税义务人提供担保;经海关批准的暂准进出境货物、特准进口的保税货物,收发货人须缴纳相当于税款的保证金或者提供其他形式的担保后,才可准予暂时免纳关税。

(3) 其他海关事务担保。在确定货物的商品归类、估价和提供有效报关单证或者办结其他海关手续前,收发货人要求放行货物的,海关应当在其提供与其依法应履行的法律义务相适应的担保后放行。法律、行政法规规定可以免除担保的除外。

6. 佩带和使用武器权

《海关法》规定,海关为履行职责,可以配备武器。海关工作人员佩带和使用武器的规则,由海关总署会同国务院公安部门制定,报国务院批准。

7. 行政处罚权

海关有权对尚未构成走私罪的违法当事人处以行政处罚,包括对走私货物、物品及违法所得处以没收,对有走私行为和违反海关监管规定行为的当事人处以罚款,对有违法情事的报关单位和报关员处以警告以及暂停或取消报关资格的处罚等。

8. 其他行政处理权

1) 行政裁定权

行政裁定权包括应对外贸易经营者的申请,对进出口商品的归类、进出口货物原产地的确定、禁止进出口措施和许可证件的适用等海关事务的行政裁定的权力。

2) 行政复议权

行政复议权是指有权复议的海关(海关总署和各直属海关)对管理相对人不服海关行政行为(包括海关行政处罚决定、行政强制措施及其他具体行政行为和管理措施)进行复议的权力。①

3) 行政奖励权

行政奖励权包括对举报或者协助海关查获违反《海关法》的案件的有功单位和个人给予精神或者物质奖励的权力。

4) 对与进出境货物有关的知识产权实施保护

根据《海关法》的规定,海关依照法律、行政法规的规定,对与进出境货物有关的知识产权实施保护。《中华人民共和国知识产权海关保护条例》和《中华人民共和国海关关于〈中华人民共和国知识产权海关保护条例〉的实施办法》对海关行使知识产权保护权力的范围、程序和方式作出了明确规定。

(三) 海关权力行使的基本原则

海关权力作为国家行政权的一部分,一方面起到了维护国家利益,维护经济秩序,实现国家权能的积极作用;另一方面,由于客观上海关权力的广泛性、自由裁量权较大等因素,以及海关执法者主观方面的原因,海关权力在行使时任何的随意性或者滥用都必然导致管理相对人的权益受到侵害,从而对行政法治构成威胁。因此,海关权力的行使必须遵循一定的原则。一般来说,海关权力行使应遵循的基本原则如下。

1. 合法原则

权力的行使要合法,这是行政法基本原则——依法行政原则的基本要求。按照行政法理论,行政权力行使的合法性至少包括以下几方面。

(1) 行使行政权力的主体资格合法,即行使权力的主体必须有法律授权。例如,涉税走私犯罪案件的侦查权,只有缉私警察才能行使,海关调查人员则无此项权力。又如,《海关法》规定海关行使某些权力时应"经直属海关关长或者其授权的隶属海关关长批准",如未经批准,海关人员则不能擅自行使这些权力。

(2) 行使权力必须有法律规范为依据。《海关法》第二条规定了海关的执法依据是《海关法》、其他有关法律和行政法规。无法律规范授权的执法行为,属于越权行为,应属无效。

(3) 行使权力的方法、手段、步骤、时限等程序应合法。

---

① 有关海关行政复议的具体管理规定请参见海关总署第166号令《中华人民共和国海关行政复议办法》(根据海关总署令第218号进行修改)。

(4) 一切行政违法主体(包括海关及管理相对人)都应承担相应的法律责任。

2. 适当原则

行政权力的适当原则是指权力的行使应该以公平性、合理性为基础,以正义性为目标。因国家管理的需要,海关在验、放、征、减、免、罚的管理活动中拥有很大的自由裁量权,即法律仅规定一定原则和幅度,海关关员可以根据具体情况和自己的意志自行判断与选择,采取最合适的行为方式及其内容来行使职权。因此,适当原则是海关行使行政权力的重要原则之一。为了防止自由裁量权的滥用,目前我国对海关自由裁量权进行监督的法律途径主要有行政监督(行政复议程序)和司法监督(行政诉讼程序)。

3. 依法独立行使原则

海关实行高度集中统一的管理体制和垂直领导方式,地方各级海关只对海关总署负责。海关无论级别高低,都是代表国家行使管理权的国家机关,海关依法独立行使权力,"各地方、各部门应当支持海关依法行使职权,不得非法干预海关的执法活动"。

4. 依法受到保障原则

海关权力是国家权力的一种,应受到保障,才能实现国家权能的作用。《海关法》规定:海关依法执行职务,有关单位和个人应当如实回答询问,并予以配合,任何单位和个人不得阻挠;海关执行职务受到暴力抗拒时,执行有关任务的公安机关和人民武装警察部队应当予以协助。

(四)海关权力的监督

海关权力的监督即海关执法监督,是指特定的监督主体依法对海关行政机关及其执法人员的行政执法活动实施的监察、检查、督促等,以此确保海关权力在法定范围内运行。

为确保海关能够严格依法行政,保证国家法律、法规得以正确实施,同时也使当事人的合法权益得到有效保护,《海关法》专门设立执法监督一章,对海关行政执法实施监督。海关履行职责,必须遵守法律,维护国家利益,依照法定职权和法定程序严格执法,接受监督。

扩展阅读材料链接:

1.《中华人民共和国海关法》,海关总署网站:http://www.customs.gov.cn/customs/302249/302266/302267/356575/index.html。

2.《中华人民共和国海关行政处罚实施条例》,海关总署网站:http://www.customs.gov.cn/customs/302249/302266/302267/356578/index.html。

第三节 海关的管理体制与组织机构

海关机构是国务院根据国家改革开放的形势以及经济发展战略的需要,依照海关法律而设立的。改革开放以来,随着我国对外经济贸易和科技文化交流与合作的发展,海关机构不断扩大,机构的设立从沿海沿边口岸扩大到内陆和沿江、沿边海关业务集中的地点,并形成了集中统一管理的垂直领导体制。这种领导体制对于海关从全局出发,坚决贯彻执行党的路线、方针、政策和国家的法律、法规提供了保证。

一、海关的领导体制

海关作为国家的进出境监督管理机关,为了履行其进出境监督管理职能,提高管理效率,维持正常的管理秩序,必须建立完善的领导体制。中华人民共和国成立以来,海关的领导体制几经变更。在1980年以前的30年间,除了在中华人民共和国成立初期,海关总署作为国务院的一个职能部门和组成部分,在海关系统实行集中统一的垂直领导体制外,其余大部分时间海关总署都是划归对外贸易部领导,各地方海关受对外贸易部和所在省、自治区、直辖市人民政府的双重领导。1980年2月,国务院根据改革开放形势的需要作出了《国务院关于改革海关管理体制的决定》。该决定指出:"全国海关建制收归中央统一管理,成立中华人民共和国海关总署,作为国务院直属机构,统一管理全国海关机构和人员编制及其业务。"恢复了海关集中统一的垂直领导体制。

1987年1月,第六届全国人民代表大会常务委员会第十九次会议审议通过的《海关法》规定:"国务院设立海关总署,统一管理全国海关","海关依法独立行使职权,向海关总署负责","海关的隶属关系,不受行政区划的限制",明确了海关总署作为国务院直属部门的地位,进一步明确海关机构的隶属关系,把海关集中统一的垂直领导体制以法律的形式确立下来。海关集中统一的垂直领导体制既适应了国家改革开放、社会主义现代化建设的需要,也适应了海关自身建设与发展的需要,有力地保证了海关各项监督管理职能的实施。

二、海关的设关原则

中华人民共和国成立以后相当长的一段时期内,我国海关机构基本上设在沿海城市及一些边境口岸,内陆省区一般不设海关。国家实行改革开放政策以来,随着开放地区的不断增加,我国对外经济贸易、科技文化交流蓬勃发展,内陆省份的外向型经济得到了很大的发展。经国务院批准,许多开放城市、开放地区以及内陆省份相继设立海关机构,为我国对外经济贸易的发展和国际科技文化交流提供了方便。

《海关法》以法律形式明确了海关的设关原则:"国家在对外开放的口岸和海关监管业务集中的地点设立海关。海关的隶属关系,不受行政区划的限制。"对外开放的口岸是指由国务院批准,允许运输工具及所载人员、货物、物品直接出入国(关)境的港口、机场、车站以及允许运输工具、人员、货物、物品出入国(关)境的边境通道。海关监管业务集中的地点是指虽非国务院批准对外开放的口岸,但是海关某类或者某几类监管业务比较集中的地方,如转关运输监管、保税加工监管等。这一设关原则为海关管理从口岸向内地、进而向全关境的转化奠定了基础,同时也为海关业务制度的发展预留了空间。"海关的隶属关系,不受行政区划的限制",表明了海关管理体制与一般性的行政管理体制的区域划分无必然联系,如果海关监督管理需要,国家可以在现有的行政区划之外考虑和安排海关的上下级关系和海关的相互关系。

三、海关的组织机构

中国海关以习近平新时代中国特色社会主义思想为指导,强化监管、优化服务,打造"政治坚定、业务精通、令行禁止、担当奉献"的队伍,全面推进政治建关、改革强关、依法把关、科技兴关、从严治关,奋力建设新时代中国特色社会主义新海关。海关机构的设置为海关总署、直属海关和隶属海关三级。隶属海关由直属海关领导,向直属海关负责;直属海关由海关总署领导,向海关总署负责。

(一)海关总署

海关总署是国务院下属的正部级直属机构,在国务院领导下统一管理全国海关机构、人员编制、经费物资和各项海关业务,是海关系统的最高领导部门。海关总署下设广东分署,在上海和天津设立特派员办事处,作为其派出机构。海关总署贯彻落实党中央关于海关工作的方针政策和决策部署,在履行职责过程中坚持和加强党对海关工作的集中统一领导。根据党的十九届三中全会审议通过的《中共中央关于深化党和国家机构改革的决定》《深化党和国家机构改革方案》和第十三届全国人民代表大会第一次会议批准的《国务院机构改革方案》制定的《海关总署职能配置、内设机构和人员编制规定》,海关总署的主要职责包括以下几方面。

(1)负责全国海关工作。拟订海关(含出入境检验检疫,下同[①])工作政策,起草相关法律法规草案,制定海关规划、部门规章、相关技术规范。

(2)负责组织推动口岸"大通关"建设。会同有关部门制定口岸管理规章制度,组织拟订口岸发展规划并协调实施,牵头拟订口岸安全联合防控工作制度,协调开展口岸相关情报收集、风险分析研判和处置工作。协调口岸通关中各部门的工作关系,指导和协调地方政府口岸工作。

(3)负责海关监管工作。制定进出境运输工具、货物和物品的监管制度并组织实施。按规定承担技术性贸易措施相关工作。依法执行进出口贸易管理政策,负责知识产权海关保护工作,负责海关标志标识管理。组织实施海关管理环节的反恐、维稳、防扩散、出口管制等工作。制定加工贸易等保税业务的海关监管制度并组织实施,牵头审核海关特殊监管区域的设立和调整。

(4)负责进出口关税及其他税费征收管理。拟订征管制度,制定进出口商品分类目录并组织实施和解释。牵头开展多双边原产地规则对外谈判,拟订进出口商品原产地规则并依法负责签证管理等组织实施工作。依法执行反倾销和反补贴措施、保障措施及其他关税措施。

(5)负责出入境卫生检疫、出入境动植物及其产品检验检疫。收集分析境外疫情,组织实施口岸处置措施,承担口岸突发公共卫生等应急事件的相关工作。

(6)负责进出口商品法定检验。监督管理进出口商品鉴定、验证、质量安全等。负责进口食品、化妆品检验检疫和监督管理,依据多双边协议实施出口食品相关工作。

---

① 根据 2018 年第十三届全国人民代表大会第一次会议批准的《国务院机构改革方案》,国家质量监督检验检疫总局的出入境检验检疫管理职责和队伍划入海关总署。

(7) 负责海关风险管理。组织海关贸易调查、市场调查和风险监测,建立风险评估指标体系、风险监测预警和跟踪制度、风险管理防控机制。实施海关信用管理,负责海关稽查。

(8) 负责国家进出口货物贸易等海关统计。发布海关统计信息和海关统计数据,组织开展动态监测、评估,建立服务进出口企业的信息公共服务平台。

(9) 负责全国打击走私综合治理工作。依法查处走私、违规案件,负责所管辖走私犯罪案件的侦查、拘留、执行逮捕、预审工作,组织实施海关缉私工作。

(10) 负责制定并组织实施海关科技发展规划、实验室建设和技术保障规划。组织相关科研和技术引进工作。

(11) 负责海关领域国际合作与交流。代表国家参加有关国际组织,签署并执行有关国际合作协定、协议和议定书。

(12) 垂直管理全国海关。

(13) 完成党中央、国务院交办的其他任务。

(14) 职能转变。

① 加强监管严守国门安全。以风险管理为主线,加快建立风险信息集聚、统一分析研判和集中指挥处置的风险管理防控机制,监管范围从口岸通关环节向出入境全链条、宽领域拓展延伸,监管方式从分别作业向整体集约转变,进一步提高监管的智能化和精准度,切实保障经济安全,坚决将洋垃圾、走私象牙等危害生态安全和人民健康的货物物品以及传染病、病虫害等拒于国门之外。

② 简政放权促进贸易便利。整合海关作业内容,进一步减少审批事项,减少事中作业环节和手续,推进"查检合一",拓展"多查合一",优化通关流程,压缩通关时间。整合各类政务服务资源与数据,加快推进国际贸易"单一窗口",实现企业"一次登录、全网通办"。加快"互联网+海关"建设,通关证件资料一地备案、全国通用,一次提交、共享复用。加快建设服务进出口企业的信息公共服务平台,收集梳理各国进出口产品准入标准、技术法规、海关监管政策措施等,为进出口企业提供便捷查询咨询等服务,实现信息免费或低成本开放。

③ 深化口岸改革。从国家安全和整体利益大局出发,优化口岸布局,整合距离相近的口岸,关闭业务量小的口岸,严格控制新开口岸,减少口岸无序竞争和低水平重复建设。

(15) 与其他部门的有关职责分工。

第一,与农业农村部的有关职责分工:①农业农村部会同海关总署起草出入境动植物检疫法律法规草案;农业农村部、海关总署负责确定和调整禁止入境动植物名录并联合发布;海关总署会同农业农村部制定并发布动植物及其产品出入境禁令、解禁令。②在国际合作方面,农业农村部负责签署政府间动植物检疫协议、协定;海关总署负责签署与实施政府间动植物检疫协议、协定有关的协议和议定书,以及动植物检疫部门间的协议等。③两部门要相互衔接,密切配合,共同做好出入境动植物检疫工作。

第二,与国家卫生健康委员会的有关职责分工。国家卫生健康委员会负责传染病总体防治和突发公共卫生事件应急工作,编制国境卫生检疫监测传染病目录。国家卫生健康委员会与海关总署建立健全应对口岸传染病疫情和公共卫生事件合作机制、传染病疫情和公共卫生事件通报交流机制、口岸输入性疫情通报和协作处理机制。

第三，与国家市场监督管理总局的有关职责分工：①两部门要建立机制，避免对各类进出口商品和进出口食品、化妆品进行重复检验、重复收费、重复处罚，减轻企业负担。②海关总署负责进口食品安全监督管理。进口的食品以及食品相关产品应当符合我国食品安全国家标准。境外发生的食品安全事件可能对我国境内造成影响，或者在进口食品中发现严重食品安全问题的，海关总署应当及时采取风险预警或者控制措施，并向国家市场监督管理总局通报，国家市场监督管理总局应当及时采取相应措施。③两部门要建立进口产品缺陷信息通报和协作机制。海关总署在口岸检验监管中发现不合格或存在安全隐患的进口产品，依法实施技术处理、退运、销毁，并向国家市场监督管理总局通报。国家市场监督管理总局统一管理缺陷产品召回工作，通过消费者报告、事故调查、伤害监测等获知进口产品存在缺陷的，依法实施召回措施；对拒不履行召回义务的，国家市场监督管理总局向海关总署通报，由海关总署依法采取相应措施。

（二）直属海关

直属海关是指直接由海关总署领导，负责管理一定区域范围内海关业务的海关。截至2023年，我国直属海关共有42个，除香港、澳门、台湾地区外，分布在31个省、自治区、直辖市。直属海关就本关区内的海关事务独立行使职责，向海关总署负责。直属海关承担着在关区内组织开展海关各项业务和关区集中审单作业、全面有效地贯彻执行海关各项政策、法律、法规、管理制度和作业规范的重要职责，在海关三级业务职能管理中发挥着承上启下的作用。

（三）隶属海关

隶属海关是指由直属海关领导，负责办理具体海关业务的海关，是海关进出境监督管理职能的基本执行单位，一般都设在口岸和海关业务集中的地点。隶属海关根据海关业务情况设立若干业务科室，其人员从十几人到二三百人不等。

（四）海关缉私警察机构

海关缉私警察是专门打击走私犯罪活动的警察队伍。海关总署设有海关总署缉私局；海关总署广东分署和各直属海关设有缉私局；隶属海关设有缉私分局。海关缉私部门和海关缉私工作受公安部与海关总署双重领导，以公安部领导为主，重点是加强政治领导、干部管理和队伍建设。海关缉私业务工作由海关领导负责。海关缉私部门的主要职责包括：拟订反走私社会综合治理政策措施并组织实施，查处走私、违规案件，侦办走私罪案件，开展缉私情报工作，同时组织开展打击走私国家（地区）间合作，承担世界海关组织（WCO）情报联络工作。

【思政课堂】

海关关衔制度

中华人民共和国海关关衔制是我国继军衔、警衔后实行的第三种衔级制度。2003年2月28日，第九届全国人民代表大会常务委员会第三十二次会议通过《中华人民共和国海关关衔条例》；2003年9月12日，国务院举行授予海关关衔仪式，中华人民共和国海关正式实行关衔制。海关关衔制的全面实施,是推进海关干部队伍正规化、规范化建设的重大措施,成为我国现代海关制度建设的重要里程碑。

海关关衔的等级(图 1-2)设置为五等十三级:一等:海关总监、海关副总监;二等:关务监督(一级、二级、三级);三等:关务督察(一级、二级、三级);四等:关务督办(一级、二级、三级);五等:关务员(一级、二级)。海关总监、海关副总监、一级关务监督、二级关务监督由国务院总理批准授予;三级关务监督至三级关务督察,由海关总署署长批准授予;海关总署机关及海关总署派出机构的一级关务督办以下的关衔由海关总署政治部主任批准授予;各直属海关、隶属海关的一级关务督办以下的关衔由各直属海关关长批准授予。

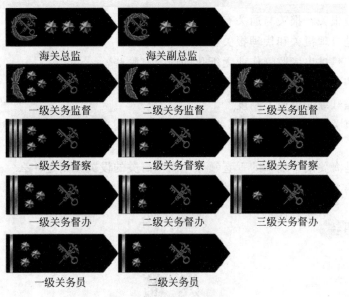

图 1-2 海关关衔的等级

关衔是区分海关关员等级、表明海关关员身份的称号和标志,是国家给予海关关员的荣誉。关衔的授予以海关工作人员现任职务、德才表现、任职时间和工作年限为依据。二级关务督察以下关衔的海关工作人员,在其职务等级编制关衔幅度内,按照规定的期限晋级;一级关务督察以上关衔的海关工作人员,在职务等级编制关衔幅度内,根据德才表现和工作实绩实行选升。

资料来源:海关总署网站和中国新闻网。

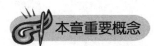 **本章重要概念**

报关;通关;进出境运输工具;进出境货物;进出境物品;自理报关;代理报关;运输工具进出境监管作业无纸化;禁止进出境物品;限制进出境物品;红绿通道通关制度;海关性质;海关任务;关检融合;通关一体化;海关权力;垂直领导体制;海关总署;直

属海关；隶属海关

本章小结

本章思考题

1. 什么是报关？报关与通关有何联系和区别？
2. 什么是自理报关和代理报关？
3. 运输工具进出境监管作业无纸化的内容有哪些？
4. 我国禁止进出境和限制进出境的物品分别有哪些？
5. 什么是红绿通道通关制度？
6. 我国海关的基本任务有哪些？为保证海关履行职责，我国法律赋予海关哪些权力？
7. 什么是海关集中统一的垂直领导体制？海关的设关原则是什么？
8. 2018年国务院机构改革方案实施后，海关总署有哪些职责？

第二篇

报关专业知识

第二章　报关管理制度
第三章　进出口贸易管理制度

第二章　报关管理制度

本章学习目标

本章介绍海关对报关单位备案管理制度、对企业信用分类管理制度以及经核准出口商管理制度。通过本章的学习，应当重点掌握报关单位的概念和类型、报关单位备案制度、海关注册登记和备案企业的信用等级认定标准和管理措施以及海关经核准出口商管理制度等内容。

第一节　报关单位备案管理制度

一、报关单位的概念和类型

（一）报关单位的概念

报关单位是指按照相关规定在海关备案的进出口货物收发货人和报关企业。

《海关法》规定："进出口货物收发货人、报关企业办理报关手续，应当依法向海关备案。"以法律的形式明确了完成海关备案手续是报关单位的主要特征。

（二）报关单位的类型

《海关法》和《中华人民共和国海关报关单位备案管理规定》将报关单位划分为两种，即进出口货物收发货人和报关企业。

报关单位可以在中华人民共和国关境内办理报关业务。报关单位在全国范围内可以具有进出口货物收发货人和报关企业双重身份。

进出口货物，除另有规定的外，可以由进出口货物收发货人自行办理报关纳税手续，也可以由进出口货物收发货人委托报关企业办理报关纳税手续。

报关企业接受进出口货物收发货人的委托，以委托人的名义办理报关手续的，应当向海关提交由委托人签署的授权委托书，遵守海关法对委托人的各项规定。报关企业接受进出口货物收发货人的委托，以自己的名义办理报关手续的，应当承担与收发货人相同的法律责任。

委托人委托报关企业办理报关手续的，应当向报关企业提供所委托报关事项的真实情况；报关企业接受委托人的委托办理报关手续的，应当对委托人所提供情况的真实性进行合理审查。

二、报关单位备案制度

根据《海关法》的规定，依法向海关备案是进出口货物收发货人、报关企业向海关报的前提条件。

（一）报关单位备案条件及程序

《中华人民共和国海关报关单位备案管理规定》（海关总署第253号令）规定，进出口货物收发货人、报关企业申请备案的，应当取得市场主体资格；其中进出口货物收发货人申请备案的，还应当取得对外贸易经营者备案。进出口货物收发货人、报关企业已办理报关单位备案的，其符合条件的分支机构也可以申请报关单位备案。法律、行政法规、规章另有规定的，从其规定。

报关单位申请备案时，应当向海关提交《报关单位备案信息表》。

下列单位按照国家有关规定需要从事非贸易性进出口活动的，应当办理临时备案：境外企业、新闻、经贸机构、文化团体等依法在中国境内设立的常驻代表机构；少量货样进出境的单位；国家机关、学校、科研院所、红十字会、基金会等组织机构；接受捐赠、礼品、国际援助或者对外实施捐赠、国际援助的单位；其他可以从事非贸易性进出口活动的单位。

办理临时备案的，应当向所在地海关提交《报关单位备案信息表》，并随附主体资格证明材料、非贸易性进出口活动证明材料。

经审核，备案材料齐全，符合报关单位备案要求的，海关应当在3个工作日内予以备案。备案信息应当通过"中国海关企业进出口信用信息公示平台"进行公布。

报关单位备案长期有效。临时备案有效期为1年，届满后可以重新申请备案。

为进一步优化营商环境，根据《国务院关于深化"证照分离"改革进一步激发市场主体发展活力的通知》（国发〔2021〕7号），报关单位备案（进出口货物收发货人备案、报关企业备案）全面纳入"多证合一"改革。申请人办理市场监督管理部门市场主体登记时，需要同步办理报关单位备案的，应按照要求勾选报关单位备案，并补充填写相关备案信息。市场监督管理部门按照"多证合一"流程完成登记，并在国家市场监督管理总局层面完成与海关总署的数据共享，企业无须再向海关提交备案申请。"多证合一"改革实施后，企业未选择"多证合一"方式提交申请的，仍可通过国际贸易"单一窗口"或"互联网+海关"提交报关单位备案申请。

扩展阅读材料链接：

海关总署第253号令：《中华人民共和国海关报关单位备案管理规定》，海关总署网站：http://www.customs.gov.cn/customs/302249/302266/302267/4020542/index.html。

（二）报关单位备案的变更和注销

报关单位名称、市场主体类型、住所（主要经营场所）、法定代表人（负责人）、报关人员等《报关单位备案信息表》载明的信息发生变更的，报关单位应当自变更之日起30日内向所在地海关申请变更。报关单位因迁址或者其他原因造成所在地海关发生变更的，应当向变更后的海关申请变更。

报关单位有下列情形之一的，应当向所在地海关办理备案注销手续：因解散、被宣告破产或者其他法定事由终止的；被市场监督管理部门注销或者撤销登记、吊销营业执照的；进出口货物收发货人对外贸易经营者备案失效的；临时备案单位丧失主体资格的；

其他依法应当注销的情形。

报关单位备案注销前,应当办结海关有关手续。报关单位已在海关备案注销的,其所属分支机构应当办理备案注销手续。报关单位未按照规定办理备案注销手续的,海关发现后应当依法注销。

(三)报关单位备案的权责和法律责任

报关单位要求提供纸质备案证明的,海关应当提供。

报关单位在办理备案、变更和注销时,应当对所提交材料的真实性、有效性负责并且承担法律责任。海关可以对报关单位备案情况进行监督和实地检查,依法查阅或者要求报关单位报送有关材料。报关单位应当配合,如实提供有关情况和材料。

报关单位有下列情形之一的,海关责令其改正,拒不改正的,海关可以处1万元以下罚款:

(1)报关单位名称、市场主体类型、住所(主要经营场所)、法定代表人(负责人)、报关人员等发生变更,未按照规定向海关办理变更的;

(2)向海关提交的备案信息隐瞒真实情况、弄虚作假的;

(3)拒不配合海关监督和实地检查的。

【思政课堂】

报关企业注册登记改革在京落地落实"多证合一"再添新成员

"现在办理报关企业备案非常方便,申请材料更简单,办理时间更短,办理流程也更便捷,真是太好了。"北京顺瑞通国际货运代理有限公司法人代表刘斌说。2021年6月,北京顺瑞通国际货运代理有限公司通过"国际贸易单一窗口"在线提交了报关企业备案申请,5分钟即完成审核流程,领到了报关企业注册登记"审批"改"备案"后北京地区的第一份报关企业备案证明。

新修订的《海关法》取消"报关企业注册登记"事项的行政审批,改为实施备案管理,不仅备案长期有效,办事时长也大大缩短。

"北京海关大力推行全程'无纸化'办理,积极做好政策宣讲,引导企业通过'国际贸易单一窗口'、海关总署门户网站'互联网+海关'等平台向海关提交一份电子化《报关单位情况登记表》,就能实现一地申请、一次办理,达到了惠民、惠企、惠政的目的,受到企业欢迎。"北京海关企业管理处特定资质管理科科长周静介绍说。

北京海关还将报关企业备案纳入"多证合一"改革中,企业在办理工商登记手续时即可同步在线申请办理备案手续,海关即时受理、即时办结,实现了"一口受理、一表填制、互联共享"。

"此次将报关企业备案纳入'多证合一'改革和推行全程'无纸化'办理,具有重大意义,标志着北京海关积极参与'多证合一'登记制度改革,服务首都经济发展,降低企业成本,在提升行政服务效率上迈出了实质性的步伐。"北京海关企业管理处处长贾东表示。

资料来源:崔哲:"报关企业注册登记改革在京落地落实'多证合一'再添新成员",海关总署网站。

第二节　海关注册登记和备案企业信用管理制度

为推进社会信用体系建设,促进贸易安全与便利,海关按照诚信守法便利、失信违法惩戒、依法依规、公正公开原则,对海关注册登记和备案企业(以下简称"企业")实施信用管理。海关根据企业申请,按照规定的标准和程序将企业认证为高级认证企业的,对其实施便利的管理措施。海关根据采集的信用信息,按照规定的标准和程序将违法违规企业认定为失信企业的,对其实施严格的管理措施。海关对高级认证企业和失信企业之外的其他企业实施常规的管理措施。

一、企业信用信息采集和公示

海关可以采集反映企业信用状况的下列信息:
(1)企业注册登记或者备案信息以及企业相关人员[1]基本信息;
(2)企业进出口以及与进出口相关的经营信息;
(3)企业行政许可信息;
(4)企业及其相关人员行政处罚和刑事处罚信息;
(5)海关与国家有关部门实施联合激励和联合惩戒信息;
(6)AEO[2]互认信息;
(7)其他反映企业信用状况的相关信息。

海关应当及时公示下列信用信息,并公布查询方式:
(1)企业在海关注册登记或者备案信息;
(2)海关对企业信用状况的认证或者认定结果;
(3)海关对企业的行政许可信息;
(4)海关对企业的行政处罚信息;
(5)海关与国家有关部门实施联合激励和联合惩戒信息;
(6)其他依法应当公示的信息。

公示的信用信息涉及国家秘密、国家安全、社会公共利益、商业秘密或者个人隐私的,应当依照法律、行政法规的规定办理。

自然人、法人或者非法人组织认为海关公示的信用信息不准确的,可以向海关提出异议,并且提供相关资料或者证明材料。海关应当自收到异议申请之日起20日内进行复核。自然人、法人或者非法人组织提出异议的理由成立的,海关应当采纳。

【思政课堂】

经认证的经营者制度

"经认证的经营者"即 authorized economic operator。AEO 制度是世界海关组织倡

---

[1] 企业相关人员是指企业法定代表人、主要负责人、财务负责人、关务负责人等管理人员。
[2] AEO(经认证的经营者),是指以任何一种方式参与货物国际流通,符合海关总署规定标准的企业。

导的,由海关对守法程度、信用状况和安全水平较高的企业进行认证,并对通过认证的企业给予包括适用较低的单证审核率、适用较低的进口货物查验率、对需要实货检查的货物给予优先查验、指定海关联络员负责沟通处理通关中遇到的问题、在国际贸易中断并恢复后优先通关等在内的通关优惠便利措施的制度。中国和互认国家(地区)AEO企业出口到对方的货物,能够直接享受当地海关实施的通关便利措施,从而降低相关贸易成本。

截至2023年12月,中国内地已和欧盟、日本、韩国、新加坡、瑞士、新西兰、以色列、白俄罗斯、巴西、智利、乌拉圭、阿联酋、乌干达、乌兹别克斯坦、哥斯达黎加、塞尔维亚、南非、澳大利亚、中国香港、中国澳门和中国台湾等在内的29个经济体签署了AEO互认协议,覆盖55个国家和地区,AEO互认国家和地区数量居全球首位,中国内地AEO企业对互认国家和地区的进出口总额占其进出口总额约六成。中国海关将按照2022年3月中共中央办公厅、国务院办公厅印发的《关于推进社会信用体系建设高质量发展促进形成新发展格局的意见》提出"高水平推进'经认证的经营者'(AEO)国际互认合作"要求,加快与共建"一带一路"国家、RCEP(《区域全面经济伙伴关系协定》)成员国、中东欧国家和中亚五国等的AEO互认磋商进程,充分落实互认便利措施,使更多AEO企业享受通关便利,提升企业国际竞争力。有关中国内地与其他国家和地区AEO互认的新进展,请关注海关总署网站。

资料来源:海关总署网站"海关发布"。

二、企业信用等级的认定标准和程序

1. 高级认证企业的认证标准和程序

高级认证企业的认证标准分为通用标准和单项标准。高级认证企业的通用标准包括内部控制、财务状况、守法规范以及贸易安全等内容。高级认证企业的单项标准是海关针对不同企业类型和经营范围制定的认证标准。高级认证企业应当同时符合通用标准和相应的单项标准。①

企业申请成为高级认证企业的,应当向海关提交书面申请,并按照海关要求提交相关资料。海关依据高级认证企业通用标准和相应的单项标准,对企业提交的申请和有关资料进行审查,并赴企业进行实地认证。

海关应当自收到申请及相关资料之日起90日内进行认证并作出决定。特殊情形下,海关的认证时限可以延长30日。经认证,符合高级认证企业标准的企业,海关制发高级认证企业证书;不符合高级认证企业标准的企业,海关制发未通过认证决定书。高级认证企业证书、未通过认证决定书应当送达申请人,并且自送达之日起生效。

海关对高级认证企业每5年复核一次。企业信用状况发生异常情况的,海关可以不定期开展复核。经复核,不再符合高级认证企业标准的,海关应当制发未通过复核决定书,并收回高级认证企业证书。

海关可以委托社会中介机构就高级认证企业认证、复核相关问题出具专业结论。企

---

① 海关总署公告2022年第106号公布了《中华人民共和国海关注册登记和备案企业信用管理办法》(海关总署令第251号)配套执行的《海关高级认证企业标准》(含通用标准和加工贸易以及保税进出口业务、卫生检疫业务、动植物检疫业务、进出口食品业务、进出口商品检验业务、代理报关业务、快件运营业务、物流运输业务、跨境电子商务平台业务、外贸综合服务业务的单项标准)。

业委托社会中介机构就高级认证企业认证、复核相关问题出具的专业结论,可以作为海关认证、复核的参考依据。

企业有下列情形之一的,1年内不得提出高级认证企业认证申请:

(1) 未通过高级认证企业认证或者复核的;

(2) 放弃高级认证企业管理的;

(3) 撤回高级认证企业认证申请的;

(4) 高级认证企业被海关下调信用等级的;

(5) 失信企业被海关上调信用等级的。

2. 失信企业的认定标准、程序和信用修复

企业有下列情形之一的,会被海关认定为失信企业。

(1) 被海关侦查走私犯罪公安机构立案侦查并由司法机关依法追究刑事责任[①]的。

(2) 构成走私行为被海关行政处罚[②]的。

(3) 非报关企业1年内违反海关的监管规定被海关行政处罚的次数超过上年度报关单、进出境备案清单、进出境运输工具舱单等单证(以下简称"相关单证")总票数千分之一且被海关行政处罚金额[③]累计超过100万元的;报关企业1年内违反海关的监管规定被海关行政处罚的次数超过上年度相关单证总票数万分之五且被海关行政处罚金额累计超过30万元的;上年度相关单证票数无法计算的,1年内因违反海关的监管规定被海关行政处罚,非报关企业处罚金额累计超过100万元、报关企业处罚金额累计超过30万元的。

(4) 自缴纳期限届满之日起超过3个月仍未缴纳税款的。

(5) 自缴纳期限届满之日起超过6个月仍未缴纳罚款、没收的违法所得和追缴的走私货物、物品等值价款,并且超过1万元的。

(6) 抗拒、阻碍海关工作人员依法执行职务,被依法处罚的。

(7) 向海关工作人员行贿,被处以罚款或者被依法追究刑事责任的。

(8) 法律、行政法规、海关规章规定的其他情形。

失信企业存在下列情形的,海关依照法律、行政法规等有关规定实施联合惩戒,将其列入严重失信主体名单:

(1) 违反进出口食品安全管理规定、进出口化妆品监督管理规定或者走私固体废物被依法追究刑事责任的;

(2) 非法进口固体废物被海关行政处罚金额超过250万元的。

海关在作出认定失信企业决定前,应当书面告知企业拟作出决定的事由、依据和依法享有的陈述、申辩权利。海关拟依照规定将企业列入严重失信主体名单的,还应当告知企业列入的惩戒措施提示、移出条件、移出程序及救济措施。

企业对海关拟认定失信企业决定或者列入严重失信主体名单决定提出陈述、申辩的,

---

① 作为企业信用状况认定依据的刑事犯罪,以司法机关相关法律文书生效时间为准进行认定。

② 作为企业信用状况认定依据的海关行政处罚,以海关行政处罚决定书做出时间为准进行认定。

③ 作为企业信用状况认定依据的处罚金额,包括被海关处以罚款、没收违法所得或者没收货物、物品价值的金额之和。企业主动披露且被海关处以警告或者海关总署规定数额以下罚款的行为,不作为海关认定企业信用状况的记录。

应当在收到书面告知之日起5个工作日内向海关书面提出。海关应当在20日内进行核实,企业提出的理由成立的,海关应当采纳。

未被列入严重失信主体名单的失信企业纠正失信行为,消除不良影响,并且符合下列条件的,可以向海关书面申请信用修复并提交相关证明材料:

(1) 因存在上述失信企业认定情形第(2)项、第(6)项情形被认定为失信企业满1年的;

(2) 因存在上述失信企业认定情形第(3)项情形被认定为失信企业满6个月的;

(3) 因存在上述失信企业认定情形第(4)项、第(5)项情形被认定为失信企业满3个月的。

经审核符合信用修复条件的,海关应当自收到企业信用修复申请之日起20日内作出准予信用修复决定。失信企业连续2年未发生上述失信企业认定情形规定情形的,海关应当对失信企业作出信用修复决定,若失信企业已被列入严重失信主体名单的,应当将其移出严重失信主体名单并通报相关部门。法律、行政法规和党中央、国务院政策文件明确规定不可修复的,海关不予信用修复。

【思政课堂】

天津海关受理首家企业信用修复业务

2021年11月1日,天津海关正式受理被纳入"海关失信企业"管理的某科技有限公司信用修复申请,这是《中华人民共和国海关注册登记和备案企业信用管理办法》(以下简称《办法》)11月1日正式施行以来,天津海关受理的首例海关信用修复案例。

"被处罚了才知道信用的珍贵。有了这次教训,以后再也不敢失信了。我们企业自从2021年1月份被降级为失信企业以来,进口货物票票查验,对我们企业影响很大,我们就盼着尽快恢复信用。这次新规出台,我们由原来必须失信满2年才能恢复信用等级变为现在满6个月即可提出申请,这可是解决了我们企业的大问题了。"该公司工作人员在企业信用修复后激动地表示。

据了解,该企业于2021年1月因违反海关监管规定被认定为失信企业,并实施提高查验率、提高稽查、核查频次等严格监管措施和多部委的联合惩戒。按照原《中华人民共和国海关企业信用管理办法》规定,该企业只有自被海关认定为失信企业之日起连续2年未发生失信情形,才能提升信用等级。

在得知海关建立信用修复激励机制后,该公司发现自己符合可信用修复的情形,认真开展规范整改,第一时间联系注册地海关——南开海关,积极递交相关申请材料并承诺今后守法合规经营,申请恢复其信用等级并解除有关失信措施。根据信用修复激励机制的相关规定,经审查,天津海关正式受理该公司信用修复申请,将对企业是否符合信用修复条件进行审核,如符合条件,将于20日内完成其信用等级的修复调整。

新《办法》的出台,标志着海关全面深化信用管理改革进入实施阶段,海关信用管理体系再次全面升级更新。天津海关工作人员介绍道:"新《办法》针对企业失信行为社会危害性程度,明确了不同失信行为的修复标准和程序,鼓励失信企业及时纠正错误、规范管理,并通过合法渠道提升信用水平,从而达到有效激发市场主体活力的效果。"

资料来源:天津海关网站。

三、不同信用等级企业的管理措施

高级认证企业是中国海关 AEO,适用下列管理措施:

(1) 进出口货物平均查验率低于实施常规管理措施企业平均查验率的 20%,法律、行政法规或者海关总署有特殊规定的除外;

(2) 出口货物原产地调查平均抽查比例在企业平均抽查比例的 20% 以下,法律、行政法规或者海关总署有特殊规定的除外;

(3) 优先办理进出口货物通关手续及相关业务手续;

(4) 优先向其他国家(地区)推荐农产品、食品等出口企业的注册;

(5) 可以向海关申请免除担保;

(6) 减少对企业稽查、核查频次;

(7) 可以在出口货物运抵海关监管区之前向海关申报;

(8) 海关为企业设立协调员;

(9) AEO 互认国家或者地区海关通关便利措施;

(10) 国家有关部门实施的守信联合激励措施;

(11) 因不可抗力中断国际贸易恢复后优先通关;

(12) 海关总署规定的其他管理措施。

失信企业适用下列管理措施:

(1) 进出口货物查验率 80% 以上;

(2) 经营加工贸易业务的,全额提供担保;

(3) 提高对企业稽查、核查频次;

(4) 海关总署规定的其他管理措施。

办理同一海关业务涉及的企业信用等级不一致,导致适用的管理措施相抵触的,海关按照较低信用等级企业适用的管理措施实施管理。

高级认证企业、失信企业有分立合并情形的,海关按照以下原则对企业信用状况进行确定并适用相应管理措施:

(1) 企业发生分立,存续的企业承继原企业主要权利义务的,存续的企业适用原企业信用状况的认证或者认定结果,其余新设的企业不适用原企业信用状况的认证或者认定结果;

(2) 企业发生分立,原企业解散的,新设企业不适用原企业信用状况的认证或者认定结果;

(3) 企业发生吸收合并的,存续企业适用原企业信用状况的认证或者认定结果;

(4) 企业发生新设合并的,新设企业不再适用原企业信用状况的认证或者认定结果。

高级认证企业涉嫌违反与海关管理职能相关的法律法规被刑事立案的,海关应当暂停适用高级认证企业管理措施。高级认证企业涉嫌违反海关的监管规定被立案调查的,海关可以暂停适用高级认证企业管理措施。

高级认证企业存在财务风险,或者有明显的转移、藏匿其应税货物以及其他财产迹象的,或者存在其他无法足额保障税款缴纳风险的,海关可以暂停适用企业申请免除担保的管理措施。

扩展阅读材料链接:

1. 海关总署第251号令:《中华人民共和国海关注册登记和备案企业信用管理办法》,海关总署网站:http://www.customs.gov.cn/customs/302249/302266/302267/3883300/index.html。

2. 海关总署公告2022年第106号:"关于公布《海关高级认证企业标准》的公告",海关总署网站:http://www.customs.gov.cn/customs/302249/2480148/4658463/index.html。

3. "海关总署关于《中华人民共和国海关注册登记和备案企业信用管理办法》的解读",海关总署企业管理和稽查司网站:http://qgjcs.customs.gov.cn/qgs/hgjckxytxjszl/zcfg22/zcjd59/3879795/index.html。

第三节 海关经核准出口商管理制度

为规范出口货物原产地管理,促进对外贸易,根据《中华人民共和国政府和冰岛政府自由贸易协定》《中华人民共和国和瑞士联邦自由贸易协定》《中华人民共和国政府和毛里求斯共和国政府自由贸易协定》《区域全面经济伙伴关系协定》等优惠贸易协定(以下统称"相关优惠贸易协定")的规定,海关实施中华人民共和国缔结或者参加的优惠贸易协定项下经核准出口商管理制度。经核准出口商是指经海关依法认定,可以对其出口或者生产的、具备相关优惠贸易协定项下原产资格的货物开具原产地声明的企业。海关按照诚信守法便利原则,对经核准出口商实施管理。

一、经核准出口商的条件和认定程序

经核准出口商应当满足以下条件:

(1)海关高级认证企业;

(2)掌握相关优惠贸易协定项下原产地规则;

(3)建立完备的原产资格文件管理制度。

企业申请成为经核准出口商的,应当向其住所地直属海关(以下统称"主管海关")提交书面申请。申请人通过"中国国际贸易单一窗口"(https://www.singlewindow.cn)或者"互联网+海关"一体化网上办事平台(http://online.customs.gov.cn)中的"经核准出口商管理信息化系统"提交《中华人民共和国海关经核准出口商认定申请书》。书面申请应当包含以下内容:

(1)企业中英文名称、中英文地址、统一社会信用代码、海关信用等级、企业类型、联系人信息等基本信息;

(2) 企业主要出口货物的中英文名称、规格型号、《商品名称及编码协调制度》（Harmonized Commodity Description and Coding System）（以下简称《协调制度》或 HS 编码）、适用的优惠贸易协定及具体原产地标准、货物所使用的全部材料及零部件组成情况等信息；

(3) 掌握相关优惠贸易协定项下原产地规则的承诺声明；

(4) 建立完备的货物原产资格文件管理制度的承诺声明；

(5) 拟加盖在原产地声明上的印章印模。

申请材料涉及商业秘密的，应当在申请时以书面方式向主管海关提出保密要求，并且具体列明需要保密的内容。海关按照国家有关规定承担保密义务。

主管海关应当自收到申请材料之日起 30 日内进行审核并作出决定。经审核，符合经核准出口商条件的，主管海关应当制发经核准出口商认定书，并给予经核准出口商编号；不符合经核准出口商条件的，主管海关应当制发不予认定经核准出口商决定书。经核准出口商认定书、不予认定经核准出口商决定书应当送达申请人，并且自送达之日起生效。

经核准出口商认定的有效期为 3 年。经核准出口商可以在有效期届满前 3 个月内，向主管海关书面申请续展。每次续展的有效期为 3 年。

扩展阅读材料链接：

1. 海关总署第 254 号令：《中华人民共和国海关经核准出口商管理办法》，海关总署网站：http://www.customs.gov.cn/customs/302249/302266/302267/4020565/index.html。

2. 海关总署公告 2021 年第 105 号："关于实施《中华人民共和国海关经核准出口商管理办法》相关事项的公告"，海关总署网站：http://www.customs.gov.cn/customs/302249/302266/302267/4122245/index.html。

二、经核准出口商的权利和责任

海关总署依据中华人民共和国缔结或者参加的优惠贸易协定以及相关协议，与优惠贸易协定项下其他缔约方（以下简称"其他缔约方"）交换下列经核准出口商信息：

(1) 经核准出口商编号；

(2) 经核准出口商中英文名称；

(3) 经核准出口商中英文地址；

(4) 经核准出口商认定的生效日期和失效日期；

(5) 相关优惠贸易协定要求交换的其他信息。

海关总署依照规定与其他缔约方完成信息交换后，主管海关应当通知经核准出口商可以依照下述规定开具原产地声明：

经核准出口商为其出口或者生产的货物开具原产地声明前，应当向主管海关提交货物的中英文名称、《协调制度》6 位编码、适用的优惠贸易协定等信息。相关货物的中英文名称、《协调制度》6 位编码、适用的优惠贸易协定与已提交信息相同的，无须重复提交。

经核准出口商应当通过海关经核准出口商管理信息化系统开具原产地声明,并且对其开具的原产地声明的真实性和准确性负责。经核准出口商开具的原产地声明可以用于向其他缔约方申请享受相关优惠贸易协定项下优惠待遇。

经核准出口商应当自原产地声明开具之日起3年内保存能够证明该货物原产资格的全部文件。相关文件可以以电子或者纸质形式保存。

经核准出口商不是出口货物生产商的,应当在开具原产地声明前要求生产商提供能够证明货物原产资格的文件,并且按照要求予以保存。

海关可以对经核准出口商开具的原产地声明及其相关货物、原产资格文件管理制度及执行情况等实施检查,经核准出口商应当予以配合。其他缔约方主管部门根据相关优惠贸易协定,提出对经核准出口商开具的原产地声明及其相关货物核查请求的,由海关总署统一组织实施。经核准出口商应当将其收到的其他缔约方主管部门有关原产地声明及其相关货物的核查请求转交主管海关。

经核准出口商信息或者货物信息发生变更的,经核准出口商未进行变更前,不得开具原产地声明。

海关依法对经核准出口商实施信用管理。提供虚假材料骗取经核准出口商认定,或者伪造、买卖原产地声明的,主管海关应当给予警告,可以并处1万元以下罚款。

三、经核准出口商认定的注销和撤销

存在以下情形的,主管海关可以注销经核准出口商认定,并且制发《中华人民共和国海关经核准出口商认定注销通知书》书面通知该企业:

(1) 经核准出口商申请注销的;

(2) 经核准出口商不再符合海关总署规定的企业信用等级的;

(3) 经核准出口商有效期届满未向主管海关申请续展的。

注销决定自作出之日起生效。

存在以下情形的,主管海关可以撤销经核准出口商认定,并制发《中华人民共和国海关经核准出口商认定撤销通知书》书面通知该企业:

(1) 提供虚假材料骗取经核准出口商认定的;

(2) 存在伪造或者买卖原产地声明行为的;

(3) 经核准出口商未按照规定转交核查请求,情节严重的;

(4) 经核准出口商开具的原产地声明不符合海关总署规定,1年内累计数量超过上年度开具的原产地声明总数1%,并且涉及货物价值累计超过100万元的。

撤销决定自作出之日起生效,但依照上述第(1)项规定撤销经核准出口商认定的,经核准出口商认定自始无效。

企业被海关撤销经核准出口商认定的,自被撤销之日起2年内不得提出经核准出口商认定申请。

【思政课堂】

甘肃首家 RCEP 经核准出口商通过认定

"成为经核准出口商,我公司以后可自主出具原产地声明,享受 RCEP 关税优惠政策,更能方便灵活地安排货物生产和出口,大大提升货物出口的国际竞争力,为全省的外贸业务添砖加瓦!"方大炭素新材料科技股份有限公司进出口业务部经理王春焕说。2022年3月27日,由金城海关推荐,经兰州海关审核认定,方大炭素新材料科技股份有限公司成为甘肃省首家 RCEP 经核准出口商,同时也是全省首家生产型经核准出口商。

据了解,该公司每年向海关申领 400 多份出口原产地证书,成为经核准出口商后,其货物在出口 RCEP 成员国时无须再逐票向海关申领原产地证书,可自主出具原产地声明,用于出口货物在国外享受关税优惠,效力等同于海关签发的原产地证书。

兰州海关关员介绍,经核准出口商制度是 RCEP 实施内容的亮点之一,RCEP 生效后,首次大规模实施了经核准出口商原产地自主声明制度,成为经核准出口商的企业可凭自行出具的原产地声明在相关缔约方享惠通关,无须向签证机构申领原产地证书。这一新模式也是对经认定海关高级认证企业的政策红利叠加,有利于提升企业的国际市场竞争力。

为帮助企业充分享受 RCEP 政策红利,兰州海关积极送策上门,向企业宣传经核准出口商制度和 RCEP 关税减让政策,对原产地业务基础较好企业主动开展"画重点"宣传、答疑,指导企业申请认定,提升自贸协定应用能力。下一步,兰州海关将持续加大对 RCEP 项下关税减让和原产地规则的宣讲力度,拓展甘肃省经核准出口商规模,使更多诚信守法企业充分享受协定优惠。

资料来源:卢晓琴:"甘肃首家 RCEP 经核准出口商通过认定",海关总署网站。

海南首家 RCEP 项下经核准出口商获海关认定

2022年3月25日,海南金海浆纸业有限公司获海口海关认定为 RCEP 项下经核准出口商,这也是海南自由贸易港首家 RCEP 项下经核准出口商。成为海关认定的经核准出口商后,不需要再通过海关申领原产地证书,只需企业自行开具原产地声明,随时就可享受进口国家 RCEP 项下进口货物的关税优惠,贸易安排更为便捷。

据了解,该公司主要出口纸浆到东盟国家,2021 全年申领东盟自贸协定原产地证书 1 200 多份。"我们东盟原产地签证量较大,成为海关认定的经核准出口商后,通关效率将大幅提升,还可以进一步节省原产地证书申领环节的时间,降低经营成本。"该公司相关负责人说。

PCEP 于 2022 年 1 月 1 日生效。除带来最直接的关税减让红利以外,RCEP 还引入经核准出口商管理,帮助企业更便捷地享受原产地相关优惠政策。

在我国目前已实施的自贸协定中,大多数仍要求企业以签证机构签发的原产地证书作为协定项下享惠凭证,目前仅中国-瑞士、中国-冰岛、中国-毛里求斯和 RCEP 4 个自贸协定适用经核准出口商制度。

为推进做好包括经核准出口商制度在内的 RCEP 实施工作,海口海关制定了一揽子宣传培训计划及重点企业帮扶方案,提前对接有需求的海关高级认证企业,帮助企业提前熟悉和掌握申请成为经核准出口商的条件、开具原产地声明的流程,高效审核企业相关备案申请。

海口海关关税处处长林勇表示,下一步,该关将持续加大对 RCEP 项下关税减让和原产地规则的宣讲力度,开辟专门的惠企服务通道,为符合要求的企业快速办理经核准出口商认定手续,拓展海南省经核准出口商规模,最大化释放 RCEP 政策红利。

资料来源:海口海关网站。

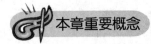

报关单位;进出口货物收发货人;报关企业;报关单位备案;企业信用等级;经认证的经营者;高级认证企业;失信企业;经核准出口商

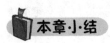

1. 哪些情况应当办理报关单位临时备案?
2. 报关单位有哪些情形应当向所在地海关办理备案注销手续?
3. 有哪些情形的企业会被海关认定为失信企业?
4. 失信企业符合什么条件可以向海关书面申请信用修复?
5. 高级认证企业是中国海关 AEO,它适用哪些管理措施?
6. 失信企业适用哪些管理措施?
7. 企业申请成为经核准出口商应当符合哪些条件?
8. 在哪些情形下主管海关可以对经核准出口商认定进行注销和撤销?

第三章 进出口贸易管理制度

本章学习目标

本章介绍我国主要的进出口贸易管理制度。通过本章的学习,应当重点掌握我国对外贸易经营者备案登记管理制度、货物、技术进出口许可管理制度、进出口商品检验检疫制度、进出口货物收付汇管理制度、进出口贸易管理的主要工具和报关规范以及对外贸易救济措施等内容。

进出口贸易管理制度是指一国政府从国家的宏观经济利益和对内对外政策的需要出发,在遵循有关国际条约和国际贸易规则的基础上,对本国的对外贸易活动实施有效管理而实行的各种贸易制度、政策和措施的总称。进出口贸易管理制度主要由对外贸易经营者管理制度,货物、技术进出口许可管理制度,进出口商品检验检疫制度,进出口货物收付汇管理制度以及对外贸易救济措施等方面的制度和规范组成。

第一节 对外贸易经营者管理制度

对外贸易经营者管理制度是我国进出口贸易管理制度的重要组成部分。对外贸易经营者,是指依法办理工商登记或者其他执业手续,依照《对外贸易法》和其他有关法律、行政法规的规定从事对外贸易经营活动的法人、其他组织或者个人。目前,我国对对外贸易经营者的管理,实行备案登记制。《对外贸易法》和商务部发布的《对外贸易经营者备案登记办法》对对外贸易经营者进行备案登记的管理机构和程序等方面都作出了明确规定。

一、对外贸易经营者备案登记的管理机构

《对外贸易法》和《对外贸易经营者备案登记办法》规定,商务部是我国对外贸易经营者备案登记工作的主管部门。从事货物进出口或者技术进出口的对外贸易经营者,应当向商务部或商务部委托的机构办理备案登记;但是,法律、行政法规和商务部规定不需要备案登记的除外。对外贸易经营者未按照规定办理备案登记的,海关不予办理进出口的报关验放手续。

对外贸易经营者备案登记工作实行全国联网和属地化管理。商务部委托符合条件的地方对外贸易主管部门(备案登记机关)负责办理本地区对外贸易经营者备案登记手续;受委托的备案登记机关不得自行委托其他机构进行备案登记。备案登记机关必须具备办理备案登记所必需的固定的办公场所,管理、录入、技术支持、维护的专职人员以及连接商

务部对外贸易经营者备案登记网络系统的相关设备等条件。对于符合条件的备案登记机关,商务部出具书面委托函,发放由商务部统一监制的备案登记印章,并对外公布。备案登记机关凭商务部的书面委托函和备案登记印章,通过商务部备案登记网络办理备案登记手续。对于情况发生变化、不符合上述条件的以及未按规定办理备案登记的备案登记机关,商务部可收回对其委托。

二、对外贸易经营者备案登记的程序

对外贸易经营者在本地区备案登记机关办理备案登记,程序如下。

(1) 领取《对外贸易经营者备案登记表》。对外贸易经营者可以通过商务部政府网站下载,也可以到所在地备案登记机关领取《对外贸易经营者备案登记表》。

(2) 填写《对外贸易经营者备案登记表》。对外贸易经营者应按《对外贸易经营者备案登记表》要求认真填写所有事项的信息,并确保所填写内容是完整的、准确的和真实的;同时认真阅读《对外贸易经营者备案登记表》背面的条款,并由企业法定代表人或个体工商负责人签字、盖章。

(3) 向备案登记机关提交如下备案登记材料:

① 按要求填写的《对外贸易经营者备案登记表》;

② 营业执照复印件。

为了让企业办事"少跑腿",企业可网上提交营业执照复印件及签字盖章的对外贸易经营者备案登记申请表原件等申请材料扫描件。备案登记机关自收到对外贸易经营者提交的上述材料之日起5日内办理备案登记手续,在《对外贸易经营者备案登记表》上加盖备案登记印章。备案登记机关在完成备案登记手续的同时,应当完整准确地记录和保存对外贸易经营者的备案登记信息与登记材料,依法建立备案登记档案。

对外贸易经营者凭加盖备案登记印章的《对外贸易经营者备案登记表》在30日内到当地海关、外汇、税务等部门办理开展对外贸易业务所需的有关手续。逾期未办理的,《对外贸易经营者备案登记表》自动失效。

经备案登记后,对外贸易经营者即可在经营范围内从事货物进出口或者技术进出口业务,也可以接受他人的委托,在经营范围内代为办理对外贸易业务。

已办理工商登记的企业法人分支机构,在申请对外贸易经营者备案登记时,应向备案登记机关提交企业法人分支机构营业执照复印件、分支机构负责人签字盖章的对外贸易经营者备案登记申请表原件及企业法人同意分支机构办理备案登记的书面申请材料原件。企业法人分支机构在办理完备案登记后可凭《对外贸易经营者备案登记表》到海关、税务、外汇等部门办理开展对外贸易业务所需的有关手续。

为了对关系国计民生的重要进出口商品实行有效的宏观管理,《对外贸易法》规定,国家可以对部分货物的进出口实行国营贸易管理。实行国营贸易管理货物的进出口业务只能由经授权的企业经营;但是,国家允许部分数量的国营贸易管理货物的进出口业务由非授权企业经营的除外。实行国营贸易管理的货物和经授权经营企业的目录,由国务院对外贸易主管部门会同国务院其他有关部门确定、调整并公布。对违反规定擅自进出口实行国营贸易管理的货物的,海关不予放行。未经授权擅自进出口实行国营贸易管理的货物的,国务院对外贸易主管部门或者国务院其他有关部门可以处5万元以下罚款;情节严重的,可以自行政处罚决定生效之日起3年内,不受理违法行为人从事国营贸易管理货物进出口业务的申请,或者撤销已给予其从事其他国营贸易管理货物进出口的授权。

扩展阅读材料链接:

《中华人民共和国对外贸易法》和《对外贸易经营者备案登记办法》,商务部业务系统统一平台: https://iecms.mofcom.gov.cn/。

三、对外贸易经营者备案登记的变更和撤销

《对外贸易经营者备案登记办法》规定,对外贸易经营者不得伪造、变造、涂改、出租、出借、转让和出卖《对外贸易经营者备案登记表》。《对外贸易经营者备案登记表》上的任何登记事项发生变更时,对外贸易经营者应比照上述备案登记程序规定,在30日内办理《对外贸易经营者备案登记表》的变更手续,逾期未办理变更手续的,其《对外贸易经营者备案登记表》自动失效。备案登记机关收到对外贸易经营者提交的书面材料后,应当即时予以办理变更手续。

对外贸易经营者已在市场监督管理部门办理注销手续或被吊销营业执照的,自营业执照注销或被吊销之日起,《对外贸易经营者备案登记表》自动失效。

根据《对外贸易法》的相关规定,商务部决定禁止有关对外贸易经营者在1年以上3年以下的期限内从事有关货物或者技术的进出口经营活动的,备案登记机关应当撤销其《对外贸易经营者备案登记表》;处罚期满后,对外贸易经营者可重新办理备案登记。备案登记机关应当在对外贸易经营者撤销备案登记后将有关情况及时通报海关、外汇、税务等部门。

第二节 货物、技术进出口许可管理制度

货物、技术进出口许可管理制度是我国进出口许可管理制度的主体,是国家对外贸易管制中极其重要的管理制度,其管理范围包括禁止进出口货物和技术、限制进出口货物和技术、自由进出口货物和技术以及自由进出口中部分实行自动许可管理的货物。

一、禁止进出口货物和技术管理制度

根据《对外贸易法》和其他法律、行政法规的规定,为维护国家安全、社会公共利益或者公共道德,保护人的健康或者安全,保护动物、植物的生命或者健康,保护自然资源和生态环境,履行中华人民共和国所缔结或者参加的国际条约和协定,国家可以禁止有关货物、技术的进口或者出口。国务院对外贸易主管部门会同国务院其他有关部门,依照《对外贸易法》第十六条和第十七条的规定,制定、调整并公布禁止进出口的货物、技术目录。国务院对外贸易主管部门或者由其会同国务院其他有关部门,经国务院批准,可以在《对外贸易法》第十六条和第十七条规定的范围内,临时决定禁止规定目录以外的特定货物、技术的进口或者出口。属于禁止进口或出口的货物、技术,不得进出口。

（一）禁止进口管理

1. 禁止进口货物管理

目前，我国禁止进口的货物主要包括：列入由国务院对外贸易主管部门会同国务院有关部门制定的《禁止进口货物目录》的商品，国家有关法律、法规明令禁止进口的商品以及其他各种原因需要禁止进口的商品。

1) 列入《禁止进口货物目录》的商品

目前，我国公布的《禁止进口货物目录》共九批，其中：

列入《禁止进口货物目录》（第一批）的禁止进口货物主要包括已脱胶和未脱胶的虎骨、犀牛角、鸦片液汁和浸膏、四氯化碳、三氯三氟乙烷。

《禁止进口货物目录》（第二批）、《禁止进口货物目录》（第三批）、《禁止进口货物目录》（第四批）和《禁止进口货物目录》（第五批）已废止。

列入《禁止进口货物目录》（第六批）的禁止进口货物主要包括青石棉、二溴氯丙烷、多氯联苯、多溴联苯、氟乙酸钠、杀虫脒、二噁英、呋喃等。

列入《禁止进口货物目录》（第七批）的禁止进口货物主要包括氯丹、灭蚁灵、含汞的非电子血压测量仪器及器具等共计75种十位数商品编码的商品。

列入《禁止进口货物目录》（第八批）的禁止进口货物主要包括西布曲明及其盐、六氯丁二烯等共计20种十位数商品编码的商品。

列入《禁止进口货物目录》（第九批）的禁止进口货物主要包括十溴二苯醚、短链氯化石蜡等共计18种十位数商品编码的商品。

2) 国家有关法律、法规明令禁止进口的商品

例如：依据《中华人民共和国进出境动植物检疫法》，对来自疫区或不符合我国卫生标准的动物和动物产品禁止进口；依据《中华人民共和国固体废物污染环境防治法》《控制危险废物越境转移及其处置巴塞尔公约》和有关法律法规，禁止以任何方式进口固体废物，禁止我国境外的固体废物进境倾倒、堆放、处置；等等。

3) 其他原因需要禁止进口的商品

其包括：禁止进口右置方向盘汽车；禁止以任何贸易方式进口仿真枪；等等。

2. 禁止进口技术管理

根据《对外贸易法》《中华人民共和国技术进出口管理条例》以及《禁止进口限制进口技术管理办法》的有关规定，国务院对外贸易主管部门会同国务院有关部门，制定、调整并公布禁止进口的技术目录。

目前《中国禁止进口限制进口技术目录》中所列明的禁止进口的技术主要涉及化学原料及化学制品制造业、非金属矿物制品业、有色金属冶炼及压延加工业、汽车制造业、电气机械及器材制造业等领域的技术。[①]

[①] 有关禁止进口技术的具体技术名称和控制要点请参见商务部2021年第37号公告公布的《中国禁止进口限制进口技术目录》。

【思政课堂】

打洛海关查获禁止进口固体废物230吨

2022年3月,打洛海关查获一批禁止进口固体废物,总重230吨。目前,该案件已移交海关缉私部门做进一步调查。

据悉,该批货物为某公司以边境小额贸易方式申报进口,品名为"硅锰合金"。海关关员实施查验时,发现该批货物呈颗粒粗细不一、黑色粉末状态,有明显不符合进口硅锰合金应有物理状态的特征,具有固体废物可疑性。经取样送实验室进行固体废物属性鉴定,该批货物技术指标不符合国标《锰硅合金》(GB/T 4008—2008)要求,为硅锰合金生产过程中产生的不合格品、残次品或废品,依据《固体废物鉴别标准通则》(GB 34330—2017),属于国家禁止进口的固体废物。

海关提醒,自2021年1月1日起,我国已全面禁止进口固体废物,对相关违法行为,海关将依据《中华人民共和国固体废物污染环境防治法》等相关法律法规追究法律责任,构成犯罪的,将被依法追究刑事责任。

资料来源:李亚楠:"打洛海关查获禁止进口固体废物230吨",海关总署网站。

梧州海关退运固体废物62.74吨

(2022年)3月23日,梧州海关监管退运未经拆解分拣的废旧压缩泵、废铝箔边角碎料压块等固体废物62.74吨。此前,梧州海关现场关员根据风险布控指令,在对某公司申报进口的1票货物进行查验时,发现该批货物中一部分为常规的再生铝铸件,另一部分为银色细碎废铝片经外力压成的铝块,外观存在异常,该关对外观异常货物进行取样送检,经鉴定确认为禁止进口固体废物。

今年以来,梧州海关加强进口再生金属原料监管,健全海关事前、事中、事后全链条监管体系,针对再生金属制定常态化监控任务,成立专题研判小组,建立健全"提前介入、过程联合、事后反哺"的联系配合机制,强化固体废物滞港风险处置,建立清退底账,通过"实地监装+物流监控视频系统"严密监控固体废物实货退运流程。

海关提醒:根据《中华人民共和国固体废物污染环境防治法》和《关于全面禁止进口固体废物有关事项的公告》(生态环境部、商务部、国家发展和改革委员会、海关总署联合公告2020年第53号)等相关规定,我国禁止以任何方式进口固体废物,禁止境外固体废物在我国倾倒、堆放、处置,对于违法将境外固体废物输入境内的,海关将依法责令退运。

资料来源:南宁海关网站。

(二)禁止出口管理

1. 禁止出口货物管理

我国禁止出口的货物主要包括:列入由国务院对外贸易主管部门会同国务院有关部门制定的《禁止出口货物目录》的商品,国家有关法律、法规明令禁止出口的商品以及其他原因禁止出口的商品。

1) 列入《禁止出口货物目录》的商品

目前,我国公布的《禁止出口货物目录》共八批,其中:

列入《禁止出口货物目录》(第一批)的禁止出口货物主要包括虎骨、犀牛角、牛黄、麝香、麻黄草、发菜、用于清洗剂的四氯化碳、三氯三氟乙烷、原木、铂等。

《禁止出口货物目录》(第二批)主要禁止木炭出口。

列入《禁止出口货物目录》(第三批)的禁止出口货物主要包括青石棉、二溴氯丙烷、多氯联苯、多溴联苯、氟乙酸钠、杀虫脒、二噁英、呋喃等。

《禁止出口货物目录》(第四批)主要禁止硅砂及石英砂等出口。

《禁止出口货物目录》(第五批)主要禁止未经化学处理的森林凋落物、经化学处理的森林凋落物以及泥炭(草炭)的出口。

《禁止出口货物目录》(第六批)主要包括氯丹、灭蚁灵、含汞的非电子血压测量仪器及器具等共计75种十位数商品编码的商品。

《禁止出口货物目录》(第七批)主要包括六氯丁二烯、三氯杀螨醇等共计17种十位数商品编码的商品。

《禁止出口货物目录》(第八批)主要包括十溴二苯醚、短链氯化石蜡、得克隆及其顺式异构体和反式异构体等共计18种十位数商品编码的商品。

2) 国家有关法律、法规明令禁止出口的商品

例如:依据《中华人民共和国濒危野生动植物进出口管理条例》,禁止出口未定名的或者新发现并有重要价值的野生动植物及其产品以及国务院或者国务院野生动植物主管部门禁止出口的濒危野生动植物及其产品;依据《中华人民共和国文物保护法》,禁止出口国有文物、非国有文物中的珍贵文物和国家规定禁止出境的其他文物;等等。

3) 其他原因禁止出口的商品

例如白氏贝、企鹅贝和白蝶贝均属我国特有的珍珠贝类,已经列入《我国现阶段不对国外交换的水产种质资源名录》,任何单位和个人不得出口这类物种,包括成体、幼苗和卵等。

2. 禁止出口技术管理

根据《对外贸易法》《中华人民共和国技术进出口管理条例》以及《禁止出口限制出口技术管理办法》的有关规定,国务院对外贸易主管部门会同国务院有关部门,制定、调整并公布禁止出口的技术目录。

目前列入《中国禁止出口限制出口技术目录》的禁止出口技术主要涉及畜牧业,渔业,农、林、牧、渔服务业,有色金属矿采选业,农副食品加工业,饮料制造业,造纸及纸制品业,化学原料及化学制品制造业,医药制造业,非金属矿物制品业,有色金属冶炼及压延加工业,专用设备制造业,交通运输设备制造业,通信设备、计算机及其他电子设备制造业,仪器仪表及文化、办公用机械制造业,工艺品及其他制造业,建筑装饰业,电信和其他信息传输服务业,专业技术服务业,卫生等领域。[①]

二、限制进出口货物和技术管理制度

根据《对外贸易法》和其他法律、行政法规的规定,为维护国家安全、社会公共利益或

---

① 有关禁止出口技术的具体技术名称和控制要点请参见商务部、科技部2008年第12号令公布的《中国禁止出口限制出口技术目录》(商务部、科技部2020年第38号公告对部分内容进行了调整)。

者公共道德,保护人的健康或者安全,保护动物、植物的生命或者健康,保护自然资源和生态环境,履行中华人民共和国所缔结或者参加的国际条约和协定,国家可以限制有关货物、技术的进口或者出口。国务院对外贸易主管部门会同国务院其他有关部门,依照《对外贸易法》第十六条和第十七条的规定,制定、调整并公布限制进出口的货物、技术目录。国务院对外贸易主管部门或者由其会同国务院其他有关部门,经国务院批准,可以在《对外贸易法》第十六条和第十七条规定的范围内,临时决定限制规定目录以外的特定货物、技术的进口或者出口。国家对限制进口或者出口的货物,实行配额、许可证等方式管理;对限制进口或者出口的技术,实行许可证管理。

（一）限制进口管理

国家实行限制进口管理的货物、技术,必须依照国家有关规定取得国务院对外贸易主管部门或者经其会同国务院其他有关部门许可,方可进口。

根据《对外贸易法》的规定,国家对货物或技术实行限制进口管理的主要原因包括:为维护国家安全、社会公共利益或者公共道德,需要限制进口的;为保护人的健康或者安全,保护动物、植物的生命或者健康,保护环境,需要限制进口的;为实施与黄金或者白银进出口有关的措施,需要限制进口的;为建立或者加快建立国内特定产业,需要限制进口的;对任何形式的农业、牧业、渔业产品有必要限制进口的;为保障国家国际金融地位和国际收支平衡,需要限制进口的;依照法律、行政法规、部门规章的规定,其他需要限制进口的;根据我国缔结或者参加的国际条约、协定的规定,其他需要限制进口的。

1. 限制进口货物管理

根据《对外贸易法》和《中华人民共和国货物进出口管理条例》的有关规定,国务院对外贸易主管部门会同国务院有关部门制定、调整并公布限制进口的货物目录。国家规定有数量限制的限制进口货物,实行配额管理;其他限制进口货物,实行许可证管理。同时,国家对部分限制进口货物可以实行关税配额管理。实行关税配额管理的进口货物目录,由国务院对外贸易主管部门会同国务院有关经济管理部门制定、调整并公布。属于关税配额内进口的货物,按照配额内税率缴纳关税;属于关税配额外进口的货物,按照配额外税率缴纳关税。①

进口货物配额、关税配额,由国务院对外贸易主管部门或者国务院其他有关部门在各自的职责范围内,按照公开、公平、公正和效益的原则进行分配。

实行配额管理的限制进口货物,进口经营者凭进口配额管理部门发放的配额证明,向国务院对外贸易主管部门申领进口配额许可证。国务院对外贸易主管部门应当自收到申请之日起 3 个工作日内发放进口配额许可证。进口经营者凭国务院对外贸易主管部门发放的进口配额许可证,向海关办理报关验放手续。实行许可证管理的限制进口货物,进口经营者应当向国务院对外贸易主管部门或者国务院有关部门提出申请。进口许可证管理部门应当自收到申请之日起 30 天内决定是否许可。进口经营者凭进口许可证管理部门发放的进口许可证,向海关办理报关验放手续。

---

① 根据《中华人民共和国进出口税则》,2024 年我国实施关税配额管理的进口货物包括小麦(包括其粉、粒)、玉米(包括其粉、粒)、大米(包括其粉、粒)、食糖、羊毛、毛条、棉花、化肥。

2. 限制进口技术管理

限制进口技术实行目录管理。根据《对外贸易法》《中华人民共和国技术进出口管理条例》以及《禁止进口限制进口技术管理办法》的有关规定，国务院对外贸易主管部门会同国务院其他有关部门，制定、调整并公布限制进口的技术目录。属于目录范围内的限制进口的技术，实行许可证管理；未经国家许可，不得进口。

目前，列入《中国禁止进口限制进口技术目录》的限制进口技术主要涉及农业，林业，纺织业，化学原料及化学制品制造业，医药制造业，通用设备制造业，电气机械及器材制造业，电力、热力生产和供应业，软件和信息技术服务业，货币金融服务等领域。①

各省、自治区、直辖市商务主管部门（以下简称"地方商务主管部门"）是限制进口技术的审查机关，负责本行政区域内限制进口技术的许可工作。中央管理企业，按属地原则到地方商务主管部门办理许可手续。技术进口经营者进口限制进口技术时，应填写《中国限制进口技术申请书》（以下简称《申请书》），报送地方商务主管部门履行进口许可手续。地方商务主管部门自收到《申请书》之日起30个工作日内，对申请进口的技术进行审查，并决定是否准予进口。进口申请获得批准后，由地方商务主管部门颁发由商务部统一印制和编号的《中华人民共和国技术进口许可意向书》（以下简称《技术进口许可意向书》）。《技术进口许可意向书》的有效期为3年。技术进口经营者取得《技术进口许可意向书》后，可对外签订技术进口合同。技术进口经营者签订技术进口合同后，应持《技术进口许可意向书》、合同副本及其附件、签约双方法律地位证明文件到地方商务主管部门申请技术进口许可证。地方商务主管部门应自收到规定的文件之日起10个工作日内，对技术进口合同的真实性进行审查，并决定是否准予许可。技术进口经营者依照规定向地方商务主管部门提出技术进口申请，履行进口许可手续时，可一并提交已签订的技术进口合同副本及其附件和签约双方法律地位证明文件。地方商务主管部门应在收到规定的文件之日起40个工作日内，对申请进口的技术进行审查，并对技术进口合同的真实性进行审查，决定是否准予许可。技术进口经许可的，地方商务主管部门向进口经营者颁发由商务部统一印制和编号的《中华人民共和国技术进口许可证》（以下简称《技术进口许可证》）。限制进口技术的进口合同自技术进口许可证颁发之日起生效。技术进口经营者凭《技术进口许可证》，办理外汇、银行、税务、海关等相关手续。凡进口《中国禁止进口限制进口技术目录》中限制进口技术的，技术进口经营者应主动向海关出具《技术进口许可证》，海关凭《技术进口许可证》办理验放手续。

（二）限制出口管理

国家实行限制出口管理的货物、技术，必须依照有关规定取得国务院对外贸易主管部门或者经其会同国务院有关部门许可，方可出口。

国家对货物或技术实行限制出口管理的主要原因有：为维护国家安全、社会公共利益或者公共道德，需要限制出口的；为保护人的健康或者安全，保护动物、植物的生命或者健康，保护环境，需要限制出口的；为实施与黄金或者白银进出口有关的措施，需要限

---

① 有关限制进口技术的具体技术名称和控制要点请参见商务部2021年第37号公告公布的《中国禁止进口限制进口技术目录》。

制出口的；国内供应短缺或者为有效保护可能用竭的自然资源,需要限制出口的；输往国家或者地区的市场容量有限,需要限制出口的；出口经营秩序出现严重混乱,需要限制出口的；依照法律、行政法规、部门规章的规定,其他需要限制出口的；根据我国缔结或者参加的国际条约、协定的规定,其他需要限制出口的。

1. 限制出口货物管理

对于限制出口货物管理,《中华人民共和国货物进出口管理条例》规定:国家规定有数量限制的限制出口货物,实行配额管理；其他限制出口货物,实行许可证管理。

实行配额管理的限制出口货物,由国务院对外贸易主管部门和国务院有关经济管理部门按照国务院规定的职责划分进行管理。配额可以通过直接分配的方式分配,也可以通过招标等方式分配。出口经营者凭出口配额管理部门发放的配额证明,向国务院对外贸易主管部门申领出口配额许可证。国务院对外贸易主管部门应当自收到申请之日起3个工作日内发放出口配额许可证。出口经营者凭国务院对外贸易主管部门发放的出口配额许可证,向海关办理报关验放手续。

实行许可证管理的限制出口货物,出口经营者应当向国务院对外贸易主管部门或者国务院有关部门提出申请,出口许可证管理部门应当自收到申请之日起30天内决定是否许可。出口经营者凭出口许可证管理部门发放的出口许可证,向海关办理报关验放手续。

2. 限制出口技术管理

限制出口技术实行目录管理,国务院对外贸易主管部门会同国务院有关部门,制定、调整并公布限制出口的技术目录。属于目录范围内的限制出口的技术,实行许可证管理；未经许可,不得出口。

我国目前列入《中国禁止出口限制出口技术目录》的限制出口技术主要涉及农业,林业,畜牧业,渔业,农、林、牧、渔服务业,农副食品加工业,食品制造业,饮料制造业,纺织业,造纸及纸制品业,化学原料及化学制品制造业,医药制造业,橡胶制品业,非金属矿物制品业,黑色金属冶炼及压延加工业,有色金属冶炼及压延加工业,金属制品业,通用设备制造业,专用设备制造业,交通运输设备制造业,电气机械及器材制造业,通信设备、计算机及其他电子设备制造业,仪器仪表及文化、办公用机械制造业,电力、热力的生产和供应业,工艺品及其他制造业,建筑装饰业,其他建筑业,水上运输业,电信和其他信息传输服务业,计算机服务业,软件业,专业技术服务业,地质勘查业,卫生等领域。[①]

限制出口技术的出口许可由技术出口经营者所在地的地方商务主管部门会同省、自治区、直辖市科技行政主管部门(以下简称"地方科技行政主管部门")管理。技术出口经营者出口限制出口技术前,应填写《中国限制出口技术申请书》,报送地方商务主管部门履行出口许可手续。地方商务主管部门自收到《中国限制出口技术申请书》之日起30个工作日内,会同地方科技行政主管部门分别对技术出口项目进行贸易审查和技术审查,并决定是否准予出口。出口申请获得批准后,由地方商务主管部门颁发由商务部统一印制和编号的《中华人民共和国技术出口许可意向书》(以下简称《技术出口许可意向书》)。《技

---

① 有关限制出口技术的具体技术名称和控制要点请参见商务部、科技部2008年第12号令公布的《中国禁止出口限制出口技术目录》(商务部、科技部2020年第38号公告对部分内容进行了调整)。

术出口许可意向书》的有效期为3年。技术出口经营者取得《技术出口许可意向书》后,方可对外进行实质性谈判,签订技术出口合同。技术出口经营者签订技术出口合同后,持《技术出口许可意向书》、技术出口合同副本、技术资料出口清单(文件、资料、图纸等)、签约双方法律地位证明文件到地方商务主管部门申请技术出口许可证。地方商务主管部门对技术出口合同的真实性进行审查,并自收到规定的文件之日起15个工作日内,对技术出口作出是否许可的决定,对许可出口的技术颁发由商务部统一印制和编号的《中华人民共和国技术出口许可证》,技术出口经营者凭技术出口许可证办理外汇、银行、税务、海关等相关手续。技术出口合同自技术出口许可证颁发之日起生效。

三、自由进出口货物和技术管理制度

除上述国家禁止、限制进出口货物、技术外的其他货物、技术,均属于自由进出口范围。自由进出口货物、技术的进出口不受限制,但基于监测进出口情况的需要,国家对部分属于自由进出口的货物实行自动进出口许可管理,对自由进出口的技术实行技术进出口合同登记管理。

(一)货物自动进出口许可管理

根据《对外贸易法》的规定,国务院对外贸易主管部门基于监测进出口情况的需要,可以对部分自由进出口的货物实行进出口自动许可并公布其目录。实行自动许可的进出口货物,收货人、发货人在办理海关报关手续前提出自动许可申请的,国务院对外贸易主管部门或者其委托的机构应当予以许可,申请者凭国务院对外贸易主管部门或者国务院有关经济管理部门发放的自动进出口许可证明,向海关办理报关手续,未办理自动许可手续的,海关不予放行。

(二)技术进出口合同登记管理

进出口属于自由进出口的技术,应当向国务院对外贸易主管部门或者其委托的机构办理合同备案登记,并提交技术进(出)口合同登记申请书、技术进(出)口合同副本、签约双方法律地位的证明文件等文件资料。国务院对外贸易主管部门应当自收到规定的文件之日起3个工作日内,对技术进出口合同进行登记,颁发技术进出口合同登记证,申请人凭技术进出口合同登记证,办理外汇、银行、税务、海关等相关手续。

扩展阅读材料链接:

1.《中华人民共和国货物进出口管理条例》,商务部网站:http://www.mofcom.gov.cn/article/swfg/swfgbf/201101/20110107349108.shtml。

2.《中华人民共和国技术进出口管理条例》,中国政府网:http://www.gov.cn/gongbao/content/2019/content_5468926.htm。

四、法律责任

《对外贸易法》规定,进出口属于禁止进出口的货物的,或者未经许可擅自进出口属于限制进出口的货物的,由海关依照有关法律、行政法规的规定处理、处罚;构成犯罪的,依法追究刑事责任。

进出口属于禁止进出口的技术的,或者未经许可擅自进出口属于限制进出口的技术的,依照有关法律、行政法规的规定处理、处罚;法律、行政法规没有规定的,由国务院对外贸易主管部门责令改正,没收违法所得,并处违法所得1倍以上5倍以下罚款,没有违法所得或者违法所得不足1万元的,处1万元以上5万元以下罚款;构成犯罪的,依法追究刑事责任。

自上述规定的行政处罚决定生效之日或者刑事处罚判决生效之日起,国务院对外贸易主管部门或者国务院其他有关部门可以在3年内不受理违法行为人提出的进出口配额或者许可证的申请,或者禁止违法行为人在1年以上3年以下的期限内从事有关货物或者技术的进出口经营活动。

第三节 进出口商品检验检疫制度

进出口商品检验检疫制度是指由国家进出口商品检验检疫部门依据我国有关法律、行政法规以及我国政府所缔结或者参加的国际条约、协定,对出入境的货物、物品及其包装物、交通运输工具、运输设备和出入境人员实施检验检疫和监督管理的法律依据与行政手段的总和。进出口商品检验检疫制度是我国进出口贸易管理制度重要的组成部分,其目的是维护国家声誉和对外贸易有关当事人的合法权益,促进对外贸易健康发展,保护我国的公共安全和人民生命财产安全等,是国家主权的具体体现。海关总署主管全国进出口商品检验工作;海关总署设在省、自治区、直辖市以及进出口商品的口岸、集散地的出入境检验检疫机构,管理所负责地区的进出口商品检验工作。

一、进出口商品实施检验检疫管理的规定

(一)进出口商品实施检验检疫的范围

根据《中华人民共和国进出口商品检验法》及其实施条例、《中华人民共和国进出境动植物检疫法》及其实施条例、《中华人民共和国国境卫生检疫法》及其实施细则、《中华人民共和国食品安全法》及其实施条例等法律法规的有关规定,进出口商品实施检验检疫管理的范围包括:

(1)列入《必须实施检验的进出口商品目录》(即法检目录)的商品[①];

(2)出口危险货物包装容器的性能鉴定和使用鉴定;

(3)对装运出口的易腐烂变质食品、冷冻品的集装箱、船舱、飞机、车辆等运载工具的适载检验;

(4)进出境的动植物、动植物产品和其他检疫物(指动物疫苗、血清、诊断液、动植物性废弃物等),装载动植物、动植物产品和其他检疫物的装载容器、包装物,以及来自动植物疫区的运输工具;

(5)进口的食品、食品添加剂、食品相关产品;

(6)其他法律、行政法规和有关国际条约规定须经检验检疫的进出境商品。

---

① 海关总署公告2021年第39号和2022年第79号对《必须实施检验的进出口商品目录》进行了最新调整。

(二)进出口商品实施检验检疫管理的其他规定

(1)向我国境内出口食品的境外出口商或者代理商应当向海关总署备案;食品进口商应当向其住所地海关备案。向我国境内出口食品的境外生产、加工、贮存企业应当获得海关总署注册。出口食品生产企业应当向住所地海关备案;出口食品原料种植、养殖场应当向所在地海关备案。

(2)对于动植物病原体(包括菌种,毒种等)、害虫及其他有害生物,动植物疫情流行的国家和地区的有关动植物、动植物产品和其他检疫物,动物尸体以及土壤,国家规定一律禁止进境。

(3)进出口药品的质量检验、计量器具的量值检定、锅炉压力容器的安全监督检验、船舶(包括海上平台、主要船用设备及材料)和集装箱的规范检验、飞机(包括飞机发动机、机载设备)的适航检验以及核承压设备的安全检验等项目,由有关法律、行政法规规定的机构实施检验。

(4)进出境的样品、礼品、暂时进出境的货物以及其他非贸易性物品,免予检验。但是,法律、行政法规另有规定的除外。列入《必须实施检验的进出口商品目录》的进出口商品符合国家规定的免予检验条件的,由收货人、发货人或者生产企业申请,经海关总署审查批准,出入境检验检疫机构免予检验。

(5)入境、出境的人员、交通工具、运输设备以及可能传播检疫传染病的行李、货物、邮包等物品,都应当接受检疫,经国境卫生检疫机关许可,方准入境或者出境。入境的交通工具和人员,必须在最先到达的国境口岸的指定地点接受检疫。除引航员外,未经国境卫生检疫机关许可,任何人不准上下交通工具,不准装卸行李、货物、邮包等物品。出境的交通工具和人员,必须在最后离开的国境口岸接受检疫。

(6)出入境检验检疫机构对进出口商品实施检验的内容,包括是否符合安全、卫生、健康、环境保护、防止欺诈等要求以及相关的品质、数量、重量等项目。

(7)出入境检验检疫机构根据需要,可以对检验合格的进出口商品加施商检标志,对检验合格的以及其他需要加施封识的进出口商品加施封识。

(8)出入境检验检疫机构依照商检法的规定,对实施许可制度和国家规定必须经过认证的进出口商品实行验证管理,查验单证,核对证货是否相符。实行验证管理的进出口商品目录,由海关总署商有关部门后制定、调整并公布。

扩展阅读材料链接:

1.《中华人民共和国进出口商品检验法》,海关总署网站:http://www.customs.gov.cn/customs/302249/302266/302267/2369445/index.html。

2.《中华人民共和国进出口商品检验法实施条例》,海关总署网站:http://www.customs.gov.cn/customs/302249/302266/302267/2369666/index.html。

二、进出口商品的出入境检验检疫手续

(一)进出口商品报检单位

根据《中华人民共和国进出口商品检验法》和《中华人民共和国进出口商品检验法实

施条例》的规定,进出口商品的收货人或者发货人可以自行办理报检手续,也可以委托代理报检企业办理报检手续;采用快件方式进出口商品的,收货人或者发货人应当委托出入境快件运营企业办理报检手续。

进出口商品的收货人或者发货人办理报检手续,应当依法向出入境检验检疫机构备案。①

代理报检企业接受进出口商品的收货人或者发货人的委托,以委托人的名义办理报检手续的,应当向出入境检验检疫机构提交授权委托书,遵守《中华人民共和国进出口商品检验法实施条例》对委托人的各项规定;以自己的名义办理报检手续的,应当承担与收货人或者发货人相同的法律责任。出入境快件运营企业接受进出口商品的收货人或者发货人的委托,应当以自己的名义办理报检手续,承担与收货人或者发货人相同的法律责任。

委托人委托代理报检企业、出入境快件运营企业办理报检手续的,应当向代理报检企业、出入境快件运营企业提供所委托报检事项的真实情况;代理报检企业、出入境快件运营企业接受委托人的委托办理报检手续的,应当对委托人所提供情况的真实性进行合理审查。

(二)进出口商品检验手续

1. 进口商品检验手续

列入《必须实施检验的进出口商品目录》的进口商品以及法律、行政法规规定须经出入境检验检疫机构检验的其他进口商品(即法定检验的进口商品)的收货人应当持合同、发票、装箱单、提单等必要的凭证和相关批准文件,向报关地的出入境检验检疫机构报检;通关放行后20日内,收货人应当依照《中华人民共和国进出口商品检验法实施条例》的规定,向出入境检验检疫机构申请检验。法定检验的进口商品未经检验的,不准销售,不准使用。进口实行验证管理的商品,收货人应当向报关地的出入境检验检疫机构申请验证。出入境检验检疫机构按照海关总署的规定实施验证。

法定检验的进口商品、实行验证管理的进口商品,海关按照规定办理通关手续。

法定检验的进口商品应当在收货人报检时申报的目的地检验。大宗散装商品、易腐烂变质商品以及已发生残损、短缺的商品,应当在卸货口岸检验。对上述进口商品,海关总署可以根据便利对外贸易和进出口商品检验工作的需要,指定在其他地点检验。

除法律、行政法规另有规定外,法定检验的进口商品经检验,涉及人身财产安全、健康、环境保护项目不合格的,由出入境检验检疫机构责令当事人销毁,或者出具退货处理通知单,办理退运手续;其他项目不合格的,可以在出入境检验检疫机构的监督下进行技术处理,经重新检验合格的,方可销售或者使用。当事人申请出入境检验检疫机构出证的,出入境检验检疫机构应当及时出证。出入境检验检疫机构对检验不合格的进口成套设备及其材料,签发不准安装使用通知书。经技术处理,并经出入境检验检疫机构重新检验合格的,方可安装使用。

---

① 2018年《国务院机构改革方案》将国家质量监督检验检疫总局的出入境检验检疫管理职责划入海关总署后,海关总署对企业报关报检资质进行了优化整合,报关单位备案后同时取得报关和报检资质。

法定检验以外的进口商品,经出入境检验检疫机构抽查检验不合格的,依照上述规定处理。实行验证管理的进口商品,经出入境检验检疫机构验证不合格的,参照上述规定处理或者移交有关部门处理。法定检验以外的进口商品的收货人,发现进口商品质量不合格或者残损、短缺,申请出证的,出入境检验检疫机构或者其他检验机构应当在检验后及时出证。

对属于法定检验范围内的关系国计民生、价值较高、技术复杂的以及其他重要的进口商品和大型成套设备,应当按照对外贸易合同约定监造、装运前检验或者监装。收货人保留到货后最终检验和索赔的权利。出入境检验检疫机构可以根据需要派出检验人员参加或者组织实施监造、装运前检验或者监装。

随着关检融合和通关一体化改革的推进,海关已全面取消了对经检验或验证合格的进口商品签发《入境货物通关单》。涉及法定检验检疫要求的进口商品申报时,在报关单随附单证栏中不再填写原通关单代码和编号。企业可以通过"单一窗口"(包括通过"互联网+海关"接入"单一窗口")报关报检合一界面向海关一次申报。如需使用"单一窗口"单独报关、报检界面或者报关报检企业客户端申报的,企业应当在报关单随附单证栏中填写报检电子回执上的检验检疫编号,并填写代码"A"。海关统一发送一次放行指令,海关监管作业场所经营单位凭海关放行指令为企业办理货物提离手续。对于特殊情况下,仍需检验检疫纸质证明文件的,如对入境动植物及其产品,在运输途中需提供运递证明的,海关出具纸质《入境货物调离通知单》。

2. 出口商品检验手续

法定检验的出口商品的发货人应当在海关总署统一规定的地点和期限内,持合同等必要的凭证和相关批准文件向出入境检验检疫机构报检。法定检验的出口商品未经检验或者经检验不合格的,不准出口。出口商品应当在商品的生产地检验。海关总署可以根据便利对外贸易和进出口商品检验工作的需要,指定在其他地点检验。出口实行验证管理的商品,发货人应当向出入境检验检疫机构申请验证。出入境检验检疫机构按照海关总署的规定实施验证。

法定检验的出口商品、实行验证管理的出口商品,海关按照规定办理通关手续。

法定检验的出口商品经出入境检验检疫机构检验或者经口岸出入境检验检疫机构查验不合格的,可以在出入境检验检疫机构的监督下进行技术处理,经重新检验合格的,方准出口;不能进行技术处理或者技术处理后重新检验仍不合格的,不准出口。

法定检验以外的出口商品,经出入境检验检疫机构抽查检验不合格的,依照上述规定处理。实行验证管理的出口商品,经出入境检验检疫机构验证不合格的,参照上述规定处理或者移交有关部门处理。

出口危险货物包装容器的生产企业,应当向出入境检验检疫机构申请包装容器的性能鉴定。包装容器经出入境检验检疫机构鉴定合格并取得性能鉴定证书的,方可用于包装危险货物。出口危险货物的生产企业,应当向出入境检验检疫机构申请危险货物包装容器的使用鉴定。使用未经鉴定或者经鉴定不合格的包装容器的危险货物,不准出口。

对装运出口的易腐烂变质食品、冷冻品的集装箱、船舱、飞机、车辆等运载工具,承运人、装箱单位或者其代理人应当在装运前向出入境检验检疫机构申请清洁、卫生、冷藏、密固等适载检验。未经检验或者经检验不合格的,不准装运。

随着关检融合和通关一体化改革的推进,海关也已全面取消了对经检验或验证合格的出口商品签发《出境货物通关单》。涉及法定检验检疫要求的出口商品申报时,企业不需在报关单随附单证栏中填写原通关单代码和编号,应当填写报检电子回执上的企业报检电子底账数据号,并填写代码"B"。海关统一发送一次放行指令,海关监管作业场所经营单位凭海关放行指令为企业办理货物提离手续。对出口集中申报等特殊货物,或者因计算机、系统等故障问题,海关根据需要出具纸质《出境货物检验检疫工作联系单》。

三、进出口商品检验法律责任

根据《中华人民共和国进出口商品检验法》和《中华人民共和国进出口商品检验法实施条例》的规定,违反有关进出口商品检验检疫规定的当事人承担以下法律责任。

(1) 擅自销售、使用未报检或者未经检验的属于法定检验的进口商品,或者擅自销售、使用应当申请进口验证而未申请的进口商品的,由出入境检验检疫机构没收违法所得,并处商品货值金额5%以上20%以下罚款;构成犯罪的,依法追究刑事责任。

(2) 擅自出口未报检或者未经检验的属于法定检验的出口商品,或者擅自出口应当申请出口验证而未申请的出口商品的,由出入境检验检疫机构没收违法所得,并处商品货值金额5%以上20%以下罚款;构成犯罪的,依法追究刑事责任。

(3) 销售、使用经法定检验、抽查检验或者验证不合格的进口商品,或者出口经法定检验、抽查检验或者验证不合格的商品的,由出入境检验检疫机构责令停止销售、使用或者出口,没收违法所得和违法销售、使用或者出口的商品,并处违法销售、使用或者出口的商品货值金额等值以上3倍以下罚款;构成犯罪的,依法追究刑事责任。

(4) 进出口商品的收货人、发货人、代理报检企业或者出入境快件运营企业、报检人员不如实提供进出口商品的真实情况,取得出入境检验检疫机构的有关证单,或者对法定检验的进出口商品不予报检,逃避进出口商品检验的,由出入境检验检疫机构没收违法所得,并处商品货值金额5%以上20%以下罚款。

(5) 代理报检企业、出入境快件运营企业、报检人员对委托人所提供情况的真实性未进行合理审查或者因工作疏忽,导致骗取出入境检验检疫机构有关证单的结果的,由出入境检验检疫机构对代理报检企业、出入境快件运营企业处2万元以上20万元以下罚款。

(6) 代理报检企业、出入境快件运营企业违反国家有关规定,扰乱报检秩序的,由出入境检验检疫机构责令改正,没收违法所得,可以处10万元以下罚款,海关总署或者出入境检验检疫机构可以暂停其6个月以内代理报检业务。

【思政课堂】

2021年海关强化监管优化服务守牢外防输入关口
"国门绿盾"专项行动截获外来物种8 473批次

检测入境人员核酸样本394.8万个、截获有害生物59.08万种次、堵截走私洋垃圾4.2万吨……记者从海关总署了解到,2021年,全国海关强化监管优化服务,将口岸疫情防控当作重中之重,守牢外防输入关口,科学精准、严格口岸检疫检查;持续保持打击走私高压态势,加大知识产权保护执法力度,成效显著。

织牢水陆空立体防控网

新冠肺炎疫情以来,海关不仅是国门口岸监管的第一道防线,更是抗疫最前沿。满脸勒痕、泡胀的双手和浸透汗水的衣服……一个个战斗在防疫一线"海关大白"的身影,奔波在机场、港口等查验现场,用行动诠释着责任。

"全国海关每天2万余名干部职工奋战在抗疫一线、3 500多名干部职工身着防护服与病毒直接作战,为全国抗疫大局作出了海关重要贡献。"海关总署前署长倪岳峰说,全国海关坚决守牢外防输入关口,把口岸疫情防控当作重中之重,认真落实"外防输入、内防反弹"总策略,密切跟踪分析全球疫情走势,精准实施口岸卫生检疫。

2021年,海关总署党委加强指挥调度,召开39次指挥部会议,分析研判疫情形势,研究强化防控措施,加强监督检查和专项考核,组织全国海关科学精准、严格规范实施口岸卫生检疫,全年检测入境人员核酸样本394.8万个。

坚持"人、物"同防。全国海关强化进口冷链食品和农产品源头管控,2021年监督口岸预防性消毒各类货物115万吨、内外包装7 185万件;抽查境外生产企业745家次;严格做好进口冷链食品和高风险非冷链集装箱货物口岸环节风险监测和核酸检测,检测样本363万个,检出阳性550个,取消、暂停884家企业输华资质,对223家境外生产经营单位采取紧急预防性措施。

织密织牢"水陆空"立体防控网,严格做好所有入境客运航空器终末消毒和"四类人员"行李消毒的监督工作,进一步加强水运和陆路口岸入境卫生检疫,加强边境口岸运行监测,落实"客停货通"政策,按程序办理关闭或恢复开通手续。

积极参与联防联控,健全疫情防控保障机制,统筹调配人力资源。从严顶格做好人员安全防护,推进全员疫苗接种,率先实施一线卫生检疫人员"14+7+7"封闭管理措施并被国务院联防联控机制推广。

严密防范外来物种入侵

2021年,全国海关组织开展"国门绿盾"专项行动,严防外来物种入侵,在寄递、旅客携带物渠道截获外来物种等活体动植物8 473批次,同比增长98.43%。

全国海关严格口岸检疫检查,2021年截获有害生物59.08万种次、检疫性有害生物6.51万种次,首次检出致死粒线虫、铃兰短体线虫、北美齿小蠹等4种危险性有害生物,将番茄褐色皱果病毒等5种有害生物增补入《进境植物检疫性有害生物名录》。

坚持"多病共防"。持续加强疯牛病、非洲猪瘟、高致病性禽流感、松材线虫、红火蚁、沙漠蝗、非洲马瘟等重大动植物疫情口岸检疫防控工作。全国海关强化国门生物安全监测机制,严防动物疫病输入,2021年首次检出猪戊型肝炎、禽白血病、猪圆环病毒Ⅱ型等疫病,全年境外预检淘汰不合格动物12.24万头,淘汰率24.29%,同比增长3.01%。对26个国家和地区的动植物产品发布禁令公告29份,退回、销毁不合格农产品584批,涉及44个国家(地区)。

同时,持续加强进出口粮食、水果、食用水生动物、饲料等农产品安全风险监控,全年获得监测结果25.49万个,其中进口项目和样品总体合格率分别为99.81%和98.46%,

出口项目和样品总体合格率分别为99.76%和98.13%。

象牙、洋垃圾走私大幅减少

围绕中央关注、社会关切、群众关心的洋垃圾、濒危物种及其制品、冻品、成品油、毒品等走私问题,海关始终保持高压严打态势,2021年全年立案侦办走私犯罪案件4 259起,立案调查走私行为案件23 294起,立案调查违规及其他违法案件52 542起。

经过持续高压严打,象牙、洋垃圾走私大幅减少,走私猖獗势头得到有力遏制,呈零星散发态势。2021年全国海关查获走私象牙由2019年的9.2吨下降到68公斤;查证走私洋垃圾4.2万吨,下降97.4%,退运出境历年查扣洋垃圾42.2万吨。

打击"水客"走私方面,海关着力打团伙、挖幕后、破大案,2021年侦办走私犯罪案件806起、案值234.9亿元,打掉走私团伙375个,"水客"走私得到有效遏制。

同期,在打击海南离岛免税"套代购"走私方面,海关坚持岛内岛外双向发力、琼粤桂三地联动打击,侦办走私犯罪案件127起,打掉走私团伙114个,推动建立离岛免税商品"一物一码"溯源管理体系,有效防范转卖倒卖。

此外,打击治理粤港澳海上跨境走私初见成效,海关牵头开展联合行动,构建起海上、江上、岸上三道防线,加大巡逻频次和拦截力度,会同有关部门出台司法解释,查办走私及关联案件1 030起,查扣走私冻品1.5万吨。

多项执法行动严打侵权

为加大知识产权保护执法力度,海关总署聚焦群众反映强烈、社会舆论关注、侵权假冒多发的重点领域和渠道,先后部署开展全面加强知识产权保护"龙腾行动2021"、寄递渠道知识产权保护"蓝网行动2021"、出口转运货物知识产权保护"净网行动2021"等针对性专项执法行动。2021年,全国海关共查扣进出口侵权嫌疑货物7.9万批次、7 180万件,查扣侵权嫌疑货物批次和件数同比分别增长27.9%、27.8%。

资料来源:蔡岩红:"2021年海关强化监管优化服务守牢外防输入关口'国门绿盾'专项行动截获外来物种8 473批次",深圳海关网站。

第四节 进出口货物收付汇管理制度

《对外贸易法》第三十五条规定,对外贸易经营者在对外贸易经营活动中,应当遵守国家有关外汇管理的规定。这里所说的国家有关外汇管理的规定就是我国的外汇管理制度,即国家外汇管理局、中国人民银行及国务院其他有关部门,依据国务院公布的《中华人民共和国外汇管理条例》及其他有关规定,对包括经常项目外汇业务、资本项目外汇业务、金融机构外汇业务、人民币汇率的生成机制和外汇市场等领域实施的监督管理。进出口货物收付汇管理是我国实施外汇管理的主要手段,也是我国外汇管理制度的重要组成部分。

我国对出口货物收汇管理和进口货物付汇管理很长时间采取的都是外汇核销形式。为大力推进贸易便利化,进一步改进货物贸易外汇服务和管理,国家外汇管理局、海关总署、国家税务总局发布公告决定,自2012年8月1日起在全国实施货物贸易外汇管理制度改革,取消出口收汇核销单(以下简称"核销单"),企业不再办理出口收汇核销手续。国家外汇管理局分支局(以下简称"外汇局")对企业的贸易外汇管理方式由现场逐笔核销改变为非现场总量核查。外汇局通过货物贸易外汇监测系统,全面采集企业货物进出口和贸易外汇收支逐笔数据,定期比对、评估企业货物流与资金流总体匹配情况,便利合规企业贸易外汇收支;对存在异常的企业进行重点监测,必要时实施现场核查。

《中华人民共和国外汇管理条例》规定:经常项目外汇收支应当具有真实、合法的交易基础。经营结汇、售汇业务的金融机构应当按照国务院外汇管理部门的规定,对交易单证的真实性及其与外汇收支的一致性进行合理审查。经常项目外汇收入,可以按照国家有关规定保留或者卖给经营结汇、售汇业务的金融机构;经常项目外汇支出,应当按照国务院外汇管理部门关于付汇与购汇的管理规定,凭有效单证以自有外汇支付或者向经营结汇、售汇业务的金融机构购汇支付。外汇局根据企业贸易外汇收支的合规性及其与货物进出口的一致性,将企业分为 A、B、C 三类。[①] A 类企业进口付汇单证简化,可凭进口报关单、合同或发票等任何一种能够证明交易真实性的单证在银行直接办理付汇,出口收汇无须联网核查;银行办理收付汇审核手续相应简化。对 B、C 类企业在贸易外汇收支单证审核、业务类型、结算方式等方面实施严格监管,B 类企业贸易外汇收支由银行实施电子数据核查,C 类企业贸易外汇收支须经外汇局逐笔登记后办理。

外汇局根据企业在分类监管期内遵守外汇管理规定情况,进行动态调整。A 类企业违反外汇管理规定将被降级为 B 类或 C 类;B 类企业在分类监管期内合规性状况未见好转,将延长分类监管期或被降级为 C 类;B、C 类企业在分类监管期内守法合规经营的,分类监管期满后可升级为 A 类。

随着通关作业无纸化改革深化,海关总署、国家外汇管理局全面取消了报关单收、付汇证明联。企业办理货物贸易外汇收付业务,按规定须提交纸质报关单的,可通过中国电子口岸自行以普通 A4 纸打印报关单并加盖企业公章。

扩展阅读材料链接:

《中华人民共和国外汇管理条例》,国家外汇管理局网站:http://www.safe.gov.cn/safe/2008/0806/5321.html。

第五节 我国进出口贸易管理的主要工具及报关规范

对外贸易管制作为一项综合制度,所涉及的管理规定繁多。了解我国对进出口贸易进行管理的各项措施所涉及的具体规定,是报关从业人员必备的专业知识。本节主要介绍我国进出口贸易管理的主要工具、具体措施和报关规范。

一、进出口许可证管理

进出口许可证管理是指商务部或者由其会同国务院其他有关部门,依法制定并调整

[①] 具体企业分类标准参见国家外汇管理局发布的《经常项目外汇业务指引(2020 年版)》,http://www.safe.gov.cn/safe/2020/0831/17002.html。

进出口许可证管理目录,以签发进出口许可证的形式对该目录商品实行的行政许可管理。

(一)进出口许可证的主管部门和发证机构

《货物进口许可证管理办法》和《货物出口许可证管理办法》规定,国家实行统一的货物进出口许可证制度。国家对限制进出口的货物实行进出口许可证管理。商务部是全国进出口许可证的归口管理部门,负责制定进出口许可证管理办法及规章制度,监督、检查进出口许可证管理办法的执行情况,处罚违规行为。商务部会同海关总署制定、调整和发布年度《进口许可证管理货物目录》和《出口许可证管理货物目录》。商务部负责制定、调整和发布年度《进口许可证管理货物分级发证目录》和《出口许可证管理货物分级发证目录》。

商务部授权商务部配额许可证事务局(以下简称"许可证局")统一管理、指导全国各发证机构的进出口许可证签发工作,许可证局对商务部负责。许可证局及商务部驻各地特派员办事处(以下简称"各特办")和各省、自治区、直辖市、计划单列市以及商务部授权的其他省会城市商务厅(局)、外经贸委(厅、局)(以下简称"各地方发证机构")为进出口许可证发证机构,在许可证局统一管理下,负责授权范围内的发证工作。

进出口许可证是国家管理货物进出口的法律凭证。凡属于进出口许可证管理的货物,除国家另有规定外,对外贸易经营者应当在进出口前按规定向指定的发证机构申领进出口许可证,海关凭进出口许可证接受申报和验放。

进出口许可证不得买卖、转让、涂改、伪造和变造。

(二)进口许可证管理

进口许可证是我国进出口许可证管理制度中具有法律效力,用来证明对外贸易经营者经营列入国家进口许可证管理目录商品合法进口的证明文件,是海关验放该类货物的重要依据。

1. 2024 年进口许可证适用范围

列入《进口许可证管理货物目录(2024 年)》实行进口许可证管理的货物有消耗臭氧层物质和化工设备、金属冶炼设备、工程机械、起重运输设备、造纸设备、电力电气设备、食品加工及包装设备、农业机械、印刷机械、纺织机械、船舶、硒鼓、X 射线管这 14 项重点旧机电产品。

2. 进口许可证的申领和签发

进口许可证主要采用网上申请,也可书面申请。对外贸易经营者(以下简称"经营者")以网上申请的方式申请进口许可证的,需先通过省级商务主管部门免费领取电子认证证书和电子钥匙,使用电子钥匙登录进口许可证发证系统办理申请。经营者申请进口许可证须提交以下材料:加盖经营者公章(含进口许可证发证系统中绑定的经营者电子印章)的《中华人民共和国进口许可证申请表》(以下简称"申请表");主管机关签发的进口批准文件(实行网上办理的,无须提交);进口合同;进口商与收货人不一致的,应当提交《委托代理协议》;商务部规定的其他应当提交的材料。上述材料,网上申请的,通过上传影像化材料等方式提交;书面申请的,申请时提交。为核对经营者的经营范围、企业性质等信息,发证机构可要求经营者提交《营业执照》等有效证照。

发证机构按照商务部委托范围受理经营者提交的进口许可证申请,核验以下内容:

经营者是否具有相应的经营资格,自由贸易试验区企业按照相关规定执行;经营者提交的进口批准文件是否完整、有效;申请表的相关内容与进口货物管理及许可证管理的有关规定、进口批准文件以及进口合同的内容是否相符,备注栏中的内容是否完整、准确;需要提交的其他材料是否符合有关规定。

发证机构自收到符合规定的申请之日起3个工作日内签发进口许可证。特殊情况下,最多不超过10个工作日。因管理需要或者其他情形,经营者需要出具进口许可证纸质证书的,发证机构凭加盖经营者公章的申请表打印并发放进口许可证纸质证书。

3. 进口许可证的有效期

进口许可证的有效期为发证之日起至当年12月31日,进口许可证应在有效期内使用,逾期自行失效;进口许可证只能延期一次,延期最长不得超过3个月。特殊情况需要跨年度使用时,有效期最长不得超过次年3月31日。根据国家消耗臭氧层物质进出口管理机构履行国际公约等管理需要,消耗臭氧层物质类进口许可证不得延期,不得跨年度使用。

进口许可证管理实行"一证一关"管理。"一证一关"指进口许可证只能在一个海关报关。一般情况下进口许可证为"一批一证",如要实行"非一批一证",应当同时在进口许可证备注栏内打印"非一批一证"字样。"一批一证"指进口许可证在有效期内一次报关使用;"非一批一证"指进口许可证在有效期内可多次报关使用,但最多不超过12次,由海关在许可证背面"海关验放签注栏"内逐批签注核减进口数量。

经营者凭进口许可证电子证书办理货物进口通关验放手续的,通关程序中可免于提交进口许可证纸质证书。海关通过联网核查核验进口许可证电子证书,不再进行纸面签注。

(三)出口许可证管理

出口许可证是我国进出口许可证管理制度中具有法律效力,用来证明对外贸易经营者经营列入国家出口许可证管理目录商品合法出口的证明文件,是海关验放该类货物的重要依据。

1. 2024年出口许可证适用范围

列入《出口许可证管理货物目录(2024年)》的货物有43种,对外贸易经营者出口目录内所列货物的,应向商务部或者商务部委托的地方商务主管部门申请取得《中华人民共和国出口许可证》,凭出口许可证向海关办理通关验放手续。

(1)出口活牛(对港澳)、活猪(对港澳)、活鸡(对香港)、小麦、玉米、大米、小麦粉、玉米粉、大米粉、药料用人工种植麻黄草、煤炭、原油、成品油(不含润滑油、润滑脂、润滑油基础油)、锯材、棉花的,凭配额证明文件申领出口许可证;出口甘草及甘草制品、蔺草及蔺草制品的,凭配额招标中标证明文件申领出口许可证。以加工贸易方式出口上述所列货物的,凭配额证明文件、货物出口合同申领出口许可证。其中,出口甘草及甘草制品、蔺草及蔺草制品的,凭配额招标中标证明文件、海关加工贸易进口报关单申领出口许可证。以边境小额贸易方式出口上述所列货物的,由省级地方商务主管部门根据商务部下达的边境小额贸易配额和要求签发出口许可证。以边境小额贸易方式出口甘草及甘草制品、蔺草及蔺草制品、消耗臭氧层物质、摩托车(含全地形车)及其发动机和车架、汽车(包括成套散件)及其底盘等货物的,需按规定申领出口许可证。以边境小额贸易方式出口上述情形以外的货物的,免于申领出口许可证。

(2) 出口活牛(对港澳以外市场)、活猪(对港澳以外市场)、活鸡(对香港以外市场)、牛肉、猪肉、鸡肉、天然砂(含标准砂)、矾土、磷矿石、镁砂、滑石块(粉)、萤石(氟石)、稀土、锡及锡制品、钨及钨制品、钼及钼制品、锑及锑制品、焦炭、成品油(润滑油、润滑脂、润滑油基础油)、石蜡、部分金属及制品、硫酸二钠、碳化硅、消耗臭氧层物质、柠檬酸、白银、铂金(以加工贸易方式出口)、铟及铟制品、摩托车(含全地形车)及其发动机和车架、汽车(包括成套散件)及其底盘的,需按规定申领出口许可证。其中,消耗臭氧层物质的货样广告品、捐赠、退运需凭出口许可证出口;以一般贸易、加工贸易、边境贸易和捐赠贸易方式出口汽车、摩托车产品的,需按规定的条件申领出口许可证;以工程承包方式出口汽车、摩托车产品的,凭对外承包工程项目备案回执或特定项目立项回执等材料申领出口许可证;以上述贸易方式出口非原产于中国的汽车、摩托车产品的,凭进口海关单据和货物出口合同申领出口许可证。以加工贸易方式出口上述所列货物的,除另有规定以外,凭有关批准文件、海关加工贸易进口报关单和货物出口合同申领出口许可证。

(3) 出口铈及铈合金(颗粒<500微米)、钨及钨合金(颗粒<500微米)、锆、铍、锗、镓的可免于申领出口许可证,但需按规定申领《中华人民共和国两用物项和技术出口许可证》。

(4) 我国政府对外援助项下提供的货物免于申领出口许可证。

2. 出口许可证的申领和签发

出口许可证主要采用网上申请,也可书面申请。经营者以网上申请的方式申请出口许可证的,需先通过省级商务主管部门免费领取电子认证证书和电子钥匙,使用电子钥匙登录出口许可证发证系统办理申请。经营者申请出口许可证须提交以下材料:加盖经营者公章(含出口许可证发证系统中电子钥匙绑定的经营者电子印章)的《中华人民共和国出口许可证申请表》(以下简称"申请表");主管机关签发的出口批准文件(实行网上办理的,无须提交);出口合同;出口商与发货人不一致的,应当提交《委托代理协议》;商务部规定的其他应当提交的材料。上述材料,网上申请的,通过影像化上传等方式提交;书面申请的,申请时提交。为核对经营者的经营范围、企业性质等信息,发证机构可要求经营者提交《营业执照》等有效证照。

发证机构按照商务部委托范围受理经营者提交的出口许可证申请,核验以下内容:经营者是否具有相应的经营资格,自由贸易试验区企业按照相关规定执行;经营者提交的出口批准文件是否完整、有效;申请表的相关内容与出口货物管理及许可证管理的有关规定、出口批准文件以及出口合同的内容是否相符,备注栏的内容是否完整、准确;按要求应填写品牌、规格等级、设备状态、备注等内容的,是否如实、完整填写;需要提交的其他材料是否符合有关规定。

发证机构自收到符合规定的申请之日起3个工作日内签发出口许可证。因管理需要或者其他情形,经营者需要出具出口许可证纸质证书的,发证机构凭加盖经营者公章的申请表打印并发放出口许可证纸质证书。

3. 出口许可证的有效期

发证机构自当年12月10日起,可签发下一年度的出口许可证。提前签发的下一年度出口许可证,备注栏将注明有效期自下一年度1月1日起。出口许可证的有效期最长不得超过6个月,且有效期截止时间不得超过当年12月31日。出口许可证应当在有效期内使用,逾期自行失效,海关不予放行。商务部可视具体情况,调整某些货物出口许可证的有效期和申领时间。使用当年出口配额或批准数量领取的出口许可证办理延期,其延期最长不得超过当年12月31日。

出口许可证管理实行"一证一关"制、"一批一证"制和"非一批一证"制。根据《出口许可证管理货物目录(2024年)》,消耗臭氧层物质、汽车(旧)出口实行"一批一证"制管理,出口许可证在有效期内一次报关使用。下列货物实行"非一批一证"制管理:小麦、玉米、大米、小麦粉、玉米粉、大米粉、活牛、活猪、活鸡、牛肉、猪肉、鸡肉、原油、成品油、煤炭、摩托车(含全地形车)及其发动机和车架、汽车(包括成套散件)及其底盘(限新车)、加工贸易项下出口货物、补偿贸易项下出口货物等。出口上述货物的,可在出口许可证有效期内多次通关使用出口许可证,但通关使用不得超过12次。

经营者凭出口许可证电子证书办理货物出口通关验放手续的,通关程序中可免于提交出口许可证纸质证书。海关通过联网核查核验出口许可证电子证书,不再进行纸面签注。

二、自动进口许可证管理

根据《对外贸易法》和《中华人民共和国货物进出口管理条例》的规定,为了对部分属于自由进口货物的进口实行有效监测,我国对列入《自动进口许可管理货物目录》内的商品实行自动进口许可管理。

(一)自动进口许可的管理机构

《货物自动进口许可管理办法》规定,中华人民共和国商务部根据监测货物进口情况的需要,对部分进口货物实行自动许可管理,并至少在实施前21天公布其目录。实行自动进口许可管理的货物目录,包括具体货物名称、海关商品编码,由商务部会同海关总署等有关部门确定和调整。该目录由商务部以公告形式发布。

商务部授权许可证局,商务部驻各地特派员办事处,各省、自治区、直辖市、计划单列市商务(对外贸易)主管部门以及部门和地方机电产品进出口机构(以下简称"发证机构")负责自动进口许可货物管理和《自动进口许可证》的签发工作。《自动进口许可证》和自动进口许可证专用章由商务部负责统一监制并发放至发证机构。各发证机构必须指定专人保管,专管专用。

进口属于自动进口许可管理的货物,收货人(包括进口商和进口用户)在办理海关报关手续前,应向所在地或相应的发证机构提交自动进口许可证申请,并取得《自动进口许可证》。海关凭加盖自动进口许可证专用章的《自动进口许可证》办理验放手续。银行凭《自动进口许可证》办理售汇和付汇手续。

(二)《自动进口许可证》的适用范围

列入《自动进口许可管理货物目录(2024年)》的商品包括:牛肉,猪肉,羊肉,鲜奶,奶粉,木薯,大麦,高粱,大豆,油菜籽,食糖,玉米酒糟,豆粕,烟草,原油,成品油,化肥,二醋酸纤维丝束,烟草机械,移动通信产品,卫星、广播、电视设备及关键部件,汽车产品,飞机,船舶,肉鸡,植物油,铁矿石,铜精矿,煤,钢材,四氯乙烯,聚氯乙烯,氯丁橡胶,工程机械,印刷机械,纺织机械,金属冶炼及加工设备,金属加工机床,电气设备,医疗设备等。

(三)《自动进口许可证》的申请和签发

《货物自动进口许可管理办法》规定,收货人申请自动进口许可证,应当提交以下材料:

(1)收货人从事货物进出口的资格证书、备案登记文件或者外商投资企业批准证书或营业执照(复印件)(以上证书、文件仅限公历年度内初次申领者提交);

(2)自动进口许可证申请表;

(3)货物进口合同;

(4)属于委托代理进口的,应当提交委托代理进口协议(正本);

(5)对进口货物用途或者最终用户法律法规有特定规定的,应当提交进口货物用途或者最终用户符合国家规定的证明材料;

(6)针对不同商品在《自动进口许可管理货物目录》中列明的应当提交的材料;

(7)商务部规定的其他应当提交的材料。

收货人应当对所提交材料的真实性负责,并保证其有关经营活动符合国家法律规定。

收货人可以直接向发证机构书面申请《自动进口许可证》,也可以通过网上申请。

通过书面申请:收货人可以到发证机构领取或者从相关网站下载《自动进口许可证申请表》(可复印)等有关材料,按要求如实填写,并采用送递、邮寄或者其他适当方式,与规定的其他材料一并递交发证机构。

通过网上申请:收货人应当先到发证机构申领用于企业身份认证的电子钥匙。申请时,登录相关网站,进入相关申领系统,按要求如实在线填写《自动进口许可证申请表》等资料;同时向发证机构提交规定的有关材料。

收货人许可申请内容正确且形式完备,符合国家关于从事自动进口许可货物有关法律法规要求的,发证机构收到申请后最多不超过10个工作日予以签发《自动进口许可证》。

《货物自动进口许可管理办法》规定,以下列方式进口自动许可货物的,可以免领《自动进口许可证》。

(1)加工贸易项下进口并复出口的(原油、成品油除外);

(2)外商投资企业作为投资进口或者投资额内生产自用的;

(3)货样广告品、实验品进口,每批次价值不超过5 000元人民币的;

(4)暂时进口的海关监管货物;

(5)国家法律法规规定其他免领《自动进口许可证》的。

(四)《自动进口许可证》的其他相关规定

(1)进入中华人民共和国保税区、出口加工区等海关特殊监管区域及保税仓库、保税物流中心的属自动进口许可管理的货物,不适用《货物自动进口许可管理办法》的规定。如从保税区、出口加工区等海关特殊监管区域及保税仓库、保税物流中心进口自动进口许可管理货物,除规定免领《自动进口许可证》的外,仍应当领取《自动进口许可证》。

(2) 加工贸易进口自动许可管理货物,应当按有关规定复出口。因故不能复出口而转内销的,按现行加工贸易转内销有关审批程序申领《自动进口许可证》,各商品具体申领规定详见《自动进口许可管理货物目录》。

(3) 国家对自动进口许可管理货物采取临时禁止进口或者进口数量限制措施的,自临时措施生效之日起,停止签发《自动进口许可证》。

(4) 收货人已申领的《自动进口许可证》,如未使用,应当在有效期内交回原发证机构,并说明原因。发证机构对收货人交回的《自动进口许可证》予以撤销。《自动进口许可证》如有遗失,收货人应当立即向原发证机构以及自动进口许可证证面注明的进口口岸地海关书面报告挂失。原发证机构收到挂失报告后,经核实无不良后果的,予以重新补发。《自动进口许可证》自签发之日起1个月后未领证的,发证机构可予以收回并撤销。

(5) 海关对散装货物溢短装数量在货物总量正负5%以内的予以免证验放。对原油、成品油、化肥、钢材四种大宗货物的散装货物溢短装数量在货物总量正负3%以内予以免证验放。

(6) 商务部对《自动进口许可证》项下货物原则上实行"一批一证"管理,对部分货物也可实行"非一批一证"管理。"一批一证"是指同一份《自动进口许可证》不得分批次累计报关使用。同一进口合同项下,收货人可以申请并领取多份《自动进口许可证》。"非一批一证"是指同一份《自动进口许可证》在有效期内可以分批次累计报关使用,但累计使用不得超过6次。海关在《自动进口许可证》原件"海关验放签注栏"内批注后,海关留存复印件,最后一次使用后,海关留存正本。

对"非一批一证"进口实行自动进口许可管理的大宗散装商品,每批货物进口时,按其实际进口数量核扣自动进口许可证额度数量;最后一批货物进口时,其溢装数量按该自动进口许可证实际剩余数量并在规定的允许溢装上限内计算。

(7)《自动进口许可证》在公历年度内有效,有效期为6个月。

(8)《自动进口许可证》需要延期或者变更,一律在原发证机构重新办理,旧证同时撤销,并在新证备注栏中注明原证号。实行"非一批一证"的自动进口许可证需要延期或者变更,核减原证已报关数量后,按剩余数量发放新证。

(9) 未申领《自动进口许可证》,擅自进口自动进口许可管理货物的,由海关依照有关法律、行政法规的规定处理、处罚;构成犯罪的,依法追究刑事责任。

伪造、变造、买卖《自动进口许可证》或者以欺骗等不正当手段获取《自动进口许可证》的,依照有关法律、行政法规的规定处罚;构成犯罪的,依法追究刑事责任。

(五) 自动进口许可证通关作业无纸化改革

为推进通关作业无纸化改革,促进贸易便利化,海关总署和商务部于2014年在中国(上海)自由贸易试验区实施了自动进口许可证通关作业无纸化应用试点,并自2015年8月1日起将试点海关由中国(上海)自由贸易试验区相关海关扩展到包括天津、福建、广东3个新设自由贸易试验区和宁波、苏州2个国家级进口贸易促进创新示范区在内的10个海关(分别为天津、上海、南京、宁波、福州、厦门、广州、深圳、拱北、黄埔海关)。在此基础上,自2016年2月1日起,在全国范围内实施自动进口许可证通关作业无纸化。其有效范围为实施自动进口许可"一批一证"管理的货物(原油、燃料油除外),且每份进口货物报关单仅适用一份自动进口许可证。下一步通关作业无纸化将扩大到全部自动许可管理商品和全部证书状态。满足条件的企业可依据《货物进出口许可证电子证书申请签发使用规范（试行）》（商办配函〔2015〕494号印发）申请电子许可证，根据海关相关规定采用无纸方式向海关申报，免于交验纸质自动进口许可证。海关将通过自动进口许可证联网核查方式验核电子许可证，不再进行纸面签注。因海关和商务部门审核需要、计算机管理系统故障、其他管理部门需要验凭纸质自动进口许可证等原因，可以转为有纸报关作业或补充提交纸质自动进口许可证。

三、特殊货物进出口管理措施及报关规范

（一）旧机电产品进口管理

根据《机电产品进口管理办法》的规定，机电产品（含旧机电产品）是指机械设备、电气设备、交通运输工具、电子产品、电器产品、仪器仪表、金属制品等及其零部件、元器件。旧机电产品是指具有下列情形之一的机电产品：已经使用（不含使用前测试、调试的设备），仍具备基本功能和一定使用价值的；未经使用，但超过质量保证期（非保修期）的；未经使用，但存放时间过长，部件产生明显有形损耗的；新旧部件混装的；经过翻新的。国家对机电产品进口实行分类管理，即分为禁止进口、限制进口和自由进口三类。基于进口监测需要，对部分自由进口的机电产品实行自动进口许可。国家限制进口的涉及国家安全、社会公共利益、人的健康或者安全、动植物的生命或者健康、污染环境的旧机电产品称为重点旧机电产品，重点旧机电产品进口实行进口许可证管理。进口机电产品应当符合我国有关安全、卫生和环境保护等法律、行政法规和技术标准等的规定。本部分重点介绍进口旧机电产品检验监督的相关管理规定。海关总署主管全国进口旧机电产品检验监督管理工作。主管海关负责所辖地区进口旧机电产品检验监督管理工作。进口旧机电产品应当符合法律法规对安全、卫生、健康、环境保护、防止欺诈、节约能源等方面的规定，以及国家技术规范的强制性要求。进口旧机电产品应当实施口岸查验、目的地检验以及监督管理。价值较高、涉及人身财产安全、健康、环境保护项目的高风险进口旧机电产品，还需实施装运前检验。需实施装运前检验的进口旧机电产品清单由海关总署制定并在海关总署网站上公布。进口旧机电产品的装运前检验结果与口岸查验、目的地检验结果不一致的，以口岸查验、目的地检验结果为准。

1. 装运前检验

装运前检验是指在进口旧机电产品运往中国境内之前，依照我国法律法规和国家技术规范的强制性要求，由海关或者装运前检验机构对其进行检验，并出具相关检验证书的行为。进口旧机电产品收发货人或者其代理人和装运前检验机构通过海关总署进口旧机电产品装运前检验监督管理信息化系统开展装运前检验和备案。

需实施装运前检验的进口旧机电产品，其收发货人或者其代理人应当申请由货物境内目的地直属海关，或者委托装运前检验机构实施装运前检验。海关不予指定进口旧机电产品装运前检验机构。进口旧机电产品收发货人或者其代理人可以自行选择装运前检验机构实施装运前检验。海关可以根据需要，组织实施或者派出检验人员参加进口旧机电产品装运前检验。海关总署对从事进口旧机电产品装运前检验的第三方检验机构实施

备案管理。向海关总署办理备案手续的,应当具备以下条件。

(1) 为所在国家(地区)合法注册的第三方检验机构。

(2) 具备固定的办公地点或经营场所。

(3) 通过ISO/IEC 17020体系认证,认证范围涵盖进口旧机电产品装运前检验作业。

(4) 设立与进口旧机电产品装运前检验活动相适应的作业岗位和审核岗位。

装运前检验机构按照规定提交材料符合要求的,予以备案。海关总署对外公开已备案的装运前检验机构信息。

进口旧机电产品的装运前检验应当于启运前,在其境外装货地或者发货地,按照我国法律法规和技术规范的强制性要求实施。装运前检验内容包括以下几方面。

(1) 核查产品品名、数量、规格(型号)、新旧、残损等情况是否与合同、发票等贸易文件所列相符。

(2) 是否包括、夹带禁止进口货物。

(3) 对安全、卫生、健康、环境保护、防止欺诈、能源消耗等项目作出评定:属特种设备的,检查是否获得《特种设备制造许可证》或型式试验报告;属食品接触机械的,评估产品安全卫生状况是否符合食品安全国家标准;属非道路移动机械的,评估其污染物排放是否符合相关强制性要求;评估产品是否符合我国能源效率有关限定标准;核查产品是否符合我国安全准入的其他要求。

装运前检验机构应当在完成装运前检验工作后,签发装运前检验证书,并随附装运前检验报告。

2. 进口旧机电产品检验

进口旧机电产品运抵口岸后,收货人或者其代理人应当凭合同、发票、装箱单、提单等资料向海关办理报检手续。需实施装运前检验的,报检前还应当取得装运前检验证书。

口岸海关对进口旧机电产品实施口岸查验。实施口岸查验时,应当对报检资料进行逐批核查。必要时,对进口旧机电产品与报检资料是否相符进行现场核查。

目的地海关对进口旧机电产品实施目的地检验。海关对进口旧机电产品的目的地检验内容包括:一致性核查,安全、卫生、环境保护等项目检验。经目的地检验,涉及人身财产安全、健康、环境保护项目不合格的,由海关责令收货人销毁、退运;其他项目不合格的,可以在海关的监督下进行技术处理,经重新检验合格的,方可销售或者使用。经目的地检验不合格的进口旧机电产品,属成套设备及其材料的,签发不准安装使用通知书。经技术处理,并经海关重新检验合格的,方可安装使用。

(二) 两用物项和技术进出口管理

为维护国家安全和社会公共利益,履行我国在缔结或者参加的国际条约、协定中所承担的义务,依据《对外贸易法》《海关法》和有关行政法规(包括《中华人民共和国核出口管制条例》《中华人民共和国核两用品及相关技术出口管制条例》《中华人民共和国导弹及相关物项和技术出口管制条例》《中华人民共和国生物两用品及相关设备和技术出口管制条例》《中华人民共和国监控化学品管理条例》《易制毒化学品管理条例》及《有关化学品及相关设备和技术出口管制办法》)的规定,对上述行政法规管制的物项和技术实行两用物项与技术进出口许可证管理。以任何方式进口或出口,以及过境、转运、通运《两用物项和技术进出口许可证管理目录》(以下简称《管理目录》)中的两用物项和技术,均应申领两用物项和技术进口或出口许可证,海关凭两用物项和技术进出口许可证接受申报并办理验放手续。

1. 两用物项和技术进出口许可证的主管部门与发证机构

商务部是全国两用物项和技术进出口许可证的归口管理部门,负责制定两用物项和技术进出口许可证管理办法及规章制度,监督、检查两用物项和技术进出口许可证管理办法的执行情况,处罚违规行为。

商务部会同海关总署制定和发布《管理目录》。商务部和海关总署可以根据情况对《管理目录》进行调整,并以公告形式发布。[①] 商务部委托许可证局统一管理、指导全国各发证机构的两用物项和技术进出口许可证发证工作,许可证局对商务部负责。许可证局和商务部委托的省级商务主管部门为两用物项和技术进出口许可证发证机构(以下简称"发证机构"),省级商务主管部门在许可证局的统一管理下,负责委托范围内两用物项和技术进出口许可证的发证工作。

2. 两用物项和技术进出口许可证的申领与签发

进出口经营者获相关行政主管部门批准文件后,凭批准文件到所在地发证机构申领两用物项和技术进口或者出口许可证(在京的中央企业向许可证局申领),其中:

(1) 核、核两用品、生物两用品、有关化学品、导弹相关物项、易制毒化学品和计算机进出口的批准文件为商务主管部门签发的两用物项和技术进口或者出口批复单。其中,核材料的出口凭国家国防科技工业局的批准文件办理相关手续。外商投资企业进出口易制毒化学品凭《商务部外商投资企业易制毒化学品进口批复单》或《商务部外商投资企业易制毒化学品出口批复单》申领进出口许可证。

(2) 监控化学品进出口的批准文件为国家履行《禁止化学武器公约》工作领导小组办公室签发的监控化学品进口或者出口核准单。监控化学品进出口经营者向许可证局申领两用物项和技术进出口许可证。

两用物项和技术进出口许可证实行网上申领。申领两用物项和技术进出口许可证时应提交下列文件。

(1) 规定的相关行政主管部门批准文件。

(2) 进出口经营者公函(介绍信)原件、进出口经营者领证人员的有效身份证明以及网上报送的两用物项和技术进出口许可证申领表。

如因异地申领等特殊情况,需要委托他人申领两用物项和技术进出口许可证的,被委托人应提供进出口经营者出具的委托公函(其中应注明委托理由和被委托人身份)原件和被委托人的有效身份证明。

发证机构收到相关行政主管部门批准文件(含电子文本、数据)和相关材料并经核对无误后,在3个工作日内签发两用物项和技术进口或者出口许可证。

两用物项和技术进出口许可证实行"非一批一证"制(每证在有效期内可多次报关使用,但最多不超过12次,由海关在许可证背面"海关验放签注栏"内逐批核减数量)和"一证一

---

① 商务部、海关总署2023年第66号公告公布了调整的《管理目录》。

关"制（每证只能在一个海关报关使用），同时在两用物项和技术进口许可证备注栏内打印"非一批一证"字样。两用物项和技术出口许可证实行"一批一证"制（每证只能报关使用一次）和"一证一关"制。同一合同项下的同一商品如需分批办理出口许可证，出口经营者应在申领时提供相关行政主管部门签发的相应份数的两用物项和技术出口批准文件，同一次申领分批量最多不超过12批。

两用物项和技术进出口许可证一式四联。第一联为办理海关手续联；第二联为海关留存核对联；第三联为银行办理结汇联；第四联为发证机构留存联。

3. 两用物项和技术进出口许可证的有效期

两用物项和技术进出口许可证有效期一般不超过1年。两用物项和技术进出口许可证跨年度使用时，在有效期内只能使用到次年3月31日，逾期发证机构将根据原许可证有效期换发许可证。两用物项和技术进出口许可证应在批准的有效期内使用，逾期自动失效，海关不予验放。两用物项和技术进出口许可证仅限于申领许可证的进出口经营者使用，不得买卖、转让、涂改、伪造和变造。

4. 两用物项和技术出口通用许可管理

为维护国家安全和社会公共利益，完善两用物项和技术出口管理，商务部制定了《两用物项和技术出口通用许可管理办法》。两用物项和技术出口通用许可是指商务部根据两用物项和技术出口经营者的申请，依照有关行政法规规章和管理办法的规定进行审查，准予其持商务部签发的两用物项和技术出口通用许可批复，依据许可有效期和范围，在《两用物项和技术进出口许可证管理办法》规定的发证机构多次申领两用物项和技术出口许可证的行为。未取得两用物项和技术出口通用许可的，出口经营者应当依据有关行政法规规章的规定，逐单申请出口许可。

商务部是全国两用物项和技术出口通用许可的主管部门。商务部委托的省级商务主管部门按照规定负责本地区两用物项和技术出口通用许可的日常监督管理。两用物项和技术出口通用许可分为甲类通用许可和乙类通用许可。甲类通用许可允许出口经营者在许可有效期内向一个或多个特定国家（或地区）的一个或多个最终用户，出口一种或多种特定两用物项和技术。乙类通用许可允许出口经营者在许可有效期内向同一特定国家（或地区）的固定最终用户多次出口同种类特定两用物项和技术。两用物项和技术出口通用许可有效期不超过3年。

国家对两用物项和技术出口通用许可的实施进行严格审查。两用物项和技术出口通用许可经营者应当满足以下条件。

(1) 是合法的对外贸易经营者。

(2) 建立企业两用物项和技术内部控制机制。

(3) 从事两用物项和技术出口业务两年以上（含两年）。

(4) 申请甲类通用许可的，应当连续两年以上（含两年）年申领两用物项和技术出口许可数量超过40份（含40份）；申请乙类通用许可的，应当连续两年以上（含两年）年申领同种类两用物项和技术出口许可数量超过30份（含30份）。

(5) 近3年内未受过刑事处罚或受过有关部门行政处罚。

(6) 有相对固定的两用物项和技术销售渠道及最终用户。

两用物项和技术通用许可经营者应当向商务部提出通用许可申请,并向商务部委托的省级商务主管部门提交下列申请材料。

(1) 两用物项和技术出口通用许可申请表。

(2) 企业两用物项和技术内部控制机制建立和运行情况说明及相关证明文件。

(3) 近3年内未受过刑事处罚或有关部门行政处罚的保证文书。

(4) 合法的对外贸易经营者的证明文件。

(5) 从事两用物项和技术出口业务情况说明,包括:近两年两用物项和技术出口许可证申领及使用情况说明;两用物项和技术销售渠道及用户情况说明,包括与交易各方关系、交易情况及进口商和最终用户说明。

(6) 拟申请出口通用许可的物项和技术的种类及相关技术说明文件。

(7) 依照有关行政法规规章规定,每份合同执行前向最终用户索取相关保证文书或最终用户和最终用途说明文件的保证文件。

(8) 主管部门要求提交的其他文件。

商务部委托的省级商务主管部门自收到规定的文件之日起10个工作日内将申请材料送商务部。商务部自收到申请材料之日起,依照有关行政法规规章的规定进行审查或会同有关部门进行审查,并作出许可或者不予许可的决定。予以许可的,由商务部签发两用物项和技术出口通用许可批复;不予许可的,应当说明理由。在审查过程中,商务部或其委托的省级商务主管部门可以根据需要约谈企业主要管理人员,了解企业内部出口控制机制建立和执行情况。必要时,可对企业进行实地考察验证。在审查过程中,商务部可以委托专家咨询机构对企业内部出口控制机制的建立及运行情况进行评估。专家咨询机构由商务部确定,并以公告形式对外发布。下列情形不适用通用许可:企业已建立完备的内部出口控制机制但无法确认其有效执行的;有关行政主管部门认为出口存在扩散风险以及其他不适宜通用许可的。

通用许可经营者无法判断拟出口的物项和技术是否符合有关行政法规规章规定,或者无法判断拟出口的物项和技术是否属于通用许可范围,应当依照有关行政法规规章的规定,逐单申请出口许可。严禁伪造、变造、买卖或者转让两用物项和技术出口通用许可批复;严禁超出许可范围使用两用物项和技术出口通用许可批复或者利用两用物项和技术通用许可批复从事扰乱市场竞争秩序的违法违规行为。

通用许可经营者获得商务部签发的两用物项和技术出口通用许可批复后,凭加盖企业公章的批复文件到《两用物项和技术进出口许可证管理办法》规定的两用物项和技术出口许可证发证机构申领两用物项和技术出口许可证。两用物项和技术出口许可证申领的其他程序依照《两用物项和技术进出口许可证管理办法》执行。

(三) 濒危野生动植物进出口管理

1. 管理机构

国务院林业、农业(渔业)主管部门(以下简称"国务院野生动植物主管部门")依据《中华人民共和国野生动物保护法》《中华人民共和国森林法》《中华人民共和国野生植物保护条例》和《濒危野生动植物种国际贸易公约》(以下简称"公约")及其有关决议、决定等的规定,按照职责分工主管全国濒危野生动植物及其产品的进出口管理工作。

国家禁止进出口列入《禁止进出口货物目录》的野生动植物及其产品。禁止进口或者出口公约禁止以商业贸易为目的进出口的濒危野生动植物及其产品,因科学研究、驯养繁殖、人工培育、文化交流等特殊情况,需要进口或者出口的,应当经国务院野生动植物主管部门批准;按照有关规定由国务院批准的,应当报经国务院批准。禁止出口未定名的或者新发现并有重要价值的野生动植物及其产品以及国务院或者国务院野生动植物主管部门禁止出口的濒危野生动植物及其产品。依法进出口野生动植物及其产品的,实行野生动植物进出口证书管理。野生动植物进出口证书包括允许进出口证明书和物种证明,允许进出口证明书包括濒危野生动植物种国际贸易公约允许进出口证明书和中华人民共和国野生动植物允许进出口证明书。进出口列入《进出口野生动植物种商品目录》(以下简称"商品目录")公约限制进出口的濒危野生动植物及其产品、出口列入商品目录国家重点保护的野生动植物及其产品的,实行允许进出口证明书管理。进出口列入商品目录的其他野生动植物及其产品的,实行物种证明管理。商品目录由中华人民共和国濒危物种进出口管理办公室(以下简称"国家濒管办")和海关总署共同制定、调整并公布。

允许进出口证明书和物种证明由国家濒管办核发;国家濒管办办事处代表国家濒管办核发允许进出口证明书和物种证明。国家濒管办办事处核发允许进出口证明书和物种证明的管辖区域由国家濒管办确定并予以公布。允许进出口证明书和物种证明由国家濒管办组织统一印制。国家濒管办及其办事处依法对被许可人使用允许进出口证明书和物种证明进出口野生动植物及其产品的情况进行监督检查。

2. 进出口濒危野生动植物的条件

《中华人民共和国濒危野生动植物进出口管理条例》规定,进口或者出口公约限制进出口的濒危野生动植物及其产品,出口国务院或者国务院野生动植物主管部门限制出口的野生动植物及其产品,应当经国务院野生动植物主管部门批准。

进口濒危野生动植物及其产品的,必须具备下列条件:
(1) 对濒危野生动植物及其产品的使用符合国家有关规定;
(2) 具有有效控制措施并符合生态安全要求;
(3) 申请人提供的材料真实有效;
(4) 国务院野生动植物主管部门公示的其他条件。

出口濒危野生动植物及其产品的,必须具备下列条件:
(1) 符合生态安全要求和公共利益;
(2) 来源合法;
(3) 申请人提供的材料真实有效;
(4) 不属于国务院或者国务院野生动植物主管部门禁止出口的;
(5) 国务院野生动植物主管部门公示的其他条件。

3. 进出口濒危野生动植物的申请和审批

进口或者出口濒危野生动植物及其产品的,申请人应当按照管理权限,向其所在地的省、自治区、直辖市人民政府农业(渔业)主管部门提出申请,或者向国务院林业主管部门提出申请,并提交下列材料:

(1) 进口或者出口合同;

(2) 濒危野生动植物及其产品的名称、种类、数量和用途；

(3) 活体濒危野生动物装运设施的说明资料；

(4) 国务院野生动植物主管部门公示的其他应当提交的材料。

省、自治区、直辖市人民政府农业（渔业）主管部门自收到申请之日起10个工作日内签署意见，并将全部申请材料转报国务院农业（渔业）主管部门。国务院野生动植物主管部门应当自收到申请之日起20个工作日内，作出批准或者不予批准的决定，并书面通知申请人。在20个工作日内不能作出决定的，经本行政机关负责人批准，可以延长10个工作日，延长的期限和理由应当通知申请人。

4. 允许进出口证明书的申请和核发

申请核发允许进出口证明书的，申请人应当根据申请的内容和国家濒管办公布的管辖区域向国家濒管办或者其办事处提出申请。申请人委托代理人代为申请的，应当提交代理人身份证明和委托代理合同；申请商业性进出口的，还应当提交申请人或者代理人允许从事对外贸易经营活动的资质证明。申请核发允许进出口证明书的，申请人应当提交下列材料。

(1) 允许进出口证明书申请表。申请人为单位的，应当加盖本单位印章；申请人为个人的，应当有本人签字或者印章。

(2) 国务院野生动植物主管部门的进出口批准文件。

(3) 进出口合同。但是以非商业贸易为目的个人所有的野生动植物及其产品进出口的除外。

(4) 身份证明材料。申请人为单位的，应当提交营业执照复印件或者其他身份证明；申请人为个人的，应当提交身份证件复印件。

(5) 进出口含野生动植物成分的药品、食品等产品的，应当提交物种成分含量表和产品说明书。

(6) 出口野生动植物及其产品的，应当提交证明野外或者人工繁育等来源类型的材料。

(7) 国家濒管办公示的其他应当提交的材料。

申请进出口公约附录所列的野生动植物及其产品的，申请人还应当提交下列材料。

(1) 进口公约附录所列野生动植物及其产品的，应当提交境外公约管理机构核发的允许出口证明材料。公约规定由进口国先出具允许进口证明材料的除外。

(2) 进出口活体野生动物的，应当提交证明符合公约规定的装运条件的材料。其中，进口公约附录Ⅰ所列活体野生动物的，还应当提交接受者在笼舍安置、照管等方面的文字和图片材料。

(3) 出口公约附录Ⅰ所列野生动植物及其产品，或者进口后再出口公约附录Ⅰ所列活体野生动植物的，应当提交境外公约管理机构核发的允许进口证明材料。公约规定由出口国先出具允许出口证明材料的除外。

与非公约缔约国之间进行野生动植物及其产品进出口的，申请人提交的证明材料应当是在公约秘书处注册的机构核发的允许进出口证明材料。

进口后再出口野生动植物及其产品的，应当提交经海关签注的允许进出口证明书复印件和海关进口货物报关单复印件。进口野生动植物原料加工后再出口的,还应当提交相关生产加工的转换计划及说明;以加工贸易方式进口后再出口野生动植物及其产品的,提交海关核发的加工贸易手册复印件或者电子化手册、电子账册相关内容(表头及相关表体部分)打印件。以加工贸易方式进口野生动植物及其产品的,应当提交海关核发的加工贸易手册复印件或者电子化手册、电子账册相关内容(表头及相关表体部分)打印件。

国家濒管办及其办事处在收到核发允许进出口证明书的申请后,对申请材料齐全、符合法定形式的,应当出具受理通知书;对申请材料不齐或者不符合法定形式的,应当出具补正材料通知书,并一次性告知申请人需要补正的全部内容。对依法应当不予受理的,应当告知申请人并说明理由,出具不予受理通知书。国家濒管办及其办事处核发允许进出口证明书,需要咨询国家濒危物种进出口科学机构意见的、需要向境外相关机构核实允许进出口证明材料的,或者需要对出口的野生动植物及其产品进行实地核查的,应当在出具受理通知书时,告知申请人。咨询意见、核实允许进出口证明材料和实地核查所需时间不计入核发允许进出口证明书工作日之内。有下列情形之一的,国家濒管办及其办事处不予核发允许进出口证明书。

(1)申请内容不符合《中华人民共和国濒危野生动植物进出口管理条例》或者公约规定的。

(2)申请内容与国务院野生动植物主管部门的进出口批准文件不符的。

(3)经国家濒危物种进出口科学机构认定可能对本物种或者其他相关物种野外种群的生存造成危害的。

(4)因申请人的原因,核发机关无法进行实地核查的。

(5)提供虚假申请材料的。

国家濒管办及其办事处自收到申请之日起20个工作日内,对准予行政许可的,应当核发允许进出口证明书;对不予行政许可的,应当作出不予行政许可的书面决定,并说明理由,同时告知申请人享有的权利。国家濒管办及其办事处作出的不予行政许可的书面决定应当抄送国务院野生动植物主管部门。在法定期限内不能作出决定的,经国家濒管办负责人批准,可以延长10个工作日,并将延长期限的理由告知申请人。对准予核发允许进出口证明书的,申请人在领取允许进出口证明书时,应当按照国家规定缴纳野生动植物进出口管理费。允许进出口证明书的有效期不得超过180天。被许可人需要对允许进出口证明书上记载的进出口口岸、境外收发货人进行变更的,应当在允许进出口证明书有效期届满前向原发证机关提出书面变更申请。被许可人需要延续允许进出口证明书有效期的,应当在允许进出口证明书有效期届满15日前向原发证机关提出书面延期申请。原发证机关应当根据申请,在允许进出口证明书有效期届满前作出是否准予变更或者延期的决定。

允许进出口证明书损坏的,被许可人可以在允许进出口证明书有效期届满前向原发证机关提出补发的书面申请并说明理由,同时将已损坏的允许进出口证明书交回原发证机关。原发证机关应当根据申请,在允许进出口证明书有效期届满前作出是否准予补发的决定。进出口野生动植物及其产品的,被许可人应当在自海关放行之日起30日内,将海关验讫的允许进出口证明书副本和海关进出口货物报关单复印件交回原发证机关。进口野生动植物及其产品的,还应当同时交回境外公约管理机构核发的允许出口证明材料正本。未实施进出口野生动植物及其产品活动的,被许可人应当在允许进出口证明书有效期届满后 30 日内将允许进出口证明书退回原发证机关。有下列情形之一的,国家濒管办及其办事处应当注销允许进出口证明书。

(1) 允许进出口证明书依法被撤回、撤销的。
(2) 允许进出口证明书有效期届满未延续的。
(3) 被许可人死亡或者依法终止的。
(4) 因公约或者法律法规调整致使允许进出口证明书许可事项不能实施的。
(5) 因不可抗力致使允许进出口证明书许可事项无法实施的。

允许进出口证明书被注销的,申请人不得继续使用该允许进出口证明书从事进出口活动,并应当及时将允许进出口证明书交回原发证机关。

5. 物种证明的申请与核发

申请核发物种证明的,申请人应当根据申请的内容和国家濒管办公布的管辖区域向国家濒管办或者其办事处提出申请。申请人委托代理人代为申请的,应当提交代理人身份证明和委托代理合同;申请商业性进出口的,还应当提交申请人或者代理人允许从事对外贸易经营活动的资质证明。申请核发物种证明的,申请人应当提交下列材料。

(1) 物种证明申请表。申请人为单位的,应当加盖本单位印章;申请人为个人的,应当有本人签字或者加盖印章。
(2) 进出口合同。但是以非商业贸易为目的个人所有的野生动植物及其产品进出口的除外。
(3) 身份证明材料。申请人为单位的,应当提交营业执照复印件或者其他身份证明;申请人为个人的,应当提交身份证件复印件。
(4) 进出口含野生动植物成分的药品、食品等产品的,应当提交物种成分含量表和产品说明书。
(5) 出口野生动植物及其产品的,应当提交合法来源证明材料。
(6) 进口野生动植物及其产品的,应当提交境外相关机构核发的原产地证明、植物检疫证明或者提货单等能够证明进口野生动植物及其产品真实性的材料。
(7) 进口的活体野生动物属于外来陆生野生动物的,应当提交国务院陆生野生动物主管部门同意引进的批准文件。
(8) 进口后再出口野生动植物及其产品的,应当提交加盖申请人印章并经海关签注的物种证明复印件或者海关进口货物报关单复印件。
(9) 国家濒管办公示的其他应当提交的材料。

国家濒管办及其办事处在收到核发物种证明的申请后,对申请材料齐全、符合法定形式的,应当出具受理通知书;对申请材料不齐或者不符合法定形式的,应当出具补正材料通知书,并一次性告知申请人需要补正的全部内容。对依法应当不予受理的,应当告知申请人并说明理由,出具不予受理通知书。有下列情形之一的,国家濒管办及其办事处不予核发物种证明。

(1) 不能证明其来源合法的。

(2) 提供虚假申请材料的。

国家濒管办及其办事处自收到申请之日起 20 个工作日内，对准予行政许可的，应当核发物种证明；对不予行政许可的，应当作出不予行政许可的书面决定，并说明理由，同时告知申请人享有的权利。在法定期限内不能作出决定的，经国家濒管办负责人批准，可以延长 10 个工作日，并将延长期限的理由告知申请人。物种证明分为一次使用和多次使用两种。对于同一物种、同一货物类型并在同一报关口岸多次进出口野生动植物及其产品的，申请人可以向国家濒管办指定的办事处申请核发多次使用物种证明；但属于下列情形的，不得申请核发多次使用物种证明。

(1) 出口国家保护的有益的或者有重要经济、科学研究价值的陆生野生动物及其产品的。

(2) 进口或者进口后再出口与国家保护的有益的或者有重要经济、科学研究价值的陆生野生动物同名的陆生野生动物及其产品的。

(3) 出口与国家重点保护野生植物同名的人工培植来源的野生植物及其产品的。

(4) 进口或者进口后再出口与国家重点保护野生动植物同名的野生动植物及其产品的。

(5) 进口或者进口后再出口非原产我国的活体陆生野生动物的。

(6) 国家濒管办公示的其他情形。

一次使用的物种证明有效期不得超过 180 天。多次使用的物种证明有效期不得超过 360 天。被许可人需要对物种证明上记载的进出口口岸、境外收发货人进行变更的，应当在物种证明有效期届满前向原发证机关提出书面变更申请。被许可人需要延续物种证明有效期的，应当在物种证明有效期届满 15 日前向原发证机关提出书面延期申请。原发证机关应当根据申请，在物种证明有效期届满前作出是否准予变更或者延期的决定。物种证明损坏的，被许可人可以在物种证明有效期届满前向原发证机构提出补发的书面申请并说明理由，同时将已损坏的物种证明交回原发证机关。原发证机关应当根据申请，在物种证明有效期届满前作出是否准予补发的决定。

6. 进出境监管

进口或者出口濒危野生动植物及其产品的，应当在国务院野生动植物主管部门会同海关总署指定并经国务院批准的口岸进行。进出口商品目录中的野生动植物及其产品的，应当向海关主动申报并同时提交允许进出口证明书或者物种证明，并按照允许进出口证明书或者物种证明规定的种类、数量、口岸、期限完成进出口活动。进出口商品目录中的野生动植物及其产品的，其申报内容与允许进出口证明书或者物种证明中记载的事项不符的，由海关依法予以处理。但申报进出口的数量未超过允许进出口证明书或者物种证明规定，且其他申报事项一致的除外。

公约附录所列野生动植物及其产品需要过境、转运、通运的，不需申请核发野生动植物进出口证书。对下列事项有疑义的，货物进、出境所在地直属海关可以征求国家濒管办或者其办事处的意见。

(1) 允许进出口证明书或者物种证明的真实性、有效性。

(2) 境外公约管理机构核发的允许进出口证明材料的真实性、有效性。

（3）野生动植物物种的种类、数量。

（4）进出境货物或者物品是否为濒危野生动植物及其产品或者是否含有濒危野生动植物种成分。

（5）海关质疑的其他情况。

国家濒管办或者其办事处应当及时回复意见。

海关在允许进出口证明书和物种证明中记载进出口野生动植物及其产品的数量，并在办结海关手续后，将允许进出口证明书副本返还持证者。

在境外与保税区、出口加工区等海关特殊监管区域、保税监管场所之间进出野生动植物及其产品的，申请人应当向海关交验允许进出口证明书或者物种证明。在境内与保税区、出口加工区等海关特殊监管区域、保税监管场所之间进出野生动植物及其产品的，或者在上述海关特殊监管区域、保税监管场所之间进出野生动植物及其产品的，无须办理允许进出口证明书或者物种证明。

7. 通关作业联网无纸化

为深化通关作业无纸化改革，进一步提高许可证件管理水平，海关总署和国家濒管办在开展试点的基础上，将野生动植物进出口证书通关作业联网工作在全国范围内推广实施。自2018年6月1日起，在全国范围内对现行的"两类三种"野生动植物进出口证书（即公约允许进出口证明书、中华人民共和国野生动植物进出口证明书和非《进出口野生动植物种商品目录》物种证明）全面实行通关作业联网无纸化。进出口实行野生动植物进出口证书管理的野生动植物及其产品的，按照海关通关作业无纸化改革的相关规定，采用无纸方式向海关申报。海关通过野生动植物进出口证书联网核查方式验核相关证书电子数据。

使用公约允许进出口证明书出口、再出口以及使用中华人民共和国野生动植物进出口证明书向我国台湾地区出口、再出口野生动植物及其产品的，在办理无纸化报关手续后，申请人应当向申报地海关申请纸面签注，海关按照规定予以办理。除上述情形以外，申请人免于向海关交验纸质野生动植物进出口证书，海关不再进行纸面签注。

为保障正常报关手续通畅，因系统故障等特殊原因，确需验核纸质野生动植物进出口证书的，国家濒管办或其办事处应当制发纸质证书，海关验核纸质证书并进行纸面签注。

【思政课堂】

蛇口海关查获出口濒危紫檀木制家具26件

（2022年）3月9日，蛇口海关对外通报，该关此前在货运出口渠道查获的26件伪瞒报木质家具，均为濒危木材制品。目前，该案件已移交缉私部门处置。

此前，蛇口海关在查验一批出口货物时发现，集装箱内有26件未申报木质家具，疑似濒危木材制品。经鉴定，该批木制家具分别为刺猬紫檀贵妃床2张、刺猬紫檀柜子3张、刺猬紫檀餐边柜2个、刺猬紫檀桌子2张、刺猬紫檀椅子6张、刺猬紫檀小圆桌1张、刺猬紫檀罗汉床1套、东非黑黄檀木座2个、交趾黄檀纸巾盒7个，共重466.7千克，均为列入《濒危野生动植物种国际贸易公约》（2019版）附录Ⅱ的濒危野生植物制品。

海关提醒：根据《中华人民共和国濒危野生动植物进出口管理条例》，携带、邮寄或者运输濒危野生动植物制品出入境的，需提交《濒危物种允许进出口证明书》，并提前向海关申报，依法接受海关查验。

资料来源：陈子铭："蛇口海关查获出口濒危紫檀木制家具26件"，海关总署网站。

南宁吴圩机场海关移交一批濒危动植物及其制品

2022年3月，南宁吴圩机场海关分别向广西壮族自治区林业局、南宁市农业农村局移交陆生和水生濒危动植物及其制品，共计535件，69.233千克。

此次移交的动植物及其制品均系南宁吴圩机场海关在南宁机场旅检渠道出入境旅客携带的行李物品中查获，主要包括象牙制品、砗磲制品、小叶紫檀、玳瑁制品、沉香、鳄鱼制品、蟒皮制品等，均属于《濒危野生动植物种国际贸易公约》附录Ⅰ、附录Ⅱ列明物种，系国家禁止进出境物品。

海关提醒广大旅客，根据《濒危野生动植物种国际贸易公约》和《中华人民共和国濒危野生动植物进出口管理条例》相关规定，未获得国家濒危物种管理部门出具的允许进出口证明书的，禁止贸易、携带、邮寄濒危动植物及其制品进出境。非法进口、出口或者以其他方式走私濒危野生动植物及其产品的，由海关依照相关法律法规的规定予以处罚；情节严重，构成犯罪的，依法追究刑事责任。

资料来源：南宁海关网站。

（四）文物进出境管理

根据《中华人民共和国文物保护法》和《中华人民共和国文物保护法实施条例》的规定，目前我国文物进出境的主要管理措施和报关规范包括以下几方面。

（1）国有文物、非国有文物中的珍贵文物和国家规定禁止出境的其他文物，不得出境；但是依照《中华人民共和国文物保护法》规定出境展览或者因特殊需要经国务院批准出境的除外。

（2）任何单位或者个人运送、邮寄、携带文物出境，应当经国务院文物行政部门指定的文物进出境审核机构审核。经审核允许出境的文物，由国务院文物行政主管部门发给文物出境许可证，并由文物进出境审核机构标明文物出境标识。经审核允许出境的文物，应当从国务院文物行政主管部门指定的口岸出境。海关查验文物出境标识后，凭文物出境许可证放行。

（3）文物出境展览的承办单位，应当在举办展览前6个月向国务院文物行政主管部门提出申请。国务院文物行政主管部门应当自收到申请之日起30个工作日内作出批准或者不批准的决定。决定批准的，发给批准文件；决定不批准的，应当书面通知当事人并说明理由。一级文物展品超过120件（套）的，或者一级文物展品超过展品总数的20%的，应当报国务院批准。一级文物中的孤品和易损品，禁止出境展览。禁止出境展览文物的目录，由国务院文物行政主管部门定期公布。未曾在境内正式展出的文物，不得出境展览。

（4）出境展览的文物出境，由文物进出境审核机构审核、登记。海关凭国务院文物行政部门或者国务院的批准文件放行。文物出境展览的期限不得超过1年。因特殊需要,经原审批机关批准可以延期;但是,延期最长不得超过1年。文物出境展览期间,出现可能危及展览文物安全情形的,原审批机关可以决定中止或者撤销展览。出境展览的文物复进境,由原文物进出境审核机构审核查验。

(5) 临时进境的文物,应当向海关申报,经海关将文物加封后,交由当事人报文物进出境审核机构审核、登记。文物进出境审核机构查验海关封志完好无损后,对每件临时进境文物标明文物临时进境标识,并登记拍照。临时进境文物复出境时,应当由原审核、登记的文物进出境审核机构核对入境登记拍照记录,查验文物临时进境标识无误后标明文物出境标识,并由国务院文物行政主管部门发给文物出境许可证,海关凭文物出境许可证放行。

【思政课堂】

杭州海关在出口快件渠道连续查获11件禁限类文物

(2021年)7月23日,经浙江省文物鉴定站鉴定,杭州海关此前在杭州空港出口快件中查获的一批疑似文物中有11件为禁止或限制出境的文物。其中10件文物为禁止出境文物,包括清仿陈道复花卉页、清仿郑板桥墨竹轴、清以前绿玻璃碗等。

查获当日,杭州海关所属杭州萧山机场海关关员在对一企业申报出口快件查验时发现,企业申报为画册,实际货物是字画;在查验企业申报的另一出口"玻璃摆件"时,发现有沁蚀痕迹。关员立即启动文物鉴定程序,做不予以放行处理。最终的鉴定结果证实了关员的判断。该批文物被移交海关缉私部门立案调查。

海关提醒:根据《中华人民共和国文物保护法》规定,文物出境应经国务院文物行政部门指定的文物进出境审核机构审核。经审核允许出境的文物,由国务院文物部门发给文物出境许可证,从国务院文物行政部门指定的口岸出境。任何单位或者个人运送、邮寄、携带文物出境应当向海关申报,海关凭文物出境许可证放行。

资料来源:解智:"杭州海关在出口快件渠道连续查获11件禁限类文物",海关总署网站。

(五) 药品进口管理

根据《中华人民共和国药品管理法》和《中华人民共和国药品管理法实施条例》的规定,目前我国有关药品进口的管理措施和报关规范主要包括以下几方面。

(1) 申请进口的药品,应当是在生产国家或者地区获得上市许可的药品;未在生产国家或者地区获得上市许可的,经国务院药品监督管理部门确认该药品品种安全、有效而且临床需要的,可以依照法律及条例的规定批准进口。

(2) 进口药品,应当按照国务院药品监督管理部门的规定申请注册。国外企业生产的药品取得《进口药品注册证》,中国香港、澳门和台湾地区企业生产的药品取得《医药产品注册证》后,方可进口。医疗机构因临床急需进口少量药品的,应当持《医疗机构执业许可证》向国务院药品监督管理部门提出申请;经批准后,方可进口。进口的药品应当在指定医疗机构内用于特定医疗目的。

(3) 药品必须从允许药品进口的口岸进口,并由进口药品的企业向口岸所在地药品监督管理部门备案。进口药品到岸后,进口单位应当持《进口药品注册证》或者《医药产品注册证》以及产地证明原件、购货合同副本、装箱单、运单、货运发票、出厂检验报告书、说明书等材料,向口岸所在地药品监督管理部门备案。口岸所在地药品监督管理部门经审查,对提交的材料符合要求的,发给《进口药品通关单》。进口单位凭《进口药品通关单》向海关办理报关验放手续。海关凭药品监督管理部门出具的《进口药品通关单》放行,无《进口药品通关单》的,海关不得放行。

(4) 疫苗类制品、血液制品、用于血源筛查的体外诊断试剂以及国务院药品监督管理部门规定的其他生物制品进口时,应当按照国务院药品监督管理部门的规定进行检验或者审核批准;检验不合格或者未获批准的,不得进口。

(5) 进口、出口麻醉药品和国家规定范围内的精神药品,应当持有国务院药品监督管理部门颁发的进口准许证、出口准许证。禁止进口疗效不确切、不良反应大或者因其他原因危害人体健康的药品。

(6) 国务院药品监督管理部门对下列药品在销售前或者进口时,应当指定药品检验机构进行检验;未经检验或者检验不合格的,不得销售或者进口:首次在中国境内销售的药品;国务院药品监督管理部门规定的生物制品;国务院规定的其他药品。

(7) 国务院药品监督管理部门核发的《进口药品注册证》《医药产品注册证》的有效期为5年。有效期届满,需要继续进口的,应当在有效期届满前6个月申请再注册。药品再注册时,应当按照国务院药品监督管理部门的规定报送相关资料。有效期届满,未申请再注册或者经审查不符合国务院药品监督管理部门关于再注册的规定的,注销其《进口药品注册证》或者《医药产品注册证》。

(8) 海关总署、国家药品监督管理局在全国范围内推广实施《进口药品通关单》《药品进口准许证》《药品出口准许证》电子数据与进出口货物报关单电子数据的联网核查。药品监督管理部门根据相关法律法规的规定签发上述证件,将证件电子数据传输至海关,海关在通关环节进行比对核查,并按规定办理进出口手续。报关企业按照海关通关作业无纸化改革的规定,可采用无纸方式向海关申报。因海关和药品监督管理部门审核需要,或计算机管理系统、网络通信故障等原因,可以转为有纸报关作业或补充提交纸质证件。企业可登录中国国际贸易"单一窗口"查询证件电子数据传输状态。

(六) 印刷品及音像制品进出境管理

根据《中华人民共和国海关进出境印刷品及音像制品监管办法》的规定,目前我国有关印刷品及音像制品进口的管理措施和报关规范主要包括以下内容。

(1) 进出境印刷品及音像制品的收发货人、所有人及其代理人,应当依法如实向海关申报,并且接受海关监管。

(2) 载有下列内容之一的印刷品及音像制品,禁止进境:反对宪法确定的基本原则的;危害国家统一、主权和领土完整的;危害国家安全或者损害国家荣誉和利益的;攻击中国共产党,诋毁中华人民共和国政府的;煽动民族仇恨、民族歧视,破坏民族团结,或者侵害民族风俗、习惯的;宣扬邪教、迷信的;扰乱社会秩序,破坏社会稳定的;宣扬淫秽、赌博、暴力或者教唆犯罪的;侮辱或者诽谤他人,侵害他人合法权益的;危害社会公德或者民族优秀文化传统的;国家主管部门认定禁止进境的;法律、行政法规和国家规定禁止的其他内容。载有上述所列内容或者涉及国家秘密以及国家主管部门认定禁止出境的印刷品及音像制品,禁止出境。

(3)个人自用进境印刷品及音像制品在下列规定数量以内的,海关予以免税验放:单行本发行的图书、报纸、期刊类出版物每人每次10册(份)以下(包括本数在内,下同);单碟(盘)发行的音像制品每人每次20盘以下;成套发行的图书类出版物,每人每次3套以下;成套发行的音像制品,每人每次3套以下。超出上述规定的数量,但是仍在合理数量以内的个人自用进境印刷品及音像制品,不属于按照进口货物依法办理相关手续规定情形的,海关应当按照《中华人民共和国进出口关税条例》有关进境物品进口税的征收规定对超出规定数量的部分予以征税放行。

(4)有下列情形之一的,海关对全部进境印刷品及音像制品按照进口货物依法办理相关手续:个人携带、邮寄单行本发行的图书、报纸、期刊类出版物进境,每人每次超过50册(份)的;个人携带、邮寄单碟(盘)发行的音像制品进境,每人每次超过100盘的;个人携带、邮寄成套发行的图书类出版物进境,每人每次超过10套的;个人携带、邮寄成套发行的音像制品进境,每人每次超过10套的;其他构成货物特征的。有上述所列情形的,进境印刷品及音像制品的收发货人、所有人及其代理人可以依法申请退运其进境印刷品及音像制品。

(5)印刷品及音像制品的进口业务,由国务院有关行政主管部门批准或者指定经营。未经批准或者指定,任何单位或者个人不得经营印刷品及音像制品进口业务。其他单位或者个人进口印刷品及音像制品,应当委托国务院相关行政主管部门指定的进口经营单位向海关办理进口手续。

(6)除国家另有规定外,进口报纸、期刊、图书类印刷品,经营单位应当凭国家新闻出版主管部门的进口批准文件、目录清单、有关报关单证以及其他需要提供的文件向海关办理进口手续。进口音像制品成品或者用于出版的音像制品母带(盘)、样带(盘),经营单位应当持《中华人民共和国文化部进口音像制品批准单》、有关报关单证及其他需要提供的文件向海关办理进口手续。

(七)黄金及黄金制品进出境管理

中国人民银行和海关总署制定、发布的《黄金及黄金制品进出口管理办法》规定了黄金及黄金制品的进出境管理措施与报关规范,其中黄金是指未锻造金,黄金制品是指半制成金和金制成品等。

(1)中国人民银行是黄金及黄金制品进出口主管部门,对黄金及黄金制品进出口实行准许证制度。中国人民银行根据国家宏观经济调控需求,可以对黄金及黄金制品进出口的数量进行限制性审批。列入《黄金及黄金制品进出口管理目录》的黄金及黄金制品进口或出口通关时,应当向海关提交中国人民银行及其分支机构签发的《中国人民银行黄金及黄金制品进出口准许证》。中国人民银行会同海关总署制定、调整并公布《黄金及黄金制品进出口管理商品目录》。

(2)法人、其他组织以下列贸易方式进出口黄金及黄金制品的,应当办理《中国人民银行黄金及黄金制品进出口准许证》:

① 一般贸易；
② 加工贸易转内销及境内购置黄金原料以加工贸易方式出口黄金制品的；
③ 海关特殊监管区域、保税监管场所与境内区外之间进出口的。

以下方式进出的黄金及黄金制品免予办理《中国人民银行黄金及黄金制品进出口准许证》，由海关实施监管：

① 通过加工贸易方式进出的；
② 海关特殊监管区域、保税监管场所与境外之间进出的；
③ 海关特殊监管区域、保税监管场所之间进出的；
④ 以维修、退运、暂时进出境方式进出境的。

个人、法人或者其他组织因公益事业捐赠进口黄金及黄金制品的，应当办理《中国人民银行黄金及黄金制品进出口准许证》。

(3) 黄金进出口和公益事业捐赠黄金制品进口申请由中国人民银行受理和审批。黄金制品进出口申请由中国人民银行地市级以上分支机构受理；中国人民银行上海总部，各分行、营业管理部、省会(首府)城市中心支行，深圳市中心支行审批。

申请黄金进出口(除因公益事业捐赠进口黄金)的，应当具备法人资格，近2年内无相关违法违规行为；并且具备下列条件之一：

① 是国务院批准的黄金交易所的金融机构会员或做市商，具备黄金业务专业人员、完善的黄金业务风险控制制度和稳定的黄金进出口渠道，所开展的黄金市场业务符合相关政策或管理规定，并且申请前两个年度黄金现货交易活跃、自营交易量排名前列；
② 是国务院批准的黄金交易所的综合类会员，年矿产金10吨以上、其生产过程中的污染物排放达到国家环保标准，在境外黄金矿产投资规模达5 000万美元以上，取得境外金矿或者共生、伴生金矿开采权，已形成矿产金生产能力，所开展的业务符合国内外相关政策或管理规定，申请前两个年度黄金现货交易活跃，自营交易量排名前列的矿产企业；
③ 在国内有连续3年且每年不少于2亿元人民币的纳税记录，在境外有色金属投资1亿美元以上，取得境外金矿或共生、伴生金矿开采权，已形成矿产金生产能力，所开展的业务符合国内外相关政策或管理规定的矿产企业；
④ 承担国家贵金属纪念币生产任务进口黄金的生产企业；
⑤ 取得国际黄金市场品牌认证资格进出口黄金的精炼企业。

申请黄金制品进出口(除因公益事业捐赠进口黄金制品)的，应当具备法人或其他组织资格，近2年内无相关违法违规行为，并且具备下列条件之一：

① 生产、加工或者使用相关黄金制品的企业，有必要的生产场所、设备和设施，生产过程中的污染物排放达到国家环保标准，有连续3年且年均不少于100万元人民币的纳税记录；
② 适用海关认证企业管理的外贸经营企业，有连续3年且年均不少于300万元人民币的纳税记录；
③ 因国家科研项目、重点课题需要使用黄金制品的教育机构、科学研究机构等。

(4) 申请黄金进出口的，应当向中国人民银行提交下列材料：

① 书面申请，应当载明申请人的名称、住所(办公场所)、企业概况、进出口黄金的用

途和计划数量等业务情况说明;

②《黄金及黄金制品进出口申请表》;

③ 加盖公章的企业法人营业执照复印件;

④ 黄金进出口合同及其复印件;

⑤ 加盖公章的《中华人民共和国组织机构代码证》复印件;

⑥ 申请人近2年有无违法行为的说明材料;

⑦ 银行业金融机构还应当提供内部黄金业务风险控制制度有关材料;

⑧ 黄金矿产的生产企业还应当提交省级环保部门出具的污染物排放许可证和年度达标检测报告复印件、商务部门有关境外投资批复文件复印件、银行汇出汇款证明书复印件,境外国家或者地区开采黄金有关证明,企业近3年的纳税记录,申请出口黄金的还应当提交在国务院批准的黄金现货交易所的登记证明。

申请黄金制品进出口的,应当向申请人住所地的中国人民银行地市级以上分支机构提交下列材料:

① 书面申请,应当载明申请人的名称、住所(办公场所)、企业概况、进出口黄金制品的用途和计划数量等业务情况说明;

②《黄金及黄金制品进出口申请表》;

③ 加盖公章的企业法人营业执照、事业单位法人证书等法定登记证书复印件;

④ 黄金制品进出口合同复印件;

⑤ 加盖备案登记章的《对外贸易经营者备案表》或《外商投资企业批准证书》;

⑥ 申请人近2年有无违法行为的说明材料;

⑦ 生产、加工或者使用黄金制品的企业还应当提交近3年的企业纳税记录,地市级环保部门出具的污染物排放许可证件和年度达标检测报告及其复印件;

⑧ 从事外贸经营的企业还应当提交适用海关认证企业管理的有关证明材料、近3年的企业纳税记录;

⑨ 教育机构、科学研究机构还应当提交承担国家科研项目、重点课题的证明材料;

⑩ 出口黄金制品的企业还应当提交在国内取得黄金原料的增值税发票等证明材料。

(5) 中国人民银行应当自受理黄金及黄金制品进出口申请之日起20个工作日内作出行政许可决定。中国人民银行地市级分支机构应当自受理黄金制品进出口申请之日起20个工作日内将初步审查意见和全部申请材料直接报送上一级机构。上一级机构应当在收到初步审查意见和全部申请材料后20个工作日内作出行政许可决定。中国人民银行上海总部,各分行、营业管理部、省会(首府)城市中心支行,深圳市中心支行直接受理黄金制品进出口申请的,应当自受理之日起20个工作日内作出行政许可决定。需要对申请材料的实质内容进行核实的,中国人民银行及其分支机构可以对申请人进行核查,核查应当由两名以上工作人员进行。

(6) 被许可人在办理黄金及黄金制品货物进出口时,凭《中国人民银行黄金及黄金制品进出口准许证》向海关办理有关手续。《中国人民银行黄金及黄金制品进出口准许证》实行一批一证,自签发日起40个工作日内使用。被许可人有正当理由需要延期的,可以在凭证有效期届满5个工作日前持原证向发证机构申请办理一次延期手续。中国人民银行及其分支机构有权对被许可人从事行政许可事项的活动进行监督检查,被许可人应当予以配合。被许可人应当按照中国人民银行及其分支机构的规定,及时上报黄金及黄金制品进出口许可的执行情况并且提供有关材料。

【思政课堂】

蛇口海关查获未申报黄金制品3.642千克

(2021年)12月13日,经确认,蛇口海关日前在跨境电商出口渠道查获未申报黄金制品3.642千克,市场价预估超百万元。该案已移交后续处置部门处理。

此前,某企业以9610模式向蛇口海关申报出口布玩偶、塑胶玩具等货物一批。过X光机查验时,海关关员发现有一个包裹图像异常,过机图像呈深黑色,疑似重金属制品。经人工开拆查验,发现实际出口物品为未申报的疑似黄金制品一批,包括:雕刻有"年年有余""龙凤呈祥""马到成功"等吉祥用语字样和龙、鱼、荷花等图腾的金条17根,耳环、耳钉、戒指等饰品共7袋,均由塑胶封口袋包装,部分包装袋上标有"18KY"等字眼。经鉴定,金条纯度为足金,金含量达999.9‰,黄金饰品纯度为18K金,金含量>750‰。

海关提醒:黄金及黄金制品进出口时,实行准许证制度。违反规定进出口黄金及黄金制品,由海关依法处理;构成犯罪的,依法追究刑事责任。

资料来源:蚁洁芸:"蛇口海关查获未申报黄金制品3.642千克",海关总署网站。

第六节 对外贸易救济措施

我国于2001年12月11日正式成为世界贸易组织(WTO)的成员,世界贸易组织允许成员方在进口产品倾销、补贴和进口激增给其国(地区)内产业造成损害的情况下,使用反倾销、反补贴和保障措施手段以保护国(地区)内产业不受损害。

反倾销、反补贴和保障措施都属于贸易救济措施。反倾销和反补贴措施针对的是价格歧视这种不公平贸易行为,而保障措施针对的则是进口产品激增的情况。

为维护我国市场上国内外商品的自由贸易和公平竞争秩序,我国依据世界贸易组织的《反倾销协议》《补贴与反补贴措施协议》《保障措施协议》以及《对外贸易法》的有关规定,制定颁布了《中华人民共和国反倾销条例》(以下简称《反倾销条例》)、《中华人民共和国反补贴条例》(以下简称《反补贴条例》)和《中华人民共和国保障措施条例》(以下简称《保障措施条例》),对反倾销、反补贴和保障措施作出了明确规定。

一、反倾销措施

《反倾销条例》规定,进口产品以倾销方式进入中华人民共和国市场,并对已经建立的国内产业造成实质损害或者产生实质损害威胁,或者对建立国内产业造成实质阻碍的,依照条例的规定进行调查,采取反倾销措施。

(一)临时反倾销措施

《反倾销条例》规定,经反倾销调查,初裁决定确定倾销成立,并由此对国内产业造成

损害的,可以采取下列临时反倾销措施:
(1) 征收临时反倾销税;
(2) 要求提供保证金、保函或者其他形式的担保。

临时反倾销税税额或者提供的保证金、保函或者其他形式担保的金额,应当不超过初裁决定确定的倾销幅度。

征收临时反倾销税,由商务部提出建议,国务院关税税则委员会根据商务部的建议作出决定,由商务部予以公告。要求提供保证金、保函或者其他形式的担保,由商务部作出决定并予以公告。海关自公告规定实施之日起执行。

临时反倾销措施实施的期限,自临时反倾销措施决定公告规定实施之日起,不超过4个月;在特殊情形下,可以延长至9个月。

自反倾销立案调查决定公告之日起60天内,不得采取临时反倾销措施。

(二) 价格承诺

《反倾销条例》规定,倾销进口产品的出口经营者在反倾销调查期间,可以向商务部作出改变价格或者停止以倾销价格出口的价格承诺。

商务部可以向出口经营者提出价格承诺的建议,但商务部不得强迫出口经营者作出价格承诺。出口经营者不作出价格承诺或者不接受价格承诺的建议的,不妨碍对反倾销案件的调查和确定。出口经营者继续倾销进口产品的,商务部有权确定损害威胁更有可能出现。

商务部认为出口经营者作出的价格承诺能够接受并符合公共利益的,可以决定中止或者终止反倾销调查,不采取临时反倾销措施或者征收反倾销税。中止或者终止反倾销调查的决定由商务部予以公告。

商务部不接受价格承诺的,应当向有关出口经营者说明理由。商务部对倾销以及由倾销造成的损害作出肯定的初裁决定前,不得寻求或者接受价格承诺。

出口经营者违反其价格承诺的,商务部依照《反倾销条例》的规定,可以立即决定恢复反倾销调查;根据可获得的最佳信息,可以决定采取临时反倾销措施,并可以对实施临时反倾销措施前90天内进口的产品追溯征收反倾销税,但违反价格承诺前进口的产品除外。

(三) 反倾销税

《反倾销条例》规定,终裁决定确定倾销成立,并由此对国内产业造成损害的,可以征收反倾销税。征收反倾销税应当符合公共利益。

征收反倾销税,由商务部提出建议,国务院关税税则委员会根据商务部的建议作出决定,由商务部予以公告。海关自公告规定实施之日起执行。

反倾销税应当根据不同出口经营者的倾销幅度,分别确定。对未包括在审查范围内的出口经营者的倾销进口产品,需要征收反倾销税的,应当按照合理的方式确定对其适用的反倾销税。

反倾销税税额不超过终裁决定确定的倾销幅度。

终裁决定确定存在实质损害,并在此前已经采取临时反倾销措施的,反倾销税可以对已经实施临时反倾销措施的期间追溯征收。

终裁决定确定存在实质损害威胁,在先前不采取临时反倾销措施将会导致后来作出实质损害裁定的情况下已经采取临时反倾销措施的,反倾销税可以对已经实施临时反倾销措施的期间追溯征收。

终裁决定确定的反倾销税,高于已付或者应付的临时反倾销税或者为担保目的而估计的金额的,差额部分不予收取;低于已付或者应付的临时反倾销税或者为担保目的而估计的金额的,差额部分应当根据具体情况予以退还或者重新计算税额。

终裁决定确定不征收反倾销税的,或者终裁决定未确定追溯征收反倾销税的,已征收的临时反倾销税、已收取的保证金应当予以退还,保函或者其他形式的担保应当予以解除。

反倾销税的征收期限和价格承诺的履行期限不超过5年;但是,经复审确定终止征收反倾销税有可能导致倾销和损害的继续或者再度发生的,反倾销税的征收期限可以适当延长。

【思政课堂】

商务部关于对原产于澳大利亚的进口相关葡萄酒反倾销调查最终裁定的公告

根据《反倾销条例》的规定,2020年8月18日,商务部(以下称"调查机关")发布2020年第34号公告,决定对原产于澳大利亚的进口相关葡萄酒(以下称"被调查产品")进行反倾销立案调查。

调查机关对被调查产品是否存在倾销和倾销幅度、被调查产品是否对国内产业造成损害及损害程度以及倾销与损害之间的因果关系进行了调查。根据调查结果和《反倾销条例》第二十四条的规定,2020年11月27日,调查机关发布初裁公告,初步认定原产于澳大利亚的进口相关葡萄酒存在倾销,国内相关葡萄酒产业受到实质损害,而且倾销与实质损害之间存在因果关系。

初步裁定后,调查机关对倾销和倾销幅度、损害和损害程度以及倾销与损害之间的因果关系进行了继续调查。现本案调查结束,根据《反倾销条例》第二十五条规定,调查机关作出最终裁定(具体见商务部公告2021年第6号附件2)。现就有关事项公告如下:

一、最终裁定

调查机关最终认定,原产于澳大利亚的进口相关葡萄酒存在倾销,国内相关葡萄酒产业受到实质损害,而且倾销与实质损害之间存在因果关系。

二、征收反倾销税

根据《反倾销条例》第三十八条规定,商务部向国务院关税税则委员会提出征收反倾销税的建议,国务院关税税则委员会根据商务部的建议作出决定,自2021年3月28日起,对原产于澳大利亚的进口相关葡萄酒征收反倾销税。

被调查产品的具体描述如下:

调查范围:原产于澳大利亚的进口装入2升及以下容器的葡萄酒。

被调查产品名称:装入2升及以下容器的葡萄酒,简称"相关葡萄酒"。

英文名称:Wines in containers holding 2 liters or less.

产品描述:以鲜葡萄或葡萄汁为原料,经全部或部分发酵酿制而成的装入2升及以下容器的葡萄酒。

主要用途:作为饮料酒供人消费。

该产品归在《中华人民共和国进出口税则》:22042100。

对各公司征收的反倾销税税率为116.2%、167.1%、170.9%、175.6%、218.4%不等,具体在商务部公告2021年第6号附件1中列明。

三、征收反倾销税的方法

自2021年3月28日起,进口经营者在进口(含跨境电商)原产于澳大利亚的相关葡萄酒时,应向中华人民共和国海关缴纳相应的反倾销税。反倾销税以海关审定的完税价格从价计征,计算公式为:反倾销税额=海关审定的完税价格×反倾销税税率。进口环节消费税以海关审定的完税价格加上关税和反倾销税,再除以(1-消费税税率)作为计税价格从价计征。进口环节增值税以海关审定的完税价格加上关税、反倾销税和进口环节消费税作为计税价格从价计征。

四、反倾销税的追溯征收

对自2020年11月28日起至2021年3月27日有关进口经营者依初裁公告向中华人民共和国海关所提供的保证金,按终裁所确定的征收反倾销税的商品范围和反倾销税税率计征并转为反倾销税,按相应的增值税税率和消费税税率分别计征进口环节增值税和进口环节消费税。在此期间有关进口经营者所提供的保证金超出反倾销税的部分,以及由此多征的进口环节增值税和进口环节消费税部分,海关予以退还,少征部分则不再征收。

五、征收反倾销税的期限

对原产于澳大利亚的进口相关葡萄酒征收反倾销税的实施期限为自2021年3月28日起5年。

六、新出口商复审

对于澳大利亚未在调查期内向中华人民共和国出口被调查产品的新出口经营者,符合条件的,可依据《反倾销条例》第四十七条的规定,向调查机关书面申请新出口商复审。

七、期间复审

在征收反倾销税期间,有关利害关系方可以根据《反倾销条例》第四十九条的规定,向调查机关书面申请期间复审。

八、行政复议和行政诉讼

对本案终裁决定及征收反倾销税的决定不服的,根据《反倾销条例》第五十三条的规定,可以依法申请行政复议,也可以依法向人民法院提起诉讼。

本公告自2021年3月28日起执行。

资料来源:中华人民共和国商务部贸易救济局网站。

二、反补贴措施

《反补贴条例》第二条规定,进口产品存在补贴,并对已经建立的国内产业造成实质损害或者产生实质损害威胁,或者对建立国内产业造成实质阻碍的,依照条例的规定进行调查,采取反补贴措施。

(一)临时反补贴措施

《反补贴条例》规定,初裁决定确定补贴成立,并由此对国内产业造成损害的,可以采取临时反补贴措施。

临时反补贴措施采取以保证金或者保函作为担保的征收临时反补贴税的形式。

采取临时反补贴措施,由商务部提出建议,国务院关税税则委员会根据商务部的建议作出决定,由商务部予以公告。海关自公告规定实施之日起执行。

临时反补贴措施实施的期限,自临时反补贴措施决定公告规定实施之日起,不超过4个月。

自反补贴立案调查决定公告之日起60天内,不得采取临时反补贴措施。

(二)承诺

在反补贴调查期间,出口国(地区)政府提出取消、限制补贴或者其他有关措施的承诺,或者出口经营者提出修改价格的承诺的,商务部应当予以充分考虑。

商务部可以向出口经营者或者出口国(地区)政府提出有关价格承诺的建议,但商务部不得强迫出口经营者作出承诺。出口经营者、出口国(地区)政府不作出承诺或者不接受有关价格承诺的建议的,不妨碍对反补贴案件的调查和确定。出口经营者继续补贴进口产品的,商务部有权确定损害威胁更有可能出现。

商务部认为承诺能够接受并符合公共利益的,可以决定中止或者终止反补贴调查,不采取临时反补贴措施或者征收反补贴税。中止或者终止反补贴调查的决定由商务部予以公告。

商务部不接受承诺的,应当向有关出口经营者说明理由。商务部对补贴以及由补贴造成的损害作出肯定的初裁决定前,不得寻求或者接受承诺。在出口经营者作出承诺的情况下,未经其本国(地区)政府同意的,商务部不得寻求或者接受承诺。

对违反承诺的,商务部依照《反补贴条例》的规定,可以立即决定恢复反补贴调查;根据可获得的最佳信息,可以决定采取临时反补贴措施,并可以对实施临时反补贴措施前90天内进口的产品追溯征收反补贴税,但违反承诺前进口的产品除外。

(三)反补贴税

《反补贴条例》规定,在为完成磋商的努力没有取得效果的情况下,终裁决定确定补贴成立,并由此对国内产业造成损害的,可以征收反补贴税。征收反补贴税应当符合公共利益。

征收反补贴税,由商务部提出建议,国务院关税税则委员会根据商务部的建议作出决定,由商务部予以公告。海关自公告规定实施之日起执行。

反补贴税应当根据不同出口经营者的补贴金额,分别确定。对实际上未被调查的出口经营者的补贴进口产品,需要征收反补贴税的,应当迅速审查,按照合理的方式确定对其适用的反补贴税。

反补贴税税额不得超过终裁决定确定的补贴金额。

终裁决定确定存在实质损害,并在此前已经采取临时反补贴措施的,反补贴税可以对已经实施临时反补贴措施的期间追溯征收。

终裁决定确定存在实质损害威胁,在先前不采取临时反补贴措施将会导致后来作出实质损害裁定的情况下已经采取临时反补贴措施的,反补贴税可以对已经实施临时反补贴措施的期间追溯征收。

终裁决定确定的反补贴税,高于保证金或者保函所担保的金额的,差额部分不予收取;低于保证金或者保函所担保的金额的,差额部分应当予以退还。

终裁决定确定不征收反补贴税的,或者终裁决定未确定追溯征收反补贴税的,对实施临时反补贴措施期间已收取的保证金应当予以退还,保函应当予以解除。

反补贴税的征收期限和承诺的履行期限不超过5年;但是,经复审确定终止征收反补贴税有可能导致补贴和损害的继续或者再度发生的,反补贴税的征收期限可以适当延长。

扩展阅读材料链接:

1.《中华人民共和国反倾销条例》,中国政府网:http://www.gov.cn/zhengce/2020-12/26/content_5574461.htm。

2.《中华人民共和国反补贴条例》,中国政府网:http://www.gov.cn/zhengce/2020-12/26/content_5574455.htm。

3.《中华人民共和国保障措施条例》,中国政府网:http://www.gov.cn/zhengce/2020-12/26/content_5574452.htm。

三、保障措施

《保障措施条例》规定,进口产品数量增加,并对生产同类产品或者直接竞争产品的国内产业造成严重损害或者严重损害威胁的,依照《保障措施条例》的规定进行调查,采取保障措施。

有明确证据表明进口产品数量增加,在不采取临时保障措施将对国内产业造成难以补救的损害的紧急情况下,可以作出初裁决定,并采取临时保障措施。

临时保障措施采取提高关税的形式。

采取临时保障措施,由商务部提出建议,国务院关税税则委员会根据商务部的建议作出决定,由商务部予以公告。海关自公告规定实施之日起执行。在采取临时保障措施前,商务部应当将有关情况通知世界贸易组织保障措施委员会。

临时保障措施的实施期限,自临时保障措施决定公告规定实施之日起,不超过200天。

终裁决定确定进口产品数量增加,并由此对国内产业造成损害的,可以采取保障措施。实施保障措施应当符合公共利益。

保障措施可以采取提高关税、数量限制等形式。

保障措施采取提高关税形式的,由商务部提出建议,国务院关税税则委员会根据商务部的建议作出决定,由商务部予以公告;采取数量限制形式的,由商务部作出决定并予以公告。海关自公告规定实施之日起执行。商务部应当将采取保障措施的决定及有关情况及时通知世界贸易组织保障措施委员会。

采取数量限制措施的,限制后的进口量不得低于最近3个有代表性年度的平均进口量;但是,有正当理由表明为防止或者补救严重损害而有必要采取不同水平的数量限制措施的除外。

采取数量限制措施,需要在有关出口国(地区)或者原产国(地区)之间进行数量分配的,商务部可以与有关出口国(地区)或者原产国(地区)就数量的分配进行磋商。

保障措施应当针对正在进口的产品实施,不区分产品来源国(地区)。采取保障措施应当限于防止、补救严重损害并便利调整国内产业所必要的范围内。

在采取保障措施前,商务部应当为与有关产品的出口经营者有实质利益的国家(地区)政府提供磋商的充分机会。

终裁决定确定不采取保障措施的,已征收的临时关税应当予以退还。

保障措施的实施期限不超过4年。但符合下列条件的,保障措施的实施期限可以适当延长:

(1) 按照《保障措施条例》规定的程序确定保障措施对于防止或者补救严重损害仍然有必要;

(2) 有证据表明相关国内产业正在进行调整;

(3) 已经履行有关对外通知、磋商的义务;

(4) 延长后的措施不严于延长前的措施。

一项保障措施的实施期限及其延长期限,最长不超过10年。

保障措施实施期限超过1年的,应当在实施期间内按固定时间间隔逐步放宽。保障措施实施期限超过3年的,商务部应当在实施期间内对该项措施进行中期复审。复审的内容包括保障措施对国内产业的影响、国内产业的调整情况等。

对同一进口产品再次采取保障措施的,与前次采取保障措施的时间间隔应当不短于前次采取保障措施的实施期限,并且至少为2年。但符合下列条件的,对一产品实施的期限为180天或者少于180天的保障措施,不受上述时间间隔的限制:

(1) 自对该进口产品实施保障措施之日起,已经超过1年;

(2) 自实施该保障措施之日起5年内,未对同一产品实施2次以上保障措施。

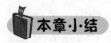

本章重要概念

对外贸易经营者;禁止进出口;限制进出口;自由进出口;法定检验;进出口货物收付汇管理;进(出)口许可证;自动进口许可证;自动进口许可证通关作业无纸化;重点旧机电产品;两用物项和技术进出口许可证;两用物项和技术出口通用许可;允许进出口证明书;物种证明;进口药品通关单;黄金及黄金制品进出口准许证;反倾销;反补贴;保障措施

本章小结

本章思考题

1. 哪些商品被列入《禁止出口货物目录》?
2. 《货物自动进口许可管理办法》规定,以哪些方式进口自动许可货物的,可以免领《自动进口许可证》?
3. 进出口商品实施检验检疫管理的范围包括哪些?
4. 两用物项和技术出口通用许可经营者应当满足哪些条件?
5. 进出口濒危野生动植物及其产品必须具备哪些条件?
6. 目前我国对于哪些印刷品及音像制品禁止进出境?
7. 哪些方式进出的黄金及黄金制品免予办理《中国人民银行黄金及黄金制品进出口准许证》?
8. 临时反倾销措施、临时反补贴措施和临时保障措施的形式各有哪些?

第三篇

报关专业技能

第四章　货物报关程序和管理规范
第五章　进出口商品归类
第六章　进出口税费
第七章　进出口货物报关单填制

第四章 货物报关程序和管理规范

本章学习目标

本章介绍不同类型货物的报关程序和海关管理规范。通过本章的学习，应当重点掌握一般进出口货物、保税货物、特定减免税货物以及暂准进出口货物的报关程序和管理规范。其他一些进出境货物，如转关运输货物、快件货物、过境、转运、通运货物、无代价抵偿货物、误卸或溢卸货物、放弃货物、超期未报关货物、退运货物和退关货物以及跨境电子商务进出境货物的报关程序和海关管理规范也是需要掌握的内容。

报关程序是指进出口货物收发货人、进出境运输工具负责人、进出境物品所有人或者他们的代理人按照海关的规定，办理货物、运输工具、物品的进出境手续及相关海关事务的过程。

由于进出境运输工具和进出境物品的报关程序相对比较简单，第一章中已经有所说明，本章所讲的报关程序仅指进出境货物的报关程序。

根据《海关法》规定，一般进出口货物的报关程序主要包括：报关单位向海关如实申报其进出境货物的情况，配合海关查验货物，对部分货物还需缴纳进出口税费，最后海关放行货物。除此以外，根据海关监管的要求，对于保税货物、特定减免税货物以及暂准进出口货物，在向海关申报前还需办理备案申请，在海关放行后还需办理核销结案等其他海关手续。

第一节 一般进出口货物报关程序和管理规范

一、一般进出口货物的概念和特征

（一）概念

一般进出口货物是指在进出境环节缴纳了应征的进出口税费并办结了所有必要的海关手续，海关放行后不再进行监管的进出口货物。

（二）特征

一般进出口货物具有以下特征。

1. 进出境环节缴纳进出口税费

"进出境环节"是指进口货物办结海关手续提取以前，出口货物已向海关申报尚未装运离境时，处于海关监管之下的状态。在这一环节，进口货物的收货人与出口货物的发货人按照海关法和其他有关法律、法规的规定,向海关缴纳关税、海关代征税、规费及其他费用。

2. 进出口时提交相关的许可证件

货物进出口时受国家法律、法规管制的,进出口货物收发货人或其代理人应当向海关提交相关的进出口许可证件。

3. 海关放行即办结海关手续

海关征收了全额的税费,审核了相关的进出口许可证件以后,按规定签印放行。这时,进出口货物收发货人或其代理人才能办理提取进口货物或者装运出口货物的手续。对一般进出口货物来说,海关放行即意味着海关手续已经全部办结,就不再是海关的监管货物。

二、一般进出口货物的报关程序和管理规范

一般进出口货物报关程序包括四个基本环节,即进出口申报、配合查验、缴纳税费、提取或装运货物;此外还可能有货物进口证明书的签发这一环节。

(一)进出口申报

"申报"是指进出口货物的收发货人、受委托的报关企业,依照《海关法》以及有关法律、行政法规和规章的要求,在规定的期限、地点,采用电子数据报关单或者纸质报关单形式,向海关报告实际进出口货物的情况,并接受海关审核的行为。如前所述,进出口货物的收发货人,可以自行向海关申报,也可以委托报关企业向海关申报。向海关办理申报手续的进出口货物的收发货人、受委托的报关企业应当预先在海关依法办理备案。

1. 申报方式

进出口货物的收发货人、受委托的报关企业应当依法如实向海关申报,对申报内容的真实性、准确性、完整性和规范性承担相应的法律责任。申报采用电子数据报关单形式或者纸质报关单形式。电子数据报关单和纸质报关单均具有法律效力。

电子数据报关单申报形式是指进出口货物的收发货人、受委托的报关企业通过计算机系统按照《中华人民共和国海关进出口货物报关单填制规范》的要求向海关传送报关单电子数据并且备齐随附单证的申报方式。纸质报关单申报形式是指进出口货物的收发货人、受委托的报关企业,按照海关的规定填制纸质报关单,备齐随附单证,向海关当面递交的申报方式。进出口货物的收发货人、受委托的报关企业应当以电子数据报关单形式向海关申报,与随附单证一并递交的纸质报关单的内容应当与电子数据报关单一致;特殊情况下经海关同意,允许先采用纸质报关单形式申报,电子数据事后补报,补报的电子数据应当与纸质报关单内容一致。在向未使用海关信息化管理系统作业的海关申报时可以采用纸质报关单申报形式。

2. 申报期限及要求

进口货物的收货人、受委托的报关企业应当自运输工具申报进境之日起 14 日内向海关申报。进口转关运输货物的收货人、受委托的报关企业应当自运输工具申报进境之日起 14 日内,向进境地海关办理转关运输手续,有关货物应当自运抵指运地之日起 14 日内向指运地海关申报。

出口货物发货人、受委托的报关企业应当在货物运抵海关监管区后、装货的24小时以前向海关申报。

超过规定时限未向海关申报的,海关按照《中华人民共和国海关征收进口货物滞报金办法》征收滞报金。

上述规定中的申报日期是指申报数据被海关接受的日期。不论是以电子数据报关单方式申报或者以纸质报关单方式申报,海关以接受申报数据的日期为接受申报的日期。以电子数据报关单方式申报的,申报日期为海关计算机系统接受申报数据时记录的日期,该日期将反馈给原数据发送单位,或者公布于海关业务现场,或者通过公共信息系统发布。以纸质报关单方式申报的,申报日期为海关接受纸质报关单并且对报关单进行登记处理的日期。

电子数据报关单经过海关计算机检查被退回的,视为海关不接受申报,进出口货物收发货人、受委托的报关企业应当按照要求修改后重新申报,申报日期为海关接受重新申报的日期。海关已接受申报的报关单电子数据,人工审核确认需要退回修改的,进出口货物收发货人、受委托的报关企业应当在10日内完成修改并且重新发送报关单电子数据,申报日期仍为海关接受原报关单电子数据的日期;超过10日的,原报关单无效,进出口货物收发货人、受委托的报关企业应当另行向海关申报,申报日期为海关再次接受申报的日期。

海关接受进出口货物的申报后,报关单证及其内容不得修改或者撤销;符合规定情形的,应当按照进出口货物报关单修改和撤销的相关规定办理。海关审核电子数据报关单时,需要进出口货物的收发货人、受委托的报关企业解释、说明情况或者补充材料的,收发货人、受委托的报关企业应当在接到海关通知后及时进行说明或者提供完备材料。

海关审结电子数据报关单后,进出口货物的收发货人、受委托的报关企业应当自接到海关"现场交单"或者"放行交单"通知之日起10日内,持打印出的纸质报关单,备齐规定的随附单证并且签名盖章,到货物所在地海关递交书面单证并且办理相关海关手续。

确因节假日或者转关运输等其他特殊原因需要逾期向海关递交书面单证并且办理相关海关手续的,进出口货物的收发货人、受委托的报关企业应当事先向海关提出书面申请说明原因,经海关核准后在核准的期限内办理。其中,进出口货物收发货人自行报关的,由收发货人在申请书上签章;委托报关企业报关的,由报关企业和进出口货物收发货人双方共同在申请书上签章。未在规定期限或者核准的期限内递交纸质报关单的,海关删除电子数据报关单,进出口货物的收发货人、受委托的报关企业应当重新申报。由此产生的滞报金按照《中华人民共和国海关征收进口货物滞报金办法》的规定办理。

现场交单审核时,进出口货物的收发货人、受委托的报关企业应当向海关递交与电子数据报关单内容一致的纸质报关单及随附单证。特殊情况下,个别内容不符的,经海关审核确认无违法情形的,由进出口货物收发货人、受委托的报关企业重新提供与报关单电子数据相符的随附单证或者提交有关说明的申请,电子数据报关单可以不予删除。其中,实际交验的进出口许可证件与申报内容不一致的,经海关认定无违反国家进出口贸易管制政策和海关有关规定的,可以重新向海关提交。

企业可以通过计算机网络向海关进行联网实时申报。

3. 申报单证

进出口货物的收发货人、受委托的报关企业应当取得国家实行进出口管理的许可证件，凭海关要求的有关单证办理报关纳税手续。海关对有关进出口许可证件电子数据进行系统自动比对验核。若海关与规定的许可证件主管部门未实现联网核查，无法自动比对验核的，进出口货物收发货人、受委托的报关企业应当持有关许可证件办理海关手续。

向海关递交纸质报关单可以使用事先印制的规定格式报关单或者直接在 A4 空白纸张上打印。进、出口货物报关单应当随附的单证通常包括合同、发票、装箱清单、载货清单（舱单）、提（运）单、代理报关授权委托协议、进出口许可证件及海关总署规定的其他进出口单证。

4. 特殊申报

经海关批准，进出口货物的收发货人、受委托的报关企业可以在取得提（运）单或者载货清单（舱单）数据后，向海关提前申报。进出口货物的收发货人、受委托的报关企业向海关提前申报的，应当符合以下规定。

（1）进出口货物的收发货人、受委托的报关企业提前申报的，应当先取得提（运）单或载货清单（舱单）数据。其中，提前申报进口货物应于装载货物的进境运输工具启运后、运抵海关监管场所前向海关申报；提前申报出口货物应于货物运抵海关监管场所前 3 日内向海关申报。

（2）进出口货物的收发货人、受委托的报关企业应当如实申报，并对申报内容的真实性、准确性、完整性和规范性承担相应法律责任。

（3）进出口货物的收发货人、受委托的报关企业应当按照海关要求交验有关随附单证、进出口货物批准文件及其他需提供的证明文件。

（4）进口提前申报货物因故未到或者所到货物与提前申报内容不一致的，进口货物的收货人或其代理人需向海关提交说明材料，有关报关单修改或撤销按照《中华人民共和国海关进出口货物报关单修改和撤销管理办法》（海关总署令第 220 号）及相关规定办理。出口提前申报货物因故未在海关规定的期限内运抵海关监管场所的，海关撤销原提前申报的报关单。因故运抵海关监管场所的货物与提前申报内容不一致的，出口货物的发货人或其代理人需向海关提交说明材料，有关报关单修改或撤销按照《中华人民共和国海关进出口货物报关单修改和撤销管理办法》及相关规定办理。

（5）进出口货物许可证件在海关接受申报之日应当有效。货物提前申报之后、实际进出之前国家贸易管制政策发生调整的，适用货物实际进出之日的贸易管制政策。

（6）提前申报的进口货物，应当适用装载该货物的运输工具申报进境之日实施的税率和汇率；提前申报的进口转关货物，应当适用装载该货物的运输工具抵达指运地之日实施的税率。提前申报的出口货物，适用海关接受申报之日实施的汇率和税率；提前申报的出口转关货物，应当适用启运地海关接受该货物申报出口之日实施的税率。

对于图书、报纸、期刊类出版物等时效性较强的货物和危险品或者鲜活、易腐、易失效等不宜长期保存的货物以及公路口岸进出境的保税货物等特殊情况，经海关批准，进出口货物的收发货人、受委托的报关企业可以自装载货物的运输工具申报进境之日起 1 个月内向指定海关办理集中申报手续。集中申报企业应当向海关提供有效担保，并且在每次货物进、出口时,按照要求向海关报告货物的进出口日期、运输工具名称、提(运)单号、税号、品名、规格型号、价格、原产地、数量、重量、收(发)货单位等海关监管所必需的信息,海关可以准许先予查验和提取货物。集中申报企业提取货物后,应当自装载货物的运输工具申报进境之日起1个月内向海关办理集中申报及征税、放行等海关手续。超过规定期限未向海关申报的,按照《中华人民共和国海关征收进口货物滞报金办法》征收滞报金。集中申报采用向海关进行电子数据报关单申报的方式。集中申报的进出口货物税率、汇率的适用,按照《中华人民共和国进出口关税条例》的有关规定办理。

经电缆、管道、输送带或者其他特殊运输方式输送进出口的货物,经海关同意,可以定期向指定海关申报。

5. 申报的修改或撤销

海关接受进出口货物申报后,报关单证及其内容不得修改或者撤销;符合规定情形的,可以修改或者撤销。进出口货物报关单修改或者撤销后,纸质报关单和电子数据报关单应当一致。进出口货物报关单的修改或者撤销,应当遵循修改优先原则;确实不能修改的,予以撤销。

有以下情形之一的,当事人可以向原接受申报的海关办理进出口货物报关单修改或者撤销手续,海关另有规定的除外:

(1) 出口货物放行后,由于装运、配载等原因造成原申报货物部分或者全部退关、变更运输工具的;

(2) 进出口货物在装载、运输、存储过程中发生溢短装,或者由于不可抗力造成灭失、短损等,导致原申报数据与实际货物不符的;

(3) 由于办理退补税、海关事务担保等其他海关手续而需要修改或者撤销报关单数据的;

(4) 根据贸易惯例先行采用暂时价格成交、实际结算时按商检品质认定或者国际市场实际价格付款方式需要修改申报内容的;

(5) 已申报进口货物办理直接退运手续,需要修改或者撤销原进口货物报关单的;

(6) 由于计算机、网络系统等技术原因导致电子数据申报错误的。

符合上述规定的,当事人应当向海关提交《进出口货物报关单修改/撤销表》和下列对应材料:

(1) 退关、变更运输工具证明材料;

(2) 相关部门出具的证明材料;

(3) 签注海关意见的相关材料;

(4) 全面反映贸易实际状况的发票、合同、提单、装箱单等单证,并如实提供与货物买卖有关的支付凭证以及证明申报价格真实、准确的其他商业单证、书面资料;

(5) 当事人将全部或者部分货物直接退运境外的,应当提交《进口货物直接退运表》;

(6) 计算机、网络系统运行管理方出具的说明材料。

当事人向海关提交材料符合规定并且齐全、有效的,海关应当及时进行修改或者撤销。

由于报关人员操作或者书写失误造成申报内容需要修改或者撤销的,当事人应当向海关提交《进出口货物报关单修改/撤销表》和下列材料：

（1）可以反映进出口货物实际情况的合同、发票、装箱单、提运单或者载货清单等相关单证；

（2）详细情况说明以及相关证明材料。

海关未发现报关人员存在逃避海关监管行为的，可以修改或者撤销报关单。不予修改或者撤销的，海关应当及时通知当事人，并且说明理由。

海关发现进出口货物报关单需要修改或者撤销，可以采取以下方式主动要求当事人修改或者撤销：

（1）将电子数据报关单退回，并详细说明修改的原因和要求，当事人应当按照海关要求进行修改后重新提交，不得对报关单其他内容进行变更；

（2）向当事人制发《进出口货物报关单修改/撤销确认书》，通知当事人要求修改或者撤销的内容，当事人应当在5日内对进出口货物报关单修改或者撤销的内容进行确认，确认后海关完成对报关单的修改或者撤销。

除不可抗力外，当事人有以下情形之一的，海关可以直接撤销相应的电子数据报关单：

（1）海关将电子数据报关单退回修改，当事人未在规定期限内重新发送的；

（2）海关审结电子数据报关单后，当事人未在规定期限内递交纸质报关单的；

（3）出口货物申报后未在规定期限内运抵海关监管场所的；

（4）海关总署规定的其他情形。

海关已经决定布控、查验以及涉嫌走私或者违反海关监管规定的进出口货物，在办结相关手续前不得修改或者撤销报关单及其电子数据。由于修改或者撤销进出口货物报关单导致需要变更、补办进出口许可证件的，当事人应当取得相应的进出口许可证件。海关对相应进出口许可证件电子数据进行系统自动比对验核。

为深化通关作业无纸化改革，海关总署已在全国开展了进出口货物报关单修改和撤销业务无纸化，进出口货物收发货人或者其代理人（统称"当事人"）符合《中华人民共和国海关进出口货物报关单修改和撤销管理办法》规定情形的，可通过中国电子口岸预录入系统"修撤单办理/确认"功能（以下简称"预录入系统"）向海关办理进出口货物报关单修改或者撤销手续。对于当事人申请办理报关单修改或者撤销手续的，当事人应在预录入系统录入报关单修改或者撤销相关事项并提交相关材料的电子数据。海关办理后通过预录入系统将办理情况反馈当事人，当事人可通过预录入系统查询已提交的修改或者撤销手续的办理进度。对于海关发现报关单需要修改或者撤销的，海关通过预录入系统向当事人发起报关单修改或者撤销确认。当事人应通过预录入系统及时查询并在5日内向海关确认"同意办理"或者"不同意办理"的意见。按照《中华人民共和国海关进出口货物报关单修改和撤销管理办法》规定，当事人应当向海关提交相关材料的，原则上通过预录入系统以电子方式上传，文件格式标准参照《报关单证电子转换或扫描文件格式标准》（海关总署公告2019年第66号发布）。当事人通过预录入系统办理报关单修改或者撤销手续的，视同当事人已向海关提交《进出口货物报关单修改/撤销表》或《进出口货物报关单修改/撤销确认书》。对于海关需要验核纸质材料的，当事人应当提交相关纸质材料。

6. 补充申报

补充申报是指进出口货物的收发货人、受委托的报关企业依照海关有关行政法规和规章的要求，在《中华人民共和国海关进（出）口货物报关单》之外采用补充申报单的形式，向海关进一步申报为确定货物完税价格、商品归类、原产地等所需信息的行为。

有下列情形的，收发货人、报关企业应当向海关进行补充申报。

（1）海关对申报时货物的价格、商品编码等内容进行审核时，为确定申报内容的完整性和准确性，要求进行补充申报的。海关对申报货物的原产地进行审核时，为确定货物原产地准确性，要求收发货人提交原产地证书，并进行补充申报的。

（2）海关对已放行货物的价格、商品编码和原产地等内容进行进一步核实时，要求进行补充申报的。

进出口货物的收发货人、受委托的报关企业可以主动向海关进行补充申报，并在递交报关单时一并提交补充申报单。补充申报的申报单包括《中华人民共和国海关进出口货物价格补充申报单》《中华人民共和国海关进出口货物商品归类补充申报单》《中华人民共和国海关进出口货物原产地补充申报单》以及海关行政法规和规章规定的其他补充申报单证。

进出口货物的收发货人、受委托的报关企业应按要求如实、完整地填写补充申报单，并对补充申报内容的真实性、准确性承担相应的法律责任。补充申报的内容是对报关单申报内容的有效补充，不得与报关单填报的内容相抵触。

根据上述规定需要进行补充申报的，海关应当书面通知收发货人、报关企业，收发货人、报关企业应当在收到海关书面通知之日起5个工作日内向海关办理补充申报手续，海关行政法规和规章另有规定的除外。收发货人、报关企业在规定时限内未能按要求进行补充申报的，海关可根据已掌握的信息，按照有关规定确定进口货物的完税价格、商品编码和原产地。

为配合通关作业无纸化改革，提高通关效率，海关总署开发了补充申报管理系统，对通关过程的补充申报进行电子化管理。进出口货物的收发货人、受委托的报关企业主动向海关进行补充申报的，应在向海关申报电子数据报关单时，一并通过系统向海关申报电子数据补充申报单。海关在对进出口货物申报时的价格、商品编码、原产地等内容审核的过程中，要求收发货人、报关企业进行补充申报的，可通过系统发送电子指令通知收发货人、报关企业向海关申报电子数据补充申报单。收发货人、报关企业应当在收到海关补充申报电子指令之日起5个工作日内，通过系统向海关申报电子数据补充申报单。法律行政法规和海关规章另有规定的除外。海关对已放行货物的价格、商品编码、原产地等内容进行进一步核实时，要求收发货人、报关企业进行补充申报的，应当制发《补充申报通知书》书面通知收发货人、报关企业。收发货人、报关企业采用纸质补充申报单进行申报。

扩展阅读材料链接：

海关总署第103号令：《中华人民共和国海关进出口货物申报管理规定》，海关总署网站：http://www.customs.gov.cn/customs/302249/302266/302267/357087/index.html。

(二) 配合查验

查验是指海关为确定进出口货物收发货人向海关申报的内容是否与进出口货物的真实情况相符,或者为确定商品的归类、价格、原产地等,依法对进出口货物进行实际核查的执法行为。海关在对进出口货物实施查验时,进出口货物收发货人或者其代理人应当到场,负责按照海关要求搬移货物,开拆和重封货物的包装,并如实回答查验人员的询问以及提供必要的资料,配合查验。因进出口货物所具有的特殊属性,容易因开启、搬运不当等原因导致货物损毁,需要查验人员在查验过程中予以特别注意的,进出口货物收发货人或者其代理人应当在海关实施查验前声明。

1. 查验地点

查验应当在海关监管区内实施。因货物易受温度、静电、粉尘等自然因素影响,不宜在海关监管区内实施查验,或者因其他特殊原因,需要在海关监管区外查验的,经进出口货物收发货人或者其代理人书面申请,海关可以派员到海关监管区外实施查验。

2. 查验方式

海关实施查验可以彻底查验,也可以抽查。彻底查验,是指逐件开拆包装、验核货物实际状况的查验方式。抽查,是指按照一定比例有选择地对一票货物中的部分货物验核实际状况的查验方式。按照操作方式,查验可以分为人工查验和机检查验,人工查验包括外形查验、开箱查验等方式。其中,外形查验是指对外部特征直观、易于判断基本属性的货物的包装、唛头和外观等状况进行验核的查验方式;开箱查验是指将货物从集装箱、货柜车箱等箱体中取出并拆除外包装后,对货物实际状况进行验核的查验方式;机检查验是指以利用技术检查设备为主,对货物实际状况进行验核的查验方式。

海关可以根据货物情况以及实际执法需要,确定具体的查验方式。实施查验时需要提取货样、化验,以进一步确定或者鉴别进出口货物的品名、规格等属性的,海关依照《中华人民共和国海关化验管理办法》等有关规定办理。

3. 查验记录

查验结束后,查验人员应当如实填写查验记录并签名。查验记录应当由在场的进出口货物收发货人或者其代理人签名确认。进出口货物收发货人或者其代理人拒不签名的,查验人员应当在查验记录中予以注明,并由货物所在监管场所的经营人签名证明。查验记录作为报关单的随附单证由海关保存。

4. 优先查验、复验和径行开验

《中华人民共和国海关进出口货物查验管理办法》规定,对于危险品或者鲜活、易腐、易烂、易失效、易变质等不宜长期保存的货物,以及因其他特殊情况需要紧急验放的货物,经进出口货物收发货人或者其代理人申请,海关可以优先安排查验。

有下列情形之一的,海关可以对已查验货物进行复验:

(1) 经初次查验未能查明货物的真实属性,需要对已查验货物的某些性状做进一步确认的;

(2) 货物涉嫌走私违规,需要重新查验的;

(3) 进出口货物收发货人对海关查验结论有异议,提出复验要求并经海关同意的;

(4) 其他海关认为必要的情形。

复验按照规定办理,查验人员在查验记录上应当注明"复验"字样。已经参加过查验的查验人员不得参加对同一票货物的复验。

有下列情形之一的,海关可以在进出口货物收发货人或者其代理人不在场的情况下,对进出口货物进行径行开验:

(1) 进出口货物有违法嫌疑的;

(2) 经海关通知查验,进出口货物收发货人或者其代理人届时未到场的。

海关径行开验时,存放货物的海关监管场所经营人、运输工具负责人应当到场协助,并在查验记录上签名确认。

5. 查验费用

海关在监管区内实施查验不收取费用。对集装箱、货柜车或者其他货物加施海关封志的,按照规定收取封志工本费。因查验而产生的进出口货物搬移、开拆或者重封包装等费用,由进出口货物收发货人承担。在海关监管区外查验货物,进出口货物收发货人或者其代理人应当按照规定向海关交纳规费。

6. 法律责任

进出口货物收发货人或者其代理人违反《中华人民共和国海关进出口货物查验管理办法》规定的,海关依照《海关法》《中华人民共和国海关行政处罚实施条例》等有关规定予以处理。

海关在查验进出口货物时造成被查验货物损坏的,由海关按照《海关法》《中华人民共和国海关行政赔偿办法》的规定承担赔偿责任。

查验人员在查验过程中,违反规定,利用职权为自己或者他人谋取私利,索取、收受贿赂,滥用职权,故意刁难,拖延查验的,按照有关规定处理。

(三) 缴纳税费

进出口货物收发货人或其代理人进行申报,海关对报关单进行审核,对需要查验的货物先由海关进行查验,然后计算应缴纳的关税、进口环节增值税、消费税、滞纳金、滞报金等税费,开具关税和代征税缴款书或收费专用票据。进出口货物收、发货人或其代理人在规定时间内,持缴款书或收费票据向海关指定银行办理缴纳税费手续,由银行将税费缴入海关专用账户。在试行中国电子口岸网上缴税和付费的海关,进出口货物收发货人或其代理人可以通过电子口岸接收海关发出的税款缴款书和收费票据,在网上向签有协议的银行进行电子支付税费。一旦收到银行缴款成功的信息,即可报请海关办理货物放行手续。

(四) 提取或装运货物

对于一般进出口货物而言,海关在接受进出口货物的申报、审核电子数据报关单和纸质报关单及随附单证、查验货物、征收税费或接受担保以后,对进出口货物作出结束海关进出境现场监管决定,在进口货物提货凭证(如提货单)或者出口货物装货凭证(如装货单)上签盖"海关放行章",进出口货物收发货人或其代理人签收进口提货凭证或者出口装货凭证,即可凭以提取进口货物或将出口货物装运到运输工具上离境。在通关作业无纸化模式下,海关作出放行决定时,通过计算机将海关决定放行的信息发送给进出口货物的收发货人或其代理人和海关监管货物保管人,进出口货物的收发货人或其代理人自行打印海关通知放行的凭证,连同进口货物提货凭证或者出口货物装货凭证一起凭以提取进口货物或将出口货物装运到运输工具上离境。因此,对于一般进出口货物,海关放行即等于办结海关手续,就不再是海关监管货物了。

(五)货物进口证明书的签发

《货物进口证明书》(以下简称"证明书")是指依据国家有关法律、行政法规、规章和国际公约的要求,海关在办结进口货物放行手续后,应进口货物收货人的申请所签发的证明文书。

下列情况,收货人可在办结进口货物放行手续后向海关申请签发证明书:

(1)进口汽车和摩托车整车;

(2)有特殊管理规定,明确需签发证明书的进口货物;

(3)我国所加入或缔结的国际公约要求缔约国履行签发证明书义务的进口货物;

(4)海关同意签发证明书的进口货物。

下列情况,海关不予签发证明书:

(1)暂时进境、修理物品、加工贸易、租赁贸易等将复运出境的货物(包括进口汽车和摩托车整车,下同);

(2)复运进境的原出口货物;

(3)自境外进入海关特殊监管区域或保税监管场所的保税货物;

(4)海关特殊监管区域或保税监管场所之间进出的保税货物。

对进口汽车和摩托车整车,收货人可在向海关办理报关手续后,通过相同报关单预录入系统补充并提交汽车、摩托车具体数据,向海关申请签发证明书。汽车具体数据包括商品项号、商品名称、规格型号、动力类型、发动机号/电动机号、排气量/电动机功率、车辆识别代号、颜色、原产国、出厂日期;摩托车具体数据包括商品项号、商品名称、规格型号、发动机号、排气量、车辆识别代号、颜色、原产国、出厂日期。

海关办结货物进口放行手续后,对符合签发条件的进口货物,可应收货人申请签发证明书。进口汽车、摩托车整车证明书实行"一车一证"管理,即一辆汽车或摩托车仅签发一份证明书,证面签注内容获取自进口货物报关单和收货人向海关提交的补充数据;其他进口货物证明书实行"一批一证"管理,即一份进口报关单仅签发一份证明书,因报关单申报商品项较多而无法打印在一份证明书上的,实行分页签发。

收货人应自进口货物放行之日起3年内向海关提出签发证明书申请。因报关单申报或补传数据错误原因造成证明书数据错误的,收货人应当自证明书签发之日起3年内向原签发地海关提出换发申请。进口汽车、摩托车整车证明书因故遗失的,车辆合法所有人应当自证明书签发之日起3年内向原签发地海关提出补发申请,其他货物证明书一律不予补发。对于超出规定受理时限的,海关不予受理其申请。

进口汽车、摩托车整车证明书因故遗失的,当前合法所有人可向原签发地海关申请补发,并递交以下材料。

(1)书面申请,申请中应如实说明车辆及证明书合法获得的来源,以及丢失的时间、地点和过程等有关情况;委托代理人的,应出具代理权限明确的《授权委托书》。

(2)申请人为原进口货物报关单经营单位、收货单位或其代理人的,需提供原进口单证复印件,其他申请人需提供购车发票、合同、协议或其他合法获得证明。

(3) 公安部门报案丢失的受案证明。

(4) 在省级报纸上刊登的遗失声明。

(5) 申请人为法人或其他非法人组织的,应当提供营业执照、组织机构代码证副本或类似证明材料;申请人为自然人的,应当提供身份证明,委托他人办理补发手续的,还应当递交委托书及被委托人的身份证明材料。

(6) 海关认为必要的其他材料。

海关受理申请后对原进口事实和证明书签发情况进行核实,并向公安部门核查上牌信息,经核实无误的,海关向申请人补发相关证明书。

已签发证明书的进口货物因故需退运或复运出境的,收货人应将证明书交还原签发地海关,并由海关对证明书予以作废。

证明书一经签发,不得在证面直接进行涂改,对于确需修改的,收货人应当在规定时间内向原签发地海关申请换发。证明书签发内容应与进口货物办结海关验放手续时的状态信息相符。货物在境内因故发生变化或更换部件,造成与证明书签发内容不符的,海关不予受理换发或更改申请。

进口汽车、摩托车整车证明书仅限于公安交通管理部门在办理核发进口汽车、摩托车牌证手续时使用,不做抵押等其他用途使用,也不具有作为其他行政管理机关管理依据的效力和作用。进口汽车、摩托车整车证明书和其他进口货物证明书的签发商品范围及相关管理要求,按海关总署、国家发改委、商务部 2005 年第 44 号公告(海关总署、国家发展改革委、商务部关于执行《汽车产业发展政策》有关问题的公告)执行。

三、"两步申报""两段准入"及通关作业无纸化改革

以上介绍了一般进出口货物的通关程序。为进一步优化海关监管和服务,提高通关效率,海关总署实施开展了"两步申报""两段准入"及通关作业无纸化改革。

(一)"两步申报"

在"两步申报"通关改革模式下,第一步,企业概要申报后经海关同意即可提离货物;第二步,企业在规定时间内完成完整申报。进口收货人或代理人可通过国际贸易"单一窗口"(https://www.singlewindow.cn)或"互联网+海关"一体化网上办事平台(http://online.customs.gov.cn),开展进口货物"两步申报",也可通过"掌上海关"App 开展非涉证、非涉检、非涉税情况下的概要申报。

境内收发货人信用等级为一般信用及以上,实际进境的货物均可采用"两步申报"。对应税货物,企业需提前向备案地直属海关关税职能部门提交税收担保备案申请;担保额度可根据企业税款缴纳情况循环使用。

第一步,概要申报。企业向海关申报进口货物是否属于禁限管制、是否依法需要检验或检疫(是否属法检目录内商品及法律法规规定需检验或检疫的商品)、是否需要缴纳税款。不属于禁限管制且不属于依法需检验或检疫的,申报 9 个项目,并确认涉及物流的 2 个项目,应税的须选择符合要求的担保备案编号;属于禁限管制的需增加申报 2 个项目;依法需检验或检疫的需增加申报 5 个项目(详见海关总署 2019 年第 127 号公告)。

第二步,完整申报。企业自运输工具申报进境之日起14日内完成完整申报,办理缴纳税款等其他通关手续。税款缴库后,企业担保额度自动恢复。如概要申报时选择不需要缴纳税款,完整申报时经确认为需要缴纳税款的,企业应当按照进出口货物报关单撤销的相关规定办理。

推广"两步申报"改革的同时保留现有"一次申报"模式,企业可自行选择一种模式进行申报。

"两步申报"模式下,提货速度大大加快,凭借提单信息完成概要申报,完成必要的口岸查验后,即可提离,涉税信息和相关随附单据可以在14天内进行提交,货物在码头滞留时间得以缩短。"一次申报"模式下,会遇到载货船舶已抵港但商业单证未备齐而无法报关的情况。"两步申报"模式下,允许企业凭提单信息先进行概要申报,不必一次性提交随附单证和全部申报项,有效缩短单证准备时间,降低报关差错率。货物到港后如不涉及查验即可提离,给企业生产经营带来更多便利。"两步申报"为企业提供多元化的通关服务,有效降低企业在货物口岸通关中的经济和时间成本,进一步简化流程,提高通关效率。同时,通过"两步申报"模式,企业可以在提供担保的前提下进行概要申报,不需要实际缴纳税款就能将货物提离口岸,在完整申报时再完成税款缴纳。担保的形式可以是保证金、银行保函或者保证保险,可有效降低企业财务压力。"两步申报"报关单采用"汇总征税"模式纳税的,企业的汇总支付时限为完整申报计税处理完成后、下一个月的第5个工作日结束前,缓税期会更长。

(二)"两段准入"

为进一步优化营商环境,促进贸易便利化,提升通关整体效能,海关总署对进口货物分段实施准入("两段准入")监管,加快口岸验放。"两段准入"由《海关全面深化业务改革2020框架方案》提出,是指以进口货物准予提离进境地口岸海关监管作业场所(含场地)为界,分段实施"是否允许货物入境"和"是否允许货物进入国内市场销售或使用"两类监管作业(分别简称"第一段监管"和"第二段监管")的海关监管方式。具体来说,第一段监管包括入境拒止、前置拦截、口岸检查(部分符合规定的货物可以附条件提离或转场检查)、单证检查(适用于一次申报)、口岸放行;第二段监管包括单证检查(适用于"两步申报")和目的地检查。

进口货物属于下列情形之一的,凭海关通知准予提离进境地口岸海关监管区。

(1)无海关检查(是指海关在进境环节对进口货物依法实施的检疫、查验或商品检验作业。其中,口岸检查由进境地主管海关在进境地口岸实施,目的地检查由目的地主管海关在目的地实施)要求的。

(2)仅有海关口岸检查要求且已完成口岸检查的。其中,进境地口岸海关监管区内不具备检查条件的,收货人可向海关申请在监管区外具备检查条件的特定场所或场地实施转场检查。

(3)仅有海关目的地检查要求的。

(4)既有海关口岸检查要求又有目的地检查要求,已完成口岸检查,或经进口货物收货人或其代理人(以下简称"收货人")申请在进境地口岸合并实施且已完成相关检查的。

进口货物准予提离后,由企业自行运输和存放,凭海关放行通知准予销售或使用。其中,属于下列情形的,需办结海关相关手续方可放行。

(1) 有海关目的地检查要求的,海关已完成检查。

(2) 属于监管证件管理的,海关已核销相关监管证件。

(3) 需进行合格评定的,海关已完成合格评定程序。

收货人销售或使用进口货物依法应当办理其他手续的,按照相关规定办理。

在"两段准入"模式下,通过附条件提离(对企业进口货物因检疫或检验原因需取样送检时,经现场检查无异常,且满足一定条件的,可不必等待实验室检测结果,在取样后即可提离口岸监管场所,这样可以大幅减少企业口岸仓储费用及缩短物流时间,但检查结果确定前不准销售或使用)、转场检查(企业对于需在口岸实施检查但口岸监管区内不具备检查条件的货物,可申请提离至卡口外场地实施)、合并检查(对于企业进口货物既有口岸检查要求又有目的地检查要求的,为了满足企业在口岸一次性完成所有检查,方便商品尽快销售使用,企业可申请合并实施检查)等方式,进口货物可快速提离口岸,提前做好入市相关准备,减少货物在口岸积压,降低企业因滞港产生的时间、仓储、物流等成本。

(三) 通关作业无纸化

通关作业无纸化是指海关以企业分类管理和风险分析为基础,按照风险等级对进出口货物实施分类,运用信息化技术改变海关验核进出口企业递交纸质报关单及随附单证办理通关手续的做法,直接对企业通过中国电子口岸录入申报的报关单及随附单证的电子数据进行无纸审核、验放处理的通关作业方式。海关通关作业无纸化改革试点工作自2012年8月1日启动,目前试点范围已扩大至全国海关的全部通关业务现场。企业经报关所在地直属海关同意,在与报关所在地直属海关、第三方认证机构(中国电子口岸数据中心)签订电子数据应用协议后,可在全国海关范围内适用通关作业无纸化通关方式。经海关同意准予适用通关作业无纸化通关方式的进出口企业需要委托报关企业代理报关的,应当委托经海关准予适用通关作业无纸化通关方式的报关企业。经海关批准的企业可以自行选择有纸或无纸作业方式。选择无纸作业方式的企业在货物申报时,应在电子口岸录入端选择"通关无纸化"方式。企业向海关申报时,合同、发票、装箱清单、载货清单(舱单)等报关单随附单证可不提交,海关审核时如需要再提交。

通关作业无纸化模式下,进出口货物收发货人或其代理人在通关过程中及结关后,要按照规定采用顺势留存、电子档案保存、纸质档案保存或电子档案托管的方式,对已结关报关单证[包括进出口报关单和进出境备案清单以及《中华人民共和国海关进出口货物申报管理规定》中列明的合同、发票、装箱清单、载货清单(舱单)、提(运)单、报关委托书/委托报关协议、进出口许可证件、电子或纸质加工贸易手册等随附单证]进行存储管理。

【思政课堂】

出口整体通关时间减至1.23小时

得益于家门口的"内陆港",山东滨州厚德进出口有限公司一批出口钢卷在最短时间里完成申报、查验手续。"货物出了内陆港,就等于出关,解决了我们的后顾之忧。"该企业负责人赛迪说。

赛迪所说的"后顾之忧",是指受新冠肺炎疫情冲击,全球航运市场剧烈波动,不仅集装箱一箱难求,舱位也很难保障,而货物通关手续也基本都是在港口办理,一旦通关时间略长,就有可能被航运公司"甩船",这让不少外贸企业有单也不敢接。

"单纯的汽运、铁运已无法满足企业整体出口需要,内陆港建设为企业找到新的物流通道,口岸海关通过创新监管模式,减少了企业通关时间,也提升了监管效能。"济南海关所属滨州海关副关长毛雪燕说。

通关时间大幅削减,为我国外贸进出口较快增长夯实了基础。在(2022年)1月24日召开的全国海关工作会议上,时任海关总署署长、党委书记倪岳峰表示,2021年12月,进口、出口货物整体通关时间分别压缩至32.97小时、1.23小时,比2017年分别压缩66.14%、89.98%,圆满完成国务院确定的目标任务。

据介绍,2021年以来,我国持续推进口岸营商环境的优化提升,由海关总署牵头出台了深化跨境贸易便利化27项措施,在全国口岸开展新一轮专项行动,"两步申报""提前申报"等改革稳步推进,"直提直装"试点覆盖到具备条件的全部直属海关。

一边在改革措施上做加法,一边在通关成本上做减法,企业进出口通关便利度在加减之间得到持续提升。海关总署督促各地落实口岸收费目录清单公示制度,协同推动海运集装箱等在进出口环节降低收费。深化国际贸易"单一窗口"建设,推进与国家电子政务平台"总对总"对接。目前,进出口环节的38种监管证件,已全部实现一口受理、网上申领。

2021年,海关总署出台了推进贸易高质量发展20项具体措施,积极支持保供稳价,扩大关键零部件、能源、矿产等重要生产原材料进口,准许30种农食产品输入。同时,海关加强技术性贸易措施交涉应对,支持企业和产品"走出去",推广跨境电商零售进口退货中心仓、B2B(企业对企业)出口监管模式,2021年全年跨境电商进出口1.98万亿元,增长15%。此外,海关还积极执行减税、税收优惠政策和自贸协定关税减让等措施,全年共减(退)税2 241.4亿元。

在各方努力下,2021年我国进出口总值39.1万亿元,增长21.4%,一举跨过5万亿美元、6万亿美元两个台阶。倪岳峰表示,2022年,海关总署将加快出台外贸促稳提质行动举措,加大能源、矿产、粮食等大宗商品保税仓储支持力度,进一步扩大油料油脂多元化来源市场,助力先进技术装备、种质资源等进口,维护产业链供应链安全稳定。

此外,海关还将积极支持出口产品标准对接、质量提升,优化结构、培育品牌,增加附加值和国际竞争力,开展技贸措施服务平台和精准服务能力建设,提升规则研究和运用水平,做好经贸摩擦交涉应对。海关总署已正式启动2022年促进跨境贸易便利化专项行动。北京、天津、上海、重庆和杭州、宁波、广州、深圳、青岛、厦门10个口岸城市将开展为期5个月的专项行动,进一步深化通关便利化改革,推进口岸标准化体系建设。

资料来源:顾阳.出口整体通关时间减至1.23小时[N].经济日报,2022-01-26(6).

第二节 保税货物报关程序和管理规范

一、保税货物的概念、特征和类型

(一)概念

根据《海关法》的规定,保税货物是指经海关批准未办理纳税手续进境,在境内储存、加工、装配后复运出境的货物。根据这一定义可以看出，保税货物有别于一般进出口的货物类型，是一种海关监管货物。

(二) 特征

根据保税货物的概念，保税货物具有如下三方面的特征。

1. 经海关批准

任何货物，不经过海关批准，都不能成为保税货物。不论是批准设立保税仓库，还是加工贸易合同备案，以及综合保税区某些进口货物的保税，都是海关在行使批准保税的权力和职责。只有海关批准保税，货物在进境时才可以暂不办理纳税手续。

2. 是监管货物

由于保税货物是"未办理纳税手续进境"的货物，因此保税货物属于海关监管货物，自进境之日起就必须置于海关的监管之下，它在境内的储存、加工、装配等活动都必须接受海关监管，直到复运出境或改变性质办理正式进口手续为止。当保税货物失去保税条件时，海关有权依法对该保税货物作出相应处置。

3. 应复运出境

由于保税货物未按一般货物办理进口纳税手续，因此它在境内经过储存、加工、装配后应当复运出境。相反，如果海关批准保税进境的货物经过储存、加工、装配后最终不复运出境，那么就改变了保税货物的特性，不再符合保税条件，就应当按照留在境内的实际性质办理相应的进口手续。

(三) 类型

按照海关实施监管的形式，保税货物可以划分为保税物流货物和保税加工货物两种。

1. 保税物流货物

保税物流货物是指经海关批准保税进境，在海关特殊监管区域和保税监管场所经过一段时间储存后又复运出境的货物，主要包括保税仓库货物、出口监管仓库货物、保税物流中心（A 型）货物、保税物流中心（B 型）货物以及进出保税区、出口加工区、保税物流园区、保税港区、综合保税区等海关特殊监管区域的货物等。

2. 保税加工货物

保税加工货物是指专门为加工、装配、生产出口产品而从境外进口经海关批准保税的原材料、零部件，加工成半成品、成品后再复运出境的货物，主要包括来料加工和进料加工等加工贸易货物。

二、保税物流货物报关程序和管理规范

(一) 保税仓库货物

保税仓库，是指经海关批准设立的专门存放保税货物及其他未办结海关手续货物的仓库。下列保税货物及其他未办结海关手续的货物，可以存入保税仓库：加工贸易进口货物；转口货物；供应国际航行船舶和航空器的油料、物料和维修用零部件；供维修外国产品所进口寄售的零配件；外商暂存货物；未办结海关手续的一般贸易货物；经海关批准的其他未办结海关手续的货物。保税仓库不得存放国家禁止进境货物，不得存放未经批准的影响公共安全、公共卫生或健康、公共道德或秩序的国家限制进境货物以及其他不

得存入保税仓库的货物。

1. 保税仓库类型

保税仓库按照使用对象不同可以分为公用型保税仓库和自用型保税仓库。公用型保税仓库由主营仓储业务的中国境内独立企业法人经营,专门向社会提供保税仓储服务;自用型保税仓库由特定的中国境内独立企业法人经营,仅存储供本企业自用的保税货物。

保税仓库中专门用来存储具有特定用途或特殊种类商品的称为专用型保税仓库。专用型保税仓库包括液体保税仓库、备料保税仓库、寄售维修保税仓库和其他专用型保税仓库。液体保税仓库是指专门提供石油、成品油或者其他散装液体保税仓储服务的保税仓库。备料保税仓库,是指加工贸易企业存储为加工复出口产品所进口的原材料、设备及其零部件的保税仓库,所存保税货物仅限于供应本企业。寄售维修保税仓库,是指专门存储为维修外国产品所进口寄售零配件的保税仓库。

2. 保税仓库的设立条件和程序

根据《中华人民共和国海关对保税仓库及所存货物的管理规定》,保税仓库应当设立在设有海关机构、便于海关监管的区域。经营保税仓库的企业,应当具备下列条件:

(1) 取得经营主体资格;
(2) 具有专门存储保税货物的营业场所。

保税仓库应当具备下列条件:

(1) 符合海关对保税仓库布局的要求;
(2) 具备符合海关监管要求的隔离设施、监管设施和办理业务必需的其他设施;
(3) 具备符合海关监管要求的保税仓库计算机管理系统并与海关联网;
(4) 具备符合海关监管要求的保税仓库管理制度;
(5) 公用型保税仓库面积最低为2 000平方米;
(6) 液体保税仓库容积最低为5 000立方米;
(7) 寄售维修保税仓库面积最低为2 000平方米。

企业申请设立保税仓库的,应当向仓库所在地主管海关提交以下书面材料:《保税仓库申请书》;申请设立的保税仓库位置图及平面图;对申请设立寄售维修型保税仓库的,还应当提交经营企业与外商的维修协议。申请材料齐全有效的,主管海关予以受理。申请材料不齐全或者不符合法定形式的,主管海关应当在5个工作日内一次告知申请人需要补正的全部内容。主管海关应当自受理申请之日起20个工作日内提出初审意见并将有关材料报送直属海关审批。直属海关应当自接到材料之日起20个工作日内审查完毕,对符合条件的,出具批准文件,批准文件的有效期为1年;对不符合条件的,应当书面告知申请人理由。

申请设立保税仓库的企业应当自海关出具保税仓库批准文件1年内向海关申请保税仓库验收,由主管海关按照《中华人民共和国海关对保税仓库及所存货物的管理规定》中规定的条件进行审核验收。申请企业无正当理由逾期未申请验收或者保税仓库验收不合格的,该保税仓库的批准文件自动失效。保税仓库验收合格后,经海关注册登记并核发《保税仓库注册登记证书》,方可以开展有关业务。《保税仓库注册登记证书》有效期为3年。

3. 保税仓储货物的报关手续和管理规范

保税仓储货物入库时,收发货人或其代理人凭有关单证向海关办理货物报关入库手续,海关对报关入库货物的品种、数量、金额进行审核,并对入库货物进行核注登记。

保税仓储货物可以进行包装、分级分类、加刷唛码、分拆、拼装等简单加工,不得进行实质性加工。保税仓储货物,未经海关批准,不得擅自出售、转让、抵押、质押、留置、移作他用或者进行其他处置。

保税仓储货物存储期限为1年。确有正当理由的,经海关同意可予以延期;除特殊情况外,延期不得超过1年。下列情形的保税仓储货物,经海关批准可以办理相关海关手续:

(1) 运往境外的;
(2) 运往境内海关特殊监管区域或者保税监管场所继续实施保税监管的;
(3) 转为加工贸易进口的;
(4) 转入国内市场销售的;
(5) 海关规定的其他情形。

保税仓储货物已经办结海关手续的,收发货人应当在海关规定时限内提离保税仓库。特殊情况下,经海关同意可以延期提离。按现行规定,保税仓库货物已经办结海关手续,收发货人应在办结相关手续之日起20日内提离仓库。特殊情况下,经海关同意可以延期提离,延期后累计提离时限最长不得超过3个月。

下列保税仓储货物出库时依法免征关税和进口环节代征税[①]:

(1) 用于在保修期限内免费维修有关外国产品并符合无代价抵偿货物有关规定的零部件;
(2) 用于国际航行船舶和航空器的油料、物料;
(3) 国家规定免税的其他货物。

保税仓储货物出库运往境内其他地方的,收发货人或其代理人应当填写进口报关单,并随附出库单据等相关单证向海关申报,保税仓库向海关办理出库手续并凭海关签印放行的报关单发运货物。出库保税仓储货物批量少、批次频繁的,经海关批准可以办理集中报关手续。

保税仓储货物出库复运往境外的,发货人或其代理人应当填写出口报关单,并随附出库单据等相关单证向海关申报,保税仓库向海关办理出库手续并凭海关签印放行的报关单发运货物。

4. 海关对保税仓库的管理措施

(1) 保税仓库不得转租、转借给他人经营,不得下设分库。

(2) 海关对保税仓库实施计算机联网管理,并可以随时派员进入保税仓库检查货物的收、付、存情况及有关账册。海关认为必要时,可以会同保税仓库经营企业双方共同对保税仓库加锁或者直接派员驻库监管,保税仓库经营企业应当为海关提供办公场所和必要的办公条件。保税仓库经营企业负责人和保税仓库管理人员应当熟悉海关有关法律法

[①] 保税仓储货物出库的免税范围不包括国际航行船舶和航空器维修用零部件。但中华人民共和国参加的国际条约或者与外国政府签订的双边协定中,规定对外国的运输工具维修用零部件予以免税的除外。

规,遵守海关监管规定。

(3) 保税仓库经营企业应当如实填写有关单证、仓库账册,真实记录并全面反映其业务活动和财务状况,编制仓库月度收、付、存情况表,并定期报送主管海关。

(4) 保税仓库经营企业名称、主体类型以及保税仓库名称等事项发生变化的,保税仓库经营企业应当自上述事项变化之日起 30 日内,向主管海关办理变更手续。保税仓库变更地址、仓储面积(容积)等事项的,保税仓库经营企业应当提前向主管海关提出变更申请,并办理变更手续。保税仓库变更仓库类型的,按照《中华人民共和国海关对保税仓库及所存货物的管理规定》中保税仓库的设立的有关规定办理。海关应当注销变更前的注册登记,收回原《保税仓库注册登记证书》。

(5) 保税仓库终止保税仓储业务的,由保税仓库经营企业提出书面申请,经主管海关受理报直属海关审批后,交回《保税仓库注册登记证书》,并办理注销手续。

5. 法律责任

(1) 保税仓储货物在存储期间发生损毁或者灭失的,除不可抗力外,保税仓库应当依法向海关缴纳损毁、灭失货物的税款,并承担相应的法律责任。

(2) 保税仓储货物在保税仓库内存储期满,未及时向海关申请延期或者延长期限届满后既不复运出境也不转为进口的,海关应当按照《中华人民共和国海关关于超期未报关进口货物、误卸或者溢卸的进境货物和放弃进口货物的处理办法》第五条的规定处理。

(3) 海关在保税仓库设立、变更、注销后,发现原申请材料不完整或者不准确的,应当责令经营企业限期补正,发现企业有隐瞒真实情况、提供虚假资料等违法情形的,依法予以处罚。

(4) 保税仓库经营企业有下列行为之一的,海关责令其改正,可以给予警告,或者处 1 万元以下的罚款;有违法所得的,处违法所得 3 倍以下的罚款,但最高不得超过 3 万元:

① 擅自在保税仓库存放《中华人民共和国海关对保税仓库及所存货物的管理规定》第五条规定范围之外的其他货物的;

② 保税仓库转租、转借给他人经营,或者下设分库的;

③ 保税仓储货物管理混乱,账目不清的;

④ 未按《中华人民共和国海关对保税仓库及所存货物的管理规定》第十七条规定办理变更事项相关海关手续的。

(5) 收发货人未在规定时限内将已经办结海关手续的保税仓储货物提离保税仓库的,海关责令其改正,可以给予警告,或者处 1 万元以下的罚款。

扩展阅读材料链接:

海关总署第 105 号令:《中华人民共和国海关对保税仓库及所存货物的管理规定》,海关总署网站: http://www.customs.gov.cn/customs/302249/302266/302267/355906/index.html。

(二) 出口监管仓库货物

出口监管仓库,是指经海关批准设立,对已办结海关出口手续的货物进行存储、保税物流配送、提供流通性增值服务的仓库。出口监管仓库分为出口配送型仓库和国内结转型仓库。出口配送型仓库是指存储以实际离境为目的的出口货物的仓库。国内结转型仓库是指存储用于国内结转的出口货物的仓库。下列已办结海关出口手续的货物、可以存入出口监管仓库：一般贸易出口货物；加工贸易出口货物；从其他海关特殊监管区域、保税监管场所转入的出口货物；出口配送型仓库可以存放为拼装出口货物而进口的货物，以及为改换出口监管仓库货物包装而进口的包装物料；其他已办结海关出口手续的货物。出口监管仓库不得存放下列货物：国家禁止进出境货物；未经批准的国家限制进出境货物；海关规定不得存放的其他货物。

1. 出口监管仓库的设立

《中华人民共和国海关对出口监管仓库及所存货物的管理办法》规定，出口监管仓库的设立应当符合海关对出口监管仓库布局的要求。出口监管仓库的设立，由出口监管仓库所在地主管海关受理，报直属海关审批。

申请设立出口监管仓库的经营企业，应当具备下列条件：

（1）取得经营主体资格，经营范围包括仓储经营；

（2）具有专门存储货物的场所，其中出口配送型仓库的面积不得低于2 000平方米，国内结转型仓库的面积不得低于1 000平方米。

企业申请设立出口监管仓库，应当向仓库所在地主管海关递交以下加盖企业印章的书面材料：

（1）《出口监管仓库申请书》；

（2）仓库地理位置示意图及平面图。

海关依据《中华人民共和国行政许可法》和《中华人民共和国海关行政许可管理办法》的规定，受理、审查设立出口监管仓库的申请。对于符合条件的，作出准予设立出口监管仓库的行政许可决定，并出具批准文件；对于不符合条件的，作出不予设立出口监管仓库的行政许可决定，并应当书面告知申请企业。

申请设立出口监管仓库的企业应当自海关出具批准文件之日起1年内向海关申请验收出口监管仓库。申请验收应当符合以下条件：

（1）具有专门存储货物的场所，其中出口配送型仓库的面积不得低于2 000平方米，国内结转型仓库的面积不得低于1 000平方米；

（2）具有符合海关监管要求的安全隔离设施、监管设施和办理业务必需的其他设施；

（3）具有符合海关监管要求的计算机管理系统，并与海关联网；

（4）建立了出口监管仓库的章程、机构设置、仓储设施及账册管理等仓库管理制度。

企业无正当理由逾期未申请验收或者验收不合格的，该出口监管仓库的批准文件自动失效。出口监管仓库验收合格后，经海关注册登记并核发《出口监管仓库注册登记证书》，方可以开展有关业务。《出口监管仓库注册登记证书》有效期为3年。

2. 出口监管仓库的管理措施

出口监管仓库必须专库专用，不得转租、转借给他人经营，不得下设分库。

海关对出口监管仓库实施计算机联网管理。海关可以随时派员进入出口监管仓库检查货物的进、出、转、存情况及有关账册、记录。海关可以会同出口监管仓库经营企业共同对出口监管仓库加锁或者直接派员驻库监管。出口监管仓库经营企业负责人和出口监管仓库管理人员应当熟悉和遵守海关有关规定。出口监管仓库经营企业应当如实填写有关单证、仓库账册、真实记录并全面反映其业务活动和财务状况,编制仓库月度进、出、转、存情况表,并定期报送主管海关。

出口监管仓库经营企业名称、主体类型以及出口监管仓库名称等事项发生变化的,出口监管仓库经营企业应当自上述事项变化之日起30日内,向主管海关办理变更手续。出口监管仓库变更地址、仓储面积等事项的,出口监管仓库经营企业应当提前向主管海关提出变更申请,并办理变更手续。出口监管仓库变更仓库类型的,按照《中华人民共和国海关对出口监管仓库及所存货物的管理办法》中出口监管仓库的设立的有关规定办理。

出口监管仓库有下列行为之一的,海关注销其注册登记,并收回《出口监管仓库注册登记证书》:

(1)无正当理由逾期未申请延期审查或者延期审查不合格的;
(2)仓库经营企业书面申请变更出口监管仓库类型的;
(3)仓库经营企业书面申请终止出口监管仓库仓储业务的;
(4)仓库经营企业,丧失上述规定的申请设立条件的;
(5)法律、法规规定的应当注销行政许可的其他情形。

3. 海关对出口监管仓库货物的管理措施

出口监管仓库所存货物存储期限为6个月。经主管海关同意可以延期,但延期不得超过6个月。货物存储期满前,仓库经营企业应当通知发货人或者其代理人办理货物的出境或者进口手续。

存入出口监管仓库的货物不得进行实质性加工。经主管海关同意,可以在仓库内进行品质检验、分级分类、分拣分装、加刷唛码、刷贴标志、打膜、改换包装等流通性增值服务。对经批准享受入仓即予退税政策的出口监管仓库,海关在货物入仓结关后予以办理出口货物退税证明手续。对不享受入仓即予退税政策的出口监管仓库,海关在货物实际离境后办理出口货物退税证明手续。

出口监管仓库与海关特殊监管区域、其他保税监管场所之间的货物流转应当符合海关监管要求并按照规定办理相关手续。货物流转涉及出口退税的,按照国家有关规定办理。

存入出口监管仓库的出口货物,按照国家规定应当提交许可证件或者缴纳出口关税的,发货人或者其代理人应当取得许可证件或者缴纳税款。海关对有关许可证件电子数据进行系统自动比对验核。出口货物存入出口监管仓库时,发货人或者其代理人应当按照规定办理海关手续。海关对报关入仓货物的品种、数量、金额等进行审核、核注和登记。经主管海关批准,对批量少、批次频繁的入仓货物,可以办理集中报关手续。

出仓货物出口时,仓库经营企业或者其代理人应当按照规定办理海关手续。

出口监管仓库货物转进口的,应当经海关批准,按照进口货物有关规定办理相关手续。出口监管仓库货物已经办结转进口手续的,收发货人应在办结相关手续之日起20日内提离仓库。特殊情况下,经海关同意可以延期提离,延期后累计提离时限最长不得超过3个月。对已存入出口监管仓库因质量等原因要求更换的货物,经仓库所在地主管海关批准,可以更换货物。被更换货物出仓前,更换货物应当先行入仓,并应当与原货物的商品编码、品名、规格型号、数量和价值相同。出口监管仓库货物,因特殊原因确需退运、退仓,应当经海关批准,并按照有关规定办理相关手续。

4. 相关法律责任

出口监管仓库所存货物在存储期间发生损毁或者灭失的,除不可抗力外,仓库应当依法向海关缴纳损毁、灭失货物的税款,并承担相应的法律责任。企业以隐瞒真实情况、提供虚假资料等不正当手段取得设立出口监管仓库行政许可的,由海关依法予以撤销。

出口监管仓库经营企业有下列行为之一的,海关责令其改正,可以给予警告,或者处1万元以下的罚款;有违法所得的,处违法所得3倍以下的罚款,但最高不得超过3万元:

(1)擅自在出口监管仓库存放《中华人民共和国海关对出口监管仓库及所存货物的管理办法》第七条规定范围之外的其他货物的;

(2)出口监管仓库货物管理混乱,账目不清的;

(3)违反《中华人民共和国海关对出口监管仓库及所存货物的管理办法》第十四条规定,出口监管仓库转租、转借给他人经营,或者下设分库的;

(4)未按照《中华人民共和国海关对出口监管仓库及所存货物的管理办法》第十九条的规定办理变更事项相关海关手续的。

收发货人未在规定时限内将已经办结转进口手续的出口监管仓库货物提离出口监管仓库的,海关责令其改正,可以给予警告,或者处1万元以下的罚款。

扩展阅读材料链接:

海关总署第133号令:《中华人民共和国海关对出口监管仓库及所存货物的管理办法》,海关总署网站:http://www.customs.gov.cn/customs/302249/302266/302267/357343/index.html。

(三)保税物流中心货物

1. 保税物流中心(A型)

保税物流中心(A型)是指经海关批准,由中国境内企业法人经营、专门从事保税仓储物流业务的保税监管场所。经海关批准可以存入保税物流中心(A型)的货物包括:国内出口货物;转口货物和国际中转货物;外商暂存货物;加工贸易进出口货物;供应国际航行船舶和航空器的物料、维修用零部件;供维修外国产品所进口寄售的零配件;未办结海关手续的一般贸易进口货物;经海关批准的其他未办结海关手续的货物。

1)保税物流中心(A型)的分类

保税物流中心(A型)按照服务范围分为公用型物流中心和自用型物流中心。公用型物流中心是指由专门从事仓储物流业务的中国境内企业法人经营,向社会提供保税仓储物流综合服务的保税监管场所;自用型物流中心是指中国境内企业法人经营,仅向本企业或者本企业集团内部成员提供保税仓储物流服务的保税监管场所。

2)保税物流中心(A型)的设立条件和程序

保税物流中心(A型)应当设在国际物流需求量较大,交通便利且便于海关监管的地方。保税物流中心(A型)经营企业应当具备下列资格条件:

(1)经市场监督管理部门注册登记,具有独立的企业法人资格;

(2) 具有专门存储货物的营业场所;
(3) 具有符合海关监管要求的管理制度。

保税物流中心(A型)经营企业申请设立保税物流中心(A型)应当具备下列条件:

(1) 符合海关对保税物流中心(A型)的监管规划建设要求;
(2) 公用型物流中心的仓储面积(含堆场),东部地区不低于4 000平方米,中西部地区、东北地区不低于2 000平方米;
(3) 自用型物流中心的仓储面积(含堆场),东部地区不低于2 000平方米,中西部地区、东北地区不低于1 000平方米;
(4) 保税物流中心(A型)为储罐的,容积不低于5 000立方米;
(5) 建立符合海关监管要求的计算机管理系统,提供供海关查阅数据的终端设备,并按照海关规定的认证方式和数据标准与海关联网;
(6) 设置符合海关监管要求的隔离设施、监管设施和办理业务必需的其他设施。

申请设立保税物流中心(A型)的企业应当向所在地主管海关提出书面申请,并递交以下加盖企业印章的材料:申请书;保税物流中心(A型)地理位置图、平面规划图。

企业申请设立保税物流中心(A型),由主管海关受理,报直属海关审批。企业自直属海关出具批准其筹建保税物流中心(A型)文件之日起1年内向海关申请验收,由主管海关按照规定进行审核验收。

保税物流中心(A型)验收合格后,由直属海关向企业核发《保税物流中心(A型)注册登记证书》。保税物流中心(A型)在验收合格后方可以开展有关业务。

获准设立保税物流中心(A型)的企业确有正当理由未按时申请验收的,经直属海关同意可以延期验收,除特殊情况外,延期不得超过6个月。获准设立保税物流中心(A型)的企业无正当理由逾期未申请验收或者验收不合格的,视同其撤回设立保税物流中心(A型)的申请。

3) 保税物流中心(A型)的经营管理规范

保税物流中心(A型)负责人及其工作人员应当熟悉海关有关法律、行政法规,遵守海关监管规定。保税物流中心(A型)不得转租、转借他人经营,不得下设分中心。

保税物流中心(A型)经营企业可以开展以下业务:

(1) 保税存储进出口货物及其他未办结海关手续货物;
(2) 对所存货物开展流通性简单加工和增值服务(是指对货物进行分级分类、分拆分拣、分装、计量、组合包装、打膜、加刷唛码、刷贴标志、改换包装、拼装等辅助性简单作业的总称);
(3) 全球采购和国际分拨、配送;
(4) 转口贸易和国际中转业务;
(5) 经海关批准的其他国际物流业务。

保税物流中心(A型)经营企业在保税物流中心(A型)内不得开展下列业务:

(1) 商业零售;
(2) 生产和加工制造;
(3) 维修、翻新和拆解;

(4) 存储国家禁止进出口货物,以及危害公共安全、公共卫生或者健康、公共道德或者秩序的国家限制进出口货物;

(5) 法律、行政法规明确规定不能享受保税政策的货物;

(6) 其他与保税物流中心(A 型)无关的业务。

4) 海关对保税物流中心(A 型)进出货物的监管措施

(1) 保税物流中心(A 型)与境外间的进出货物。

保税物流中心(A 型)与境外间进出的货物,应当按照规定向海关办理相关手续。保税物流中心(A 型)与境外间进出的货物,除实行出口被动配额管理和中华人民共和国参加或者缔结的国际条约及国家另有明确规定的以外,不实行进出口配额、许可证件管理。

从境外进入保税物流中心(A 型)的货物,其关税和进口环节海关代征税,按照下列规定办理:

① 经海关批准存入保税物流中心(A 型)的货物,包括国内出口货物、转口货物和国际中转货物、外商暂存货物、加工贸易进出口货物、供应国际航行船舶和航空器的物料与维修用零部件、供维修外国产品所进口寄售的零配件、未办结海关手续的一般贸易进口货物以及经海关批准的其他未办结海关手续的货物,予以保税;

② 保税物流中心(A 型)企业进口自用的办公用品、交通、运输工具、生活消费用品等,以及保税物流中心(A 型)开展综合物流服务所需进口的机器、装卸设备、管理设备等,按照进口货物的有关规定和税收政策办理相关手续。

(2) 保税物流中心(A 型)与境内间的进出货物。

保税物流中心(A 型)内货物跨关区提取,可以在保税物流中心(A 型)主管海关办理手续,也可以按照海关其他规定办理相关手续。

企业根据需要经主管海关批准,可以分批进出货物,并按照海关规定办理月度集中报关,但集中报关不得跨年度办理。

保税物流中心(A 型)货物进入境内视同进口,按照货物实际贸易方式和实际状态办理进口报关手续;货物属许可证件管理商品的,企业还应当取得有效的许可证件,海关对有关许可证件电子数据进行系统自动比对验核;实行集中申报的进出口货物,应当适用每次货物进出口时海关接受申报之日实施的税率、汇率。

货物从境内进入保税物流中心(A 型)视同出口,办理出口报关手续。如需缴纳出口关税的,应当按照规定纳税;属许可证件管理商品,还应当取得有效的出口许可证件。海关对有关出口许可证件电子数据进行系统自动比对验核。

从境内运入保税物流中心(A 型)的原进口货物,境内发货人应当向海关办理出口报关手续,经主管海关验放;已经缴纳的关税和进口环节海关代征税,不予退还。

企业按照国家税务总局的有关税收管理办法办理出口退税手续。按照国家外汇管理局有关外汇管理办法办理收付汇手续。

下列货物从保税物流中心(A 型)进入境内时依法免征关税和进口环节海关代征税:

① 用于在保修期限内免费维修有关外国产品并符合无代价抵偿货物有关规定的零部件;

② 用于国际航行船舶和航空器的物料;

③ 国家规定免税的其他货物。

保税物流中心(A型)与海关特殊监管区域、其他保税监管场所之间可以进行货物流转并按照规定办理相关海关手续。

5) 海关对保税物流中心(A型)的监管规定

(1) 海关可以采取联网监管、视频监控、实地核查等方式对进出保税物流中心(A型)的货物、物品、运输工具等实施动态监管。

海关对保税物流中心(A型)实施计算机联网监管。保税物流中心(A型)应当建立符合海关监管要求的计算机管理系统并与海关联网,形成完整真实的货物进、出、转、存电子数据,保证海关开展对有关业务数据的查询、统计、采集、交换和核查等监管工作。

(2)《保税物流中心(A型)注册登记证书》有效期为3年。保税物流中心(A型)经营企业应当在《保税物流中心(A型)注册登记证书》每次有效期满30日前办理延期手续,由主管海关受理,报直属海关审批。保税物流中心(A型)经营企业办理延期手续应当提交《保税物流中心(A型)注册登记证书》。对审查合格的企业准予延期3年。

(3) 保税物流中心(A型)需变更经营单位名称、地址、仓储面积(容积)等事项的,主管海关受理企业申请后,报直属海关审批。

(4) 保税物流中心(A型)经营企业因故终止业务的,由保税物流中心(A型)提出书面申请,主管海关受理后报直属海关审批,办理注销手续并交回《保税物流中心(A型)注册登记证书》。

(5) 保税物流中心(A型)内货物保税存储期限为1年。确有正当理由的,经主管海关同意可以予以延期,除特殊情况外,延期不得超过1年。

(6) 保税仓储货物在存储期间发生损毁或者灭失的,除不可抗力外,保税物流中心(A型)经营企业应当依法向海关缴纳损毁、灭失货物的税款,并承担相应的法律责任。

扩展阅读材料链接:

海关总署第129号令:《中华人民共和国海关对保税物流中心(A型)的暂行管理办法》,海关总署网站:http://www.customs.gov.cn/customs/302249/302266/302267/4052460/index.html。

2. 保税物流中心(B型)

保税物流中心(B型)是指经海关批准,由中国境内一家企业法人经营,多家企业进入并从事保税仓储物流业务的保税监管场所。经海关批准可以存入保税物流中心(B型)的货物包括:国内出口货物;转口货物和国际中转货物;外商暂存货物;加工贸易进出口货物;供应国际航行船舶和航空器的物料、维修用零部件;供维修外国产品所进口寄售的零配件;未办结海关手续的一般贸易进口货物;经海关批准的其他未办结海关手续的货物。

1) 保税物流中心(B型)及中心内企业的设立条件及程序

(1) 保税物流中心(B型)的设立条件及程序。设立保税物流中心(B型)应当具备下列条件:

① 保税物流中心(B型)仓储面积,东部地区不低于5万平方米,中西部地区、东北地

区不低于 2 万平方米;

② 符合海关对保税物流中心(B 型)的监管规划建设要求;

③ 选址在靠近海港、空港、陆路交通枢纽及内陆国际物流需求量较大,交通便利,设有海关机构且便于海关集中监管的地方;

④ 经省级人民政府确认,符合地方经济发展总体布局,满足加工贸易发展对保税物流的需求;

⑤ 建立符合海关监管要求的计算机管理系统,提供供海关查阅数据的终端设备,并按照海关规定的认证方式和数据标准,通过"电子口岸"平台与海关联网,以便海关在统一平台上与税务、外汇管理等部门实现数据交换及信息共享;

⑥ 设置符合海关监管要求的隔离设施、监管设施和办理业务必需的其他设施。

保税物流中心(B 型)经营企业应当具备下列资格条件:

① 经市场监督管理部门注册登记,具有独立企业法人资格;

② 具备对中心内企业进行日常管理的能力;

③ 具备协助海关对进出保税物流中心(B 型)的货物和中心内企业的经营行为实施监管的能力。

保税物流中心(B 型)经营企业具有以下责任和义务:

① 设立管理机构负责保税物流中心(B 型)的日常管理工作;

② 遵守海关法及有关管理规定;

③ 制定完善的保税物流中心(B 型)管理制度,协助海关实施对进出保税物流中心(B 型)的货物及中心内企业经营行为的监管;

保税物流中心(B 型)经营企业不得在本保税物流中心(B 型)内直接从事保税仓储物流的经营活动。

申请设立保税物流中心(B 型)的企业应当向直属海关提出书面申请,并递交以下加盖企业印章的材料:申请书;省级人民政府意见书;保税物流中心(B 型)所用土地使用权的合法证明及地理位置图、平面规划图。保税物流中心(B 型)内只能设立仓库、堆场和海关监管工作区,不得建立商业性消费设施。

设立保税物流中心(B 型)的申请由直属海关受理,报海关总署会同有关部门审批。企业自海关总署等部门出具批准其筹建保税物流中心(B 型)文件之日起 1 年内向海关总署申请验收,由海关总署会同有关部门或者委托被授权的机构按照规定进行审核验收。

保税物流中心(B 型)验收合格后,由海关总署向保税物流中心(B 型)经营企业核发《保税物流中心(B 型)注册登记证书》。保税物流中心(B 型)在验收合格后方可以开展有关业务。

获准设立保税物流中心(B 型)的企业确有正当理由未按时申请验收的,经海关总署同意可以延期验收;无正当理由逾期未申请验收或者验收不合格的,视同其撤回设立保税物流中心(B 型)的申请。

(2) 中心内企业的设立条件及程序。保税物流中心(B 型)的中心内企业应当具备下列条件:

① 具有独立的法人资格或者特殊情况下的中心外企业的分支机构;

② 建立符合海关监管要求的计算机管理系统并与海关联网;
③ 在保税物流中心(B型)内有专门存储海关监管货物的场所。

企业申请进入保税物流中心(B型)应当向所在地主管海关提出书面申请,并递交以下加盖企业印章的材料:申请书;保税物流中心(B型)内所承租仓库位置图、仓库布局图。

主管海关受理后对符合条件的企业制发《保税物流中心(B型)企业注册登记证书》。

2) 保税物流中心(B型)的经营管理规范

保税物流中心(B型)经营企业及中心内企业负责人及其工作人员应当熟悉海关有关法律法规,遵守海关监管规定。保税物流中心(B型)不得转租、转借他人经营,不得下设分中心。

保税物流中心(B型)内企业可以开展以下业务:
(1) 保税存储进出口货物及其他未办结海关手续货物;
(2) 对所存货物开展流通性简单加工和增值服务;
(3) 全球采购和国际分拨、配送;
(4) 转口贸易和国际中转;
(5) 经海关批准的其他国际物流业务。

保税物流中心(B型)内企业不得在保税物流中心(B型)内开展下列业务:
(1) 商业零售;
(2) 生产和加工制造;
(3) 维修、翻新和拆解;
(4) 存储国家禁止进出口货物,以及危害公共安全、公共卫生或者健康、公共道德或者秩序的国家限制进出口货物;
(5) 法律、行政法规明确规定不能享受保税政策的货物;
(6) 其他与保税物流中心(B型)无关的业务。

3) 海关对保税物流中心(B型)进出货物的监管措施

(1) 保税物流中心(B型)与境外间的进出货物。

保税物流中心(B型)与境外间进出的货物,应当按照规定向海关办理相关手续。

保税物流中心(B型)与境外之间进出的货物,除实行出口被动配额管理和中华人民共和国参加或者缔结的国际条约及国家另有明确规定的以外,不实行进出口配额、许可证件管理。

从境外进入保税物流中心(B型)的货物,其关税和进口环节海关代征税,按照下列规定办理:

① 经海关批准存入保税物流中心(B型)的货物,包括国内出口货物、转口货物和国际中转货物、外商暂存货物、加工贸易进出口货物、供应国际航行船舶和航空器的物料与维修用零部件、供维修外国产品所进口寄售的零配件、未办结海关手续的一般贸易进口货物以及经海关批准的其他未办结海关手续的货物,予以保税;

② 保税物流中心(B型)内企业进口自用的办公用品、交通、运输工具、生活消费用品等,以及企业在保税物流中心(B型)内开展综合物流服务所需的进口机器、装卸设备、管

理设备等,按照进口货物的有关规定和税收政策办理相关手续。

(2) 保税物流中心(B型)与境内间的进出货物。

保税物流中心(B型)货物跨关区提取,可以在保税物流中心(B型)主管海关办理手续,也可以按照海关其他规定办理相关手续。保税物流中心(B型)内企业根据需要经主管海关批准,可以分批进出货物,并按照海关规定办理月度集中报关,但集中报关不得跨年度办理。

保税物流中心(B型)货物进入境内视同进口,按照货物实际贸易方式和实际状态办理进口报关手续;货物属许可证件管理商品的,企业还应当取得有效的许可证件,海关对有关许可证件电子数据进行系统自动比对验核;实行集中申报的进出口货物,应当适用每次货物进出口时海关接受申报之日实施的税率、汇率。

除另有规定外,货物从境内进入保税物流中心(B型)视同出口,办理出口报关手续,享受出口退税。如需缴纳出口关税的,应当按照规定纳税;属许可证件管理商品,还应当取得有效的出口许可证件。海关对有关出口许可证件电子数据进行系统自动比对验核。

从境内运入保税物流中心(B型)的原进口货物,境内发货人应当向海关办理出口报关手续,经主管海关验放;已经缴纳的关税和进口环节海关代征税,不予退还。

企业按照国家税务总局的有关税收管理办法办理出口退税手续。按照国家外汇管理局有关外汇管理办法办理收付汇手续。

下列货物从保税物流中心(B型)进入境内时依法免征关税和进口环节海关代征税:

① 用于在保修期限内免费维修有关外国产品并符合无代价抵偿货物有关规定的零部件;

② 用于国际航行船舶和航空器的物料;

③ 国家规定免税的其他货物。

保税物流中心(B型)与海关特殊监管区域、其他保税监管场所之间可以进行货物流转并按照规定办理相关海关手续。

(3) 保税物流中心(B型)内企业间的货物流转。

保税物流中心(B型)内货物可以在中心内企业之间进行转让、转移并办理相关海关手续。未经海关批准,中心内企业不得擅自将所存货物抵押、质押、留置、移作他用或者进行其他处置。

4) 海关对保税物流中心(B型)及中心内企业的监管规定

(1) 海关可以采取联网监管、视频监控、实地核查等方式对进出保税物流中心(B型)的货物、物品、运输工具等实施动态监管。

海关对保税物流中心(B型)及中心内企业实施计算机联网监管。保税物流中心(B型)及中心内企业应当建立符合海关监管要求的计算机管理系统并与海关联网,形成完整真实的货物进、出、转、存电子数据,保证海关开展对有关业务数据的查询、统计、采集、交换和核查等监管工作。

(2)《保税物流中心(B型)注册登记证书》有效期为3年。保税物流中心(B型)经营企业应当在《保税物流中心(B型)注册登记证书》每次有效期满30日前办理延期手续,由直属海关受理,报海关总署审批。① 经营企业办理延期手续应当提交《保税物流中心(B型)注册登记证书》。对审查合格的企业准予延期3年。

(3) 保税物流中心(B型)需变更名称、地址、面积及所有权等事项的,由直属海关受理报海关总署审批。其他变更事项报直属海关备案。中心内企业需变更有关事项的,应当向主管海关备案。

(4) 保税物流中心(B型)经营企业因故终止业务的,保税物流中心(B型)经营企业向直属海关提出书面申请,经海关总署会同有关部门审批后,办理注销手续并交回《保税物流中心(B型)注册登记证书》。

(5) 保税物流中心(B型)内货物保税存储期限为2年。确有正当理由的,经主管海关同意可以予以延期,除特殊情况外,延期不得超过1年。

(6) 保税仓储货物在存储期间发生损毁或者灭失的,除不可抗力外,保税物流中心(B型)内企业应当依法向海关缴纳损毁、灭失货物的税款,并承担相应的法律责任。

扩展阅读材料链接:

海关总署第130号令:《中华人民共和国海关对保税物流中心(B型)的暂行管理办法》,海关总署网站:http://www.customs.gov.cn/customs/302249/302266/302267/356732/index.html。

(四) 综合保税区货物

2012年国务院发布的《国务院关于促进海关特殊监管区域科学发展的指导意见》指出,为适应我国不同时期对外开放和经济发展的需要,国务院先后批准设立了保税区、出口加工区、保税物流园区、跨境工业区、保税港区、综合保税区六类海关特殊监管区域。这些海关特殊监管区域在承接国际产业转移、推进加工贸易转型升级、扩大对外贸易和促进就业等方面发挥了积极作用,但发展中也存在种类过多、功能单一、重申请设立轻建设发展等问题。为进一步推动海关特殊监管区域科学发展,在基本不突破原规划面积的前提下,逐步将现有出口加工区、保税物流园区、跨境工业区、保税港区及符合条件的保税区整合为综合保税区;同时新设立的海关特殊监管区域,原则上也都统一命名为"综合保税区"。党的十八届三中全会提出要"加快推进海关特殊监管区域整合优化"。此后国务院又出台多项规范性文件,推进综合保税区整合优化发展,特别是2019年1月,国务院印发《国务院关于促进综合保税区高水平开放高质量发展的若干意见》,综合保税区由此被赋予加快创新升级、打造对外开放新高地的历史使命,综合保税区的数量不断增加,融资租赁、跨境电商、期货保税交割等新业态不断涌现。2022年1月1日,海关总署令第256号公布了《中华人民共和国海关综合保税区管理办法》,这是海关对综合保税区管理法制化进程的成果,也是当前和今后综合保税区管理的纲领性文件。本部分以综合保税区为例,介绍海关对于特殊监管区域的管理措施和规范。

---

① 海关总署自2020年1月1日起将保税物流中心(B型)延续有效期审批工作委托各直属海关办理。保税物流中心(B型)经营企业应当在《保税物流中心(B型)注册登记证书》有效期届满30日前向所在地直属海关递交延续有效期申请。经直属海关审查合格的,由直属海关作出准予延续有效期3年的决定。

1. 海关对综合保税区的监管规范

海关依照《中华人民共和国海关综合保税区管理办法》对进出综合保税区的交通运输工具、货物及其外包装、集装箱、物品以及综合保税区内企业实施监督管理。综合保税区实行封闭式管理,除安全保卫人员外,区内不得居住人员。综合保税区的基础和监管设施应当符合综合保税区基础和监管设施设置规范,并经海关会同有关部门验收合格。

进出综合保税区货物的检验按照相关规定执行。对境内入区的不涉及出口关税、不涉及许可证件、不要求退税且不纳入海关统计的货物,海关实施便捷进出区管理。综合保税区与中华人民共和国境内的其他地区(以下简称"区外")之间进出的交通运输工具、人员应当通过指定通道进出,海关根据需要实施检查。综合保税区与境外之间进出的交通运输工具服务人员携带个人物品进出综合保税区的,海关按照进出境旅客行李物品的有关规定进行监管。海关在综合保税区依法实施监管不影响地方政府和其他部门依法履行其相应职责。

海关对区内企业实行计算机联网管理,提升综合保税区信息化、智能化管理水平。区内企业可以依法开展以下业务:

(1) 研发、加工、制造、再制造;
(2) 检测、维修;
(3) 货物存储;
(4) 物流分拨;
(5) 融资租赁;
(6) 跨境电商;
(7) 商品展示;
(8) 国际转口贸易;
(9) 国际中转;
(10) 港口作业;
(11) 期货保税交割;
(12) 国家规定可以在区内开展的其他业务。

2. 海关对综合保税区与境外之间进出货物的监管措施

除法律法规另有规定外,国家禁止进口、出口的货物、物品不得在综合保税区与境外之间进出。综合保税区与境外之间进出的货物不实行关税配额、许可证件管理,但法律法规、我国缔结或者参加的国际条约、协定另有规定的除外。

综合保税区与境外之间进出的货物,其收发货人或者代理人应当如实向海关申报,按照海关规定填写进出境货物备案清单并办理相关手续。

境外进入综合保税区的货物及其外包装、集装箱,应当由海关依法在进境口岸实施检疫。因口岸条件限制等原因,海关可以在区内符合条件的场所(场地)实施检疫。综合保税区运往境外的货物及其外包装、集装箱,应当由海关依法实施检疫。综合保税区与境外之间进出的交通运输工具,由海关按照进出境交通运输工具有关规定实施检疫。

境外进入综合保税区的货物予以保税,但《中华人民共和国海关综合保税区管理办法》第十二条、十四条规定的情形除外。

除法律法规另有规定外,下列货物从境外进入综合保税区,海关免征进口关税和进口环节税:

(1) 区内生产性的基础设施建设项目所需的机器、设备和建设生产厂房、仓储设施所需的基建物资;

(2) 区内企业开展上述所列依法允许业务所需的机器、设备、模具及其维修用零配件;

(3) 综合保税区行政管理机构和区内企业自用合理数量的办公用品。

自国务院批准设立综合保税区之日起,从境外进入综合保税区的区内企业自用机器、设备按照上述规定执行。

上述所列免征进口关税和进口环节税货物的监管年限,参照进口减免税货物的监管年限管理,监管年限届满的自动解除监管;监管年限未满企业申请提前解除监管的,参照进口减免税货物补缴税款的有关规定办理,属于许可证件管理的应当取得有关许可证件。

境外进入综合保税区,供区内企业和行政管理机构自用的交通运输工具、生活消费用品,海关依法征收进口关税和进口环节税。除法律法规另有规定外,综合保税区运往境外的货物免征出口关税。

3. 海关对综合保税区与区外之间进出货物的监管措施

综合保税区与区外之间进出的货物,区内企业或者区外收发货人应当按照规定向海关办理相关手续。货物属于关税配额、许可证件管理的,区内企业或者区外收发货人应当取得关税配额、许可证件;海关应当对关税配额进行验核,对许可证件电子数据进行系统自动比对验核。

除法律法规另有规定外,海关对综合保税区与区外之间进出的货物及其外包装、集装箱不实施检疫。

综合保税区与区外之间进出的货物,区内企业或者区外收发货人应当按照货物进出区时的实际状态依法缴纳关税和进口环节税。区内企业加工生产的货物出区内销时,区内企业或者区外收发货人可以选择按照其对应进口料件缴纳关税,并补缴关税税款缓税利息;进口环节税应当按照出区时货物实际状态照章缴纳。

经综合保税区运往区外的优惠贸易协定项下的货物,符合相关原产地管理规定的,可以适用协定税率或者特惠税率。

以出口报关方式进入综合保税区的货物予以保税;其中,区内企业从区外采购的机器、设备参照进口减免税货物的监管年限管理,监管年限届满的自动解除监管,免于提交许可证件;监管年限未满企业申请提前解除监管的,参照进口减免税货物补缴税款的有关规定办理相关手续,免于提交许可证件。货物的出口退税按照国家有关规定办理。

区内企业在加工生产过程中使用保税料件产生的边角料、残次品、副产品以及加工生产、储存、运等过程中产生的包装物料,运往区外销售时,区内企业应当按照货物出区时的实际状态缴纳税款;残次品、副产品属于关税配额、许可证件管理的,区内企业或者区外收发货人应当取得关税配额、许可证件;海关应当对关税配额进行验核、对许可证件电子数据进行系统自动比对验核。

区内企业产生的未复运出境的固体废物,按照国内固体废物相关规定进行管理。需运往区外进行贮存、利用或者处置的,应按规定向海关办理出区手续。

区内企业依法对区内货物采取销毁处置的,应当办理相关手续,销毁处置费用由区内企业承担。销毁产生的固体废物出区时按照前述固体废物相关规定办理。

区内企业可以按照海关规定办理集中申报手续。除海关总署另有规定外,区内企业应当在每季度结束的次月 15 日前办理该季度货物集中申报手续,但不得晚于账册核销截止日期,且不得跨年度办理。集中申报适用海关接受集中申报之日实施的税率、汇率。

综合保税区与其他综合保税区等海关特殊监管区域、保税监管场所之间往来的货物予以保税。综合保税区与其他综合保税区等海关特殊监管区域或者保税监管场所之间流转的货物,不征收关税和进口环节税。

4. 海关对综合保税区内货物的监管措施

综合保税区内货物可以自由流转。区内企业转让、转移货物的,双方企业应当及时向海关报送转让、转移货物的品名、数量、金额等电子数据信息。

区内企业可以利用监管期限内的免税设备接受区外企业委托开展加工业务。区内企业开展委托加工业务,应当设立专用的委托加工电子账册。委托加工用料件需使用保税料件的,区内企业应当向海关报备。委托加工产生的固体废物,出区时按照前述固体废物相关规定办理。

区内企业按照海关规定将自用机器、设备及其零部件、模具或者办公用品运往区外进行检测、维修的,检测、维修期间不得在区外用于加工生产和使用,并且应当自运出之日起 60 日内运回综合保税区。因故不能如期运回的,区内企业应当在期限届满前 7 日内书面向海关申请延期,延长期限不得超过 30 日。上述货物因特殊情况无法在上述规定时间内完成检测、维修并运回综合保税区的,经海关同意,可以在检测、维修合同期限内运回综合保税区。更换零配件的,原零配件应当一并运回综合保税区;确需在区外处置的,海关应当按照原零配件的实际状态征税;在区外更换的国产零配件,需要退税的,企业应当按照有关规定办理手续。

区内企业按照海关规定将模具、原材料、半成品等运往区外进行外发加工的,外发加工期限不得超过合同有效期,加工完毕的货物应当按期运回综合保税区。外发加工产生的边角料、残次品、副产品不运回综合保税区的,海关应当按照货物实际状态征税;残次品、副产品属于关税配额、许可证件管理的,区内企业或者区外收发货人应当取得关税配额、许可证件;海关应当对有关关税配额进行验核、对许可证件电子数据进行系统自动比对验核。

因不可抗力造成综合保税区内货物损毁、灭失的,区内企业应当及时报告海关。经海关核实后,区内企业可以按照下列规定办理:货物灭失,或者虽未灭失但完全失去使用价值的,办理核销和免税手续;境外进入综合保税区或者区外进入综合保税区且已办理出口退税手续的货物损毁,失去部分使用价值的,办理出区内销或者退运手续;区外进入综合保税区且未办理出口退税手续的货物损毁,失去部分使用价值,需要向出口企业进行退换的,办理退运手续。

因保管不善等非不可抗力因素造成区内货物损毁、灭失的,区内企业应当及时报告海关并说明情况。经海关核实后,区内企业可以按照下列规定办理:境外进入综合保税区的货物,按照一般贸易进口货物的规定办理相关手续,并按照海关审定的货物损毁或灭失前的完税价格,以货物损毁或灭失之日适用的税率、汇率缴纳关税、进口环节税;区外进入综合保税区的货物,重新缴纳因出口而退还的国内环节有关税收,已缴纳出口关税的,不予退还。

区内企业申请放弃的货物,经海关及有关主管部门核准后,由海关依法提取变卖,变卖收入按照国家有关规定处理,但法律法规规定不得放弃的除外。

除法律法规另有规定外,区内货物不设存储期限。

5. 海关对区内企业的管理规范

区内企业及其分支机构应当取得市场主体资格,并依法向海关办理注册或者备案手续。区内从事食品生产的企业应当依法取得国内生产许可。

区内企业应当依照法律法规的规定规范财务管理,并按照海关规定设立海关电子账册,电子账册的备案、变更、核销应当按照海关相关规定执行。

海关对区内企业实行稽查、核查制度。区内企业应当配合海关的稽查、核查,如实提供相关账簿、单证等有关资料及电子数据。

区内企业开展涉及海关事务担保业务的,按照海关事务担保相关规定执行。

扩展阅读材料链接:

海关总署第 256 号令:《中华人民共和国海关综合保税区管理办法》,海关总署网站:http://www.customs.gov.cn/customs/302249/302266/302267/4123714/index.html。

【思政课堂】

南京海关:从出口加工区到综合保税区——推动海关特殊监管区域持续转型升级

1990 年至今,我国在改革开放不同时期,根据外向型经济发展需要,先后设立了保税区、出口加工区、保税物流园区、保税港区、综合保税区和跨境工业区 6 种海关特殊监管区域。

江苏省的海关特殊监管区域起步于 20 世纪 90 年代初,历经全国首家内河港型保税区、全国首家出口加工区以及全国首家综合保税区的变迁。可以说,江苏省的海关特殊监管区域发展见证了全国海关特殊监管区域的发展历程。

"敢为天下先"——设立全国首家出口加工区

2000 年 9 月 6 日,昆山出口加工区通过海关总署等 9 部委联合验收,我国历史上第一个出口加工区自此诞生,揭开了海关特殊监管区域发展的新篇章。

20 世纪 90 年代中叶,国际电子信息产业转移,国际产业资本加速流动,一个新的发展机遇展示在人们的面前;而当时又正值东南亚金融危机来势汹涌,国家对外企税收等政策做了调整,吸引外资面临着严峻的挑战。

为承接国际电子信息等制造业产能转移,助力企业享受更优惠的税收政策,南京海关所属昆山海关借鉴台湾新竹加工出口区,积极争取设立出口加工区试点。

2000 年 4 月 27 日,国务院正式发文批准设立 15 个出口加工区为全国的试点,昆山作为唯一的县(处)级单位,名列其中。国务院批文下达后,昆山一鼓作气,在短时间内高标准完成了各项基础设施和海关监管设施建设,创造了"昆山速度"。

2000年10月8日,昆山出口加工区正式封关运作。昆山出口加工区设立当年,就拉动外资投产4.2亿美元,通关效率提升10倍以上,企业生产实现"零库存",成为全国出口加工区的"样板间"。全国第一票网上报关、全国首批深加工结转试点、全国首家拓展保税物流功能……一项项全国、全省首创改革在昆山出口加工区诞生,时任国务院总理温家宝、国务委员吴仪视察时均给予高度肯定。

2009年12月,昆山出口加工区升级为综合保税区,功能更齐全、监管更高效、改革更多元:全国第一票跨关区分送集报、全国第一家海关特殊监管区域一般纳税人资格试点、全国第一票全球维修货物……

"功能整合优化"——设立全国首家综合保税区

苏州工业园区也是2000年获批全国首批出口加工区的试点之一。

苏州工业园区地处长三角腹地,被誉为"中国开放的重要窗口"和"国际合作的成功范例",外向型经济非常发达。早在2000年,苏州工业园区即获批全国首批出口加工区试点;2004年,全国首家"海关保税物流中心(B型)"在苏州工业园区进行试点。依托出口加工区等海关特殊监管区域,苏州工业园区的保税加工和保税物流业务迅速增长。

尽管各项数字看好,可土地有限、商务成本日渐增高,下一步的发展空间如何拓展?区域竞争力如何凸显?此外,苏州工业园区拥有出口加工区A区、B区、全国首家保税物流中心(B型)、内陆直通式监管点,相互之间功能分割,政策交叉重叠、货物流转不便,导致企业产业链与供应链的配套受到影响。如何整合各个区域的功能政策,使其进一步适应区域经济增长的需要,推动区域经济在更高平台上实现转型升级,成为当时的苏州工业园区海关最为关注的问题。

2006年12月,国务院批复苏州工业园区成立综合保税区,比照上海洋山保税港享受有关外汇和税收政策,原出口加工区A区、B区、全国首家保税物流中心(B型)、唯亭海关监管点,实现三区合一、信息联网、政策叠加。自此中国内陆首个没有港口的保税港区诞生。

综合保税区应改革开放而生、随改革开放而兴,集保税区、出口加工区、保税物流区等功能于一体,目前是我国开放型功能最齐全的海关特殊监管区域。目前的苏州工业园综合保税区与初期相比,从纯粹的保税加工制造到保税物流、保税贸易与保税仓储,更是增添了保税维修检测、保税研发、保税展示交易等新兴功能。经过10余年的发展,其政策功能在拓展,区域性质在转型,相关配套管理制度不断革新。

目前,除了张家港保税港区外,江苏原有的各类海关特殊监管区域都已转型为综合保税区。名称变化的背后,折射出企业需求和升级之变。

"转型升级在路上"——新时代的海关特殊监管区域

伴随着我国与世界经济的深度融合,国内外经济形势的深刻变化,综合保税区等海关特殊监管区域出口导向的发展定位和配套政策制度已无法适应当前的发展需求。综合保税区需要从"以外为主"向"内外兼容"转型升级,更好地服务国际、国内两个市场,统筹利用国际、国内两种资源,成为综合保税区发展的必由路径。

2014年9月,国务院同意苏州工业园综合保税区、重庆两路寸滩保税港区开展贸易多元化试点,符合条件的贸易功能区内企业将获得增值税一般纳税人资格。

2016年11月,苏州工业园综合保税区、昆山综合保税区全国首批开始增值税一般纳税人资格试点。试点企业内销、购入区外货物分别可开具、索取增值税专用发票,享受抵扣增值税进项税、出口退税等政策优惠。试点企业苏州三星电子家电有限公司平均每票货物出入区时间节约了95%,该公司和国内供应商在报关方面的人力与资金投入每年降低近300万元。

2019年1月,《国务院关于促进综合保税区高水平开放高质量发展的若干意见》(以下简称《意见》)明确要求:赋予综合保税区改革开放新使命,打造具有国际竞争力和创新力的海关特殊监管区域。

2019年8月,国务院批复同意设立中国(江苏)自由贸易试验区,成为江苏省建设新时代改革开放新高地、服务全国发展大局新平台的重要标志。随着政策叠加,海关特殊监管区域迎来转型升级发展的新时代。

南京海关将落实国务院《意见》作为2019年度5项重要任务之一,推动召开省政府工作推进会,将其列入江苏年度"十大百项"重点任务;参与制定总署操作规程12部,优化信息系统和业务环节23个;携手各地开展政策宣讲会近20场,参训人员2 000余人次,通过新媒体精准推送政策解读100余篇次,为1 000余家区内外企业开展"送政策上门"。截至2021年,国务院21项措施中已有15项在江苏省落地,区内注册企业同比增长7.1%,活跃企业数居全国第一;一般纳税人试点成效居全国首位。

截至2021年,江苏省是全国综合保税区最为集中的省份之一,共有海关特殊监管区域21个,包括1个保税港区和20个综合保税区。2021年上半年,海关特殊监管区域平均每平方千米实现进出境货值9亿美元,实现了"小区域、大产出"的巨大作用。

资料来源:王娇龙,顾鲁:"南京海关:从出口加工区到综合保税区——推动海关特殊监管区域持续转型升级",海关总署网站。

进出口规模创新高——新郑综保区引领河南开放型经济持续高质量发展

郑州新郑综合保税区(以下简称"新政综保区")是中部地区设立的第一家综合保税区,也一直是中部地区业务规模最大的综合保税区。2021年,新郑综保区进出口4 739.22亿元,比上年增长15.5%,进出口规模创历史新高,在综保区中位列中部第一、全国第二位。郑州海关始终坚持强化监管、优化服务,助力新郑综保区继续引领河南开放型经济持续高质量发展。

创新政策省时间

据郑州海关所属新郑海关相关负责人介绍,多年来,智能手机制造业一直是新郑综保区的"龙头"产业。2021年,该关监管新郑综保区生产成品手机超过1亿台,货值再创历史新高。

为促进智能手机产业持续高质量发展,海关部门在严密监管的前提下,采取精简加工贸易作业手续、加强企业自主申报等举措,并积极推广增值税一般纳税人资格试点政策,为相关企业节省报关成本5%,缩短国内采购物流时间近1/3。

"精准画像"防风险

据介绍,近年来,随着河南"空中丝绸之路"建设不断加强,为增强新郑综保区业务多样性,在郑州海关推动下,跨境电商业务在新郑综保区悄然兴起,并一直保持延续增长态势。

"以前我们在综保区外租用仓库专门用于放置跨境电商退货产品,理货后再用车运到综保区内。去年,海关批准设立了综保区内退货中心仓,为我们节省了仓库租用费、运输费、人力成本等超过130万元。"唯品会(中国)有限公司郑州片区关务主管说道。

为助力新郑综保区跨境电商业务高质量发展,海关2021年在新郑综保区设立跨境电商退货中心仓4个,节省相关企业运营成本270万元。此外,为促进跨境电商规范化运行,海关开展打击跨境电商进口走私"断链刨根"和出口"清源"专项整治行动,并探索建立了"事前、事中、事后"全链条监管体系,对电商企业实施"精准画像",建立了风险防范的长效机制。

简化单证提效率

"海关新增的'一车两类单'核放功能,为我们国外进口和国内服装集拼分拨业务的同步开展创造了更加便利的条件,使我们的服装能够以更快的速度运往全国各城市店铺上架销售。"新郑综保区内某服装企业相关负责人说。

该服装企业负责人所说的"一车两类单"核放功能,是新郑海关为服装分拨业务量身打造的监管新方案。该关通过整合优化辅助系统,允许国(地区)外进口、口岸清关的服装与国(地区)内采购非保税的服装两类单证绑定同一辆车,打通了国(地区)外进口服装与国(地区)内分拨服装拼车出区的新通道,提升了物流运输效能,助力企业分拨服装覆盖范围扩展到全国63个城市。2021年,该关监管进出口服装货值33.91亿元,货运量2.58万吨,分别增长57%和88.06%。

据新郑海关相关负责人介绍,为促进辖区贸易便利化水平持续提升,该关创新采取多项通关改革举措:持续深化"两步申报""两段准入"等作业改革,用好"分送集报""自报自缴"等便利通关模式,指导企业通过"单一窗口""互联网+海关"线上办理业务;优化综保区内保税货物经口岸作业区出境流程,创新无核放单验放模式,打造"区港一体"的联动监管,运输车辆周转效率提升60%以上。

资料来源:郑州海关网站。

三、保税加工货物报关程序和管理规范

保税加工货物主要是指加工贸易货物。加工贸易是我国对外贸易和开放型经济的重要组成部分,对于推动产业升级、稳定就业发挥了重要作用。国务院于2016年1月印发了《国务院关于促进加工贸易创新发展的若干意见》,提出要深化加工贸易行政审批改革、建立加工贸易新型管理体系、不断优化监管方式等要求。为深入贯彻落实党的二十大精神,商务部、国家发展改革委等十部门于2023年12月联合发布《关于提升加工贸易发展水平的意见》,提出鼓励开展高附加值产品加工贸易等12条具体意见和各部门职责分工,以期促进加工贸易持续健康发展,切实提升加工贸易水平。

加工贸易是指经营企业进口全部或者部分原辅材料、零部件、元器件、包装物料（统称"料件"），经过加工或者装配后，将制成品复出口的经营活动，包括来料加工和进料加工。来料加工是指进口料件由境外企业提供，经营企业不需要付汇进口，按照境外企业的要求进行加工或者装配，只收取加工费，制成品由境外企业销售的经营活动。进料加工是指进口料件由经营企业付汇进口、制成品由经营企业外销出口的经营活动。

加工贸易货物，是指加工贸易项下的进口料件、加工成品以及加工过程中产生的边角料、残次品、副产品等。加工贸易货物的报关程序除了进出境阶段的手续外，在向海关申报前还需办理加工贸易货物手册设立，在海关放行后还需办理核销结案等其他海关手续。

（一）加工贸易货物手册设立手续

经营企业应当向加工企业所在地主管海关办理加工贸易货物的手册设立手续。经营企业是指负责对外签订加工贸易进出口合同的各类进出口企业和外商投资企业，以及依法开展来料加工经营活动的对外加工装配服务公司。加工企业是指接受经营企业委托，负责对进口料件进行加工或者装配，并且具有法人资格的生产企业，以及由经营企业设立的虽不具有法人资格，但是实行相对独立核算并已经办理营业证（执照）的工厂。

除另有规定外，经营企业办理加工贸易货物的手册设立，应当向海关如实申报贸易方式、单耗、进出口口岸，以及进口料件和出口成品的商品名称、商品编号、规格型号、价格和原产地等情况，并且提交经营企业对外签订的合同。经营企业委托加工的，还应当提交与加工企业签订的委托加工合同。企业开展加工贸易业务，须具备相应生产经营能力。加工企业应具有与业务范围相适应的工厂、加工设备和工人，经营企业应具有进出口经营权。企业应自觉履行安全生产、节能低碳、环境保护等社会责任。企业开展加工贸易业务，须登录"加工贸易企业经营状况及生产能力信息系统"（https://ecomp.mofcom.gov.cn/），自主填报《加工贸易企业经营状况及生产能力信息表》，并对信息真实性作出承诺。

经营企业按照上述规定，提交齐全、有效的单证材料，申报设立手册的，海关应当自接受企业手册设立申报之日起5个工作日内完成加工贸易手册设立手续。海关按照国家规定对加工贸易货物实行担保制度。需要办理担保手续的，经营企业按照规定提供担保后，海关办理手册设立手续。

有下列情形之一的，海关应当在经营企业提供相当于应缴税款金额的保证金或者银行、非银行金融机构保函后办理手册设立手续：

（1）涉嫌走私，已经被海关立案侦查，案件尚未审结的；

（2）由于管理混乱被海关要求整改，在整改期内的。

有下列情形之一的，海关可以要求经营企业在办理手册设立手续时提供相当于应缴税款金额的保证金或者银行、非银行金融机构保函：

（1）租赁厂房或者设备的；

（2）首次开展加工贸易业务的；

（3）加工贸易手册延期两次（含两次）以上的；

（4）办理异地加工贸易手续的；

（5）涉嫌违规，已经被海关立案调查，案件尚未审结的。

加工贸易企业（包括经海关注册登记的经营企业和加工企业）有下列情形之一的，不得办理手册设立手续：

（1）进口料件或者出口成品属于国家禁止进出口的；

（2）加工产品属于国家禁止在我国境内加工生产的；

（3）进口料件不宜实行保税监管的；

（4）经营企业或者加工企业属于国家规定不允许开展加工贸易的；

（5）经营企业未在规定期限内向海关报核已到期的加工贸易手册，又重新申报设立手册的。

经营企业办理加工贸易货物的手册设立，申报内容、提交单证与事实不符的，海关应当按照下列规定处理：

（1）货物尚未进口的，海关注销其手册；

（2）货物已进口的，责令企业将货物退运出境。

上述第（2）项规定情形下，经营企业可以向海关申请提供相当于应缴税款金额的保证金或者银行、非银行金融机构保函，并且继续履行合同。

已经办理加工贸易货物的手册设立手续的经营企业可以向海关领取加工贸易手册分册、续册。加工贸易货物手册设立内容发生变更的，经营企业应当在加工贸易手册有效期内办理变更手续。

（二）加工贸易货物的进出口和加工

经营企业进口加工贸易货物，可以从境外或者海关特殊监管区域、保税监管场所进口，也可以通过深加工结转方式转入。经营企业出口加工贸易货物，可以向境外或者海关特殊监管区域、保税监管场所出口，也可以通过深加工结转方式转出。

海关对加工贸易实行分类监管。① 除国家另有规定外，加工贸易进口料件属于国家对进口有限制性规定的，经营企业免于向海关提交进口许可证件。加工贸易出口制成品属于国家对出口有限制性规定的，经营企业应当取得出口许可证件。海关对有关出口许可证件电子数据进行系统自动比对验核。

加工贸易企业开展深加工结转（是指加工贸易企业将保税进口料件加工的产品转至另一加工贸易企业进一步加工后复出口的经营活动）的，转入企业、转出企业应当向各自的主管海关申报，办理实际收发货以及报关手续。有下列情形之一的，加工贸易企业不得办理深加工结转手续：

（1）不符合海关监管要求，被海关责令限期整改，在整改期内的；

（2）有逾期未报核手册的；

（3）由于涉嫌走私已经被海关立案调查，尚未结案的。

加工贸易企业未按照海关规定进行收发货的，不得再次办理深加工结转手续。

经营企业开展外发加工业务（是指经营企业委托承揽者对加工贸易货物进行加工，在规定期限内将加工后的产品最终复出口的行为），应当按照外发加工的相关管理规定自外

---

① 商务部、海关总署在 2014 年第 90 号公告中公布了《加工贸易禁止类商品目录》，2015 年第 59 号公告进行调整，调整后的加工贸易禁止类商品目录共计 1 862 个 10 位商品编码。2020 年第 54 号公告和 2021 年第 12 号公告又进一步对加工贸易禁止类商品目录进行了调整。商务部、海关总署在 2015 年第 63 号公告中公布了调整后的《加工贸易限制类商品目录》，共计 451 项 10 位商品编码，其中限制出口 95 项商品编码，限制进口 356 项商品编码。不属于禁止类和限制类商品即为加工贸易允许类商品。

发之日起3个工作日内向海关办理备案手续。经营企业开展外发加工业务,不得将加工贸易货物转卖给承揽者(是指与经营企业签订加工合同,承接经营企业委托的外发加工业务的企业或者个人);承揽者不得将加工贸易货物再次外发。经营企业将全部工序外发加工的,应当在办理备案手续的同时向海关提供相当于外发加工货物应缴税款金额的保证金或者银行、非银行金融机构保函。外发加工的成品、剩余料件以及生产过程中产生的边角料、残次品、副产品等加工贸易货物,经营企业向所在地主管海关办理相关手续后,可以不运回本企业。海关对加工贸易货物实施监管的,经营企业和承揽者应当予以配合。

加工贸易货物应当专料专用。经海关核准,经营企业可以在保税料件之间、保税料件与非保税料件之间进行串换,但是被串换的料件应当属于同一企业,并且应当遵循同品种、同规格、同数量、不牟利的原则。① 来料加工保税进口料件不得串换。

由于加工工艺需要使用非保税料件的,经营企业应当事先向海关如实申报使用非保税料件的比例、品种、规格、型号、数量。经营企业按照规定向海关申报的,海关核销时应当在出口成品总耗用量中予以核扣。

经营企业进口料件由于质量存在瑕疵、规格型号与合同不符等原因,需要返还原供货商进行退换,以及由于加工贸易出口产品售后服务需要而出口未加工保税料件的,可以直接向口岸海关办理报关手续。已经加工的保税进口料件不得进行退换。

加工贸易企业应当根据《中华人民共和国会计法》以及海关有关规定,设置符合海关监管要求的账簿、报表以及其他有关单证,记录与本企业加工贸易货物有关的进口、存储、转让、转移、销售、加工、使用、损耗和出口等情况,凭合法、有效凭证记账并且进行核算。加工贸易企业应当将加工贸易货物与非加工贸易货物分开管理。加工贸易货物应当存放在经海关备案的场所,实行专料专放。企业变更加工贸易货物存放场所的,应当事先通知海关,并办理备案变更手续。

经海关批准并办理有关手续,加工贸易货物可以抵押。经营企业在申请办理加工贸易货物抵押手续时,应向主管海关提交以下材料:正式书面申请;银行抵押贷款书面意向材料。经审核符合条件的,经营企业在缴纳相应保证金或者银行、非银行金融机构保函后,主管海关准予其向境内银行办理加工贸易货物抵押,并将抵押合同、贷款合同复印件留存主管海关备案。保证金或者保函按抵押加工贸易保税货物对应成品所使用全部保税料件应缴税款金额收取。有下列情形之一的,不予办理抵押手续:

(1) 抵押影响加工贸易货物生产正常开展的;
(2) 抵押加工贸易货物或者其使用的保税料件涉及进出口许可证件管理的;
(3) 抵押加工贸易货物属来料加工货物的;
(4) 以合同为单元管理的,抵押期限超过手册有效期限的;
(5) 以企业为单元管理的,抵押期限超过1年的;
(6) 经营企业或者加工企业涉嫌走私、违规,已被海关立案调查、侦查,案件未审结的;

---

① 企业申请内部料件串换的,应遵循以下原则:保税料件之间以及保税料件和进口非保税料件之间的串换,必须符合同品种、同规格、同数量的条件;保税料件和国产料件(不含深加工结转料件)之间的串换必须符合同品种、同规格、同数量、关税税率为零,且商品不涉及进出口许可证件管理的条件;经营企业因保税料件与非保税料件之间发生串换,串换下来同等数量的保税料件,经主管海关批准后,由企业自行处置。

(7) 经营企业或者加工企业因为管理混乱被海关要求整改,在整改期内的;
(8) 海关认为不予批准的其他情形。

(三) 加工贸易货物核销手续

经营企业应当在规定的期限内将进口料件加工复出口,并且自加工贸易手册项下最后一批成品出口或者加工贸易手册到期之日起30日内向海关报核。经营企业对外签订的合同提前终止的,应当自合同终止之日起30日内向海关报核。

经营企业报核时应当向海关如实申报进口料件、出口成品、边角料、剩余料件、残次品、副产品以及单耗等情况,并且按照规定提交相关单证。经营企业按照规定向海关报核,单证齐全、有效的,海关应当受理报核。

加工贸易项下进口料件实行保税监管的,加工成品出口后,海关根据核定的实际加工复出口的数量予以核销。加工贸易项下进口料件按照规定在进口时先行征收税款的,加工成品出口后,海关根据核定的实际加工复出口的数量退还已征收的税款。加工贸易项下的出口产品属于应当征收出口关税的,海关按照有关规定征收出口关税。

海关核销可以采取纸质单证核销、电子数据核销的方式,必要时可以下厂核查,企业应当予以配合。海关可以对加工贸易企业进行核查,但海关核查不得影响企业的正常经营活动。海关应当自受理报核之日起30日内予以核销。特殊情况需要延长的,经直属海关关长或者其授权的隶属海关关长批准可以延长30日。

加工贸易保税进口料件或者成品内销的,海关对保税进口料件依法征收税款并且加征缓税利息,另有规定的除外。进口料件属于国家对进口有限制性规定的,经营企业还应当向海关提交进口许可证件。

经营企业因故将加工贸易进口料件退运出境的,海关凭有关退运单证核销。

经营企业在生产过程中产生的边角料、剩余料件、残次品、副产品和受灾保税货物,按照海关对加工贸易边角料、剩余料件、残次品、副产品和受灾保税货物的管理规定办理,海关凭有关单证核销。

经营企业遗失加工贸易手册的,应当及时向海关报告。海关按照有关规定处理后对遗失的加工贸易手册予以核销。

对经核销结案的加工贸易手册,海关向经营企业签发《核销结案通知书》。经营企业已经办理担保的,海关在核销结案后按照规定解除担保。加工贸易货物的手册设立和核销单证自加工贸易手册核销结案之日起留存3年。

加工贸易企业出现分立、合并、破产、解散或者其他停止正常生产经营活动情形的,应当及时向海关报告,并且办结海关手续。加工贸易货物被人民法院或者有关行政执法部门封存的,加工贸易企业应当自加工贸易货物被封存之日起5个工作日内向海关报告。

扩展阅读材料链接:

海关总署第219号令:《中华人民共和国海关加工贸易货物监管办法》,海关总署网站:http://www.customs.gov.cn/customs/302249/302266/302267/356072/index.html。

(四) 加工贸易单耗管理规范

1. 单耗和单耗标准

加工贸易单耗是指加工贸易企业在正常加工条件下加工单位成品所耗用的料件量,

单耗包括净耗和工艺损耗。净耗,是指在加工后,料件通过物理变化或者化学反应存在或者转化到单位成品中的量。工艺损耗,是指因加工工艺原因,料件在正常加工过程中除净耗外所必需耗用、但不能存在或者转化到成品中的量,包括有形损耗和无形损耗。单耗=净耗/(1－工艺损耗率),其中工艺损耗率是指工艺损耗占所耗用料件的百分比。下列情况不列入工艺损耗范围：

(1) 因突发停电、停水、停气或者其他人为原因造成保税料件、半成品、成品的损耗;

(2) 因丢失、破损等原因造成的保税料件、半成品、成品的损耗;

(3) 因不可抗力造成保税料件、半成品、成品灭失、损毁或者短少的损耗;

(4) 因进口保税料件和出口成品的品质、规格不符合合同要求造成用料量增加的损耗;

(5) 因工艺性配料所用的非保税料件所产生的损耗;

(6) 加工过程中消耗性材料的损耗。

加工贸易企业应当在加工贸易手册设立环节向海关进行单耗备案。单耗管理应当遵循如实申报、据实核销的原则。加工贸易企业向海关提供的资料涉及商业秘密,要求海关保密并向海关提出书面申请的,海关应当依法予以保密。加工贸易企业不得以保密为由,拒绝向海关提供有关资料。

单耗标准是指供通用或者重复使用的加工贸易单位成品耗料量的准则。单耗标准设定最高上限值,其中出口应税成品单耗标准增设最低下限值。单耗标准由海关根据有关规定会同相关部门制定,并应当以海关公告形式对外发布。单耗标准适用于海关特殊监管区域、保税监管场所外的加工贸易企业,海关特殊监管区域、保税监管场所内的加工贸易企业不适用单耗标准。海关特殊监管区域、保税监管场所外的加工贸易企业应当在单耗标准内向海关进行单耗备案或者单耗申报。海关特殊监管区域、保税监管场所外的加工贸易企业申报的单耗在单耗标准内的,海关按照申报的单耗对保税料件进行核销;申报的单耗超出单耗标准的,海关按照单耗标准的最高上限值或者最低下限值对保税料件进行核销。尚未公布单耗标准的,加工贸易企业应当如实向海关申报单耗,海关按照加工贸易企业的实际单耗对保税料件进行核销。

2. 单耗的申报和审核

申报单耗是指加工贸易企业向海关报告单耗的行为。加工贸易企业应当在成品出口、深加工结转或者内销前如实向海关申报单耗。加工贸易企业确有正当理由无法按期申报单耗的,应当留存成品样品以及相关单证,并在成品出口、深加工结转或者内销前提出书面申请,经主管海关批准的,加工贸易企业可以在报核前申报单耗。加工贸易企业申报单耗应当包括以下内容：加工贸易项下料件和成品的商品名称、商品编号、计量单位、规格型号和品质;加工贸易项下成品的单耗;加工贸易同一料件有保税和非保税料件的,应当申报非保税料件的比例、商品名称、计量单位、规格型号和品质。加工贸易企业可以向海关申请办理单耗变更或者撤销手续,但下列情形除外：保税成品已经申报出口的;保税成品已经办理深加工结转的;保税成品已经申请内销的;海关已经对单耗进行核定的;海关已经对加工贸易企业立案调查的。

单耗审核是指海关依据《中华人民共和国海关加工贸易单耗管理办法》审查核实加工

贸易企业申报的单耗是否符合有关规定、是否与加工实际相符的行为。海关为核查单耗的真实性和准确性,可以行使下列职权:查阅、复制加工贸易项下料件、成品的样品、影像、图片、图样、品质、成分、规格型号以及加工合同、订单、加工计划、加工报表、成本核算等账册和资料;查阅、复制工艺流程图、排料图、工料单、配料表、质量检测标准等能反映成品的技术要求、加工工艺过程以及相应耗料的有关资料;要求加工贸易企业提供核定单耗的计算方法、计算公式;对保税料件和成品进行查验或者提取货样进行检验或者化验;询问加工贸易企业的法定代表人、主要负责人和其他有关人员涉及单耗的有关情况和问题;进入加工贸易企业的货物存放场所、加工场所,检查与单耗有关的货物以及加工情况;对加工产品的单耗情况进行现场测定,必要时,可以留取样品。

海关对加工贸易企业申报的单耗进行审核,符合规定的,接受加工贸易企业的申报。海关对加工贸易企业申报单耗的真实性、准确性有疑问的,应当制发《中华人民共和国海关加工贸易单耗质疑通知书》(以下简称《单耗质疑通知书》),将质疑理由书面告知加工贸易企业的法定代表人或者其代理人。加工贸易企业的法定代表人或者其代理人应当自收到《单耗质疑通知书》之日起10个工作日内,以书面形式向海关提供有关资料。加工贸易企业未能在海关规定期限内提供有关资料、提供的资料不充分或者提供的资料无法确定单耗的,海关应当对单耗进行核定。海关可以单独或者综合使用技术分析、实际测定、成本核算等方法对加工贸易企业申报的单耗进行核定。单耗核定前,加工贸易企业缴纳保证金或者提供银行担保,并经海关同意的,可以先行办理加工贸易料件和成品的进出口、深加工结转或者内销等海关手续。加工贸易企业对单耗核定结果有异议的,可以向作出单耗核定海关的上一级海关提出书面复核申请,上一级海关应当自收到复核申请后45日内作出复核决定。

(五)加工贸易边角料、剩余料件、残次品、副产品和受灾保税货物的管理规定

边角料是指加工贸易企业从事加工复出口业务,在海关核定的单位耗料量(即单耗)内、加工过程中产生的、无法再用于加工该合同项下出口制成品的数量合理的废、碎料及下脚料。剩余料件是指加工贸易企业在从事加工复出口业务过程中剩余的、可以继续用于加工制成品的加工贸易进口料件。残次品是指加工贸易企业从事加工复出口业务,在生产过程中产生的有严重缺陷或者达不到出口合同标准,无法复出口的制品(包括完成品和未完成品)。副产品是指加工贸易企业从事加工复出口业务,在加工生产出口合同规定的制成品(即主产品)过程中同时产生的,且出口合同未规定应当复出口的一个或者一个以上的其他产品。受灾保税货物是指加工贸易企业从事加工出口业务中,因不可抗力原因或者其他经海关审核认可的正当理由造成灭失、短少、损毁等导致无法复出口的保税进口料件和制品。

(1)加工贸易保税进口料件加工后产生的边角料、剩余料件、残次品、副产品及受灾保税货物属海关监管货物,未经海关许可,任何企业、单位、个人不得擅自销售或者移作他用。

(2)加工贸易企业申请内销边角料的:海关按照加工贸易企业向海关申请内销边角料的报验状态归类后适用的税率和审定的边角料价格计征税款,免征缓税利息;海关按照加工贸易企业向海关申请内销边角料的报验状态归类后,属于发展改革委员会、商务部、生态环境部及其授权部门进口许可证件管理范围的,免于提交许可证件。

（3）加工贸易企业申报将剩余料件结转到另一个加工贸易合同使用，限同一经营企业、同一加工企业、同样进口料件和同一加工贸易方式。凡具备条件的，海关按规定核定单耗后，企业可以办理该合同核销及其剩余料件结转手续。

（4）加工贸易企业申请内销剩余料件或者内销用剩余料件生产的制成品，按照下列情况办理：

① 剩余料件金额占该加工贸易合同项下实际进口料件总额3%以内（含3%），并且总值在人民币1万元以下（含1万元）的，由主管海关对剩余料件按照规定计征税款和税款缓税利息后予以核销。剩余料件属于发展改革委、商务部、生态环境部及其授权部门进口许可证件管理范围的，免于提交许可证件。

② 剩余料件金额占该加工贸易合同项下实际进口料件总额3%以上或者总值在人民币1万元以上的，海关对合同内销的全部剩余料件按照规定计征税款和缓税利息。剩余料件属于进口许可证件管理的，企业还应当按照规定取得有关进口许可证件。海关对有关进口许可证件电子数据进行系统自动比对验核。

③ 使用剩余料件生产的制成品需要内销的，海关根据其对应的进口料件价值，按照第①项或者第②项的规定办理。

（5）加工贸易企业需要内销残次品的，根据其对应的进口料件价值，参照上述内销剩余料件第①项或者第②项的规定办理。

（6）加工贸易企业在加工生产过程中产生或者经回收能够提取的副产品，未复出口的，加工贸易企业在向海关办理手册设立或者核销手续时应当如实申报。对于需要内销的副产品，海关按照加工贸易企业向海关申请内销副产品的报验状态归类后的适用税率和审定的价格，计征税款和缓税利息。海关按照加工贸易企业向海关申请内销副产品的报验状态归类后，属于进口许可证件管理的，企业还应当按照规定取得有关进口许可证件。海关对有关进口许可证件电子数据进行系统自动比对验核。

（7）加工贸易受灾保税货物（包括边角料、剩余料件、残次品、副产品）在运输、仓储、加工期间发生灭失、短少、损毁等情事的，加工贸易企业应当及时向主管海关报告，海关可以视情况派员核查取证。

① 因不可抗力因素造成的加工贸易受灾保税货物，经海关核实，对受灾保税货物灭失或者虽未灭失，但是完全失去使用价值且无法再利用的，海关予以免税核销；对受灾保税货物虽失去原使用价值，但是可以再利用的，海关按照审定的受灾保税货物价格，其对应进口料件适用的税率计征税款和税款缓税利息后核销。受灾保税货物对应的原进口料件，属于发展改革委、商务部、生态环境部及其授权部门进口许可证件管理范围的，免于提交许可证件。企业在规定的核销期内报核时，应当提供保险公司出具的保险赔款通知书和海关认可的其他有效证明文件。

② 除不可抗力因素外，加工贸易企业因其他经海关审核认可的正当理由导致加工贸易保税货物在运输、仓储、加工期间发生灭失、短少、损毁等情事的，海关凭有关主管部门出具的证明文件和保险公司出具的保险赔款通知书，按照规定予以计征税款和缓税利息后办理核销手续。受灾保税货物对应的原进口料件，属于进口许可证件管理范围的，企业应当按照规定取得有关进口许可证件。海关对有关进口许可证件电子数据进行系统自动

比对验核。前述规定免于提交进口许可证件的除外。

（8）加工贸易企业办理边角料、剩余料件、残次品、副产品和受灾保税货物内销的进出口通关手续时，应当按照下列情况办理：加工贸易剩余料件、残次品以及受灾保税货物内销，企业按照其加工贸易的原进口料件品名进行申报；加工贸易边角料以及副产品，企业按照向海关申请内销的报验状态申报。

（9）经海关允许，加工贸易企业可以通过与海关联网的拍卖平台，委托具有法定资质的拍卖机构依法公开拍卖加工贸易边角废料（包括加工贸易边角料、副产品和按照规定需要以残留价值征税的受灾保税货物，以及海关特殊监管区域内企业保税加工过程中产生的边角料、废品、残次品和副产品等保税货物），海关和相关主管部门共同对该交易行为实施管理。对以网上公开拍卖方式内销的边角废料，海关以拍卖价格为基础审查确定完税价格。同一批边角废料流拍3次以上、每次拍卖公告期不少于3日，且其中1次为无保留价竞价的，加工贸易企业可凭不再销售的书面承诺及有关流拍材料等资料，按规定直接向海关申请办理核销手续。

（10）加工贸易企业因故无法内销或者退运的边角料、剩余料件、残次品、副产品或者受灾保税货物，由加工贸易企业委托具有法定资质的单位进行销毁处置，海关凭相关单证、处置单位出具的接收单据和处置证明等资料办理核销手续。海关可以派员监督处置，加工贸易企业及有关处置单位应当给予配合。加工贸易企业因处置获得的收入，应当向海关如实申报，海关比照边角料内销征税的管理规定办理征税手续。

（11）加工贸易企业因故申请将边角料、剩余料件、残次品、副产品或者受灾保税货物退运出境的，海关按照退运的有关规定办理，凭有关退运证明材料办理核销手续。

（12）对实行进口关税配额管理的边角料、剩余料件、残次品、副产品和受灾保税货物，按照下列情况办理。

① 边角料按照加工贸易企业向海关申请内销的报验状态归类属于实行关税配额管理商品的，海关按照关税配额税率计征税款。

② 副产品按照加工贸易企业向海关申请内销的报验状态归类属于实行关税配额管理的，企业如果能够按照规定向海关提交有关进口配额许可证件，海关按照关税配额税率计征税款；企业如果未能按照规定向海关提交有关进口配额许可证件，海关按照有关规定办理。

③ 剩余料件、残次品对应进口料件属于实行关税配额管理的，企业如果能够按照规定向海关提交有关进口配额许可证件，海关按照关税配额税率计征税款；企业如果未能按照规定向海关提交有关进口配额许可证件，海关按照有关规定办理。

④ 因不可抗力因素造成的受灾保税货物，其对应进口料件属于实行关税配额管理商品的，海关按照关税配额税率计征税款；因其他经海关审核认可的正当理由造成的受灾保税货物，其对应进口料件属于实行关税配额管理的，企业如果能够按照规定向海关提交有关进口配额许可证件，海关按照关税配额税率计征税款；企业如果未能按照规定向海关提交有关进口配额许可证件，按照有关规定办理。

（13）属于加征反倾销税、反补贴税、保障措施关税或者报复性关税（以下统称"特别关税"）的，按照下列情况办理。

① 边角料按照加工贸易企业向海关申请内销的报验状态归类属于加征特别关税的,海关免于征收需要加征的特别关税。

② 副产品按照加工贸易企业向海关申请内销的报验状态归类属于加征特别关税的,海关按照规定征收需加征的特别关税。

③ 剩余料件、残次品对应进口料件属于加征特别关税的,海关按照规定征收需加征的特别关税。

④ 因不可抗力因素造成的受灾保税货物,如果失去原使用价值的,其对应进口料件属于加征特别关税的,海关免于征收需要加征的特别关税;因其他经海关审核认可的正当理由造成的受灾保税货物,其对应进口料件属于加征特别关税的,海关按照规定征收需加征的特别关税。

(六) 加工贸易企业联网监管措施

为了规范海关对加工贸易企业的管理,海关对加工贸易企业实施联网监管。联网监管是指加工贸易企业通过数据交换平台或者其他计算机网络方式向海关报送能满足海关监管要求的物流、生产经营等数据,海关对数据进行核对、核算,并结合实物进行核查的一种加工贸易海关监管方式。

1. 实施联网监管的条件

根据《中华人民共和国海关加工贸易企业联网监管办法》的规定,海关实施联网监管的加工贸易企业应当具备以下条件:

(1) 具有加工贸易经营资格;

(2) 在海关备案;

(3) 属于生产型企业。

海关特殊监管区域、保税监管场所内的加工贸易企业不适用《中华人民共和国海关加工贸易企业联网监管办法》的规定。

加工贸易企业需要实施联网监管的,可以向主管海关提出申请;经审核符合规定条件的,海关应当对其实施联网监管。联网企业通过数据交换平台或者其他计算机网络方式向海关报送数据前,应当进行加工贸易联网监管身份认证。

2. 实施联网监管的方法和措施

联网企业应当将开展加工贸易业务所需进口料件、出口成品清单及对应的商品编号报送主管海关,必要时还应当按照海关要求提供确认商品编号所需的相关资料。主管海关应当根据监管需要,按照商品名称、商品编码和计量单位等条件,将联网企业内部管理的料号级商品与电子底账备案的项号级商品进行归并或者拆分,建立一对多或者多对一的对应关系。

联网企业应当在料件进口、成品出口前,分别向主管海关办理进口料件、出口成品的备案、变更手续。同时,联网企业应当根据海关总署的有关规定向海关办理单耗备案、变更手续。

海关应当根据联网企业报送备案的资料建立电子底账(是指海关根据联网企业申请,为其建立的用于记录加工贸易备案、进出口、核销等资料的电子数据库),对联网企业实施电子底账管理。电子底账包括电子账册和电子手册。电子账册是海关以企业为单元为联网企业建立的电子底账；实施电子账册管理的，联网企业只设立一个电子账册。海关应当根据联网企业的生产情况和海关的监管需要确定核销周期，按照核销周期对实行电子账册管理的联网企业进行核销管理。电子手册是海关以加工贸易合同为单元为联网企业建立的电子底账；实施电子手册管理的，联网企业的每个加工贸易合同设立一个电子手册。海关应当根据加工贸易合同的有效期限确定核销日期，对实行电子手册管理的联网企业进行定期核销管理。[①]

联网企业应当如实向海关报送加工贸易货物物流、库存、生产管理以及满足海关监管需要的其他动态数据。联网企业的外发加工实行主管海关备案制。加工贸易企业开展外发加工前应当将外发加工承接企业、货物名称和周转数量向主管海关备案。

海关可以采取数据核对和下厂核查等方式对联网企业进行核查。下厂核查包括专项核查和盘点核查。专项核查是指海关根据监管需要，对联网企业就某一项或者多项内容实施的核查行为。盘点核查则是指海关在联网企业盘点时，对一定期间的部分保税货物进行实物核对、数据核查的一种监管方式。

经主管海关批准，联网企业可以按照月度集中办理内销补税手续；联网企业内销加工贸易货物后，应当在当月集中办理内销补税手续。联网企业加工贸易货物内销后，应当按照规定向海关缴纳缓税利息。缴纳缓税利息的终止日期为海关签发税款缴款书之日，起始日期则按照以下办法确定。

（1）实行电子手册管理的，起始日期为内销料件或者制成品所对应的加工贸易合同项下首批料件进口之日。

（2）实行电子账册管理的，起始日期为内销料件或者制成品对应的电子账册最近一次核销之日。没有核销日期的，起始日期为内销料件或者制成品对应的电子账册首批料件进口之日。

联网企业应当在海关确定的核销期结束之日起 30 日内完成报核。确有正当理由不能按期报核的，经主管海关批准可以延期，但延长期限不得超过 60 日。

联网企业实施盘点前，应当告知海关；海关可以结合企业盘点实施核查核销。海关结合企业盘点实施核查核销时，应当将电子底账核算结果与联网企业实际库存量进行对比，并分别进行以下处理：

（1）实际库存量多于电子底账核算结果的，海关应当按照实际库存量调整电子底账的当期余额；

（2）实际库存量少于电子底账核算结果且联网企业可以提供正当理由的，对短缺的部分，海关应当责令联网企业申请内销处理；

（3）实际库存量少于电子底账核算结果且联网企业不能提供正当理由的，对短缺的部分，海关除责令联网企业申请内销处理外，还可以按照《中华人民共和国海关行政处罚实施条例》对联网企业予以处罚。

联网企业有下列情形之一的，海关可以要求其提供保证金或者银行保函作为担保：

（1）企业管理类别下调的；

[①] 自 2018 年 6 月开始，海关总署已全面推广实施"以企业为单元加工贸易监管模式"改革，具体内容见后。

(2) 未如实向海关报送数据的;

(3) 海关核查、核销时拒不提供相关账册、单证、数据的;

(4) 未按照规定时间向海关办理报核手续的;

(5) 未按照海关要求设立账册、账册管理混乱或者账目不清的。

对于违反《中华人民共和国海关加工贸易企业联网监管办法》的规定,构成走私或者违反海关监管规定行为的,由海关依照《海关法》和《中华人民共和国海关行政处罚实施条例》的有关规定予以处理;构成犯罪的,依法追究刑事责任。

(七) 加工贸易电子化手册管理

电子化手册是海关为适应当前加工贸易新形势、新发展的需要,从提高效率、方便企业的角度出发,运用现代信息技术和先进的管理理念,以加工贸易手册为管理对象,在加工贸易手册备案、通关、核销等环节采用"电子化手册＋自动核算"的模式取代现有的纸质手册,并逐步通过与相关部委的联网取消纸质单证作业,最终实现"电子申报、网上备案、无纸通关、无纸报核"的新监管模式。在海关注册备案的所有加工贸易企业(实施电子账册管理的企业以及海关特殊监管区域内企业和保税场所除外)均需实施电子化手册管理模式。

1. 电子化手册管理的特点

(1) 电子身份认证。电子化手册以电子数据取代纸质的《加工贸易手册》,提供了全国统一的电子身份认证系统和数据传输安全保障机制,企业使用IC卡(集成电路卡)或I-Key卡进行身份认证和业务操作。

(2) 备案资料库管理。电子化手册管理对现有的加工贸易备案模式进行改革,通过对加工贸易料件及成品进行预归类,建立企业备案资料库,企业在进行通关手册备案时可直接调用备案资料库数据,以此减少企业在办理电子化手册通关时的审批时间。

(3) 网上作业。若采用企业端录入方式,企业的备案资料库数据、电子化手册数据、报核数据通过网络办理,在企业本地即可完成,仅当企业需要提交资料、样品或领取相关单证时,才需要到海关业务现场,从而可以缩短业务操作周期,增强操作效率,降低企业成本、提高效益。

电子化手册模式与纸质手册模式相比的优点如表4-1所示。

表4-1 电子化手册模式与纸质手册模式相比的优点

环节类别	电子化手册模式	纸质手册模式
身份认证	通过企业操作员IC卡或I-Key卡进行身份认证,安全性强	无身份认证,安全性差
合同备案或变更	不核发纸质手册	需核发纸质手册,企业负有保管职责
	备案资料库管理,一次性预归类审核	逐本合同进行审核
	若采用企业端录入方式,实行联网作业,企业到海关的次数减少	企业到海关次数较多
货物进出口通关	企业在各地口岸报关时无须提供纸质手册,通过授权,可在多个口岸同时履行报关手续,海关不再进行手册核注	企业报关需要提供纸质手册,不可在多个口岸同时履行报关手续,异地邮递纸质手册易发生遗失,企业办事效率低

续表

环节类别	电子化手册模式	纸质手册模式
合同报核和核销	若采用企业端录入方式，实行联网作业，企业到海关的次数减少	企业到海关次数较多
	计算机24小时电子审核	人工审批，8小时工作
	自动核对核算，准确快速	人工核对核算、耗时费力，容易出错

2. 电子化手册业务的基本流程

（1）备案资料库备案。加工贸易企业通过代理或自理录入模式录入企业料件、成品等数据信息，建立备案资料库，用于今后企业备案电子化手册时调用有关数据资料。料件、成品等数据信息包括货号、商品编码、商品名称、计量单位、是否主料等数据。海关审批通过后，向企业返回备案资料库编号。企业备案资料库可办理数据变更手续。

（2）电子化手册备案。企业建立备案资料库后，可依据签订的加工贸易合同和有关部门的批准文件向海关申请备案电子化手册。企业通过代理或自理录入模式，录入电子化手册表头信息，表体料件和成品的货号、商品编码、商品名称、计量单位等信息可以调用备案资料库数据，进出口数量、价格、单耗等信息依据合同录入。海关审核通过后系统生成电子化手册。企业通过金关工程（二期）（以下简称"金关二期"）加工贸易管理系统办理加工贸易手册设立时，不再向海关申报设立备案资料库，直接发送手册设立数据，海关按规定对企业申报的手册设立数据进行审核并反馈。

（3）通关数据申报。企业通过代理录入报关单通关数据，办理电子化手册货物的通关手续。

（4）电子化手册报核。企业加工贸易合同执行完成后，通过代理或自理录入模式录入电子化手册报核数据，向海关办理核销手续。

（八）以企业为单元加工贸易监管模式改革

为深入推进简政放权，引导企业自律管理，海关总署全面推广实施"以企业为单元加工贸易监管模式"（以下简称"新监管模式"）改革。

新监管模式是指海关实施的以企业为单元，以账册为主线，以与企业物料编码对应的海关商品编号（料号）或经企业自主归并后形成的海关商品编号（项号）为基础，周转量控制，定期核销的加工贸易监管模式。实施新监管模式改革的企业，必须是以自己名义开展加工贸易业务的生产型企业，且不是失信企业，能够满足海关监管要求。新监管模式的业务范围包括账册设立（变更）、进出口、外发加工、深加工结转、内销、剩余料件结转、核报和核销、本企业或本集团的售后维修等。

实施新监管模式的企业，按照以下方式开展相关业务。

（1）账册设立：企业可以根据行业特点、生产规模、管理水平等因素选择以料号或项号设立账册；账册的最大进口量为企业生产能力，即进口料件对应金额。

（2）核销周期：企业可以根据生产周期，自主选择合理核销周期，并按照现有规定确定单耗申报环节，自主选择单耗申报时间。

（3）外发加工：企业开展外发加工业务时，不再报送收发货清单，同时应保存相关资料、记录备查。

(4) 集中内销：企业应于每月 15 日前对上月发生的内销保税货物，在依法提供税收担保的前提下，集中办理纳税手续，但不得跨年。

(5) 深加工结转：企业在办理深加工结转手续时，应于每月月底前对上月深加工结转情况进行集中申报，不再报送收发货记录，同时应保存相关资料、记录备查。

(6) 剩余料件结转：企业应在核报前，以剩余料件结转方式处置实际库存。

在核销周期内，企业采用自主核报方式向海关办理核销手续，其中，对核销周期超过1年的，企业应进行年度申报。自主核报是指企业自主核定保税进口料件的耗用量并向海关如实申报的行为。企业可自主选择采用单耗、耗料清单和工单等保税进口料件耗用的核算方式，向海关申报当期核算结果，并办理核销手续。企业申报核算结果时，应报送本核销周期内的下列数据：申请核报加工贸易账册的相关材料；进、出、转、销和期末实际库存数据；边角料、残次品、副产品、受灾保税货物、销毁货物的相关情况；料件、成品退换情况；国内购买料件情况；消耗性物料情况；企业需要申报其他情况的补充说明。对核销周期超过1年的企业，每年至少向海关申报1次保税料件耗用量等账册数据。年度申报数据的累加作为本核销周期保税料件耗用总量。

在账册核销周期结束前，企业对本核销周期内因突发情况和内部自查自控中发现的问题，主动向海关补充申报，并提供及时控制或整改措施的，海关对企业的申报进行集中处置。

企业应根据账册设立时的料号或项号，据实以来料加工或进料加工监管方式申报进出口。企业应按照规定提交、保留、存储相应电子数据和纸质单证。

企业出现以下情形之一的，海关不再对其实施新监管模式：

(1) 海关信用等级降为失信企业的；

(2) 内部信息化系统不完备，加工贸易货物流和数据流逻辑链条不完整，耗料管理不能满足海关监管要求的；

(3) 不能规范办理海关手续，不能按要求及时提交、保留、存储相关数据、单证和资料的；

(4) 主动申请不实施新监管模式的；

(5) 其他需要撤销新监管模式的。

海关不再对其实施新监管模式账册管理的，自确定之日起 30 日内，企业应向海关办理该账册核销手续。

(九) 企业集团加工贸易监管模式

为进一步顺应加工贸易企业发展需求，激发市场主体活力，海关总署在试点基础上全面推广企业集团加工贸易监管模式。

企业集团是指以资本为主要联结纽带的母子公司为主体，有共同行为规范的母公司、子公司、参股公司共同组成的具有一定规模的企业法人联合体，包括牵头企业和成员企业。牵头企业是指经成员企业授权，牵头向海关申请办理适用企业集团加工贸易监管模式的企业。牵头企业应熟悉企业集团内部运营管理模式，了解成员企业情况，协调成员企业开展相关业务。成员企业是指同一集团内授权牵头企业申请开展企业集团加工贸易监管模式的企业。

企业集团加工贸易监管模式是指海关实施的以企业集团为单元,以信息化系统为载体,以企业集团经营实际需求为导向,对企业集团实施整体监管的加工贸易监管模式。企业申请适用企业集团加工贸易监管模式,应同时满足以下条件:

(1)牵头企业海关信用等级为高级认证企业,成员企业海关信用等级不为失信企业;

(2)企业内部管理规范,信息化系统完备,加工贸易货物流和数据流透明清晰,逻辑链完整,耗料可追溯,满足海关监管要求;

(3)不涉及关税配额农产品、原油、铜矿砂及其精矿、卫星电视接收设施、生皮等对加工贸易资质或数量有限制的加工贸易商品。

牵头企业向其所在地主管海关申请开展企业集团加工贸易监管模式,并提交下列材料:《企业集团加工贸易监管模式备案表》;所有成员企业法定代表人签字并加盖公章的授权委托;成员企业的持股证明、出资证明或其他证明材料。

经海关同意实施企业集团加工贸易监管模式的,企业凭《企业集团加工贸易监管模式备案表》按现行加工贸易有关规定分别向主管海关办理加工贸易手(账)册设立手续。加工贸易手(账)册备注栏标注"企业集团",并注明牵头企业全称和海关编码。企业集团根据自身运营需要,也可由集团内一家企业统一设立加工贸易手(账)册。

适用企业集团加工贸易监管模式的,加工贸易保税料件可在集团内企业之间流转使用。集团内不同企业间进行保税料件流转可根据企业需要采用余料结转或深加工结转方式办理相关手续,保税核注清单备注栏标注"结转至(自)企业集团内××企业"。

加工贸易货物可以在集团内企业向海关备案的场所自主存放,并留存相关记录。

保税料件符合料件串换监管要求的,集团内企业可根据生产实际自行串换、处置,并留存相关记录。经所有权人授权同意,集团内企业可对来料加工保税料件进行串换。

集团内企业间开展外发加工业务不再向海关办理备案手续,其中全部工序外发加工的,不再向海关提供担保。企业应按规定留存收发货记录。集团内企业间外发加工的成品、剩余料件以及生产过程中产生的边角料、残次品、副产品等加工贸易货物,可不运回本企业。

企业进口的尚处于监管期内的不作价设备可以办理设备结转手续,在集团内企业间调配使用。不作价设备使用应符合其规定用途。不作价设备结转申报表及保税核注清单备注栏应标注"结转至(自)企业集团内××企业"。

集团内企业需按规定提交担保的,可以选择保证金、银行或非银行金融机构保函等多种形式向海关提供担保。

海关根据企业集团加工贸易监管情况,可以对集团内企业统筹开展稽核查,也可以对集团内部分企业单独开展稽核查。实施电子账册管理的,海关分析风险后自行确定下厂核销比率及抽盘价值比例。

成员企业出现新增等情形时,牵头企业应及时向其所在地主管海关办理变更手续。经牵头企业和涉及的成员企业确认,相关成员企业可以申请退出企业集团加工贸易监管模式;经牵头企业和所有成员企业确认,可以申请该企业集团退出企业集团加工贸易监管模式。

集团内企业有以下情形之一的,海关可以取消其牵头企业或成员企业资格:

（1）不符合上述申请所列条件的；

（2）不按规定办理保税货物流转、存储、外发加工等海关手续或不按规定保存相关单证、数据的。

被取消资格的集团内企业，当年内不得再次申请加入。牵头企业被取消资格的，成员企业可以共同推举并向海关申报新的牵头企业。1年内2个以上集团内企业被取消成员企业资格的，海关有理由认定该企业集团管理无法满足海关监管要求，取消该企业集团的企业集团加工贸易监管模式资格。

【思政课堂】

企业集团加工贸易改革 让保税料件流转"活"起来

2021年7月，广东长虹电子有限公司（以下简称"长虹集团"）以保税核注清单方式向中山海关申报3批保税料件流转业务，涉及液晶显示屏共计30 200个，货值266.81万美元。长虹集团的报关负责人詹先生表示："最近几个月，国际市场上的LED液晶显示屏价格一路高涨。液晶电视生产企业的供应链普遍吃紧，就比如这次保税流转的3万个32寸液晶屏，在国际市场上长期缺货有钱都难买。幸亏这次有海关的好政策帮扶，解决了企业'无米下锅'的难题！"

詹先生说的"好政策"，即企业集团加工贸易改革，是中山海关2021年积极争取并率先落地的又一项惠企政策。据悉，早在2021年4月30日上午，广东美的环境电器制造有限公司（以下简称"美的集团"）已向该关申报一票跨直属关区的保税料件流转进口核注清单，涉及保税料件电源线2 500条，货值2.1万港元。审核通过后，该批保税料件从美的集团顺德厂区紧急调拨过来，及时赶在"五一"前投入生产。

"海关推行的这个政策真的帮上了大忙，仅物流周转这一项，预计每年可为我们公司节省成本约50万元。中山海关为群众办实事，真的解决了企业急难愁盼的问题！"该公司报关负责人涂先生表示。经过调研，长虹集团发现，保税料件流转业务预计每年可为企业节约人力成本33万元，减少生产停顿损失285万元。

"此外，中山海关还核准集团的保税货物自主存放，这项政策对公司的红利也很大。"詹先生说，公司6月份保税进口货值3 377万美元的液晶屏，全部实施企业自主存放，使用ERP（企业资源计划）系统进行可追溯管理，无须物理区隔堆放，有效提升了仓储存放场地使用率，预计每年可节省78万元企业成本。"两项业务合计近400万元的经济效益，这是实实在在的海关政策红利啊。"

企业集团加工贸易改革，是中山海关落实"我为群众办实事"实践活动的事例之一。该关扎实开展党史学习教育，把学习党史和解决实际问题紧密结合起来，积极服务企业，办实事、解难题，了解企业集团加工贸易监管需求，做好跟踪调研，全力推动企业集团加工贸易改革顺利落地。这次改革，使进口的保税料件可以在集团成员企业之间灵活流转调拨，物料流转时间从改革前的2~3天缩减至半天，海关业务环节压缩了4项，有效提高了货物周转效率，减少企业资金占用，有利于企业保持供应链稳定，确保订单及时交付，帮助企业提高市场竞争力，抢占国际市场份额。

"改革实施后,集团企业可以在料件流转、设备流转、货物存放、外发加工等方面享受海关保税监管的便利化措施,突破了以单一合同或单一企业为单元的传统加工贸易监管模式,在稳定产业链供应链、降低制度性交易成本、提高企业运营效率的同时,助力外贸企业融入双循环,推动加工贸易转型升级,实现外贸高质量发展。"中山海关驻民众办事处加工贸易监管科科长吴清强如是说。

资料来源:李柳彬、张瑞谋:"企业集团加工贸易改革 让保税料件流转'活'起来",海关总署网站。

从"企业"到"集团" 海关监管新模式为加工贸易注入新活力

2022年1月,经天津海关审核批准,位于武清开发区的信义汽车部件(天津)有限公司(以下简称"信义公司")正式成为天津市首批实施"企业集团加工贸易监管模式"的企业之一。

"在该模式下,集团内各公司之间实现了保税料件自由流转,既有效解决了公司生产紧急缺件的难题,又节约了保税料件公司间流转产生的税金,降低生产成本,保障了生产进度。"信义公司外贸主管人员褚颖说。

企业集团加工贸易监管模式,是海关为进一步顺应加工贸易企业发展需求,激发市场主体活力,实施的以企业集团为单元,以信息化系统为载体,以企业集团经营实际需求为导向,对企业集团实施整体监管的加工贸易监管模式。

"这项改革落地,实现了海关监管从'一本账册'到'一家企业'再到'一个集团'的转变,促进了集团内部保税料件的自由流通,这种模式下,集团内企业间保税料件流通无须内销补税,在解决了料件紧缺的难题同时,也节约了税收成本。"武清海关加工贸易保税监管科科长闫雪莉说。

为助力辖区企业及时享受改革红利,天津海关全面梳理辖区内企业情况,通过视频会议、在线辅导、深入企业"面对面"沟通等多种方式进行政策宣传,根据企业生产运营模式,制订专属监管方案,积极推动该模式顺利落地。

"新监管模式打破了传统的以单一企业为主体的加工贸易监管限制,允许同一集团下不同成员企业之间自由流转保税料件及设备,这将进一步助力企业融入国内国际双循环,为加工贸易产业发展注入新活力。我们将持续加大宣讲力度,多渠道开展政策推送,结合企业情况进行辅导,助力企业更早更好地享受政策优惠。"武清海关副关长王奇介绍。

资料来源:海关总署网站。

(十)保税核注清单管理

1993年,国务院提出实施金关工程(一期),推动海关报关业务的电子化和无纸化,逐步取代传统的报关方式。在金关工程(一期)项目建设基础上,2012年9月,金关二期由国务院批准立项。金关二期旨在通过顶层设计和科技创新,采用物联网、云计算等新技术,重点建设全国海关监控指挥系统、进出口企业诚信管理系统、加工贸易和保税监管系统、海关物流监控系统等应用系统,从而实现进出口货物全过程可视化监控,形成进出口企业进出口信用评价体系及口岸通关差别化管理机制,推动各部门信息共享,进一步优化加工贸易和保税货物的备案、通关、核销流程,提升通关效率,进一步优化海关监管与服务。2018年2月8日,海关总署组织召开了金关二期竣工验收会。金关二期的加工贸易和保税监管子系统的主要改革创新体现在:整合账册类型结构,建立以企业为单元、账册管理为主线的加工贸易管理体系;全面支持料号级管理,兼容项号级管理;创新保税底账核注方式,简化保税流转管理手续;建设全国统一的海关特殊监管区域管理系统;全面落实"放、管、服"改革,应用新技术,简化流程,提升管理和服务效能等。

为推进实施以保税核注清单核注账册的管理改革,实现与加工贸易及保税监管企业料号级数据管理有机衔接,海关总署已全面启用保税核注清单。保税核注清单是金关二期保税底账核注的专用单证,属于办理加工贸易及保税监管业务的相关单证。

加工贸易及保税监管企业已设立金关二期保税底账的,在办理货物进出境、进出海关特殊监管区域、保税监管场所,以及开展海关特殊监管区域、保税监管场所、加工贸易企业间保税货物流(结)转业务的,相关企业应按照金关二期保税核注清单系统设定的格式和填制要求向海关报送保税核注清单数据信息,再根据实际业务需要办理报关手续(保税核注清单填制规范具体见海关总署公告2018年第23号附件)。

扩展阅读材料链接:

海关总署公告2018年第23号:"关于启用保税核注清单的公告",海关总署网站:http://www.customs.gov.cn/customs/302249/302266/302267/1476348/index.html。

为简化保税货物报关手续,在金关二期保税核注清单系统启用后,企业办理加工贸易货物余料结转、加工贸易货物销毁(处置后未获得收入)、加工贸易不作价设备结转手续的,可不再办理报关单申报手续;海关特殊监管区域、保税监管场所间或与区(场所)外企业间进出货物的,区(场所)内企业可不再办理备案清单申报手续。企业报送保税核注清单后需要办理报关单(备案清单)申报手续的,报关单(备案清单)申报数据由保税核注清单数据归并生成。

海关特殊监管区域、保税监管场所、加工贸易企业间加工贸易及保税货物流转,应先由转入企业报送进口保税核注清单,再由转出企业报送出口保税核注清单。其中,企业在特殊监管区域管理系统、保税物流管理系统设立保税底账后,办理海关特殊监管区域间、海关特殊监管区域与保税物流中心(B型)间以及保税物流中心(B型)间的保税货物流转(设备结转)业务的管理规范如下。

(1) 转入、转出企业应对保税货物流转(设备结转)情况协商一致后,按照海关总署公告2018年第23号要求报送保税核注清单,其中下列栏目应符合要求:清单类型填报普通清单;关联清单编号由转出企业填报对应转入企业的进口保税核注清单编号;关联备案编号填写对方手(账)册备案号;设备结转时,监管方式应填设备进出区(监管方式代码5300)。

(2) 转入、转出保税核注清单按10位商品编码进行汇总比对,商品编码比对一致且法定数量相同的,双方核注清单比对成功;系统比对不成功的,按双方核注清单商品编码前8位进行汇总比对,商品编码比对一致且法定数量相同的,转人工比对。商品编码比对不一致或法定数量不同的,对转出保税核注清单予以退单,由转入转出双方协商,并根据协商结果对保税核注清单进行相应修改或撤销。流转双方对同一商品的商品编码协商不一致时,应按转入地海关依据商品归类的有关规定认定的商品编码确定。

(3) 转入、转出保税核注清单均已审核通过的,企业进行实际收发货,并按相关要求办理卡口核放手续。

(4) 按照海关总署公告2018年第23号关于简化保税货物报关手续的规定,流转双方企业可不再办理报关申报手续。对报关申报有特殊要求的从其规定。

(5) 设备结转时,由转入企业向主管海关申请调整设备底账监管年限截止日期。

(6) 海关特殊监管区域和保税监管场所与区外加工贸易企业、其他保税监管场所间的保税货物流转(设备结转)参照上述规定办理。

海关接受企业报送保税核注清单后,保税核注清单需要修改或者撤销的,按以下方式处理。

(1) 货物进出口报关单(备案清单)需撤销的,其对应的保税核注清单应一并撤销。

(2) 保税核注清单无须办理报关单(备案清单)申报或对应报关单(备案清单)尚未申报的,只能申请撤销。

(3) 货物进出口报关单(备案清单)修改项目涉及保税核注清单修改的,应先修改清单,确保清单与报关单(备案清单)的一致性。

(4) 报关单、保税核注清单修改项目涉及保税底账已备案数据的,应先变更保税底账数据。

(5) 保税底账已核销的,保税核注清单不得修改、撤销。

海关对保税核注清单数据有布控复核要求的,在办结相关手续前不得修改或者撤销保税核注清单。

符合下列条件的保税核注清单商品项可归并为报关单(备案清单)同一商品项。

(1) 料号级料件同时满足10位商品编码相同、申报计量单位相同、中文商品名称相同、币制相同、原产国相同的可予以归并。其中,根据相关规定可予保税的消耗性物料与其他保税料件不得归并;因管理需要,海关或企业认为需要单列的商品不得归并。

(2) 出口成品同时满足10位商品编码相同、申报计量单位相同、中文商品名称相同、币制相同、最终目的国相同的可予以归并。其中,出口应税商品不得归并;涉及单耗标准与不涉及单耗标准的料号级成品不得归并;因管理需要,海关或企业认为需要单列的商品不得归并。

(十一) 加工贸易手续精简和规范措施

为全面落实党中央、国务院关于扩大高水平开放、深化"放管服"改革的决策部署,海关总署自2020年1月1日起对部分加工贸易业务办理手续进行精简和规范,具体内容如下。

1. 手册设立(变更)一次申报,取消备案资料库申报

企业通过金关二期加工贸易管理系统办理加工贸易手册设立(变更)时,不再向海关申报设立备案资料库,直接发送手册设立(变更)数据,海关按规定对企业申报的手册设立(变更)数据进行审核并反馈。

2. 账册设立(变更)一次申报,取消商品归并关系申报

企业通过金关二期加工贸易管理系统办理加工贸易账册设立(变更)时,不再向海关申报归并关系,由企业根据自身管理实际,在满足海关规范申报和有关监管要求的前提下,自主向海关申报有关商品信息。企业内部管理商品与电子底账之间不是一一对应的,归并关系由企业自行留存备查。

3. 外发加工一次申报,取消外发加工收发货记录

简化外发加工业务申报手续,企业通过金关二期加工贸易管理系统办理加工贸易外发加工业务时,应在规定的时间内向海关申报《外发加工申报表》,不再向海关申报外发加工收发货登记,实现企业外发加工一次申报、收发货记录自行留存备查。企业应如实填写并向海关申报《外发加工申报表》,对全工序外发的,应在申报表中勾选"全工序外发"标志,并按规定提供担保后开展外发加工业务。

4. 深加工结转一次申报,取消事前申请和收发货记录

简化深加工结转业务申报手续,海关对加工贸易深加工结转业务不再进行事前审核。企业通过金关二期加工贸易管理系统办理加工贸易深加工结转业务时,不再向海关申报《深加工结转申报表》和收发货记录,应在规定的时间内直接向海关申报保税核注清单及报关单办理结转手续,实现企业深加工结转一次申报、收发货记录自行留存备查。企业应于每月15日前对上月深加工结转情况进行保税核注清单及报关单的集中申报,但集中申报不得超过手(账)册有效期或核销截止日期,且不得跨年申报。

5. 余料结转一次申报,不再征收风险担保金

简化余料结转业务申报手续,海关对加工贸易余料结转业务不再进行事前审核。企业通过金关二期加工贸易管理系统办理加工贸易余料结转业务时,不再向海关申报《余料结转申报表》,企业应在规定的时间内向海关申报保税核注清单办理余料结转手续,实现企业余料结转一次申报。同时,取消企业办理余料结转手续需征收担保的相关规定,对同一经营企业申报将剩余料件结转到另一加工企业的、剩余料件转出金额达到该加工贸易合同项下实际进口料件总额50%以上的、剩余料件所属加工贸易合同办理两次及两次以上延期手续等情形,企业不再提供担保。

6. 内销征税一次申报,统一内销征税申报时限

优化加工贸易货物内销征税手续,企业通过金关二期加工贸易管理系统办理加工贸易货物内销业务时,直接通过保税核注清单生成内销征税报关单,并办理内销征税手续,不再向海关申报《内销征税联系单》。同时,统一区外加工贸易企业集中办理内销征税手续申报时限,符合条件集中办理内销征税手续的加工贸易企业,应于每月15日前对上月内销情况进行保税核注清单及报关单的集中申报,但集中申报不得超过手(账)册有效期或核销截止日期,且不得跨年申报。

7. 优化不作价设备监管,简化解除监管流程

企业通过金关二期加工贸易管理系统办理不作价设备手册设立等各项手续,根据规范申报要求上传随附单证进行在线申报。同时,简化不作价设备解除监管流程,对于监管期限已满的不作价设备,企业不再向海关提交书面申请等纸质单证,通过申报监管方式为"BBBB"的设备解除监管专用保税核注清单,向主管海关办理设备解除监管手续。保税核注清单审核通过后,企业如有需要,可自行打印解除监管证明。不作价设备监管期限未满,企业申请提前解除监管的,由企业根据现有规定办理复运出境或内销手续。

8. 创新低值辅料监管,纳入保税料件统一管理

将低值辅料纳入加工贸易手(账)册统一管理。企业使用金关二期加工贸易管理系统,将低值辅料纳入进口保税料件申报和使用,适用加工贸易禁止类、限制类商品目录等相关管理政策,实现低值辅料无纸化、规范化管理。

(十二)推动加工贸易持续高质量发展的相关措施

为贯彻落实党的二十大关于推动货物贸易优化升级、加快建设贸易强国的决策部署,海关总署于2023年11月出台了推动加工贸易持续高质量发展相关措施,主要包括以下内容。

1. 放宽深加工结转集中申报时限

采用集中申报方式办理深加工结转业务的,企业应于每月底前对上月深加工结转核注清单及报关单进行集中申报。实施手册管理的企业集中申报不得超过手册有效期;实施账册管理的企业需跨核销周期(年度申报周期)申报的,可在下一个核销周期(年度申报周期)完成集中申报手续。结转双方需跨年度办理深加工结转申报业务的,应协商统一在年前或年后办理,避免年度商品编码变更影响申报。

2. 优化加工贸易成品出口退换管理

对实施加工贸易账册管理的企业,因出口成品品质、规格或其他原因需办理成品退换手续,无法在同一核销周期(年度申报周期)内完成的,经企业书面申请海关同意后,企业可在同一账册项下跨核销周期(年度申报周期)办理相关手续。成品退换进口时限不得超过下一个核销周期(年度申报周期)截止日期,成品退换出口时间不得超过退换进口之日起下一个核销周期(年度申报周期)截止日期。确实不能复出口的,由企业按照《中华人民共和国海关关于加工贸易边角料、剩余料件、残次品、副产品和受灾保税货物的管理办法》(海关总署令第111号)的相关规定办理。涉及新旧账册切换的,企业在旧账册最后一个核销周期(年度申报周期)出口货物无法在本核销周期(年度申报周期)办理"成品退换"手续的,经企业书面申请海关同意后,可在新设账册的首个核销周期(年度申报周期)办理相关手续。

3. 拓展企业集团加工贸易监管模式适用范围

信息技术、人工智能、生物医药、新能源、新材料、重大装备制造等行业中内部管理规范、信息化系统完备的非失信企业,可作为牵头企业向海关申请适用企业集团加工贸易监管模式。

4. 简化集中内销手续

企业集中内销的,免于办理集中内销备案手续,无需再提交《集中办理内销纳税手续情况表》。失信企业不适用内销集中纳税。

5. 简化国内采购设备出区手续

从境内(区外)进入综合保税区并已享受出口退税的设备,监管期限届满出区的,企业按照"调整类清单"的监管方式(代码AAAA)申报出区核注清单,不再办理进口报关单申报手续,按规定免于提交许可证件,不实施商品检验。

【思政课堂】

从"两头在外"到"两个市场"

"通过海关的帮扶,我们公司国内和国际两个市场实现了'双提升',发展的势头越来越好,非常感谢海关对我们的支持。"桧山电子薄膜(天津)有限公司企业经营部主管刘旭表示。

桧山电子薄膜(天津)有限公司是一家主要生产供新能源汽车电池使用薄膜材料的公司。伴随新能源汽车销量在全球领域的快速提升,动力电池也迎来良好的发展机遇,国内、国际市场都显示出了巨大商机。该企业及时调整发展战略,在巩固海外市场的同时,也开始考虑开拓国内市场。

2021年以来,天津海关扎实开展"我为群众办实事"实践活动,在走访企业过程中,了解到该企业的这一发展需求后,及时派员到企业调研,为企业提供针对性帮扶。通过发挥集中审核优势,实行加工贸易备案、核销等各项业务全程网上办理,减少了企业办理业务的频次,提高了物流效率,保障了企业订单的有效执行;在此基础上,推动内销集中征税、汇总征税等多项优惠政策,指导企业内销申报由原来的一票一缴转变为按季度办理,使企业开展国内销售更为便利,为企业争取订单赢得了宝贵时间。

"在天津海关的精准帮扶指导下,我们公司2021年1—5月以加工贸易方式出口的货物货值达到了1 609万美元。同时,我们的加工贸易出口转内销货值近两年来也增长了20倍。"刘旭说。桧山电子薄膜(天津)有限公司已经由原料从国外进、产品在国外销的"两头在外"的单一加工贸易模式,逐渐向利用国内、国际两个市场的内、外销模式转变。

与桧山电子薄膜(天津)有限公司情况类似的,还有天津三星视界有限公司。这是一家主要生产手机锂离子电池的大型加工贸易企业,受疫情影响,境外市场需求疲软,订单减少,物流成本上升,产品出口受到阻碍。

针对该企业面临的困难,天津海关积极帮助企业动态调整内销、外销业务比重,加强对企业内销征税和规范申报服务指导,对企业内销产品实行先内销后集中补税的措施,为其快速办理了价值3 000万元手机电池的出口转内销手续,同时,暂缓征收企业内销加工贸易货物缓税利息,仅此一项就为企业节省出10余万元的周转资金。该批内销电池将用于国内几家知名品牌手机制造,有助于企业打开长期市场,建立稳定供应关系。

"我们的内销电池将用于国内几家知名品牌的手机制造,海关的帮扶不但为我们节约了时间和经济成本,还帮助我们打开了更广阔的长期市场。"天津三星视界有限公司进出口主管张弢说。

为进一步支持加工贸易企业充分利用好国内、国际两个市场,天津海关简化加工贸易出口转内销手续,取消《内销征税联系单》,实现了加工贸易货物内销"一次申报""自报自缴",实施减免征收风险担保金等措施,进一步助力企业提升内销便利化程度,让"两头在外"的出口型企业内销转得更顺畅。未来,天津海关将继续为企业办实事、解难题,帮助企业稳住海外订单、拓展国内市场,更快更好地帮助外贸企业实现国内、国际市场双循环的发展模式。

资料来源:李娜、许萍丽:"从'两头在外'到'两个市场'",海关总署网站。

第三节　特定减免税货物报关程序和管理规范

一、特定减免税货物的概念、特征和适用范围

（一）特定减免税货物的概念

特定减免税货物是指海关根据国家的政策规定准予减免税进境，专门使用于特定地区或特定用途的货物。特定地区是指我国境内由行政法规规定的某一特定区域，如保税区、出口加工区、保税物流园区等，享受减免税优惠的进口货物只能在这一特定区域内使用。特定用途是指国家规定可以享受减免税优惠的进口货物只能用于行政法规专门规定的用途，如鼓励发展的国内投资项目、利用外资项目、用于科研和教学的设备、残疾人专用品等。

（二）特定减免税货物的特征

特定减免税货物有以下特征。

1. 特定条件下减免税

特定减免税是我国关税优惠政策的重要组成部分，其目的是优先发展保税区、出口加工区等特定地区的经济，促进投资以及教育、科学、文化、卫生事业的发展等。因而，这种减免税优惠具有鲜明的特定性，只能在国家行政法规规定的特定条件下使用。以特定地区享受减免税优惠进口的货物只能在规定的特定地区使用，将货物移至特定地区以外使用的，必须经海关批准并依法缴纳关税；以特定用途享受减免税优惠进口的货物只能用于规定的用途，将该货物用于其他用途的，必须经海关批准并依法缴纳关税。

2. 不豁免进口许可证件

特定减免税货物是实际进口货物。按照国家有关进出境管理的法律法规，凡属于进口配额许可证管理、进口自动许可管理等进口管制的，以及纳入国家检验检疫范围的进口货物，进口收货人或其代理人都应当在进口申报时向海关提交进口许可证件。

3. 特定的海关监管期限

海关放行特定减免税进口货物，该货物进入关境后有条件地在境内使用。进口货物享受特定减免税的条件之一就是在规定的期限内，只能在规定的地区、用途范围内使用，并接受海关的监管。《中华人民共和国海关进出口货物征税管理办法》规定，特定地区或者有特定用途的特定减免税进口货物的海关监管年限为：船舶、飞机：8年；机动车辆：6年；其他货物：3年。在特定减免税进口货物的监管年限内，纳税义务人应当自减免税货物放行之日起每年一次向主管海关报告减免税货物的状况；除经海关批准转让给其他享受同等税收优惠待遇的项目单位外，纳税义务人在补缴税款并办理解除监管手续后，方可转让或者进行其他处置。

（三）特定减免税货物的适用范围

特定减免税货物主要包括特定地区进口货物或者特定用途进口货物。

1. 特定地区进口货物

（1）保税区进口区内生产性的基础设施建设项目所需的机器、设备和其他基建物资，

区内企业自用的生产、管理设备和自用合理数量的办公用品及其所需的维修零配件,生产用燃料,建设生产厂房、仓储设施所需的物资、设备,以及保税区行政管理机构自用合理数量的管理设备和办公用品及其所需的维修零配件,均予以免征进口关税和进口环节税。区内加工企业加工的制成品及其在加工过程中产生的边角余料运往境外时,除法律、行政法规另有规定外,免征出口关税。

(2) 出口加工区进口区内生产性的基础设施建设项目所需的机器、设备和建设生产厂房、仓储设施所需的基建物资,区内企业生产所需的机器、设备、模具及其维修用零配件,以及区内企业和行政管理机构自用合理数量的办公用品,均予以免征进口关税和进口环节税。除法律、法规另有规定外,区内企业加工的制成品及其在加工生产过程中产生的边角料、余料、残次品、废品等销往境外的,免征出口关税。

(3) 从境外进入保税物流园区的货物、物品,包括园区的基础设施建设项目所需的设备、物资等,园区企业为开展业务所需的机器、装卸设备、仓储设施、管理设备及其维修用消耗品、零配件及工具,以及园区行政管理机构及其经营主体和园区企业自用合理数量的办公用品等,海关予以办理免税手续。从园区运往境外的货物,除法律、行政法规另有规定外,免征出口关税。

(4) 从境外进入保税港区生产性的基础设施建设项目所需的机器、设备和建设生产厂房、仓储设施所需的基建物资,区内企业生产所需的机器、设备、模具及其维修用零配件,以及区内企业和行政管理机构自用合理数量的办公用品,海关免征进口关税和进口环节海关代征税。从保税港区运往境外的货物免征出口关税,但法律、行政法规另有规定的除外。

(5) 从境外进入综合保税区生产性的基础设施建设项目所需的机器、设备和建设生产厂房、仓储设施所需的基建物资,区内企业开展规定业务所需的机器、设备、模具及其维修用零配件,以及综合保税区行政管理机构和区内企业自用合理数量的办公用品,除法律法规另有规定外,海关免征进口关税和进口环节税。除法律法规另有规定外,综合保税区运往境外的货物免征出口关税。

2. 特定用途进口货物

(1) 国内投资项目。对属于《产业结构调整指导目录(2019年本)》(2021年,中华人民共和国国家发展和改革委员会令第49号进行了修订)鼓励类范围的国内投资项目,在投资总额内进口的自用设备以及按照合同随上述设备进口的技术和配套件、备件,除相关《国内投资项目不予免税的进口商品目录(2012年调整)》和《进口不予免税的重大技术装备和产品目录(2019年修订)》所列商品外,按照《国务院关于调整进口设备税收政策的通知》(国发〔1997〕37号)和海关总署公告2008年第103号及其他相关规定免征关税,照章征收进口环节增值税。

(2) 利用外资项目。对属于《鼓励外商投资产业目录(2022年版)》范围的外商投资项目(包括增资项目),在投资总额内进口的自用设备以及按照合同随前述设备进口的技术和配套件、备件,除相关《外商投资项目不予免税的进口商品目录》(海关总署公告2008年第65号,2020年调整)和《进口不予免税的重大技术装备和产品目录(2019年修订)》所列商品外,按照《国务院关于调整进口设备税收政策的通知》(国发〔1997〕37号)和海关总署公告2008年第103号及其他相关规定免征关税,照章征收进口环节增值税。外国政府贷款和国际金融组织贷款项目、外商提供不作价进口设备的加工贸易企业、中西部地区外商投资优势产业项目以及外商投资企业和《海关总署关于进一步鼓励外商投资有关进口税收政策的通知》(署税〔1999〕791号)规定的外商投资设立的研究中心利用自有资金进行技术改造项目进口自用设备以及按照合同随上述设备进口的技术及配套件、备件,除《外商投资项目不予免税的进口商品目录》(海关总署公告2008年第65号,2020年调整)和《进口不予免税的重大技术装备和产品目录(2019年修订)》所列商品外,免征关税。

(3) 为提高我国企业的核心竞争力及自主创新能力,促进装备制造业的发展,符合规定条件的国内企业为生产《国家支持发展的重大技术装备和产品目录(2019年修订)》中所列装备或产品而确有必要进口《重大技术装备和产品进口关键零部件、原材料商品目录(2019年修订)》中所列商品,免征关税和进口环节增值税。

(4) 外国政府、国际组织的无偿援助项目、扶贫、救灾、慈善捐赠项目进口的物资免征关税和进口环节增值税、消费税。

(5) 科研单位和学校在自用合理数量范围内进口国内不能生产的、直接用于教学和科研的设备和用品免征进口关税和进口环节增值税、消费税。

(6) 进口的残疾人专用物品与专用设备免征进口关税和进口环节增值税、消费税。

(7) 国有公益性收藏单位以从事永久收藏、展示和研究等公益性活动为目的,以接受境外捐赠(指境外机构、个人将合法所有的藏品无偿捐献给国有公益性收藏单位的行为)、归还(指境外机构、个人将持有的原系从中国劫掠、盗窃、走私或以其他方式非法出境的藏品无偿交还给国有公益性收藏单位的行为)、追索(指国家主管文化文物行政管理部门依据有关国际公约从境外索回原系从中国劫掠、盗窃、走私或以其他方式非法出境的藏品的行为)和购买(指国有公益性收藏单位通过合法途径从境外买入藏品的行为)等方式进口的藏品,免征关税和进口环节增值税、消费税。

二、特定减免税货物的海关监管措施

特定减免税货物的海关监管主要包括减免税审核确认、减免税货物税款担保、减免税货物后续管理等手续和环节。进出口货物减免税申请人向主管海关申请办理减免税相关业务,应当按照规定提交齐全、有效、填报规范的申请材料,并对材料的真实性、准确性、完整性和规范性承担相应的法律责任。

(一) 减免税审核确认

进出口货物减免税申请人按照有关进出口税收优惠政策的规定申请减免税进出口相关货物,应当在货物申报进出口前,取得相关政策规定的享受进出口税收优惠政策资格的证明材料,并凭以下材料向主管海关申请办理减免税审核确认手续:

(1)《进出口货物征免税申请表》;

(2) 事业单位法人证书或者国家机关设立文件、社会团体法人登记证书、民办非企业单位法人登记证书、基金会法人登记证书等证明材料;

(3) 进出口合同、发票以及相关货物的产品情况资料。

除海关总署有明确规定外,减免税申请人或者其代理人可通过中国电子口岸QP预录入客户端减免税申报系统向海关提交减免税申请表及随附单证资料电子数据,无须以纸质形式提交。

主管海关应当自受理减免税审核确认申请之日(减免税申请人递交的申请材料符合规定,海关予以受理的,海关收到申请材料之日为受理之日;减免税申请人提交的申请材料不齐全或者不符合规定的,海关一次性告知减免税申请人需要补正的有关材料,海关收到全部补正的申请材料之日为受理之日)起10个工作日内,对减免税申请人主体资格、投资项目和进出口货物相关情况是否符合有关进出口税收优惠政策规定等情况进行审核,并出具进出口货物征税、减税或者免税的确认意见,制发《中华人民共和国海关进出口货物征免税确认通知书》(以下简称《征免税确认通知书》)。

有下列情形之一,主管海关不能在上述规定期限内出具确认意见的,应当向减免税申请人说明理由:

(1)有关进出口税收优惠政策规定不明确或者涉及其他部门管理职责,需要与相关部门进一步协商、核实有关情况的;

(2)需要对货物进行化验、鉴定等,以确定其是否符合有关进出口税收优惠政策规定的。

有上述规定情形的,主管海关应当自情形消除之日起10个工作日内,出具进出口货物征税、减税或者免税的确认意见,并制发《征免税确认通知书》。

减免税申请人需要变更或者撤销已出具的《征免税确认通知书》的,应当在《征免税确认通知书》有效期内向主管海关提出申请,并随附相关材料。经审核符合规定的,主管海关应当予以变更或者撤销。予以变更的,主管海关应当重新制发《征免税确认通知书》。

《征免税确认通知书》有效期限不超过6个月,减免税申请人应当在有效期内向申报地海关办理有关进出口货物申报手续;不能在有效期内办理、需要延期的,应当在有效期内向主管海关申请办理延期手续。《征免税确认通知书》可以延期一次,延长期限不得超过6个月。《征免税确认通知书》有效期限届满仍未使用的,其效力终止。减免税申请人需要减免税进出口该《征免税确认通知书》所列货物的,应当重新向主管海关申请办理减免税审核确认手续。

除有关进出口税收优惠政策或者其实施措施另有规定外,进出口货物征税放行后,减免税申请人申请补办减免税审核确认手续的,海关不予受理。

(二)减免税货物税款担保

有下列情形之一的,减免税申请人可以向海关申请办理有关货物凭税款担保先予放行手续:

(1)有关进出口税收优惠政策或者其实施措施明确规定的;

(2)主管海关已经受理减免税审核确认申请,尚未办理完毕的;

(3)有关进出口税收优惠政策已经国务院批准,具体实施措施尚未明确,主管海关能够确认减免税申请人属于享受该政策范围的;

(4)其他经海关总署核准的情形。

减免税申请人需要办理有关货物凭税款担保先予放行手续的,应当在货物申报进出口前向主管海关提出申请,并随附相关材料。主管海关应当自受理申请之日起5个工作日内出具是否准予办理担保的意见。符合规定情形的,主管海关应当制发《中华人民共和国海关准予办理减免税货物税款担保通知书》(以下简称《准予办理担保通知书》),并通知申报地海关;不符合有关规定情形的,制发《中华人民共和国海关不准予办理减免税货物税款担保通知书》。申报地海关凭主管海关制发的《准予办理担保通知书》,以及减免税申请人提供的海关依法认可的财产、权利,按照规定办理减免税货物的税款担保手续。

《准予办理担保通知书》确定的减免税货物税款担保期限不超过6个月,主管海关可以延期1次,延长期限不得超过6个月。特殊情况仍需要延期的,应当经直属海关审核同意。减免税货物税款担保期限届满,上述规定的有关凭税款担保先予放行情形仍然延续的,主管海关可以根据有关情形可能延续的时间等情况,相应延长税款担保期限,并向减免税申请人告知有关情况,同时通知申报地海关为减免税申请人办理税款担保延期手续。

减免税申请人在减免税货物税款担保期限届满前取得《征免税确认通知书》,并已向海关办理征税、减税或者免税相关手续的,申报地海关应当解除税款担保。

扩展阅读材料链接:

海关总署第245号令:《中华人民共和国海关进出口货物减免税管理办法》,海关总署网站:http://www.customs.gov.cn/customs/302249/302266/302267/3476581/index.html。

(三)减免税货物的管理

除海关总署另有规定外,进口减免税货物的监管年限为:船舶、飞机:8年;机动车辆:6年;其他货物:3年。监管年限自货物进口放行之日起计算。

除海关总署另有规定外,在海关监管年限内,减免税申请人应当按照海关规定保管、使用进口减免税货物,并依法接受海关监管。

在海关监管年限内,减免税申请人应当于每年6月30日(含当日)以前向主管海关提交《减免税货物使用状况报告书》,报告减免税货物使用状况。超过规定期限未提交的,海关按照有关规定将其列入信用信息异常名录。减免税申请人未按照规定报告其减免税货物使用状况,向海关申请办理减免税审核确认、减免税货物税款担保、减免税货物后续管理等相关业务的,海关不予受理。减免税申请人补报后,海关可以受理。

在海关监管年限内,减免税货物应当在主管海关审核同意的地点使用。除有关进口税收优惠政策实施措施另有规定外,减免税货物需要变更使用地点的,减免税申请人应当向主管海关提出申请,并说明理由;经主管海关审核同意的,可以变更使用地点。减免税货物需要移出主管海关管辖地使用的,减免税申请人应当向主管海关申请办理异地监管手续,并随附相关材料。经主管海关审核同意并通知转入地海关后,减免税申请人可以将减免税货物运至转入地海关管辖地,并接受转入地海关监管。减免税货物在异地使用结束后,减免税申请人应当及时向转入地海关申请办结异地监管手续。经转入地海关审核同意并通知主管海关后,减免税申请人应当将减免税货物运回主管海关管辖地。

在海关监管年限内,减免税申请人发生分立、合并、股东变更、改制等主体变更情形的,权利义务承受人应当自变更登记之日起30日内,向原减免税申请人的主管海关报告主体变更情况以及有关减免税货物的情况。经原减免税申请人主管海关审核,需要补征税款的,权利义务承受人应当向原减免税申请人主管海关办理补税手续;可以继续享受减免税待遇的,权利义务承受人应当按照规定申请办理减免税货物结转等相关手续。

在海关监管年限内,因破产、撤销、解散、改制或者其他情形导致减免税申请人终止,有权利义务承受人的,参照上述规定办理有关手续;没有权利义务承受人的,原减免税申请人或者其他依法应当承担关税及进口环节税缴纳义务的当事人,应当自资产清算之日起 30 日内,向原减免税申请人主管海关申请办理减免税货物的补缴税款手续。进口时免予提交许可证件的减免税货物,按照国家有关规定需要补办许可证件的,减免税申请人在办理补缴税款手续时还应当补交有关许可证件。有关减免税货物自办结上述手续之日起,解除海关监管。

在海关监管年限内,减免税申请人要求将减免税货物退运出境或者出口的,应当经主管海关审核同意,并办理相关手续。减免税货物自退运出境或者出口之日起,解除海关监管,海关不再对退运出境或者出口的减免税货物补征相关税款。

在海关监管年限内,减免税申请人发生分立、合并、股东变更、改制等主体变更情形的,或者因破产、撤销、解散、改制或者其他情形导致其终止的,当事人未按照有关规定,向原减免税申请人的主管海关报告主体变更或者终止情形以及有关减免税货物的情况的,海关予以警告,责令其改正,可以处 1 万元以下罚款。

减免税货物海关监管年限届满的,自动解除监管。对海关监管年限内的减免税货物,减免税申请人要求提前解除监管的,应当向主管海关提出申请,并办理补缴税款手续。进口时免予提交许可证件的减免税货物,按照国家有关规定需要补办许可证件的,减免税申请人在办理补缴税款手续时还应当补交有关许可证件。有关减免税货物自办结上述手续之日起,解除海关监管。减免税申请人可以自减免税货物解除监管之日起 1 年内,向主管海关申领《中华人民共和国海关进口减免税货物解除监管证明》。

在海关监管年限内及其后 3 年内,海关依照《海关法》《中华人民共和国海关稽查条例》等有关规定,对有关企业、单位进口和使用减免税货物情况实施稽查。

(四)减免税货物的抵押、转让、移作他用

在减免税货物的海关监管年限内,经主管海关审核同意,并办理有关手续,减免税申请人可以将减免税货物抵押、转让、移作他用或者进行其他处置。

在海关监管年限内,进口时免予提交许可证件的减免税货物,减免税申请人向主管海关申请办理抵押、转让、移作他用或者其他处置手续时,按照国家有关规定需要补办许可证件的,应当补办相关手续。

在海关监管年限内,减免税申请人要求以减免税货物向银行或者非银行金融机构办理贷款抵押的,应当向主管海关提出申请,随附相关材料,并以海关依法认可的财产、权利提供税款担保。主管海关应当对减免税申请人提交的申请材料是否齐全、有效,填报是否规范等进行审核,必要时可以实地了解减免税申请人经营状况、减免税货物使用状况等相关情况。经审核符合规定的,主管海关应当制发《中华人民共和国海关准予办理减免税货物贷款抵押通知书》;不符合规定的,应当制发《中华人民共和国海关不准予办理减免税货物贷款抵押通知书》。减免税申请人不得以减免税货物向银行或者非银行金融机构以外的自然人、法人或者非法人组织办理贷款抵押。

主管海关同意以减免税货物办理贷款抵押的,减免税申请人应当自签订抵押合同、贷款合同之日起30日内,将抵押合同、贷款合同提交主管海关备案。抵押合同、贷款合同的签订日期不是同一日的,按照后签订的日期计算规定的备案时限。减免税货物贷款抵押需要延期的,减免税申请人应当在贷款抵押期限届满前,向主管海关申请办理贷款抵押的延期手续。经审核符合规定的,主管海关应当制发《中华人民共和国海关准予办理减免税货物贷款抵押延期通知书》;不符合规定的,应当制发《中华人民共和国海关不准予办理减免税货物贷款抵押延期通知书》。

在海关监管年限内,减免税申请人需要将减免税货物转让给进口同一货物享受同等减免税优惠待遇的其他单位的,应当按照下列规定办理减免税货物结转手续。

(1) 减免税货物的转出申请人向转出地主管海关提出申请,并随附相关材料。转出地主管海关审核同意后,通知转入地主管海关。

(2) 减免税货物的转入申请人向转入地主管海关申请办理减免税审核确认手续。转入地主管海关审核同意后,制发《征免税确认通知书》。

(3) 结转减免税货物的监管年限应当连续计算,转入地主管海关在剩余监管年限内对结转减免税货物继续实施后续监管。

转入地海关和转出地海关为同一海关的,参照上述规定办理。

在海关监管年限内,减免税申请人需要将减免税货物转让给不享受进口税收优惠政策或者进口同一货物不享受同等减免税优惠待遇的其他单位的,应当事先向主管海关申请办理减免税货物补缴税款手续。进口时免予提交许可证件的减免税货物,按照国家有关规定需要补办许可证件的,减免税申请人在办理补缴税款手续时还应当补交有关许可证件。有关减免税货物自办结上述手续之日起,解除海关监管。

减免税货物因转让、提前解除监管以及减免税申请人发生主体变更、依法终止情形或者其他原因需要补征税款的,补税的完税价格以货物原进口时的完税价格为基础,按照减免税货物已进口时间与监管年限的比例进行折旧,其计算公式如下:

$$补税的完税价格 = 减免税货物原进口时的完税价格 \times \left(1 - \frac{减免税货物已进口时间(月)}{监管年限 \times 12}\right)$$

减免税货物已进口时间自货物放行之日起按月计算。不足1个月但超过15日的,按1个月计算;不超过15日的,不予计算。

按照上述规定计算减免税货物补税的完税价格的,应当按以下情形确定货物已进口时间的截止日期。

(1) 转让减免税货物的,应当以主管海关接受减免税申请人申请办理补税手续之日作为截止之日。

(2) 减免税申请人未经海关批准,擅自转让减免税货物的,应当以货物实际转让之日作为截止之日;实际转让之日不能确定的,应当以海关发现之日作为截止之日。

(3) 在海关监管年限内,减免税申请人发生主体变更情形的,应当以变更登记之日作为截止之日。

(4) 在海关监管年限内,减免税申请人发生破产、撤销、解散或者其他依法终止经营情形的,应当以人民法院宣告减免税申请人破产之日或者减免税申请人被依法认定终止生产经营活动之日作为截止之日。

(5) 减免税货物提前解除监管的,应当以主管海关接受减免税申请人申请办理补缴税款手续之日作为截止之日。

在海关监管年限内,减免税申请人需要将减免税货物移作他用的,应当事先向主管海关提出申请。经主管海关审核同意,减免税申请人可以按照海关批准的使用单位、用途、地区将减免税货物移作他用。移作他用包括以下情形:

(1) 将减免税货物交给减免税申请人以外的其他单位使用;
(2) 未按照原定用途使用减免税货物;
(3) 未按照原定地区使用减免税货物。

除海关总署另有规定外,按照上述规定将减免税货物移作他用的,减免税申请人应当事先按照移作他用的时间补缴相应税款;移作他用时间不能确定的,应当提供税款担保,税款担保金额不得超过减免税货物剩余监管年限可能需要补缴的最高税款总额。

减免税申请人将减免税货物移作他用,需要补缴税款的,补税的完税价格以货物原进口时的完税价格为基础,按照需要补缴税款的时间与监管年限的比例进行折旧,其计算公式如下:

$$补税的完税价格 = 减免税货物原进口时的完税价格 \times \left[\frac{需要补缴税款的时间(日)}{监管年限 \times 365} \right]$$

上述计算公式中需要补缴税款的时间为减免税货物移作他用的实际时间,按日计算,每日实际使用不满 8 小时或者超过 8 小时的均按 1 日计算。

海关在办理减免税货物贷款抵押、结转、移作他用、异地监管、主体变更、退运出境或者出口、提前解除监管等后续管理业务时,应当自受理减免税申请人的申请之日起 10 个工作日内作出是否同意的决定。因特殊情形不能在规定期限内作出决定的,海关应当向申请人说明理由,并自特殊情形消除之日起 10 个工作日内作出是否同意的决定。

对于部分实行免税额度管理的税收政策,减免税申请人将该政策项下的减免税货物转让给进口同一货物享受同等减免税优惠待遇的其他单位的,转出申请人的减免税额度不予恢复,转入申请人的减免税额度按照海关审定的货物结转时的价格、数量或者应缴税款予以扣减。减免税货物因品质或者规格原因原状退运出境,减免税申请人以无代价抵偿方式进口同一类型货物的,减免税额度不予恢复;未以无代价抵偿方式进口同一类型货物的,减免税申请人在原减免税货物退运出境之日起 3 个月内向海关提出申请,经海关审核同意,减免税额度可以恢复。对于其他提前解除监管的情形,减免税额度不予恢复。

第四节 暂准进出口货物报关程序和管理规范

一、暂准进出口货物的概念、特征和适用范围

(一) 暂准进出口货物的概念

暂准进出口货物属于海关监管货物,是指为了特定的目的暂时进口或暂时出口,有条

件暂时免纳进出口关税并豁免进出口许可证件,在特定的期限内除因使用中正常的损耗外按原状复运出口或复运进口的货物。

(二)暂准进出口货物的特征

暂准进出口货物主要有以下几个特征。

1. 有条件暂时免予缴纳税费

暂准进出口货物在向海关申报进出境时,可以有条件地暂时免予缴纳进出口税费。只要进口收货人或出口发货人向海关保证,暂准进出口的货物只用于海关法规、规章认可的特定使用目的,并且在规定的期限之内,除因使用中正常的损耗外按原状将货物复运出境或复运进境,即可免于缴纳进出口税费。一旦进口收货人或出口发货人改变了货物特定的使用目的,或超过了规定的期限货物仍未复运出境或复运进境,海关即可对货物补征进出口税费,并且视进出口人是否违反海关法规、规章,可能对进出口人作出相应的处罚。

2. 豁免进出口许可证件

暂准进出口货物不是实际进出口的货物,因而当海关放行后,不能在一国关境内或关境外自由流通。因此,一国的贸易管制措施就不适用于这些货物。只要按照暂准进出口货物的海关法规、规章办理进出境手续,可以免予提交进出口许可证件。但是,如果暂准进出口货物属于除进出口许可证、配额以外的其他限制进出口范围的,如基于公共道德或秩序、公共安全、公共卫生保健、动植物检疫、濒危野生动植物保护或知识产权方面的考虑而实施的限制措施,进出口货物的收发货人仍应按照有关规定办理相关手续,向海关提交进出境许可证件。

3. 特定的进出境目的

暂准进出口货物都具有其特定的进出境目的。一国海关允许货物进境、出境而不征收税费,不要求提交许可证件,其根本原因就在于这些货物是为了某一特定目的进出一国关境。这一特定目的是国家法律、法规所允许的,并且有利于该国的对外经济、文化交流,如展览品的暂时进出境、进出境修理物品,为合作拍摄电影、录像片、纪录片而需要暂时进出境的专业器材等。

4. 规定期限内按原状复运出境

暂准进出口货物是为了特定的目的进出境,一旦达到目的,货物即应当复运出境或复运进境。因此,各国海关在对暂时进出口的管理中,都根据不同的货物暂时进出境目的,规定不同的暂时进出境期限,规定必须按货物原状复运出境或复运进境。一旦货物未按原状复运进出境,其性质就发生了变化,海关可以按照规定对货物采取追缴税款,要求提交许可证件、罚款等措施。

5. 按货物实际使用情况办结海关手续

暂准进出口货物是海关监管货物,所有的暂准进出口货物都必须在规定期限内,由货物的进出口人根据货物不同的情况向海关办理核销结关手续。对暂准进出口货物,尽管有在规定期限内按原状复运进出境的严格限制,但无论是在国际公约中,还是在我国海关的法规、规章中,都规定这些货物可以在法规、规章允许,并经海关批准的情况下,改变货物"特定进出境目的",转变性质成为一般进出口货物、保税加工货物或特定减免税货物。比如展览品在展览会结束后,有人购买,只要购买者在展览品规定的暂时进口期限内,向海关申报,提交进口许可证件,缴纳关税,该展览品转变成为一般进出口货物。如果购买者可以享受特定减免税优惠,并且办妥了减免税证明,提交了有关许可证件,该展览品就转变成为特定减免税货物。

(三) 暂准进出口货物的适用范围

1. 暂时进出境货物

暂时进出境货物是指经海关批准,暂时进出关境并且在规定的期限内复运出境、进境的货物,包括:

(1) 在展览会、交易会、会议以及类似活动中展示或者使用的货物;

(2) 文化、体育交流活动中使用的表演、比赛用品;

(3) 进行新闻报道或者摄制电影、电视节目使用的仪器、设备以及用品;

(4) 开展科研、教学、医疗活动使用的仪器、设备和用品;

(5) 在上述第(1)项至第(4)项所列活动中使用的交通工具以及特种车辆;

(6) 货样;

(7) 慈善活动使用的仪器、设备以及用品;

(8) 供安装、调试、检测、修理设备时使用的仪器以及工具;

(9) 盛装货物的包装材料(是指按原状用于包装、保护、装填或者分离货物的材料以及用于运输、装卸或者堆放的装置);

(10) 旅游用自驾交通工具及其用品;

(11) 工程施工中使用的设备、仪器以及用品;

(12) 测试用产品、设备、车辆;

(13) 海关总署规定的其他暂时进出境货物。

其中,展览会、交易会、会议及类似活动是指:

(1) 贸易、工业、农业、工艺展览会,以及交易会、博览会;

(2) 因慈善目的而组织的展览会或者会议;

(3) 为促进科技、教育、文化、体育交流,开展旅游活动或者民间友谊而组织的展览会或者会议;

(4) 国际组织或者国际团体组织代表会议;

(5) 政府举办的纪念性代表大会。

在商店或者其他营业场所以销售境外货物为目的而组织的非公共展览会不属于上述所称展览会、交易会、会议以及类似活动。

使用货物暂准进口单证册暂时进境的货物限于我国加入的有关货物暂准进口的国际公约中规定的货物。暂准进口单证册,简称 ATA 单证册[ATA 是由法语 admission temporaire(暂准进口)和英语 temporary admission(暂准进口)的第一个字母组合,表示"暂准进口"],是指世界海关组织通过的《货物暂准进口公约》及其附约中规定使用的,用于替代各缔约方海关暂准进出口货物报关单和税费担保的国际性通关文件。由于暂准进出口货物种类繁多,各国海关存在不同的监管制度和海关手续。为了协调各国海关对暂准进出口货物的规定,简化手续,便利进出口通关,世界海关组织的前身海关合作理事会从 1954 年到 1972 年签订了 12 个有关各种货物暂时进出口的国际公约和《关于货物暂准进口的 ATA 报关单证册海关公约》(简称《ATA 公约》)。1990 年,海关合作理事会通过了《货物暂准进口公约》(即《伊斯坦布尔公约》),并将 13 个国际公约修改合并后作为其附约,进一步扩大了 ATA 单证册适用的货物范围。《货物暂准进口公约》及其附约建立了一种为各成员方海关、货物所有人、有关团体共同遵守的简单、有效的系统,以此来简化货物暂时进出各成员方的各种进出境手续,为货物的暂时进出口提供最大限度的便利。ATA 单证册系统之所以能够有效简化货物暂时进出口的各种烦琐手续,是因为实施了以下两个措施。

(1) 使用了 ATA 单证册。ATA 单证册是国际统一通用的海关申报单证,如一国(地区)商人要将一批展览品运送到另一个国家(地区)去参加展览会,该商人只需在本国(地区)申领一份 ATA 单证册,就可以持该单证册向本国(地区)海关申报暂时出口,无须填制报关单;该商人持该份单证册向进口国(地区)海关申报暂时进口,也无须填制报关单,甚至无须办理海关担保手续,也不必缴纳保证金;当展览会结束、展览品复运出口时,也可持该份单证册申报出境;展览品返回本国(地区),该商人仍持该份单证册向本国(地区)海关申报。甚至当展览品在其他第三国(地区)临时过境时,其一进一出也不必向第三国(地区)海关另外办理填制报关单、提供担保等手续。因此,ATA 单证册实际上是暂时进出口货物在各缔约国(地区)之间自由进出的通行证。

(2) 建立了国际连环担保系统。这种连环担保系统是由各国(地区)担保协会,一般是各国(地区)指定商会组成,并由国际商会国际局(IBCC)进行统一管理,通常被称为"ATA/IBCC 连环担保系统"。ATA/IBCC 连环担保系统的担保协会成员,作为对各成员方海关的担保人,担保的标的是在 ATA 单证册项下的货物可能支付的进口关税和其他税费。公约的各缔约方都有一个担保协会,称为国家(地区)担保协会,一般担保协会也是出证协会,负责签发本国(地区)的 ATA 单证册。该担保协会要得到该国(地区)海关的批准,也要得到国际商会国际局的批准,才能成为 ATA/IBCC 连环担保系统的成员。

ATA 单证册和 ATA/IBCC 连环担保系统结合,就形成了 ATA 单证册系统。这一系统保证了 ATA 单证册项下的货物暂时进出成员方手续的便利。在 ATA 单证册系统下,ATA 单证册的正常使用过程为:持证人向本国(地区)出证协会提出申请,缴纳一定的手续费,并按出证协会的规定提供担保。出证协会审核后签发 ATA 单证册;持证人凭 ATA 单证册将货物在出口国(地区)暂时出口,又暂时进口到进口国(地区),进口国(地区)海关经查验签章放行;货物完成暂时进口的特定使用目的后,从进口国(地区)复运出口,又复运进口到原出口国(地区);持证人将使用过的、经各海关签注的 ATA 单证册交还给原出证协会。ATA 单证册的整个使用过程到此结束。ATA 单证册未正常使用一般包括两种情况:一是货物未在规定的期限内复运出口,产生了暂时进口国(地区)海关对货物征税的问题;二是 ATA 单证册持证人未遵守暂时进口国(地区)海关有关规定,产生了暂时进口国(地区)海关对持证人罚款的问题。在这两种情况下,暂时进口国(地区)海关可以向本国(地区)担保协会提出索赔;暂时进口国(地区)担保协会代持证人垫付税款、罚款等款项后,可以向暂时出口国(地区)担保协会进行追偿;暂时出口国(地区)担保协会垫付款项后,可以向持证人追偿,持证人偿付款项后,ATA 单证册的整个使用过程到此结束。如果一个国家(地区)的出证协会和担保协会是两个不同的单位,则暂时进口国（地区）担保协会先向暂时出口国（地区）担保协会追偿，担保协会再向该国（地区）出证协会追偿。如果持证人拒绝偿付款项，则担保协会或出证协会可要求持证人的担保银行或保险公司偿付款项。如果后者也拒付，则可以采取法律行动。

我国于1993年加入《货物暂准进口公约》及其附约 A《关于暂准进口单证的附约》和附约 B.1《关于在展览会、交易会、会议及类似活动中供陈列或使用的货物的附约》。2019年1月，经国务院批复同意，我国扩大接受《货物暂准进口公约》附约 B.2《关于专业设备的附约》和附约 B.3《关于集装箱、托盘、包装物料、样品及其他与商业运营有关的进口货物的附约》。同时，对附约 B.3 中第2条第（2）项和第（3）项作出保留。因此，我国适用暂准进口单证册（ATA 单证册）的暂时进境货物，限于我国加入的上述公约及附约中规定的货物。

2. 进出境修理物品

进出境修理物品是指运出境或运进境维护修理后复运进出境的货物、物品，海关将其作为暂时进出口货物进行管理。修理物品分为原进口产品运出境修理和原我国出口产品运进境修理两类。原进口产品运出境修理类又可以分为两种情况：一是原进口产品在保修期内运出境修理；二是原进口产品在保修期外运出境修理。

3. 进出境集装箱箱体

当货物用集装箱装载进出口时，集装箱箱体就作为一种运输设备；当一企业购买进口或销售出口集装箱时，集装箱箱体又与普通的进出口货物一样了。集装箱箱体在同一时间里可能既是运输设备，又是进出口货物。这时，购买进口或销售出口的集装箱同时装载着进出口货物进出境。集装箱箱体作为货物进出口是一次性的，而在通常情况下，其是作为运输设备暂时进出境的，属于暂准进出口货物。

二、暂准进出口货物的报关程序和管理措施

暂准进出口货物的报关程序主要包括进出境阶段办理货物暂时进口或暂时出口的申报手续以及货物复运进出境后办理核销结关手续，或者特定的进出境目的改变以后，按货物实际用途补办进出口申报、纳税或者减免税手续。

（一）暂时进出境货物

1. 暂时进出境货物的监管

（1）除我国缔结或者参加的国际条约、协定以及国家法律、行政法规和海关总署规章另有规定外，暂时进出境货物免予交验许可证件。

（2）暂时进出境货物除因正常使用而产生的折旧或者损耗外，应当按照原状复运出境、复运进境。从境外暂时进境的货物转入海关特殊监管区域和保税监管场所的，不属于复运出境。

（3）ATA 单证册持证人、非 ATA 单证册项下暂时进出境货物收发货人（以下简称"持证人、收发货人"）可以在申报前向主管地海关提交《暂时进出境货物确认申请书》，申请对有关货物是否属于暂时进出境货物进行审核确认，并且办理相关手续，也可以在申报环节直接向主管地海关办理暂时进出境货物的有关手续。ATA 单证册持证人应当向海关提交有效的 ATA 单证册以及相关商业单据或者证明材料。ATA 单证册项下暂时出

境货物,由中国国际贸易促进委员会(中国国际商会)向海关总署提供总担保。除另有规定外,非 ATA 单证册项下暂时进出境货物收发货人应当按照有关规定向主管地海关提供担保。

(4) 暂时进出境货物应当在进出境之日起 6 个月内复运出境或者复运进境。因特殊情况需要延长期限的,持证人、收发货人应当向主管地海关办理延期手续,延期最多不超过 3 次,每次延长期限不超过 6 个月。延长期届满应当复运出境、复运进境或者办理进出口手续。国家重点工程、国家科研项目使用的暂时进出境货物以及参加展期在 24 个月以上展览会的展览品,在前述规定的延长期届满后仍需要延期的,由主管地直属海关批准。暂时进出境货物需要延长复运进境、复运出境期限的,持证人、收发货人应当在规定期限届满前向主管地海关办理延期手续,并且提交《货物暂时进/出境延期办理单》以及相关材料。

(5) 暂时进出境货物可以异地复运出境、复运进境,由复运出境、复运进境地海关调取原暂时进出境货物报关单电子数据办理有关手续。ATA 单证册持证人应当持 ATA 单证册向复运出境、复运进境地海关办理有关手续。

(6) 暂时进出境货物需要进出口的,暂时进出境货物收发货人应当在货物复运出境、复运进境期限届满前向主管地海关办理进出口手续。

(7) 暂时进出境货物收发货人在货物复运出境、复运进境后,应当向主管地海关办理结案手续。从境外暂时进境的货物(ATA 单证册项下暂时进境货物除外)转入海关特殊监管区域和保税监管场所的,主管地海关凭《中华人民共和国海关出口货物报关单》对暂时进境货物予以核销结案。

(8) 海关通过风险管理、信用管理等方式对暂时进出境业务实施监督管理。

(9) 暂时进出境货物因不可抗力的原因受损,无法原状复运出境、复运进境的,持证人、收发货人应当及时向主管地海关报告,可以凭有关部门出具的证明材料办理复运出境、复运进境手续;因不可抗力的原因灭失的,经主管地海关核实后可以视为该货物已经复运出境、复运进境。暂时进出境货物因不可抗力以外其他原因受损或者灭失的,持证人、收发货人应当按照货物进出口的有关规定办理海关手续。

扩展阅读材料链接:
海关总署第 233 号令:《中华人民共和国海关暂时进出境货物管理办法》,海关总署网站:http://www.customs.gov.cn/customs/302249/302266/302267/755412/index.html。

2. 暂时进出境展览品的监管

展览品是指:展览会展示的货物;为了示范展览会展出机器或者器具所使用的货物;设置临时展台的建筑材料以及装饰材料;宣传展示货物的电影片、幻灯片、录像带、录音带、说明书、广告、光盘、显示器材等;其他用于展览会展示的货物。

境内展览会的办展人以及出境举办或者参加展览会的办展人、参展人可以在展览品进境或者出境前向主管地海关报告,并且提交展览品清单和展览会证明材料,也可以在展览品进境或者出境时,向主管地海关提交上述材料,办理有关手续。对于申请海关派员监管的境内展览会,办展人、参展人应当在展览品进境前向主管地海关提交有关材料,办理海关手续。

展览会需要在我国境内两个或者两个以上关区内举办的,对于没有向海关提供全程担保的进境展览品应当按照规定办理转关手续。

下列在境内展览会期间供消耗、散发的用品(以下简称"展览用品"),由海关根据展览会的性质、参展商的规模、观众人数等情况,对其数量和总值进行核定,在合理范围内的,按照有关规定免征进口关税和进口环节税:

(1)在展览活动中的小件样品,包括原装进口的或者在展览期间用进口的散装原料制成的食品或者饮料的样品;

(2)为展出的机器或者器件进行操作示范被消耗或者损坏的物料;

(3)布置、装饰临时展台消耗的低值货物;

(4)展览期间免费向观众散发的有关宣传品;

(5)供展览会使用的档案、表格以及其他文件。

上述第(1)项所列货物,应当符合以下条件:由参展人免费提供并且在展览期间专供免费分送给观众使用或者消费的;单价较低,做广告样品用的;不适用于商业用途,并且单位容量明显小于最小零售包装容量的;食品以及饮料的样品虽未按照上述规定的包装分发,但是确实在活动中消耗掉的。

展览用品中的酒精饮料、烟草制品以及燃料不适用有关免税的规定。上述第(1)项所列展览用品超出限量进口的,超出部分应当依法征税;第(2)项、第(3)项、第(4)项所列展览用品,未使用或者未被消耗完的,应当复运出境,不复运出境的,应当按照规定办理进口手续。

海关派员进驻展览场所的,经主管地海关同意,展览会办展人可以就参展的展览品免予向海关提交担保。展览会办展人应当提供必要的办公条件,配合海关工作人员执行公务。

未向海关提供担保的进境展览品在非展出期间应当存放在海关监管作业场所。因特殊原因需要移出的,应当经主管地海关同意,并且提供相应担保。

为了举办交易会、会议或者类似活动而暂时进出境的货物,按照上述对展览品监管的有关规定进行监管。

3. ATA单证册的管理

中国国际贸易促进委员会(中国国际商会)是我国ATA单证册的出证和担保机构,负责签发出境ATA单证册,向海关报送所签发单证册的中文电子文本,协助海关确认ATA单证册的真伪,并且向海关承担ATA单证册持证人因违反暂时进出境规定而产生的相关税费、罚款。

海关总署设立ATA核销中心,履行以下职责:

(1)对ATA单证册进行核销、统计以及追索;

(2)应成员方担保人的要求,依据有关原始凭证,提供ATA单证册项下暂时进出境货物已经进境或者从我国复运出境的证明;

(3)对全国海关ATA单证册的有关核销业务进行协调和管理。

海关只接受用中文或者英文填写的ATA单证册。

ATA单证册发生损坏、灭失等情况的,ATA单证册持证人应当持原出证机构补发的ATA单证册到主管地海关进行确认。补发的ATA单证册所填项目应当与原ATA单证册相同。

海关签注ATA单证册项下暂时进出境货物的进出境期限与单证册有效期一致。ATA单证册项下暂时进出境货物在境内外停留期限超过ATA单证册有效期的,ATA单证册持证人应当向原出证机构续签ATA单证册。续签的ATA单证册经主管地海关确认后可以替代原ATA单证册。续签的ATA单证册只能变更单证册有效期限和单证册编号,其他项目应当与原单证册一致。续签的ATA单证册启用时,原ATA单证册失效。

ATA单证册项下暂时进境货物未能按照规定复运出境或者过境的,ATA核销中心应当向中国国际贸易促进委员会(中国国际商会)提出追索。自提出追索之日起9个月内,中国国际贸易促进委员会(中国国际商会)向海关提供货物已经在规定期限内复运出境或者已经办理进口手续证明的,ATA核销中心可以撤销追索;9个月期满后未能提供上述证明的,中国国际贸易促进委员会(中国国际商会)应当向海关支付税费和罚款。

ATA单证册项下暂时进境货物复运出境时,因故未经我国海关核销、签注的,ATA核销中心凭由另一缔约方海关在ATA单证册上签注的该批货物从该国(地区)进境或者复运进境的证明,或者我国海关认可的能够证明该批货物已经实际离开我国境内的其他文件,作为已经从我国复运出境的证明,对ATA单证册予以核销。

【思政课堂】

海关支持2021年第四届中国国际进口博览会便利措施

一、发布通关须知,提供详细通关指引

海关制定发布《2021年第四届中国国际进口博览会海关通关须知》《2021年第四届中国国际进口博览会检验检疫限制清单》《2021年第四届中国国际进口博览会检验检疫禁止清单》,为境外参展商提供详细指引。

二、设立常态化机构,随时响应需求

上海海关隶属上海会展中心海关作为海关服务中国国际进口博览会(以下简称"进口博览会")常态化机构,做好进口博览会海关监管和服务保障工作。

三、深化科技应用,打造智能化监管服务模式

通过跨境贸易管理大数据平台和信息技术对进口博览会参展商、展览品信息提供全流程监管服务,打造数字化、智能化、便利化、集约化的进口博览会全流程监管服务模式。

四、派员入驻现场,提供服务保障

进口博览会期间,上海海关将派员入驻国家会展中心(上海),提供通关、监管、咨询等服务。

五、办展方统一提供税款担保,减轻境外参展企业负担

对进口博览会暂时进境展览品,由国家会展中心(上海)有限责任公司向上海海关提

供银行保函或关税保证保险办理税款担保。境外参展商或其委托的主场运输服务商持国家会展中心(上海)有限责任公司出具的《2021年第四届中国国际进口博览会进境物资证明函》和《2021年第四届中国国际进口博览会进境物资清单》,免于逐票向海关提交税款担保。

六、就近开展验核,提升参展便利化水平

对涉及检验检疫行政审批事项的进口博览会进境动植物及其产品、动植物源性食品、中药材等,委托上海海关及相关海关就近就地办理审批手续,相关审批工作3个工作日内办结;按照"便利可操作"原则,委托上海海关对展区内销售的进口水产品、乳制品、燕窝境外生产企业行使受理和审查权,并免于境外实地评审,审查通过后海关总署发放临时注册批件(临时注册批件仅限于展会期间及展区内使用)。

七、设置专门通道,优先办理手续

在主要口岸为进口博览会设置贵宾礼遇通道、进境展览品报关专用窗口和查验专用通道,优先办理申报、查验、抽样、检测等海关手续,实行即查即放。

八、固化监管措施,延长ATA单证册项下展览品暂时进境期限

固化往届进口博览会监管服务保障措施,海关签注ATA单证册项下暂时进境货物的复运出境期限与单证册有效期一致。

九、推进准入谈判,扩大进境展览品种类

推进与参展国家或地区检疫准入谈判,加快风险评估进度,推进双边准入协议签署,扩大进境展览品种类。

十、简化监管手续,方便特殊物品进境

对进口博览会参会代表携带自用且仅限于预防或者治疗疾病用的特殊物品(生物制品),凭医生处方或者医院的有关证明,准予入境。允许携带量以处方或者说明书确定的一个疗程为限。

十一、简化入境手续,方便食品化妆品参展

仅供展览的预包装食品和化妆品免予加贴中文标签和抽样检验,免予核查收发货人备案证明;少量试用、品尝的,根据食品安全风险评估情况,可展前抽取样品检验,免予加贴中文标签;在展会现场少量试销的,可免予加贴中文标签。

十二、简化出境手续,便利展览品展后处置

进口博览会暂时进境展览品(ATA单证册项下暂时进境展览品除外)在进口博览会结束后,结转到海关特殊监管区域和保税监管场所的(参展汽车应当转入可开展汽车保税仓储业务的海关特殊监管区域和保税监管场所),准予核销结案。

十三、支持保税展示展销常态化,扩大展会溢出效应

经海关注册登记的海关特殊监管区域或保税物流中心(B型)(以下简称"区域中心")内企业,可以将保税货物提交担保后运至区域中心外进口博览会保税展销场所进行展示和销售等经营活动。

十四、支持跨境电商业务,推进线上线下融合

允许列入跨境电商零售进口商品清单的进境展览品,在展览结束后进入区域中心的,对于符合条件的,可按照跨境电商网购保税零售进口商品模式销售。

十五、支持文物展品参展,按规定享受税收政策优惠

对于经国家文物部门认定为文物的展品,允许以暂时进境展览品或保税展示形式参展;展期内销售国家文物部门允许境内消费者购买的文物展品,对符合进口博览会展期内销售的进口展品税收优惠政策规定的,可按政策规定予以免税进口。

资料来源:海关总署公告2021年第54号:"关于发布《2021年第四届中国国际进口博览会海关通关须知》和《海关支持2021年第四届中国国际进口博览会便利措施》的公告",海关总署网站。

奥运进入"北京时间" 冬奥物资入境再提速

(2021年)8月16日,一份由苏黎世商会签发的申报用途为"专业设备"的进口ATA单证册在北京海关、天津海关的通力协作和密切配合下,于北京朝阳海关申报并完成通关手续。这是首票使用ATA单证册暂时进境的北京冬奥会物资,共1 288件、总重10.4吨、价值6.4万瑞士法郎,主要为在东京奥运会期间召开的国际奥林匹克委员会全体会议(以下简称"国际奥委会全会")所用到的舞台设施、会议设备、专业材料等。国际奥委会全会是国际奥委会的最高权力机构,负责决策奥林匹克运动中一切重大问题。据了解,这批物资也将被用在北京冬奥会期间召开的国际奥委会全会第139次会议上。

"北京冬奥会海运进境物资量大、种类多,天津海关将全力保障冬奥物资进口企业快速通关,并在主要口岸设置了北京冬奥会专用通道、专用窗口,为进出境人员、物资办理海关手续提供便利。"天津海关口岸监管处副处长高斌介绍。

此前,用途为"体育用品"的暂时进境ATA单证册并不在中国海关接受范围之内。"为支持北京冬奥会,自2020年1月1日起,中国海关开始接受用途为'体育用品'的暂时进境ATA单证册。此举标志着北京冬奥会比赛及训练所需的体育用品可以使用ATA单证册办理暂时进境海关手续。目前,中国海关可接受的ATA单证册用途已从最初的展览品扩大至专业设备、商业样品及体育器材,且海关签注ATA单证册项下暂时进境货物的复运出境期限也由六个月延长至与单证册有效期一致(单证册有效期一般为一年)。"北京海关行邮监管处处长白锋介绍:"海关不断与北京冬奥组委保持密切协作,对进境冬奥物资提供'专人办理、优先申报、快速放行'的绿色通道,为冬奥物资的进出境提供通关便利。"

"国际奥委会首批ATA单证册项下暂时进境物资运抵北京,标志着奥运盛会的重心已逐步向北京转移,北京冬奥会将日益成为全球关注的焦点。面对物资集中运入的压力,我们将与海关、口岸等部门全力以赴、密切配合,发挥好组织协调和桥梁纽带作用,做好服务保障工作,满足各方所需,确保北京冬奥会物资高效顺畅入境,为冬奥会顺利举办做好最充分的准备。"北京冬奥组委物流部部长李燕凌表示。

"为更好地贯彻习近平总书记提出的'举办冬奥会是推进京津冀协同发展的重要抓手,必须一体谋划、一体实施'的重要指示精神,切实落实京津冀一体化发展战略要求,京津两地海关将密切合作,形成合力,建立跨关区协作机制,为冬奥会物资通关提供便利。"北京海关副关长孙铭辉表示。

资料来源:海关总署网站。

(二) 进出境修理物品

我国原出口货物需要运进境维修的,由原出口货物所有人或其代理人向海关申报,提交进口货物报关单、维修合同或协议、原出口货物报关单及发票等文件和资料,并向海关提供担保。海关经过查验,确实是我国原出口货物的,收取保证金后放行入境。

原进口货物需要运出境维修的,要区分两种情况:仍在合同规定保修期内的产品运出境维修,出口货物发货人或其代理人在申报时应当向海关提交出口货物报关单、保修协议、售后服务合同、原进口货物报关单及发票等文件和资料;已超过合同规定保修期的产品运出境维修,出口货物发货人或其代理人在申报时应当向海关提交出口货物报关单、维修合同或协议、原进口货物报关单及发票等文件和资料。海关经过查验,确定是原进口货物的,对其中属于出口许可证管理或应征收出口关税的,收取保证金后放行出境。

修理物品应自运出境或运进境之日起6个月内复运进出境。如果需要延长复运进出境的期限,经批准可以延长,延长期限最长不超过6个月。

原出口货物在境内维修完毕后,在海关规定的暂时进境期限内复运出境,出口货物发货人或其代理人应当向海关提交出口货物报关单、申报进境维修的进口货物报关单等。海关经过查验,确定为入境修理的原出口货物的,予以放行出境。

原进口货物在境外维修完毕后,应当在海关规定的暂时出境期限内复运进境。保修期内的产品复运进境时,进口货物收货人或其代理人向海关提交进口货物报关单、申报出境维修的出口货物报关单等。海关经查验确认为出境修理的原进口货物的,予以放行入境。保修期外的产品复运进境时,进口货物收货人或其代理人向海关提交进口货物报关单、申报出境维修的出口货物报关单,同时应当申报产品的修理费和材料费。海关经查验确认为出境修理的原进口货物,并对修理费和材料费进行审核后,以修理费和材料费以及货物复运进境的运费、保险费及其他有关费用估定完税价格征收关税以及海关代征税。

原出口货物进境修理后复运出境、原进口货物出境修理后复运进境以后,货物的所有人或其代理人应当持海关签注的复运出境或复运进境的报关单,向海关办理修理物品的核销结关手续。海关将收取的保证金退还,将保证函销案,结束对修理物品的监管。

(三) 进出境集装箱箱体

暂时进境的境外集装箱箱体,包括向境外租借暂时进境的,一般是装载着货物一起由船舶、飞机载运进境的,也有可能是空箱箱体单独被载运进境。无论是装货箱还是空箱箱体,集装箱进口经营单位或其代理人都应当单独填写进口货物报关单向海关申报进境,并提供担保保证在6个月内复运出境。海关对集装箱箱体,特别是空箱箱体进行查验后准予进境。

从境外购买集装箱进口,一般也是装载着货物一起进境的。进口货物收货人或其代理人应当分别填制进口报关单申报集装箱箱体、所载的货物进口,缴纳关税和海关代征税。有些集装箱是进口货物的自备箱,即进口货物的收货人既购买了货物,也购买了装货的集装箱,或境外发货人将集装箱作为包装箱,与货物一起卖给收货人。这时,集装箱箱体也应当与货物分开报关、纳税进口。

境内生产的集装箱及我国营运人购买进口的集装箱在投入国际运输前,营运人应当向其所在地海关办理登记手续。海关在集装箱适当部位刷贴"中国海关"标志,再次进出口时,可凭以免办有关手续。

暂时进境的集装箱箱体在海关规定的期限内复运出境,一般也是装载着货物一起出境的,集装箱进口经营单位或其代理人应当单独填写出口货物报关单向海关申报出境。

暂时进境的集装箱箱体应当在6个月内复运出境,如因特殊情况不能在规定期限内复运出境的,可以向海关申请延期,但累计延长时间超过3个月仍不能复运出境的,集装箱进口经营单位或其代理人应当向海关办理申报、纳税手续。

集装箱箱体复运出境后,或者向海关补办申报、纳税手续后,集装箱进口经营单位或其代理人应当持海关签注的报关单或税款缴款书,向海关办理集装箱箱体的担保销案、核销结关手续。

第五节 其他进出境货物报关程序和管理规范

一、转关运输货物

(一) 转关运输货物的概念和限制范围

1. 转关运输货物的概念

根据《中华人民共和国海关关于转关货物监管办法》的规定,转关运输货物是指:

(1) 由进境地入境,向海关申请转关、运往另一设关地点办理进口海关手续的货物;

(2) 在启运地已办理出口海关手续运往出境地,由出境地海关监管放行的货物。

在上述概念中,进境地是指货物进入关境的口岸;出境地是指货物离开关境的口岸;指运地是指进口转关货物运抵报关的地点;启运地是指出口转关货物报关发运的地点;承运人是指经海关核准,承运转关货物的企业。

2. 转关运输货物的限制范围

(1) 多式联运货物,以及具有全程提(运)单需要在境内换装运输工具的进出口货物,其收发货人可以向海关申请办理多式联运手续,有关手续按照联程转关模式办理。

(2) 易受温度、静电、粉尘等自然因素影响或者因其他特殊原因,不宜在口岸海关监管区实施查验的进出口货物,满足以下条件的,经主管地海关(进口为指运地海关,出口为启运地海关)批准后,其收发货人方可按照提前报关方式办理转关手续。

① 收发货人为高级认证企业。

② 转关运输企业最近一年内没有因走私违法行为被海关处罚。

③ 转关启运地或指运地与货物实际进出境地,不在同一直属关区内。

④ 货物实际进境地已安装非侵入式查验设备。

进口转关货物应当直接运输至收货人所在地,出口转关货物应当直接在发货人所在地启运。

(3) 邮件、快件、暂时进出口货物(含ATA单证册项下货物)、过境货物、中欧班列载运货物、市场采购方式出口货物、跨境电子商务零售进出口商品、免税品以及外交、常驻机构和人员公自用物品,其收发货人可按照现行相关规定向海关申请办理转关手续,开展转关运输。

(4) 除上述情况外,海关不接受转关申报。

（二）转关运输货物的转关方式

转关运输货物的收发货人或其代理人,可采取以下三种方式办理货物转关手续：

(1) 在指运地或者启运地海关以提前报关方式办理；

(2) 在进境地或者启运地海关以直接填报转关货物申报单的直转方式办理；

(3) 以由境内承运人或者其代理人统一向进境地或者启运地海关申报的中转方式办理。

（三）进口转关运输货物的报关程序和监管措施

转关货物应当自运输工具申报进境之日起14天内向进境地海关办理转关手续,在海关限定期限内运抵指运地海关之日起14天内,向指运地海关办理报关手续。逾期按照规定征收滞报金。

1. 提前报关方式

提前报关的转关货物,进口货物收货人或者其代理人在进境地海关办理进口货物转关手续前,向指运地海关录入《进口货物报关单》电子数据,指运地海关提前受理电子申报,货物运抵指运地海关监管作业场所后,办理转关核销和接单验放等手续。

提前报关的转关货物,其收货人或者代理人向指运地海关填报录入《进口货物报关单》后,计算机自动生成《进口转关货物申报单》并传输至进境地海关。

提前报关的转关货物收货人或者代理人,应当向进境地海关提供《进口转关货物申报单》编号,并提交下列单证办理转关手续：

(1)《中华人民共和国海关境内汽车载运海关监管货物载货登记簿》(以下简称《汽车载货登记簿》)或《船舶监管簿》；

(2) 提货单；

(3) 广东省内公路运输的,还应当交验《进境汽车载货清单》。

提前报关的进口转关货物应当在电子数据申报之日起的5日内,向进境地海关办理转关手续。超过期限仍未到进境地海关办理转关手续的,指运地海关撤销提前报关的电子数据。

2. 直转方式

直转的转关货物,货物收货人或者代理人在进境地录入转关申报数据,直接办理转关手续。

直转的转关货物,货物收货人或者代理人应凭以下单证向进境地海关办理转关手续：

(1)《进口转关货物申报单》；广东省内公路运输的,交验《进境汽车载货清单》；

(2)《汽车载货登记簿》或者《船舶监管簿》。

3. 中转方式

具有全程提运单、需换装境内运输工具的中转转关货物,收货人或者其代理人向指运地海关办理进口报关手续后,由境内承运人或者其代理人,批量办理货物转关手续。

中转的转关货物,运输工具代理人应当凭以下单证向进境地海关办理转关手续：

(1)《进口转关货物申报单》；

(2) 进口中转货物的按指运地目的港分列的舱单；

(3) 以空运方式进境的中转货物,提交联程运单。

进口转关货物,按货物到达指运地海关之日的税率和汇率征税。提前报关的,其适用的税率和汇率是指运地海关接收到进境地海关传输的转关放行信息之日的税率和汇率。如果货物运输途中税率和汇率发生重大调整的,以转关货物运抵指运地海关之日的税率和汇率计算。

(四) 出口转关运输货物的报关程序和监管措施

1. 提前报关方式和直转方式

出口提前报关的转关货物,由货物发货人或者其代理人在货物未运抵启运地海关监管作业场所前,向启运地海关填报录入《出口货物报关单》电子数据,启运地海关提前受理电子申报。货物应当于电子数据申报之日起5日内,运抵启运地海关监管作业场所,办理转关和验放等手续。超过期限的,启运地海关撤销提前报关的电子数据。

出口直转的转关货物,由货物发货人或者其代理人在货物运抵启运地海关监管作业场所后,向启运地海关填报录入《出口货物报关单》电子数据,启运地海关受理电子申报,办理转关和验放等手续。

提前报关和直转的出口转关货物,其发货人或者代理人应当在启运地填报录入《出口货物报关单》,在启运地海关办理出口通关手续后,计算机自动生成《出口转关货物申报单》数据,传送至出境地海关。

提前报关和直转的出口转关货物发货人或者代理人应当凭以下单证在启运地海关办理出口转关手续:

(1)《出口货物报关单》;
(2)《汽车载货登记簿》或者《船舶监管簿》;
(3) 广东省内公路运输的,还应当递交《出境汽车载货清单》。

提前报关和直转的出口转关货物到达出境地后,发货人或者代理人应当凭《汽车载货登记簿》或者《船舶监管簿》和启运地海关签发的《出口货物报关单》和《出口转关货物申报单》或者《出境汽车载货清单》(广东省内公路运输),向出境地海关办理转关货物的出境手续。

2. 中转方式

具有全程提运单、需换装境内运输工具的出口中转货物,发货人向启运地海关办理出口报关手续后,由承运人或者其代理人按照出境运输工具分列舱单,批量办理货物转关手续。

出口中转货物,其发货人或者代理人向启运地海关办理出口通关手续后,运输工具代理人应当凭以下单证向启运地海关办理转关手续:

(1)《出口转关货物申报单》;
(2) 按出境运输工具分列的舱单;
(3)《汽车载货登记簿》或者《船舶监管簿》。

经启运地海关核准后,签发《出口货物中转通知书》。出境地海关验核上述单证,办理中转货物的出境手续。

对需运抵出境地后才能确定出境运输工具,或者原定的运输工具名称、航班(次)、提单号发生变化的,可以在出境地补录或者修改相关数据,办理出境手续。

（五）转关核销

进口转关货物在运抵指运地海关监管作业场所后,指运地海关方可办理转关核销。

对于进口大宗散装转关货物分批运输的,在第一批货物运抵指运地海关监管作业场所后,指运地海关办理整批货物的转关核销手续,发货人或者代理人同时办理整批货物的进口报关手续。指运地海关按规定办理余下货物的验放。最后一批货物到齐后,指运地海关完成整批货物核销。

出口转关货物在运抵出境地海关监管作业场所后,出境地海关方可办理转关核销。货物实际离境后,出境地海关核销清洁舱单并且反馈启运地海关,启运地海关凭以签发有关报关单证明联。

转关工具未办结转关核销的,不得再次承运转关货物。

（六）海关对转关运输货物的其他监管措施

(1) 转关货物是海关监管货物,海关对进出口转关货物施加海关封志。对商业封志完好的内支线船舶和铁路承运的转关货物,海关可以不施加海关封志。

(2) 转关货物应当由已经在海关注册登记的承运人承运。海关对转关限定路线范围,限定途中运输时间,承运人应当按海关要求将货物运抵指定的场所。海关根据工作需要,可以派员押运转关货物,货物收发货人或者其代理人、承运人应当提供方便。

(3) 转关货物的指运地或启运地应当设有经海关批准的海关监管作业场所。转关货物的存放、装卸、查验应当在海关监管作业场所内进行。特殊情况需要在海关监管作业场所以外存放、装卸、查验货物的,应当向海关事先提出申请,海关按照规定监管。

(4) 海关对转关货物的查验,由指运地或者启运地海关实施。进、出境地海关认为必要时也可以查验或者复验。

(5) 转关货物未经海关许可,不得开拆、提取、交付、发运、调换、改装、抵押、质押、留置、转让、更换标记、移作他用或者进行其他处置。

(6) 转关货物申报的电子数据与书面单证具有同等的法律效力。对确因填报或者传输错误的数据,符合进出口货物报关单修改和撤销管理相关规定的,可以进行修改或者撤销。对海关已经决定查验的转关货物,不再允许修改或者撤销申报内容。广东省内公路运输的《进境汽车载货清单》或者《出境汽车载货清单》视同转关申报书面单证,具有法律效力。

(7) 转关货物运输途中因交通意外等原因需要更换运输工具或者驾驶员的,承运人或者驾驶员应当通知附近海关；附近海关核实同意后,监管换装并书面通知进境地、指运地海关或者出境地、启运地海关。

(8) 转关货物在国内储运中发生损坏、短少、灭失情事时,除不可抗力外,承运人、货物所有人、存放场所负责人应承担税赋责任。

扩展阅读材料链接：

海关总署第89号令：《中华人民共和国海关关于转关货物监管办法》,海关总署网站：http://www.customs.gov.cn/customs/302249/302266/302267/356568/index.html。

（七）转关作业无纸化

为进一步规范和简化转关货物海关监管手续，海关总署全面推行转关作业无纸化。转关作业无纸化是指海关运用信息化技术，对企业向海关申报的转关申报单或者汽车载货清单电子数据进行审核、放行、核销，无须收取纸质单证、签发纸质关封、签注相关监管簿，实现全流程无纸化管理的转关作业方式。企业无须再以纸质提交转关申报单或者汽车载货清单，交验《汽车载货登记簿》《中国籍国际航行船舶进出境（港）海关监管簿》《司机签证簿》。海关需要验核相关纸质单证资料的，企业应当按照要求提供。

承运转关货物的厢式货车车厢或者集装箱箱门施加有完整商业封志的，企业应当在转关申报单或者汽车载货清单电子数据"关锁号"数据项中填入商业封志号，并在"关锁个数"数据项中填入商业封志个数。承运转关货物的厢式货车车厢或者集装箱箱门施加有安全智能锁的，企业应当在转关申报单或者汽车载货清单电子数据"安全智能锁号"数据项中填入安全智能锁号。

转关货物的收发货人或其代理人、承运人或其代理人，以及监管作业场所经营人，凭海关转关货物电子放行信息，办理转关货物的提货和发运手续。进口转关货物运抵指运地海关监管作业场所、出口转关货物运抵启运地海关监管作业场所后，监管作业场所经营人应当向海关申报转关运抵报告电子数据。

出口转关货物运抵出境地海关监管作业场所后，出境运输工具名称、航次（班）、提/运单号待定或者已发生变化时，企业可以向海关申请将相关电子数据数据项变更为实际出境的运输工具名称、航次（班）、提/运单号。

转关申报单或者汽车载货清单已通过系统放行后，无法修改变更转关电子数据或者因故不开展转关运输的，企业应当向海关申请办理转关退运或者作废手续。

如遇网络故障或其他不可抗力因素，企业无法向海关申报转关货物电子数据的，经海关同意，可以凭相关纸质单证材料办理转关手续；待故障排除后，企业应当及时向海关补充传输相关电子数据。

【思政课堂】

青岛胶东国际机场首批出口转关货物通关

2021年8月某日，6辆海关监管转关车辆整齐地停在青岛胶东国际机场货运监管区，青岛机场海关2名关员正在为车辆拆封。待办理完转关核销手续后，车上的转关货物即将搭乘出境货机航班运往目的地，这也是青岛胶东国际机场转场启用后的首批出口转关货物。

正在海关普货业务大厅办理业务的青岛大亚空运有限公司经理车晓刚介绍："这票货物是出口转关电商货物，主要是服装、家具等，共计27个运单，总重31吨。"

以往在青岛流亭国际机场，出口转关货物需要先到物流园海关监管区拆封并办理转关核销手续，然后再由海关监管车短驳运送至航站海关监管区理货并出港。

青岛胶东国际机场正式转场使用后，出口转关可以实现在胶东机场货运监管区"一地办结"转关核销及运抵理货手续，减少了两库之间在途转运环节，简化了流程、减少了风险、节约了运输成本。

胶东国际机场国际货运海关监管作业场所占地面积约23万平方米。青岛机场海关以新机场转场为契机,全力打造物流监管新模式,针对出口转关货物需要从启运地运往出境地的特点,科学划分监管场所转关业务作业区域,提前向企业宣讲转关业务流程,通过开展转关业务实地演练,畅通物流企业与海关系统对接,理顺转关业务监管流程,为企业节约时间成本,更好提供监管服务。

资料来源:侯俊:"青岛胶东国际机场首批出口转关货物通关",海关总署网站。

(八)铁路快速通关

为进一步畅通向西开放的国际物流大通道,促进中欧班列发展,提高境内段铁路进出口货物转关运输通行效率和便利化水平,海关总署推广实施铁路快速通关业务模式。铁路运营企业(以下简称"运营企业")可根据自身需要申请开展快通业务,并由进出境铁路列车负责人按照规定向海关传输铁路舱单电子数据。海关通过对铁路舱单电子数据进行审核、放行、核销,实现对铁路列车所载进出口货物转关运输监管,无须运营企业另行申报并办理转关手续。

1. 进境快通业务

(1) 运营企业应当在原始舱单电子数据传输时限前,告知进出境铁路列车负责人相关电子数据信息。未能按规定告知进出境铁路列车负责人的,不允许开展进境快通业务。

(2) 进出境铁路列车负责人应当在原始舱单电子数据入库后、铁路列车进境前,向海关传输进境快速通关信息电子数据。未能按规定向海关传输的,不允许开展进境快通业务。

(3) 原始舱单电子数据理货正常的,进境快通货物方可装载提离进境地。

(4) 进出境铁路列车负责人应当在进境快通货物装载完毕后、提离进境地时,向海关传输进境快速通关载运信息电子数据。

(5) 舱单相关电子数据传输人应当在进境快通货物运抵指运地时,向海关传输进境快速通关指运到货信息电子数据。

(6) 进境快通货物运抵指运地后,因运输途中产生货物短损,或经海关查验后确认货物实际件数、重量有误等符合舱单变更条件情形的,进出境铁路列车负责人可向指运地海关申请修改原始舱单电子数据相关信息。

2. 出境快通业务

(1) 运营企业应当在预配舱单电子数据传输时限前,告知进出境铁路列车负责人相关电子数据信息。未能按规定告知进出境铁路列车负责人的,不允许开展出境快通业务。

(2) 进出境铁路列车负责人应当在预配舱单电子数据入库后,向海关传输出境快速通关信息电子数据。未能按规定向海关传输的,不允许开展出境快通业务。

(3) 舱单相关电子数据传输人应当在出境快通货物运抵启运地时,向海关传输出境快速通关启运到货信息电子数据。

(4) 预配舱单电子数据已被放行的,出境快通货物方可装运提离启运地。

(5) 进出境铁路列车负责人应当在出境快通货物提离启运地时,向海关传输出境快速通关载运信息电子数据。

(6)进出境铁路列车负责人应当在出境快通货物运抵出境地时,向海关传输运抵报告电子数据。

(7)进出境铁路列车负责人应当在预配舱单电子数据运抵正常后,向海关传输出境快通货物的装载舱单电子数据。

进出境快通货物可根据需要,向海关申请办理舱单归并和舱单分票手续。

铁路列车所载进出口货物属于禁止限制开展转关业务货物的,不允许开展快通业务。铁路列车所载进出口货物不允许开展快通业务的,进出境铁路列车负责人应当向海关申请删除进出境快速通关信息、进出境快速通关载运信息、进出境快速通关指运(启运)到货信息等铁路舱单电子数据。

如遇网络故障或其他不可抗力因素,无法向海关传输快通业务相关电子数据的,经海关同意,可以凭相关纸质单证材料办理转关手续;待故障排除后,企业应当及时向海关补充传输相关数据。

为深入贯彻落实党的二十大精神,推动共建"一带一路"高质量发展,提升铁路进出口货物通关运输效率和便利化水平,海关总署发布公告于2023年12月15日起对铁路快速通关业务模式进行优化。进出口货物收发货人或其代理人、进出境运输工具负责人可以通过国际贸易"单一窗口"申请开展快通业务。进口货物收货人(或其代理人)或者进出境运输工具负责人应当在理货报告传输前,向海关传输进境货物快通申请信息。出口货物发货人(或其代理人)或者进出境运输工具负责人应当在预配舱单电子数据入库后、启运地海关办理报关申报手续前,向海关传输出境货物快通申请信息。进出境运输工具负责人或海关监管作业场所经营人应当向海关传输进出境快通货物载运信息、进出境快通货物指运(启运)到货信息、运抵报告等铁路舱单电子数据。进出口货物收发货人或其代理人可以向指运地(启运地)海关申请办理舱单归并和舱单分票手续。快通货物符合舱单变更条件情形的,进出境运输工具负责人可以向指运地(启运地)海关申请修改原始舱单、预配舱单电子数据。快通货物运输途中因故需破封整理、更换集装箱的,进出境运输工具负责人应通知指运地(启运地)海关。指运地(启运地)海关核实同意后,协调途经地海关监管换装并书面通知进境地(出境地)海关。

二、进出境快件

(一)进出境快件的概念和分类

1. 进出境快件的概念

进出境快件是指进出境快件运营人以向客户承诺的快速商业运作方式承揽、承运的进出境货物、物品。

2. 进出境快件的分类

进出境快件可分为文件类进出境快件(以下简称"A类快件")、个人物品类进出境快件(以下简称"B类快件")和低值货物类进出境快件(以下简称"C类快件")三类。

A类快件是指无商业价值的文件、单证、票据和资料(依照法律、行政法规以及国家有关规定应当予以征税的除外)。

B类快件是指境内收寄件人(自然人)收取或者交寄的个人自用物品(旅客分离运输

行李物品除外)。

C类快件是指价值在5 000元人民币(不包括运、保、杂费等)及以下的货物,但符合以下条件之一的除外:

(1) 涉及许可证件管制的;
(2) 需要办理出口退税、出口收汇或者进口付汇的;
(3) 一般贸易监管方式下依法应当进行检验检疫的;
(4) 货样广告品监管方式下依法应当进行口岸检疫的。

(二)进出境快件运营人的备案登记

进出境快件运营人是指在中华人民共和国境内依法注册,在海关登记备案的从事进出境快件运营业务的国际货物运输代理企业。

运营人申请办理进出境快件代理报关业务的,应当在所在地海关办理登记手续。

运营人不得承揽、承运《中华人民共和国禁止进出境物品表》所列物品,如有发现,不得擅作处理,应当立即通知海关并协助海关进行处理。未经中华人民共和国邮政部门批准,运营人不得承揽、承运私人信件。同时,运营人不得以任何形式出租、出借、转让本企业的进出境快件报关权,不得代理非本企业承揽、承运的货物、物品的报关。

(三)进出境快件的报关程序和监管措施

进出境快件通关应当在经海关批准的专门监管场所内进行,如因特殊情况需要在专门监管场所以外进行的,需事先征得所在地海关同意。运营人应当在海关对进出境快件的专门监管场所内设有符合海关监管要求的专用场地、仓库和设备。未经海关许可、未办结海关手续的进出境快件不得移出海关监管场所,不得进行装卸、开拆、重换包装、更换标记、提取、派送和发运等作业。

进出境快件通关应当在海关正常办公时间内进行,如需在海关正常办公时间以外进行的,需事先征得所在地海关同意。

进境快件自运输工具申报进境之日起14日内,出境快件在运输工具离境3小时之前,应当向海关申报。

A类快件报关时,快件运营人应当向海关提交A类快件报关单、总运单(复印件)和海关需要的其他单证。

B类快件报关时,快件运营人应当向海关提交B类快件报关单、每一进出境快件的分运单、进境快件收件人或出境快件发件人身份证影印件和海关需要的其他单证。B类快件的限量、限值、税收征管等事项应当符合海关总署关于邮递进出境个人物品相关规定。

C类快件报关时,快件运营人应当向海关提交C类快件报关单、代理报关委托书或者委托报关协议、每一进出境快件的分运单、发票和海关需要的其他单证,并按照进出境货物规定缴纳税款。进出境C类快件的监管方式为"一般贸易"或者"货样广告品A",征免性质为"一般征税",征减免税方式为"照章征税"。

快件运营人按照上述规定提交复印件(影印件)的,海关可要求快件运营人提供原件验核。

通过快件渠道进出境的其他货物、物品,应当按照海关对进出境货物、物品的现行规定办理海关手续。

快件运营人应当如实向海关申报,并按照海关要求提供相关材料。海关查验进出境快件时,运营人应派员到场,并负责进出境快件的搬移、开拆和重封包装。海关对进出境快件中的个人物品实施开拆查验时,运营人应通知进境快件的收件人或出境快件的发件人到场,收件人或发件人不能到场的,运营人应向海关提交其委托书,代理收/发件人的义务,并承担相应法律责任。海关认为必要时,可对进出境快件予以径行开验、复验或者提取货样。

（四）进出境专差快件的管理措施

进出境专差快件是指运营人以专差押运方式承运进出境的空运快件。

运营人从事进出境专差快件经营业务,除应当按前述有关规定办理登记手续外,还应当将进出境专差快件的进出境口岸、时间、路线、运输工具航班、专差本人的详细情况、标志等向所在地海关登记。如有变更,应当于变更前5个工作日向所在地海关登记。

进出境专差快件应按行李物品方式托运,使用专用包装,并在总包装的显著位置标注运营人名称和"进出境专差快件"字样。

三、过境、转运、通运货物

（一）过境货物

过境货物指由境外启运、通过中国境内陆路继续运往境外的货物。我国根据《中华人民共和国海关法》《中华人民共和国生物安全法》《中华人民共和国进出境动植物检疫法》及其实施条例、《中华人民共和国国境卫生检疫法》及其实施细则以及相关法律法规的有关规定,制定了《中华人民共和国海关过境货物监管办法》,据此对过境货物进行管理。

1. 过境货物的范围

同我国缔结或者共同参加含有货物过境条款的国际条约、协定的国家或者地区的过境货物,按照有关条约、协定规定准予过境。其他过境货物,应当经国家商务、交通运输等主管部门批准并向进境地海关备案后准予过境。法律法规另有规定的,从其规定。

下列货物禁止过境：

(1) 来自或者运往我国停止或者禁止贸易的国家或者地区的货物；

(2) 武器、弹药、爆炸物品以及军需品,但是通过军事途径运输的除外；

(3) 烈性毒药,麻醉品和鸦片、吗啡、海洛因、可卡因等毒品；

(4) 危险废物、放射性废物；

(5) 微生物、人体组织、生物制品、血液及其制品等特殊物品；

(6) 外来入侵物种；

(7) 象牙等濒危动植物及其制品,但是法律另有规定的除外；

(8) 《中华人民共和国进出境动植物检疫法》规定的禁止进境物,但是法律另有规定的除外；

(9) 对中国政治、经济、文化、道德造成危害的；

(10) 国家规定禁止过境的其他货物。

2. 海关对过境货物的监管措施

过境货物自进境起到出境止,应当接受海关监管。过境货物未经海关批准,任何单位和个人不得开拆、提取、交付、发运、调换、改装、抵押、质押、留置、转让、更换标记、移作他用或者进行其他处置。动植物、动植物产品和其他检疫物过境期间未经海关批准不得卸离运输工具。

承担过境货物境内运输的运输工具负责人,应当经国家有关部门批准开展过境货物运输业务,并按照规定在海关备案。过境货物自进境起到出境止,应当按照交通运输主管部门规定的路线运输,交通运输主管部门没有规定的,由海关规定。运输动物过境的,应当按照海关规定的路线运输。过境动物以及其他经评估为生物安全高风险的过境货物,应当从指定的口岸进境。

运输工具负责人应当提交过境货物运输申报单,向进境地海关如实申报。过境货物为动植物、动植物产品和其他检疫物的,应当提交输出国家或者地区政府动植物检疫机关出具的检疫证书;过境货物为动物的,还应当同时提交海关签发的动物过境许可证;过境货物为两用物项等国家限制过境货物的,应当提交有关许可证件。

过境货物运抵进境地,经进境地海关审核同意,方可过境运输。依法需要检疫的,应当在检疫合格后过境运输。过境动物的尸体、排泄物、铺垫材料及其他废弃物,必须依法处理,不得擅自抛弃。过境货物运抵出境地,经出境地海关核销后,方可运输出境。

过境货物不得与其他进出境货物、物品混拼厢式货车或者集装箱进行运输。海关可以对载运过境货物的境内运输工具或者集装箱加施封志,任何人不得擅自开启或者损毁。

过境货物运离进境地后、运抵出境地前需要换装运输工具、集装箱的,运输工具负责人应当向换装地海关申请办理过境运输换装手续。过境货物应当在经海关指定或者同意的仓库或者场所内进行换装作业,危险化学品、危险货物应当在有关部门批准的具备安全作业条件的地点进行换装作业。具有全程提运单的过境货物,境内运输期间需要换装运输工具、集装箱的,运输工具负责人可以一次性向进境地海关和换装地海关申请办理过境运输以及换装手续。

海关根据工作需要,可以派员押运过境货物,运输工具负责人应当提供方便。海关认为必要时,可以查验过境货物,运输工具负责人应当到场配合。除不可抗力原因外,过境货物在境内发生灭失或者短少的,运输工具负责人应当向进境地海关办理相关海关手续。

过境货物自运输工具申报进境之日起超过3个月未向海关申报的,视为进口货物,按照《中华人民共和国海关法》等法律法规的有关规定处理。过境货物应当自运输工具申报进境之日起6个月内运输出境;特殊情况下,经进境地海关同意可以延期,但是延长期限不得超过3个月。过境货物超过规定期限三个月未运输出境的,由海关提取依法变卖处理。法律法规另有规定的,从其规定。

为进一步规范和简化过境货物海关监管手续,海关总署自2022年1月1日推行过境运输申报无纸化,海关运用信息化技术,对企业向海关申报的过境运输申报单电子数据进行审核,无须收取纸质单证资料。海关需要验核相关纸质单证资料的,企业应当按照要求提供。相关企业应当严格按照有关数据项、填制规范的要求,向海关申报过境运输申报单电子数据。海关审核通过后,因故不开展过境运输或者需要修改变更过境运输申报单电子数据的,企业应当向海关申请删除过境运输申报单电子数据。如遇网络故障或其他不可抗力因素,企业无法向海关申报过境运输申报单电子数据的,经海关同意,可以凭相关纸质单证材料办理过境手续;待故障排除后,企业应当及时向海关补充传输相关电子数据。

(二)转运货物

转运货物是指由境外启运,通过我国境内设立海关的地点换装运输工具,而不通过境内陆路运输,继续运往境外的货物。

1. 转运货物的条件

进境运输工具装载的货物具备下列条件之一的,可办理转运手续:

(1)持有转运或联运提单的;
(2)进口载货清单上注明是转运货物的;
(3)持有普通提单,但在起卸前向海关声明转运的;
(4)误卸的进口货物,经运输工具负责人提供确实证明的;
(5)因特殊原因申请转运,经海关批准的。

2. 转运货物的报关程序

载有转运货物的运输工具进境后,承运人应当在《进口载货清单》上列明转运货物的名称、数量、起运地和到达地,并向主管海关申报进境;申报经海关同意后,在海关指定的地点换装运输工具,并在规定时间内运送出境。

海关对转运货物实施监管的主要目的在于防止货物在口岸换装过程中混卸进口或混装出口,因此,转运货物的承运人就有保证货物运往境外并接受海关全程监管的义务。境外转运货物在境内口岸存放期间,不得开拆、换包装或进行加工;口岸海关对转运的境外货物有权进行开箱查验,但是如果没有发现有违法或可疑情事,一般仅对转运货物做外形查验。

转运货物必须在3个月之内办理海关有关手续并转运出境,超出规定期限3个月,海关将按有关规定提取变卖处理。

(三)通运货物

通运货物是指由境外启运,由船舶、航空器载运进境并由原运输工具载运出境的货物。海关对此类货物管理的主要目的是防止通运货物与其他货物的混卸、误卸,监管其继续运往境外。

运输工具进境时,运输工具的负责人应凭注明通运货物名称和数量的《船舶进口报告书》或国际民航机使用的《进口载货舱单》向进境地海关申报;进境地海关在接受申报后,在运输工具抵、离境时对申报的货物予以核查,并监管货物实际离境。通运货物自进境起至出境止,属于海关监管货物,未经海关许可不得从运输工具上卸下。运输工具因装卸其他货物需搬运或倒装卸下通运货物时,应向海关申请、在海关的监管下进行,并如数装回原运输工具。

四、无代价抵偿货物

无代价抵偿货物是指进口货物在征税或免税放行后,发现货物有残损、短少或品质不良等状况,而由境外承运人、发货人或保险公司无偿提供进口补偿或更换的同类货物。

无代价抵偿货物的基本特征主要包括:

第一,无代价抵偿货物是执行合同过程中发生的损害赔偿。

无代价抵偿货物是进口货物买卖双方在执行合同中,我方根据货物损害的事实状态向对方索赔,而由对方进行的赔偿。如果违反了有关进口管理规定而索赔进口的,不能按无代价抵偿货物办理。

第二,海关对原申报进口的货物已经放行。

被抵偿货物的原有货物已经办理了海关的相关手续,并已经按规定缴纳了关税或者享受减免税的优惠政策,经海关放行后,发现了损害而索赔进口。

第三,抵偿货物是对直接损失部分进行赔偿。

根据国际惯例,除合同另有规定外,抵偿一般只限于在成交商品所发生的直接损失方面(如货物残损、短少或品质不良等方面的问题)以及合同规定的有关方面(如对迟交货物罚款等)。对于所发生的间接损失(如因设备损坏发生延误投产而造成的经济损失等)一般不能包括在抵偿范围之内。

常见的无代价抵偿的形式有:补缺,即补足短缺部分;更换错发货物,即退运错发货物,换进应发货物;更换不良货物,即退运品质不良货物,调换质量合格货物;贬值,即因品质不良而削价补偿;补偿备价,即对残损进行补偿,由我方自行修理;修理,即因残损,原货退运境外修理后再进口。

在无代价抵偿货物征免税方面,如原进口货物短少,其短少部分已经征税,或者原进口货物因质量原因已经退运出境或已经放弃交由海关处理,原征税款又未退还的,所进口的无代价抵偿货物可免税;原进口货物因残损或质量问题,如不退运境外,其进口的无代价抵偿货物应予照章征税,但对未退运境外的原进口货物应凭商检部门出具的残损或品质不良程度证书予以重新估价计税,原多征税款准予退还。

对于不属于国家限制进口商品的无代价抵偿货物进口时,收货人应凭原进口货物报关单、税款缴纳凭证、商检证书和与境外发货人签订的索赔协议向海关申报。对原货已退运境外的,还应附有经海关签章的出口货物报关单。如果无代价抵偿货物进口时不向海关报明货物已退运出口或虽报明货物已退运出口,但无法提供相应的出口证明,则海关应按一般进口货物办理有关通关手续。

对于属于国家限制进口商品的无代价抵偿货物的报关程序与不属于国家限制进口商品的无代价抵偿货物的报关程序是一致的,但还应注意的是:如无代价抵偿货物与原进口的货物在品名、数量、价值及贸易性质等方面完全一致的,可以在原进口货物已经退运出口的条件下,免领有关进口许可证件免税放行;如原进口货物未退运出境或无法提供相应单证说明原进口货物已经退运出境的,则无代价抵偿货物应补办相关进口许可证件征税放行。

五、误卸或溢卸的进境货物、放弃进口货物和超期未报关进口货物

(一) 误卸或溢卸的进境货物

由进境运输工具载运进境并且因故卸至海关监管区或者其他经海关批准的场所,未列入进口载货清单、运单向海关申报进境的误卸或者溢卸的进境货物,经海关审定确实的,由载运该货物的原运输工具负责人,自该运输工具卸货之日起3个月内,向海关办理直接退运出境手续;或者由该货物的收发货人,自该运输工具卸货之日起3个月内,向海关办理退运或者申报进口手续。经载运该货物的原运输工具负责人,或者该货物的收发货人申请,海关批准,可以延期3个月办理退运出境或者申报进口手续。超过上述规定的期限,未向海关办理退运出境或者申报进口手续的,由海关提取依法变卖处理,属于危险品或者鲜活、易腐、易烂、易失效、易变质、易贬值等不宜长期保存的货物的,海关可以根据实际情况,提前提取依法变卖处理。

误卸或者溢卸的进境货物属于海关实施检验检疫的进出境商品目录范围的,海关应当在变卖前进行检验、检疫,检验、检疫的费用与其他变卖处理实际支出的费用从变卖款中支付。由海关提取依法变卖处理的误卸或者溢卸进境货物的所得价款,在优先拨付变卖处理实际支出的费用后,按照下列顺序扣除相关费用和税款:

(1) 运输、装卸、储存等费用;

(2) 进口关税;

(3) 进口环节海关代征税;

(4) 滞报金。

所得价款不足以支付同一顺序的相关费用的,按照比例支付。

扣除相关费用和税款后,尚有余款的,自货物依法变卖之日起一年内,经进口货物收货人申请,予以发还。其中属于国家限制进口的,应当提交许可证件而不能提供的,不予发还;不符合进口货物收货人资格、不能证明对进口货物享有权利的,申请不予受理。逾期无进口货物收货人申请、申请不予受理或者不予发还的,余款上缴国库。

(二) 放弃进口货物

进口货物的收货人或其所有人声明放弃的进口货物,由海关提取依法变卖处理。

国家禁止或者限制进口的废物、对环境造成污染的货物不得声明放弃。除符合国家规定,并且办理申报进口手续,准予进口的外,由海关责令货物的收货人或者其所有人、载运该货物进境的运输工具负责人退运出境;无法退运的,由海关责令其在海关和有关主管部门监督下予以销毁或者进行其他妥善处理,销毁和处理的费用由收货人承担,收货人无法确认的,由相关运输工具负责人及承运人承担;违反国家有关法律法规的,由海关依法予以处罚,构成犯罪的,依法追究刑事责任。

放弃进口货物属于海关实施检验检疫的进出境商品目录范围的,海关应当在变卖前进行检验、检疫,检验、检疫的费用与其他变卖处理实际支出的费用从变卖款中支付。按照规定由海关提取依法变卖处理的放弃进口货物的所得价款,优先拨付变卖处理实际支出的费用后,再扣除运输、装卸、储存等费用。所得价款不足以支付上述运输、装卸、储存

等费用的,按比例支付。按照规定扣除相关费用后尚有余款的,上缴国库。

(三) 超期未报关进口货物

超期未报关进口货物是指进口货物收货人自运输工具申报进境之日起,在规定时间内未向海关申报的进口货物。

进口货物的收货人应当自运输工具申报进境之日起14日内向海关申报。进口货物的收货人超过上述规定期限向海关申报的,由海关按照《中华人民共和国海关征收进口货物滞报金办法》的规定,征收滞报金;超过3个月未向海关申报的,其进口货物由海关提取依法变卖处理,属于危险品或者鲜活、易腐、易烂、易失效、易变质、易贬值等不宜长期保存的货物的,海关可以根据实际情况,提前提取依法变卖处理。

保税货物、暂时进口货物超过规定的期限3个月,未向海关办理复运出境或者其他海关有关手续的;过境、转运和通运货物超过规定的期限3个月,未运输出境的,按照上述进口货物的规定处理。

超期未报关进口货物属于海关实施检验检疫的进出境商品目录范围的,海关应当在变卖前进行检验、检疫,检验、检疫的费用与其他变卖处理实际支出的费用从变卖款中支付。由海关提取依法变卖处理的超期未报关进口货物的所得价款,在优先拨付变卖处理实际支出的费用后,按照下列顺序扣除相关费用和税款:

(1) 运输、装卸、储存等费用;
(2) 进口关税;
(3) 进口环节海关代征税;
(4) 滞报金。

所得价款不足以支付同一顺序的相关费用的,按照比例支付。

扣除相关费用和税款后,尚有余款的,自货物依法变卖之日起一年内,经进口货物收货人申请,予以发还。其中属于国家限制进口的,应当提交许可证件而不能提供的,不予发还;不符合进口货物收货人资格、不能证明对进口货物享有权利的,申请不予受理。逾期无进口货物收货人申请、申请不予受理或者不予发还的,余款上缴国库。

按照上述规定申请发还余款的,申请人应当提供证明其为该进口货物收货人的相关资料。经海关审核同意后,申请人应当按照海关对进口货物的申报规定,取得有关进口许可证件,凭有关单证补办进口申报手续。海关对有关进口许可证件电子数据进行系统自动比对验核。申报时没有有效进口许可证件的,由海关按照《中华人民共和国海关行政处罚实施条例》的规定处理。

进口货物的收货人自运输工具申报进境之日起3个月后、海关决定提取依法变卖处理前申请退运或者进口超期未报进口货物的,应当经海关审核同意,并按照有关规定向海关申报。申报进口的,应按照《中华人民共和国海关征收进口货物滞报金办法》的规定,缴纳滞报金,自运输工具申报进境之日的第15日起至货物申报进口之日止计算滞报时间。

六、退运进出口货物和出口退关货物

(一) 退运进出口货物

退运进出口货物是指货物因质量不良或交货时间延误等原因,被国内外买方拒收退运或因错发、错运造成的溢装、漏卸而退运的货物。

1. 退运进口货物

原出口货物退运进境时,若该批出口货物已收汇,原发货人或其代理人应填写进口货物报关单向进境地海关申报,并提供原货物出口时的出口报关单,现场海关应凭报关单出口退税专用联或税务局"出口商品退运已补税证明"、保险公司证明或承运人溢装、漏卸的证明等有关资料办理退运进口手续,同时签发一份进口货物报关单。

原出口货物退运进口时,若出口未收汇,原发货人或其代理人在办理退运手续时,凭原出口报关单、报关单退税联向进境地海关申报退运进口,应同时填制一份进口货物报关单;若出口货物部分退运进口,海关在原出口报关单上应批注实际退运数量、金额后退回企业并留存复印件,海关核实无误后,验放有关货物进境。

因品质或者规格原因,出口货物自出口之日起1年内原状复运进境的,经海关核实后不予征收进口税;原出口时已经征收出口税的,只要重新缴纳因出口而退还的国内环节有关税收,纳税义务人自缴纳出口税款之日起1年内,可以申请退还已缴纳出口税。

2. 退运出口货物

因故退运出口的进口货物,原收货人或其代理人应填写出口货物报关单申报出境,并提供原货物进口时的进口报关单、保险公司证明或承运人溢装、漏卸的证明等有关资料,经海关核实无误后,验放有关货物出境。

因品质或者规格原因,进口货物自进口之日起1年内原状复运出境的,经海关核实后可以免征出口税;已征收的进口税,纳税义务人自缴纳进口税款之日起1年内,可以申请退还。

3. 直接退运货物

直接退运货物是指在货物进境后、办结海关放行手续前,进口货物收发货人、原运输工具负责人或者其代理人(以下统称"当事人")将全部或者部分货物直接退运境外,或者海关根据国家有关规定责令直接退运的货物。

货物进境后、办结海关放行手续前,有下列情形之一的,当事人可以向货物所在地海关办理直接退运手续:

(1) 因为国家贸易管理政策调整,收货人无法提供相关证件的;

(2) 属于错发、误卸或者溢卸货物,能够提供发货人或者承运人书面证明文书的;

(3) 收发货人双方协商一致同意退运,能够提供双方同意退运的书面证明文书的;

(4) 有关贸易发生纠纷,能够提供已生效的法院判决书、仲裁机构仲裁决定书或者无争议的有效货物所有权凭证的;

(5) 货物残损或者检验检疫不合格,能够提供相关检验证明文书的。

办理直接退运手续的进口货物未向海关申报的,当事人应当向海关提交《进口货物直接退运表》以及证明进口实际情况的合同、发票、装箱清单、提运单或者载货清单等相关单证、证明文书,按照规定填制报关单,办理直接退运的申报手续。

办理直接退运手续的进口货物已向海关申报的,当事人应当向海关提交《进口货物直接退运表》,先行办理报关单或者转关单删除手续。海关依法删除原报关单或者转关单数据的,当事人应当按照规定填制报关单,办理直接退运的申报手续。对海关已经确定布控、查验或者认为有走私违规嫌疑的货物,不予办理直接退运。布控、查验或者案件处理完毕后,按照海关有关规定处理。

货物进境后、办结海关放行手续前,有下列情形之一的,海关应当责令当事人将进口货物直接退运境外:

(1) 货物属于国家禁止进口的货物,已经海关依法处理的;

(2) 违反国家检验检疫政策法规,已经海关依法处理的;

(3) 未经许可擅自进口固体废物,已经海关依法处理的;

(4) 违反国家有关法律、行政法规,应当责令直接退运的其他情形。

责令进口货物直接退运的,由海关根据相关政府行政主管部门出具的证明文书,向当事人制发《海关责令进口货物直接退运通知书》(以下简称《责令直接退运通知书》)。当事人收到《责令直接退运通知书》之日起 30 日内,应当按照海关要求向货物所在地海关办理进口货物直接退运的申报手续。

当事人办理进口货物直接退运申报手续的,除另有规定外,应当先行填写出口报关单向海关申报,然后填写进口报关单办理直接退运申报手续,进口报关单应当在"关联报关单"栏填报出口报关单号。

进口货物直接退运的,除《中华人民共和国海关进出口货物报关单填制规范》外,还应当按照下列要求填制进出口货物报关单:"监管方式"栏均填写"直接退运"(代码"4500");"备注"栏填写《进口货物直接退运表》或者《责令直接退运通知书》编号。

直接退运的货物,海关不验核进出口许可证或者其他监管证件,免予征收进出口环节税费及滞报金,不列入海关统计。由于承运人的责任造成货物错发、误卸或者溢卸的,当事人办理直接退运手续时可以免予填制报关单。进口货物直接退运应当从原进境地口岸退运出境。由于运输原因需要改变运输方式或者由另一口岸退运出境的,应当经由原进境地海关批准后,以转关运输方式出境。

为深化海关通关作业无纸化改革,海关总署在全国开展进口货物直接退运业务无纸化作业。进口货物收发货人、原运输工具负责人或者其代理人申请办理直接退运手续符合《中华人民共和国海关进口货物直接退运管理办法》(海关总署令第 217 号)规定情形的,可通过互联网向海关申请办理进口货物直接退运手续。对于当事人申请办理进口货物直接退运手续的,应录入《进口货物直接退运表》相关事项,并提交相关材料的电子数据。对于责令当事人办理进口货物直接退运的,海关向当事人制发纸质海关责令进口货物直接退运通知书,当事人自接收到海关责令进口货物直接退运通知书之日起 30 日内,应当按照海关要求办理进口货物直接退运手续。海关将进口货物直接退运办理情况反馈当事人,当事人可通过互联网查询相关办理进度。按照规定当事人应向海关提交相关材料的,原则上通过互联网以电子方式上传。海关需要验核纸质材料的,当事人应当提交相关纸质材料。

(二) 出口退关货物

出口退关货物是指出口货物在向海关申报出口后被海关放行,因故未能装上运输工具,发货单位请求将货物退运出海关监管区域不再出口的行为。

对于出口退关货物,出口货物的发货人及其代理人应当在得知出口货物未装上运输工具,并决定不再出口之日起 3 天内,向海关申请退关,经海关核准且撤销出口申报后方能将货物运出海关监管场所。已缴纳出口税的退关货物,可以在缴纳税款之日起1年内,提出书面申请,向海关申请退税。

七、跨境电子商务进出境货物和物品

(一) 跨境电子商务零售进出口商品监管

为促进跨境电子商务健康有序发展,海关总署制定了跨境电子商务零售进出口商品监管的措施和规范。

1. 企业管理

跨境电子商务平台企业①、物流企业②、支付企业③等参与跨境电子商务零售进口业务的企业,应当依据海关报关单位备案管理相关规定,向所在地海关办理备案;境外跨境电子商务企业应委托境内代理人(以下简称"跨境电子商务企业境内代理人")向该代理人所在地海关办理备案。

跨境电子商务企业、物流企业等参与跨境电子商务零售出口业务的企业,应当向所在地海关办理信息登记;如需办理报关业务,向所在地海关办理备案。

物流企业应获得国家邮政管理部门颁发的《快递业务经营许可证》。直购进口模式下,物流企业应为邮政企业或者已向海关办理代理报关登记手续的进出境快件运营人。

支付企业为银行机构的,应具备银保监会或者原银监会颁发的《金融许可证》;支付企业为非银行支付机构的,应具备中国人民银行颁发的《支付业务许可证》,支付业务范围应当包括"互联网支付"。

参与跨境电子商务零售进出口业务并在海关备案的企业,纳入海关信用管理,海关根据信用等级实施差异化的通关管理措施。

2. 通关管理

对跨境电子商务直购进口商品及适用"网购保税进口"(监管方式代码1210)进口政策的商品,按照个人自用进境物品监管,不执行有关商品首次进口许可批件、注册或备案要求。但对相关部门明令暂停进口的疫区商品和出现重大质量安全风险的商品启动风险应急处置时除外。

适用"网购保税进口A"(监管方式代码1239)进口政策的商品,按《跨境电子商务零售进口商品清单》④尾注中的监管要求执行。

海关对跨境电子商务零售进出口商品及其装载容器、包装物按照相关法律法规实施

---

① 平台企业是指在境内办理工商登记,为交易双方(消费者和跨境电子商务企业)提供网页空间、虚拟经营场所、交易规则、信息发布等服务,设立供交易双方独立开展交易活动的信息网络系统的经营者。

② 物流企业是指在境内办理工商登记,接受跨境电子商务平台企业、跨境电子商务企业或其代理人委托为其提供跨境电子商务零售进出口物流服务的企业。

③ 支付企业是指在境内办理工商登记,接受跨境电子商务平台企业或跨境电子商务企业境内代理人委托为其提供跨境电子商务零售进口支付服务的银行、非银行支付机构以及银联等。

④ 财政部、发展改革委、工业和信息化部、农业部、商务部、海关总署、国家税务总局、质检总局、食品药品监管总局、濒管办、密码局联合公告2016年第40号发布了《跨境电子商务零售进口商品清单》,财政部、发展改革委、工业和信息化部、生态环境部、农业农村部、商务部、海关总署、国家濒管办公告2022年第7号对清单进行了优化调整。

检疫,并根据相关规定实施必要的监管措施。

跨境电子商务零售进口商品申报前,跨境电子商务平台企业或跨境电子商务企业境内代理人、支付企业、物流企业应当分别通过国际贸易"单一窗口"或跨境电子商务通关服务平台向海关传输交易、支付、物流等电子信息,并对数据真实性承担相应责任。直购进口模式下,邮政企业、进出境快件运营人可以接受跨境电子商务平台企业或跨境电子商务企业境内代理人、支付企业的委托,在承诺承担相应法律责任的前提下,向海关传输交易、支付等电子信息。

跨境电子商务零售出口商品申报前,跨境电子商务企业或其代理人、物流企业应当分别通过国际贸易"单一窗口"或跨境电子商务通关服务平台向海关传输交易、收款、物流等电子信息,并对数据真实性承担相应法律责任。

跨境电子商务零售商品进口时,跨境电子商务企业境内代理人或其委托的报关企业应提交《中华人民共和国海关跨境电子商务零售进出口商品申报清单》(以下简称《申报清单》),采取"清单核放"方式办理报关手续。

跨境电子商务零售商品出口时,跨境电子商务企业或其代理人应提交《申报清单》,采取"清单核放、汇总申报"方式办理报关手续;跨境电子商务综合试验区内符合条件的跨境电子商务零售商品出口,可采取"清单核放、汇总统计"方式办理报关手续。

按照上述要求传输、提交的电子信息应施加电子签名。

开展跨境电子商务零售进口业务的跨境电子商务平台企业、跨境电子商务企业境内代理人应对交易真实性和消费者(订购人)身份信息真实性进行审核,并承担相应责任;身份信息未经国家主管部门或其授权的机构认证的,订购人与支付人应当为同一人。

跨境电子商务零售商品出口后,跨境电子商务企业或其代理人应当于每月 15 日前(当月 15 日是法定节假日或者法定休息日,顺延至其后的第一个工作日),将上月结关的《申报清单》依据清单表头同一收发货人、同一运输方式、同一生产销售单位、同一运抵国、同一出境关别,以及清单表体同一最终目的国、同一 10 位海关商品编码、同一币制的规则进行归并,汇总形成《中华人民共和国海关出口货物报关单》向海关申报。允许以"清单核放、汇总统计"方式办理报关手续的,不再汇总形成《中华人民共和国海关出口货物报关单》。

《申报清单》与《中华人民共和国海关进(出)口货物报关单》具有同等法律效力。《申报清单》的修改或者撤销,参照海关《中华人民共和国海关进(出)口货物报关单》修改或者撤销有关规定办理。除特殊情况外,《申报清单》《中华人民共和国海关进(出)口货物报关单》应当采取通关无纸化作业方式进行申报。

3. 税收征管

对跨境电子商务零售进口商品,海关按照国家关于跨境电子商务零售进口税收政策征收关税和进口环节增值税、消费税,完税价格为实际交易价格,包括商品零售价格、运费和保险费。

跨境电子商务零售进口商品消费者(订购人)为纳税义务人。在海关注册登记的跨境电子商务平台企业、物流企业或申报企业作为税款的代收代缴义务人,代为履行纳税义务,并承担相应的补税义务及相关法律责任。

代收代缴义务人应当如实、准确地向海关申报跨境电子商务零售进口商品的商品名称、规格型号、税则号列、实际交易价格及相关费用等税收征管要素。跨境电子商务零售进口商品的申报币制为人民币。

为审核确定跨境电子商务零售进口商品的归类、完税价格等，海关可以要求代收代缴义务人按照有关规定进行补充申报。

海关对符合监管规定的跨境电子商务零售进口商品按时段汇总计征税款，代收代缴义务人应当依法向海关提交足额有效的税款担保。

海关放行后30日内未发生退货或修撤单的，代收代缴义务人在放行后第31日至第45日内向海关办理纳税手续。

扩展阅读材料链接：

海关总署公告2018年第194号："关于跨境电子商务零售进出口商品有关监管事宜的公告"，海关总署网站：http://www.customs.gov.cn/customs/302249/302266/302267/2141321/index.html。

4. 场所管理

跨境电子商务零售进出口商品监管作业场所必须符合海关相关规定。跨境电子商务监管作业场所经营人、仓储企业应当建立符合海关监管要求的计算机管理系统，并按照海关要求交换电子数据。其中开展跨境电子商务直购进口或一般出口业务的监管作业场所应按照快递类或者邮递类海关监管作业场所规范设置。

跨境电子商务网购保税进口业务应当在海关特殊监管区域或保税物流中心（B型）内开展。除另有规定外，参照海关总署公告2018年第194号（关于跨境电子商务零售进出口商品有关监管事宜的公告）规定监管。

5. 检疫、查验和物流管理

对需在进境口岸实施的检疫及检疫处理工作，应在完成后方可运至跨境电子商务监管作业场所。

网购保税进口业务：一线入区时以报关单方式进行申报，海关可以采取视频监控、联网核查、实地巡查、库存核对等方式加强对网购保税进口商品的实货监管。

海关实施查验时，跨境电子商务企业或其代理人、跨境电子商务监管作业场所经营人、仓储企业应当按照有关规定提供便利，配合海关查验。

跨境电子商务零售进出口商品可采用"跨境电商"模式进行转关。其中，跨境电子商务综合试验区所在地海关可将转关商品品名以总运单形式录入"跨境电子商务商品一批"，并需随附转关商品详细电子清单。

网购保税进口商品可在海关特殊监管区域或保税物流中心（B型）间流转，按有关规定办理流转手续。以"网购保税进口"（监管方式代码1210）海关监管方式进境的商品，不得转入适用"网购保税进口A"（监管方式代码1239）的城市继续开展跨境电子商务零售进口业务。网购保税进口商品可在同一区域（中心）内的企业间进行流转。

6. 退货管理

在跨境电子商务零售进口模式下，允许跨境电子商务企业境内代理人或其委托的报关企业向海关申请开展退货业务。跨境电子商务企业及其境内代理人应保证退货商品为原跨境电商零售进口商品,并承担相关法律责任。退货企业可以对《申报清单》内全部或部分商品申请退货。退货企业在《申报清单》放行之日起 30 日内申请退货,并且在《申报清单》放行之日起 45 日内将退货商品运抵原海关监管作业场所、原海关特殊监管区域或保税物流中心(B 型)的,相应税款不予征收,调整消费者个人年度交易累计金额。退货企业应当向海关如实申报,接受海关监管,并承担相应的法律责任。对超过保质期或有效期、商品或包装损毁、不符合我国有关监管政策等不适合境内销售的跨境电子商务零售进口商品,以及海关责令退运的跨境电子商务零售进口商品,按照有关规定退运出境或销毁。

跨境电子商务出口企业、特殊区域[包括海关特殊监管区域和保税物流中心(B 型)]内跨境电子商务相关企业或其委托的报关企业可向海关申请开展跨境电子商务零售出口、跨境电子商务特殊区域出口、跨境电子商务出口海外仓商品的退货业务。申请开展退货业务的跨境电子商务出口企业、特殊区域内跨境电子商务相关企业应当建立退货商品流程监控体系,应保证退货商品为原出口商品,并承担相关法律责任。退货企业可以对原《中华人民共和国海关出口货物报关单》《中华人民共和国海关跨境电子商务零售出口申报清单》或《中华人民共和国海关出境货物备案清单》所列全部或部分商品申请退货。跨境电子商务出口退货商品可单独运回也可批量运回,退货商品应在出口放行之日起 1 年内退运进境。退货企业应当向海关如实申报,接受海关监管,并承担相应的法律责任。

【思政课堂】

政策实施两周年 电商退货不再难

2022 年 3 月底,在威海国际物流园快件监管中心内,山东泛亚国际货运有限公司申报进口的一批小家电正有序通过流水线。这批货物是该公司的出口电商退运货物,经威海海关驻邮局办事处关员查验无误后,即可装运上车离开海关监管场所返回国内卖家手中。

2020 年 3 月 28 日,海关总署发布公告实施跨境电商出口商品退货监管政策,截至 2022 年 4 月,政策实施已满 2 周年。此前,跨境电商出口货物如需退回国内,只能以进口的方式"买回来"。退货政策的实施简化了退货流程,解决了跨境电商出口商品"退货难"问题。

"我们公司以跨境电商方式向韩国申报出口国产小家电、鞋服等商品,退货比例约为 3%。2 年来我们已经成功办理电商退货 6 100 票,货值 180 多万元。"山东泛亚国际货运有限公司电商物流部经理原晓晴介绍。政策实施前,受制于较高的退货成本,国外的退货如果无法二次售出,企业往往会选择放弃。退货政策的实施,既消除了海外消费者购物不能退货的隐忧,让消费者"放心买",又降低了国内出口电商企业的运营成本,售后服务更加完整,让企业"放心卖"。

威海开展跨境电商业务具备明显优势。作为地理位置距离韩国最近的国内城市,威海对韩国海运班次密集、运力大,具备"空运的速度、海运的价格",威海还享有国家跨境电商综合试验区的政策优势。"此外,威海开展对韩贸易时间比较早,聚集了很多对韩贸易企业及人才,有浓厚的对韩贸易底蕴。"原晓晴表示,得益于以上优势条件,威海口岸2022年每天出口电商超过10万票。

威海海关驻邮局办事处主任李智介绍,取道威海口岸出境的跨境电商货物主要来自国内广州、义乌等地,出口商品多为鞋服配饰、小型家具家电、玩具文具等生活用品,而常见的退货商品一般为单价相对较高的投影仪、吸尘器、风扇、电暖气等小家电类商品。

为促进跨境电商贸易新业态高质量发展,威海海关坚持"包容、审慎、创新、协同"理念,积极宣传电商出口退货政策,不断优化监管制度,开设电商出口退货专窗,引导企业向海关开放仓储管理系统和订单管理系统数据,实时跟踪企业申报、布控查验等业务运行情况,确保电商出口退货无问题当天通关。

同时,海关在审单、机检、人工查验环节加强对跨境电商退货商品监管,利用企业数据库抽查等方式核实退货商品与原出口商品一致性,确保监管措施到位。

资料来源:王惠、姜铮:"政策实施两周年 电商退货不再难",海关总署网站。

7. 其他监管措施

从事跨境电子商务零售进出口业务的企业应向海关实时传输真实的业务相关电子数据和电子信息,并开放物流实时跟踪等信息共享接口,加强对海关风险防控方面的信息和数据支持,配合海关进行有效管理。

跨境电子商务企业及其代理人、跨境电子商务平台企业应建立商品质量安全等风险防控机制,加强对商品质量安全以及虚假交易、二次销售等非正常交易行为的监控,并采取相应处置措施。

跨境电子商务企业不得进出口涉及危害口岸公共卫生安全、生物安全、进出口食品和商品安全、侵犯知识产权的商品以及其他禁限商品,同时应当建立健全商品溯源机制并承担质量安全主体责任。鼓励跨境电子商务平台企业建立并完善进出口商品安全自律监管体系。

消费者(订购人)对于已购买的跨境电子商务零售进口商品不得再次销售。

海关对跨境电子商务零售进口商品实施质量安全风险监测,责令相关企业对不合格或存在质量安全问题的商品采取风险消减措施,对尚未销售的按货物实施监管,并依法追究相关经营主体责任;对监测发现的质量安全高风险商品发布风险警示并采取相应管控措施。海关对跨境电子商务零售进口商品在商品销售前按照法律法规实施必要的检疫,并视情发布风险警示。

跨境电子商务平台企业、跨境电子商务企业或其代理人、物流企业、跨境电子商务监管作业场所经营人、仓储企业发现涉嫌违规或走私行为的,应当及时主动告知海关。涉嫌走私或违反海关监管规定的参与跨境电子商务业务的企业,应配合海关调查,开放交易生产数据或原始记录数据。

海关对参与制造或传输虚假交易、支付、物流"三单"信息、为二次销售提供便利、未尽责审核消费者(订购人)身份信息真实性等,导致出现个人身份信息或年度购买额度被盗用、进行二次销售及其他违反海关监管规定情况的企业依法进行处罚。对涉嫌走私或违规的,由海关依法处理;构成犯罪的,依法追究刑事责任。对利用其他公民身份信息非法从事跨境电子商务零售进口业务的,海关按走私违规处理,并按违法利用公民信息的有关法律规定移交相关部门处理。对不涉嫌走私违规、首次发现的,进行约谈或暂停业务责令整改;再次发现的,一定时期内不允许其从事跨境电子商务零售进口业务,并交由其他行业主管部门按规定实施查处。

在海关注册登记的跨境电子商务企业及其境内代理人、跨境电子商务平台企业、支付企业、物流企业等应当接受海关稽核查。

(二)跨境电子商务企业对企业出口监管

为加快跨境电子商务新业态发展,海关总署在试点的基础上,在全国海关复制推广跨境电商企业对企业出口(以下简称"跨境电商B2B出口")监管试点。跨境电商B2B出口是指境内企业利用跨境物流将货物运送至境外企业或海外仓,并通过跨境电商平台①完成交易的贸易形式。

1. 适用范围

跨境电商B2B出口包括:境内企业通过跨境电商平台与境外企业达成交易后,利用跨境物流将货物直接出口送达境外企业(以下简称"跨境电商B2B直接出口",海关监管方式代码"9710");境内企业将出口货物利用跨境物流送达海外仓,通过跨境电商平台实现交易后从海外仓送达购买者(以下简称"跨境电商出口海外仓",海关监管方式代码"9810")。

2. 企业管理

跨境电商企业、跨境电商平台企业、物流企业等参与跨境电商B2B出口业务的境内企业,应当依据海关报关单位备案管理有关规定,向所在地海关办理备案。

开展出口海外仓业务的跨境电商企业,还应当在海关开展出口海外仓业务模式备案。

3. 通关管理

跨境电商企业或其委托的代理报关企业、境内跨境电商平台企业、物流企业应当通过国际贸易"单一窗口"或"互联网+海关"向海关提交申报数据、传输电子信息,并对数据真实性承担相应法律责任。

跨境电商B2B出口货物应当符合检验检疫相关规定。

海关实施查验时,跨境电商企业或其代理人、监管作业场所经营人应当按照有关规定配合海关查验。海关按规定实施查验,对跨境电商B2B出口货物可优先安排查验。

跨境电商B2B出口货物适用全国通关一体化,也可采用"跨境电商"模式进行转关。

【思政课堂】

广州海关助跨境电商B2B出口海外仓业务快速发展

2022年3月25日,广东盈浩工艺制品有限公司一票重约4 490千克的装饰品以跨境电商B2B出口海外仓模式出口,运抵公司租用在当地的仓库,并迅速在当地网上购物平台上架、面向海外消费者销售。2022年以来,该公司通过跨境电商B2B出口海外仓模式

---

① 跨境电商平台是指为交易双方提供网页空间、虚拟经营场所、交易规则、信息发布等服务,设立供交易双方独立开展交易活动的信息网络系统,包括:自营平台和第三方平台,境内平台和境外平台。

出口货物16批次,总货值超1 000万元人民币。

"这批装饰品有塑料、布艺、陶瓷等不同材质,不少款型是我们今年研发推出的新品,其中一款装饰用陶瓷花瓶是基于闽粤地区的雕刻绘画工艺进行创意设计,在海外市场特别畅销。"广东盈浩工艺制品有限公司副总经理李新儿介绍。

该公司作为一家专营节日饰品的出口企业,产品远销全球80多个国家和地区,此前一直以一般贸易方式出口。受新冠肺炎疫情影响,公司一度面临海外订单下滑、国际物流成本增加等问题。广州海关了解到这一情况后,立即派出业务专家走进企业,宣讲跨境电商B2B出口监管方式的相关流程和配套的优先查验、简化申报等便利措施。该公司在尝试跨境电商B2B出口海外仓业务后,迅速实现业务量的增长。

随着越来越多外贸企业了解并探索开展跨境电商B2B出口业务,享受新模式带来的优惠便利,为支持企业抓住发展机遇,广州海关从加强政策引导、创新监管模式、畅通物流通道、完善监管配套等多方面综合施策,定期组织"线上+线下"政策专题宣讲会,指导跨境电商企业办理备案登记、系统对接、信息申报等工作,鼓励企业依托跨境电商B2B出口业务享受优先查验、一体通关、便利退货等优惠政策,推动跨境电商与"一带一路"物流渠道融合。

广州鸿帆捷贸易有限公司是一家成立不到2年的跨境电商贸易企业,与共建"一带一路"国家的跨境电商业务发展迅速。公司业务经理刘恒英介绍:"目前我们在泰国、越南建有2个海外仓,未来还将考虑设立更多的海外仓,充分利用跨境电商B2B出口的优势,加快'一带一路'国家布局,开拓新市场。"

截至2022年,广州海关关区开展跨境电商B2B出口业务的企业达200余家,主要出口商品包括服装、家电、家具、箱包、鞋靴、陶瓷等接近60个品类。

资料来源:关悦:"加强政策引导 完善监管配套——广州海关助跨境电商B2B出口海外仓业务快速发展",海关总署网站。

(三) 跨境电子商务零售进口退货中心仓模式监管

为便捷跨境电子商务零售进口商品退货,海关总署全面推广"跨境电子商务零售进口退货中心仓模式"(以下简称"退货中心仓模式")。

退货中心仓模式是指在跨境电商零售进口模式下,跨境电商企业境内代理人或其委托的海关特殊监管区域内仓储企业(以下简称"退货中心仓企业")可在海关特殊监管区域内设置跨境电商零售进口商品退货专用存储地点,将退货商品的接收、分拣等流程在原海关特殊监管区域内开展的海关监管制度。其适用于海关特殊监管区域内开展的跨境电子商务网购保税零售进口(监管方式代码1210)商品的退货。

申请设置退货中心仓并据此开展退货管理业务的退货中心仓企业,其海关信用等级不得为失信企业。

退货中心仓企业开展退货业务时,应划定专门区位,配备与海关联网的视频监控系统,使用仓库管理系统(WMS)对退货中心仓内商品的分拣、理货等作业进行信息化管理,并按照海关规定的方式与海关信息化监管系统联网,向海关报送能够满足监管要求的相关数据,接受海关监管。

退货中心仓企业应当建立退货流程监控体系、商品溯源体系和相关管理制度,保证退货商品为原出区域商品,向海关如实申报,接受海关监管,并承担相应法律责任。

退货中心仓企业在退货中心仓内完成退货商品分拣后:对于符合退货监管要求的商品,按现行规定向海关信息化监管系统正式申报退货;对于不符合退货监管要求的商品,由退货中心仓企业复运出区域进行相应处置。

退货中心仓企业应注重安全生产,做好退货风险防控,从退货揽收、卡口入区域、消费者管理等方面完善管理制度,规范操作,遵守区域管理制度并配合海关强化对退货中心仓内商品的实货监管。

报关程序;一般进出口货物;进出口申报;集中申报;提前申报;补充申报;查验;货物进口证明书;"两步申报";"两段准入";通关作业无纸化;保税货物;保税物流货物;保税加工货物;保税仓库;出口监管仓库;保税物流中心(A型);保税物流中心(B型);综合保税区;加工贸易;加工贸易货物;加工贸易单耗;电子化手册;以企业为单元加工贸易监管模式;企业集团加工贸易监管模式;金关工程(二期);保税核注清单;特定减免税货物;暂准进出口货物;ATA单证册;转关运输货物;进出境快件;进出境专差快件;过境、转运、通运货物;无代价抵偿货物;放弃进口货物;超期未报关进口货物;退运进出口货物;直接退运货物;出口退关货物;参与跨境电子商务零售进口业务的企业;跨境电商B2B出口;退货中心仓模式

1. 在哪些情况下,当事人可以向原接受申报的海关办理进出口货物报关单修改或者撤销手续?

2. 哪些情形下,海关可以对已查验货物进行复验?哪些情形下,海关可以对进出口货物进行径行开验?

3. 什么是"两步申报"?什么是"两段准入"?

4. 出口监管仓库申请验收应当符合哪些条件?

5. 试述保税物流中心(A型)与保税物流中心(B型)的主要区别。

6. 综合保税区内企业可以依法开展哪些业务?

7. 经营企业办理加工贸易货物的手册设立时需要提交哪些单证?海关可以要求经

营企业在办理加工贸易手册设立手续时提供相当于应缴税款金额的保证金或者保函的情形有哪些?

8. 什么是加工贸易单耗?哪些情况不列入工艺损耗范围?

9. 根据《中华人民共和国海关加工贸易企业联网监管办法》的规定,海关实施联网监管的加工贸易企业应当具备哪些条件?

10. 加工贸易电子化手册管理模式与纸质手册模式相比具有哪些优点?

11. 什么是以企业为单元加工贸易监管模式?企业申请适用企业集团加工贸易监管模式,应满足什么条件?

12. 保税货物和特定减免税货物各自具有哪些特征?

13. 进出口货物减免税申请人向主管海关申请办理减免税审核确认手续,应当提交哪些材料?

14. 什么是ATA单证册系统?

15. 转关运输的限制范围包括哪些情况?

16. 进出境快件向海关申报通关应当提交哪些单证?

17. 货物进境后、办结海关放行手续前,当事人可以向货物所在地海关办理直接退运手续的情形有哪些?

18. 什么是跨境电子商务零售进口退货中心仓模式?

第五章　进出口商品归类

本章学习目标

本章介绍进出口商品归类的基础知识。通过本章的学习,应当重点掌握《协调制度》的基本结构及主要特点,能够灵活运用六大归类规则对大类如动物产品、植物产品、食品、矿产品、化工产品、纺织品、机械电子产品等常见商品进行正确归类。进出口商品归类的依据和管理规范以及商品归类的预裁定和海关行政裁定等也是需要掌握的内容。

在海关管理过程中,需要按照进出口商品的性质、用途、功能或加工程度进行归类,因为海关对不同类别的进出口商品会分别采取不同的监管措施,并按照不同税率征收关税。进出口商品归类是海关监管、征税及统计的基础和依据,归类的正确与否直接影响进出口货物的顺利通关,与报关单位的切身利益也密切相关。

第一节　《协调制度》的结构和特点

《协调制度》是指海关合作理事会(1994年更名为"世界海关组织")在《海关合作理事会商品分类目录》和联合国《国际贸易标准分类》的基础上,参照国际上主要国家的税则、统计、运输等分类目录而制定的一个多用途的国际贸易商品分类目录。1983年6月,海关合作理事会通过了《商品名称及编码协调制度的国际公约》(以下简称《协调制度国际公约》)及作为其附件的《〈协调制度〉目录》,于1988年1月1日正式实施,之后又相继修订出版了1992年版、1996年版、2002年版、2007年版、2012年版、2017年版和2022年版《协调制度》。经国务院批准,我国海关自1992年1月1日起开始采用《协调制度》,从而使进出口商品归类工作成为我国海关最早实现与国际接轨的执法项目之一。

一、《协调制度》的基本结构

《协调制度》总体包括三部分内容:商品归类总规则;按顺序编排的目与子目编码及条文;类、章及子目注释。

为保证国际上对《协调制度》使用和解释的一致性,《协调制度》首先列明六条商品归类总规则,规定了使用《协调制度》对商品进行分类时必须遵守的分类原则和方法,作为指导整个《协调制度》商品归类的总原则。

《协调制度》将国际贸易涉及的各种商品按照生产部类、自然属性和不同功能用途等分为21类、97章。《协调制度》采用由6位数税(品)目和子目构成的编码[税(品)目号中第1~4位称为税(品)目,第5位开始称为子目]。为了避免各税(品)目和子目所列商品发生交叉归类,在许多类、章的开头加有类注、章注和子目注释,严格界定归入各类和各章的商品范围,阐述《协调制度》中专用术语的定义或区分某些商品的技术标准和界限。

《协调制度》是一个系统的国际贸易商品分类表,所列商品名称的分类和编排是有一定规律的。从类来看,其基本上是按社会生产的分工(或称生产部类)分类的,将属于同一生产部类的产品归在同一类,如农业产品在第一类、第二类,化学工业产品在第六类,纺织工业产品在第十一类,冶金工业产品在第十五类,机电制造业产品在第十六类等。

从章来看,基本上是按商品的自然属性或用途(功能)来划分的。第一章至第八十三章(第六十四章至第六十六章除外)基本上是按商品的自然属性来分章,而每章的前后顺序是按照动物、植物、矿物质和先天然后人造的顺序排列的,如第一章至第五章是活动物和动物产品,第六章至第十四章是活植物和植物产品,第二十五章至第二十七章是矿产品。又如第十一类包括了动物、植物和化学纤维的纺织原料及其产品,第五十章和第五十一章是蚕丝、羊毛及其他动物毛,第五十二章和第五十三章是棉花、其他植物纺织纤维、纸纱线,第五十四章和第五十五章为化学纤维。商品之所以按自然属性分类是因为其种类、成分或原料比较容易区分,同时也因为商品价值的高低往往取决于构成商品本身的原材料。又如第六十四章至第六十六章和第八十四章至第九十七章是按货物的用途或功能来分章的,第六十四章是鞋、第六十五章是帽、第八十四章是机械设备、第八十五章是电气设备、第八十七章是车辆、第八十九章是船舶等。这样分类:一是因为这些物品往往由多种材料构成,难以将这些物品作为某一种材料制成的物品来分类;二是因为商品的价值主要体现在生产该物品的社会必要劳动时间,如一台机器,其价值一般主要看生产这台机器所耗费的社会必要劳动时间,而不是看机器用了多少贱金属等。

从税目的排列看,一般也是按动物、植物、矿物质顺序,而且更为明显的是原材料先于成品,加工程度低的产品先于加工程度高的产品,列名具体的品种先于列名一般的品种。如在第四十四章,税(品)目号4403是原木,4404~4408是经简单加工的木材,4409~4413是木的半制成品,4414~4421是木制品。

二、《协调制度》的主要特点

《协调制度》综合了国际上多种商品分类目录的长处,成为国际贸易商品分类的一种"标准语言",从而方便了国际贸易的开展,避免了各工作环节的重新分类和重新编号。《协调制度》的主要特点体现为以下五个方面。

(一)完整性

《协调制度》目录将目前世界上国际贸易的主要商品全部分类列出;同时,为了适应各国征税、统计等商品分类的要求和将来技术发展的需要,还在各类、章列有"其他"税目,从而使国际贸易中的任何商品,包括目前还无法预计到的新产品都能在目录的体系中归入合适的位置,任何一种商品都不会被排斥在该目录范围之外。再加上分类总规则四"最相类似"原则的综合运用,保证了《协调制度》目录对所有商品无所不包的特点。

(二)系统性

《协调制度》的分类原则遵循了一定的科学原理和规则,按人们所了解商品的自然属性、生产部类和不同用途进行分类排列,并照顾了商业习惯和实际操作的可行性,将一些进出口量较大而又难以分类的商品(如灯具、活动房屋等)专门列目,从而便于理解、便于归类、便于查找、便于记忆。

(三) 通用性

《协调制度》目录在国际上影响很大,截至2022年,已为200多个国家(地区)所采用。由于采用同一分类目录的国家(地区)的进出口商品相互之间具有可比性,同时,该目录既适合用作海关税则目录,又适合用作对外贸易统计目录,还可适用于国际运输、保险、生产等部门的商品分类目录,因此,《协调制度》目录的通用性超过了以往任何一个商品分类目录,加之作为《协调制度》主体的《协调制度国际公约》规定了缔约方的权利和义务,这就保证了该目录的统一、有效实施。

(四) 准确性

《协调制度》目录所列税(品)目的概念明确,内涵和外延明了,不重复。为保证做到这一点,除了目录的税(品)目条文有非常清楚的表述外,还有作为归类总纲的归类总规则以及类注、章注、子目注释加以具体说明,使得各条税(品)目范围非常清楚、准确无误。

(五) 完善性

《协调制度》目录作为《协调制度国际公约》的一个附件,在国际上有专门的机构和人员对其进行维护和管理,各国(地区)还可通过对《协调制度》目录提出修正意见,以维护本国(地区)的经济利益,统一疑难商品的归类。这些完善《协调制度》目录的工作不是一个国家(地区)的力量所能办到的,《协调制度》这种不断充实和完善的特点也是国际上其他商品分类目录所无法比拟的。

第二节 《协调制度》中商品归类总规则

《协调制度》将国际贸易中种类繁多的商品,根据其在国际贸易中所占的比重和地位,分成若干类、章、分章和商品组。为使人们在对各种商品进行归类时遵循统一的原则,并使各类商品能够准确无误地归入《协调制度》恰当的税目项下,不发生重复、交叉和归类的不一致,《协调制度》对商品归类的普遍规律加以归纳总结,作为规则列出,形成了《协调制度》的六个商品归类总规则。

一、规则一

(一) 规则一的内容

类、章及分章的标题,仅为查找方便而设。具有法律效力的归类,应按税(品)目条文和有关类注或章注确定,如税(品)目、类注或章注无其他规定,则按以下规则确定。

(二) 对规则一的解释和说明

(1)《协调制度》系统地列出了国际贸易的货品,将这些货品分为类、章及分章,每类、章或分章都有标题,尽可能确切地列明所包括货品种类的范围。但在许多情况下,归入某类或某章的货品种类繁多,类、章标题不可能将其一一列出,全都包括进去。因此,本规则一开始就说明,类、章及分章的标题"仅为查找方便而设"。据此,标题对商品归类不具有法律效力。

(2) 本规则第二部分规定,商品应按以下两条规则进行归类:

① 按照税(品)目条文及任何相关的类、章注释的规定办理;

② 如税(品)目和类、章注释无其他规定,则可根据规则二、三、四、五的规定办理。

(3) 以上(2)①所规定的已很明确,许多货品可直接按目录条文的规定进行归类,而类注、章注的作用在于限定类、章和税目的商品范围。以上(2)②所称"如税(品)目和类、章注释无其他规定",旨在明确税(品)目条文及任何相关的类、章注释是最重要的,换言之,它们是在确定归类时应首先考虑的规定。只有在税目、类注和章注中无专门规定,而商品的归类又不能确定的情况下,才可按照归类总规则的其他规则归类。

二、规则二

(一) 规则二的内容

(1) 税目所列货品,应视为包括该项货品的不完整品或未制成品,只要在报验时该项不完整品或未制成品具有完整品或制成品的基本特征;还应视为包括该项货品的完整品或制成品(或按本款可作为完整品或制成品归类的货品)在报验时的未组装件或拆散件。

(2) 税目所列材料或物质,应视为包括该种材料或物质与其他材料或物质混合或组合的物品;税目所列某种材料或物质构成的货品,应视为包括全部或部分由该种材料或物质构成的货品;由一种以上材料或物质构成的货品,应按规则三归类。

(二) 对规则二的解释和说明

(1) 规则二(1)的第一部分将所有列出某一些物品的税目范围扩大为不仅包括完整的物品,而且包括该物品的不完整品或未制成品,只要报验时它们具有完整品或制成品的基本特征。本款规则的规定也适用于毛坯,除非该毛坯已在某一税目具体列名。所称"毛坯",是指已具有制成品或制成零件的大概形状或轮廓,但还不能直接使用的物品。除极个别的情况外,它们须经进一步完善方可作为制成品或制成零件使用。尚未具有制成品基本形状的半制成品(例如,常见的杆、盘、管等)不应作为毛坯对待。

鉴于第一类至第六类各税目的商品范围所限,本款规则这一部分的规定一般不适用于这六类所包括的货品(即第三十八章及以前各章所包括的货品)。

(2) 规则二(1)的第二部分规定,完整品或制成品的未组装件或拆散件应归入已组装物品的同一税目。货品以未组装或拆散形式报验,通常是出于包装、装卸或运输上的需要,或是为了便于包装、装卸或运输。本款规则也适用于以未组装或拆散形式报验的不完整品或未制成品,只要按照本规则第一部分的规定,它们就可作为完整品或制成品看待。本款规则所称"报验时的未组装件或拆散件",是指其零件通过紧固件(螺钉、螺母、螺栓等)或铆接、焊接等组装方法便可装配起来的物品。组装方法的复杂性可不予考虑,但其零件必须是无须进一步加工的制成品。某一物品的未组装零件如超出组装成品所需数量的,超出部分应单独归类。

鉴于第一类至第六类各税目的商品范围所限,本款规则这一部分的规定一般不适用于这六类所包括的货品(即第三十八章及以前各章所包括的货品)。

(3) 规则二(2)是关于混合及组合的材料或物质,以及由两种或多种材料或物质构成的货品。它所适用的税目是列出某种材料或物质的税目和列出某种材料或物质制成的货品的税目。但应注意的是,仅在税目条文和类、章注释无其他规定的条件下才能运用本款规则。

在类、章注释或税目条文列为调制品的混合物,应按规则一的规定进行归类。

本款规则旨在将任何列出某种材料或物质的税目扩大为包括该种材料或物质与其他材料或物质的混合品或组合品,同时还将任何列出某种材料或物质构成的货品的税目扩大为包括部分由该种材料或物质构成的货品。然而,本款规则绝不意味着将税目范围扩大到不按照规则一的规定,将不符合税目条文的货品也包括进来,即由于添加了另外一种材料或物质,使货品丧失了原税目所列货品特征的情况。

本规则最后规定,混合及组合的材料或物质,以及由一种以上材料或物质构成的货品,如果看起来可归入两个或两个以上税目的,必须按规则三的原则进行归类。

三、规则三

(一) 规则三的内容

当货品按规则二(2)或由于其他原因看起来可归入两个或两个以上税目时,应按以下规则归类。

(1) 列名比较具体的税目,优先于列名一般的税目。但是,如果两个或两个以上税目都仅述及混合或组合货品所含的某部分材料或物质,或零售的成套货品中的某些货品,即使其中某个税目对该货品描述得更为全面、详细,这些货品在有关税目的列名也应视为同样具体。

(2) 混合物、不同材料构成或不同部件组成的组合物以及零售的成套货品,如果不能按照规则三(1)归类,在本款可适用的条件下,应按构成货品基本特征的材料或部件归类。

(3) 货品不能按照规则三(1)或(2)归类时,应按号列顺序归入其可归入的最末一个税目。

(二) 对规则三的解释和说明

(1) 对于根据规则二(2)或其他原因看起来可归入两个或两个以上税目的货品,本规则规定了三条归类办法。这三条办法应按照其在本规则的先后次序加以运用。据此,只有在不能按照规则三(1)归类时,才能运用规则三(2);只有不能按照规则三(1)和(2)两款归类时,才能运用规则三(3)。因此,它们优先权的次序为:①具体列名;②基本特征;③从后归类。同样,只有在税目条文和类、章注释无其他规定的条件下,才能运用本规则。

(2) 规则三(1)是本规则的第一条归类办法:"具体列名"原则,它规定列名比较具体的税目应优先于列名比较一般的税目。通过制定几条"一刀切"的规则来确定哪个税目就比其他税目列名更为具体是行不通的,但作为一般原则可以这样说。

① 列出品名比列出类名更为具体。例如,电动剃须刀及电动理发推子应归入税目85.10,而不应作为本身装有电动机的手提式工具归入税目84.67或作为家用电动机械器具归入税目85.09。

② 如果某一税目所列名称更为明确地述及某一货品,则该税目要比所列名称不那么明确述及该货品的其他税目更为具体。例如,确定为用于小汽车的簇绒地毯,不应作为小

汽车附件归入税目87.08,而应归入税目57.03,因该税目所列地毯更为具体;钢化或层压玻璃制的未镶框安全玻璃,已制成一定形状并确定为用于飞机上,该货品不应作为税目88.01或88.02所列货品的零件归入税目88.03,而应归入税目70.07,因该税目所列安全玻璃更为具体。

但是,如果两个或两个以上税目都仅述及混合或组合货品所含的某部分材料或物质,或零售成套货品中的某些货品,即使其中某个税目比其他税目对该货品描述得更为全面、详细,这些货品在有关税目的列名也应视为同样具体。在这种情况下,货品应按规则三(2)或(3)的规定进行归类。

(3) 规则三的第二条归类办法即"基本特征"原则仅适用于:①混合物;②不同材料的组合货品;③不同部件的组合货品;④零售的成套货品。只有在不能按照规则三(1)归类时,才能运用本款规则。无论如何,只有在本款可适用的条件下,货品才可按构成货品基本特征的材料或部件归类。不同的货品,确定其基本特征的因素会有所不同。例如,可根据其所含材料或部件的性质、体积、数量、重量或价值来确定货品的基本特征,也可根据所含材料对货品用途的作用来确定货品的基本特征。本款规则所称"不同部件组成的组合物",不仅包括部件相互固定组合在一起,构成了实际不可分离整体的货品,还包括其部件可相互分离的货品,但这些部件必须是相互补足、配合使用,构成一体并且通常不单独销售的。例如,由一个带活动烟灰盘的架子构成的烟灰盅,由一个特制的架子(通常为木制的)及几个形状、规格相配的空调味料瓶子组成的家用调味架等。这类组合货品的各件一般都装于同一包装内。本款规则所称"零售的成套货品",是指同时符合以下三个条件的货品:①由至少两种看起来可归入不同税目的不同物品构成的。例如,六把乳酪叉不能作为本款规则所称的成套货品。②为了迎合某项需求或开展某项专门活动而将几件产品或物品包装在一起的。③其包装形式适于直接销售给用户而货物无须重新包装的(例如,装于盒、箱内或固定于板上)。据此,它包括由不同食品构成,配在一起调制后可成为即食菜或即食饭的成套食品。例如:由一个夹牛肉(不论是否夹奶酪)的小圆面包构成的三明治(税目16.02)和法式炸土豆片(税目20.04)包装在一起的成套货品,应归入税目16.02;配制一餐面条的成套货品,由装于一纸盒内的一包未煮的面条(税目19.02)、一小袋乳酪粉(税目04.06)及一小罐番茄酱(税目21.03)组成,应归入税目19.02;成套理发工具,由一个电动理发推子(税目85.10)、一把梳子(税目96.15)、一把剪子(税目82.13)、一把刷子(税目96.03)及一条毛巾(税目63.02)组成,装于一个皮匣子(税目42.02),应归入税目85.10;成套绘图器具,由一把尺子(税目90.17)、一个圆盘计算器(税目90.17)、一个绘图圆规(税目90.17)、一支铅笔(税目96.09)及一个卷笔刀(税目82.14)组成,装于一个塑料片制的盒子(税目42.02),应归入税目90.17。以上成套货品应按其构成整套货品基本特征的部件进行归类。但本规则不适用于包装在一起的混合产品。例如:一罐小虾(税目16.05)、一罐肝酱(税目16.02)、一罐乳酪(税目04.06)、一罐火腿肉片(税目16.02)及一罐开胃香肠(税目16.01);一瓶税目22.08的烈性酒及一瓶税目22.04的葡萄酒。对于以上两个例子所列的产品及类似的混合产品,应将每种不同产品分别归入各自所属的税目项下。

(4) 货品如果不能按照规则三(1)或(2)归类,则应按号列顺序归入其可归入的最后一个税目。这是一条"从后归类"的原则,即将某个商品可以归入的所有税目号进行比较,并按排列在最后的税目号归类。例如,橡胶底的旅游鞋,鞋面材料一半是皮革,一半是纺织材料,就难以确定其主要特征,似乎既可归入税目 64.03,又可归入税目 64.04,根据从后归类的原则,该商品应归入税目 64.04。

使用规则三需要注意,只有在规则一和规则二都不能适用的情况下才能适用规则三。例如,货品"混合食用油,由豆油 80%、玉米油 10%、橄榄油 10%组成"应该如何归类?如果考虑该货品为混合物,而且豆油含量最高,构成基本特征,从而使用规则三(2)将其按豆油归入税目 15.07,这种做法是错误的。根据规则一,归类的法律依据是税(品)目条文和有关类注或章注,税目 15.17 的货品名称包括"各种动、植物油混合而成的食用油",上述货品是混合食用油,所以先适用规则一,应该归入税目 15.17。

四、规则四

(一) 规则四的内容

根据上述规则无法归类的货品,应归入与其最相类似的货品的税目。

(二) 对规则四的解释和说明

(1) 本规则适用于不能按照规则一至规三归类的货品。它规定,这些货品应归入与其最相类似的货品的税目。

(2) 在按照规则四归类时,必须将报验货品与类似货品加以比较以确定其与哪种货品最相类似,然后所报验的货品应归入与其最相类似的货品的同一税目。当然,所谓"类似"要看许多因素。例如,货品名称、特征、用途、功能、结构等,因此这一规则实际应用起来有一定的困难。如不得不使用这条规则,其归类方法是先列出最相类似的税目号,然后从中选择一个最为合适的。

五、规则五

(一) 规则五的内容

除上述规则外,本规则适用于下列货品的归类。

(1) 制成特殊形状仅适用于盛装某个或某套物品并适合长期使用的,如照相机套、乐器盒、枪套、绘图仪器盒、项链盒及类似容器,如果与所装物品同时报验,并通常与所装物品一同出售,应与所装物品一并归类。但本款不适用于本身构成整个货品基本特征的容器。

(2) 除规则五(1)规定的以外,与所装货品同时报验的包装材料或包装容器,如果通常是用来包装这类货品的,应与所装货品一并归类。但明显可重复使用的包装材料和包装容器可不受本款限制。

(二) 对规则五的解释和说明

(1) 规则五(1)仅适用于同时符合以下各条规定的容器。

① 制成特定形状或形式,专门盛装某一物品或某套物品的,即专门按所要盛装的物品进行设计的。有些容器还制成所装物品的特殊形状。

② 适合长期使用的,即容器的使用期限与所盛装的物品相比是相称的。在不使用物品期间(例如运输或储藏期间),这些容器还起到保护物品的作用。本条标准使其与简单包装区别开来。

③ 与所装物品一同报验的,不论其是否为了运输方便而与所装物品分开包装。单独报验的容器应归入其所应归入的税目。

④ 通常与所装物品一同出售的。

⑤ 本身并不构成整个货品基本特征的。容器本身只是货品的包装物,无论是从价值看或是从作用看,它都是从属于货品的。

与所装物品一同报验并可按照本规则进行归类的容器的例子如首饰盒及箱(税目71.13),电动剃须刀套(税目85.10),望远镜盒(税目90.05),乐器盒、箱及袋(税目92.02),枪套(税目93.03)等。

本款规则不包括本身构成货品基本特征的某些容器,如装有茶叶的银质茶叶罐、装有糖果的装饰性瓷碗等。这些包装容器本身价值昂贵或具有其他作用,已构成整个货品的基本特征,应与所装物品分别归类。

(2) 规则五(2)是关于通常用于包装有关货品的包装材料及包装容器的归类,是对规则五(1)的补充。它适用于明显不能重复使用的包装材料和容器,这些材料和容器都是货物的一次性包装物,向海关报验时,它们必须是包装着货物的,当货物开拆后,包装材料和容器一般不能再以原用途使用。例如,包装玻璃器皿的纸板箱、包装大型机器设备的木板箱等,均应与所装物品一并归类。规则五(2)不适用于明显可以重复使用的包装材料或包装容器,如某些金属桶及装压缩或液化气体的钢铁容器等。

六、规则六

(一) 规则六的内容

货品在某一税目项下各子目的法定归类,应按子目条文或有关的子目注释以及以上各条规则来确定,但子目的比较只能在同一数级上进行。除条文另有规定的以外,有关的类注、章注也适用于本规则。

(二) 对规则六的解释和说明

(1) 对规则一至规则五在必要的地方加以修改后,可适用于同一税目项下的各级子目。

(2) "同一数级"子目,是指5位数级子目(一级子目)或6位数级子目(二级子目)。据此,当按照规则三(1)规定考虑某一物品在同一税目项下的两个或两个以上5位数级子目的归类时,只能依据有关的5位数级子目条文来确定哪个5位数级子目所列名称更为具体或更为类似。只有在确定了哪个5位数级子目列名更为具体,而且该子目项下又细分了6位数级子目的情况下,才能根据有关的6位数级子目条文考虑物品应归入这些6位数级子目中的哪个子目。

(3) "除条文另有规定的以外",是指类、章注释与子目条文或子目注释不一致的情况。商品在子目上归类的法律依据首先是子目条文和子目注释,在子目条文和子目注释没有规定的情况下,可按类注或章注的规定办理。在类、章注释与子目条文或子目注释不一致时,应采用子目条文或子目注释的规定。例如,第七十一章注释四(二)所规定"铂"的范围就与子目注释二所规定"铂"的范围不相同,因此,在解释子目7110.11及7110.19的商品范围时,应采用子目注释二,而不应考虑该章注释四(二)的规定。

(4) 6位数级子目的范围不得超出其所属的5位数级子目的范围;同样,5位数级子目的范围也不得超出其所属的税目范围。因此,只有在货品归入适当的4位数级税目后才可考虑将其归入合适的5位数级或6位数级子目,并且在任何情况下,应优先考虑5位数级子目范围和子目注释,再考虑6位数级子目范围和子目注释。

第三节 我国海关进出口商品分类目录

海关进出口商品分类目录是进出口商品归类的基本依据。我国的海关进出口商品分类目录是指根据海关征税和海关统计工作的需要,分别编制的《中华人民共和国进出口税则》和《中华人民共和国海关统计商品目录》。这两个商品分类目录税目号列在第一章至第九十七章完全一致,均是以《协调制度》为基础,结合我国进出口货物的实际情况和特点编制而成的。

一、进出口商品分类目录概况

我国现行的《中华人民共和国进出口税则》和《中华人民共和国海关统计商品目录》是以《协调制度》为基础编制的。《中华人民共和国进出口税则》和《中华人民共和国海关统计商品目录》第一章至第九十七章(其中第七十七章为空章)的前6位数码及其商品名称与《协调制度》完全一致,第7、8位数码是根据我国海关征税、统计和贸易管理的需要,依据《协调制度》的分类原则和方法增设的子目。这8位数码构成了商品编码。为了满足海关监管工作的要求,1997年后,我国在原有的8位数商品分类编码的基础上,根据实际需要对部分8位数编码又进一步增加了第9、10位附加码,因此目前我国有一部分商品的商品编码为10位数编码。在实际报关过程中,报关单中的商品编号要求填报10位数,在未增列第9、10位附加码的8位商品编码后面补两个0构成10位商品编码进行申报。2024年版《中华人民共和国进口税则》中8位数编码税目总数为8 957个,《中华人民共和国出口税则》中8位数编码税目总数为102个。

《中华人民共和国进出口税则》中的商品号列称为税则号列(以下简称"税号"),为征税需要,每项税号后列出了该商品的名称和税率。《中华人民共和国海关统计商品目录》中的商品号列称为商品编号,为统计需要,每项商品编号后列出了该商品的名称、计量单位并增加了第二十二类"特殊交易品及未分类商品"(内分第九十八章和第九十九章)。

我国进出口商品8位数编码的表示方法如下例所示。

商品编码：<u>84</u> <u>71</u> <u>3</u> <u>0</u> <u>1</u> <u>0</u> ——平板电脑
位数含义：　章号　顺序号　5位数级子目　6位数级子目　7位数级子目　8位数级子目

其中，前 6 位数码为《协调制度》原有的编码，第 7、8 位数级子目号列为我国增加的编码。

二、各类、章的主要内容和结构

《中华人民共和国进出口税则》中的商品目录分为 21 类、97 章。《中华人民共和国海关统计商品目录》中的商品目录分为 22 类、99 章，其中前 21 类、97 章的商品目录与《中华人民共和国进出口税则》中的完全相同。这两个进出口商品分类目录各类、章的主要内容和结构如下。

第一类　活动物；动物产品

本类共五章，除极少数特例外，包括了所有种类的活动物以及未加工或经过有限简单加工的动物产品。本类的商品大致可分为三部分：活动物主要集中在第一、三章；可食用的动物产品集中在第二、四章；第五章主要是不可食用的动物产品。

某些加工程度较高的动物产品及作为一些生产行业原材料的动物产品不归入本类。归入本类的动物产品与归入其他类的动物产品，主要是根据加工程度来区分的，而各章对不同动物产品的加工程度都有不同的标准，因此，对动物产品进行归类时，应根据有关各章的注释和税目条文的规定来确定。

第一类中各章的具体内容为：

第一章　活动物

第二章　肉及食用杂碎

第三章　鱼、甲壳动物、软体动物及其他水生无脊椎动物

第四章　乳品；蛋品；天然蜂蜜；其他食用动物产品

第五章　其他动物产品

第二类　植物产品

本类包括绝大多数未加工或仅经有限加工的植物产品。本类共分九章，本类的植物产品可分为三部分：活植物（第六章）；食用植物产品（第七章至第十二章）；非食用植物产品（第十三、十四章）。归入本类的植物产品与归入其他类的植物产品，主要也是根据加工程度来区分的。

第二类中各章的具体内容为：

第六章　活树及其他活植物；鳞茎、根及类似品；插花及装饰用簇叶

第七章　食用蔬菜、根及块茎

第八章　食用水果及坚果；甜瓜或柑橘属水果的果皮

第九章　咖啡、茶、马黛茶及调味香料

第十章　谷物

第十一章　制粉工业产品；麦芽；淀粉；菊粉；面筋

第十二章　含油子仁及果实；杂项子仁及果实；工业用或药用植物；稻草、秸秆及饲料

第十三章　虫胶；树胶、树脂及其他植物液、汁

第十四章　编结用植物材料；其他植物产品

第三类　动、植物或微生物油、脂及其分解产品；精制的食用油脂；动、植物蜡

本类商品仅由一章（第十五章）组成，包括：以第一、二类的动物和植物为原料加工得到的动物、植物油、脂；油、脂的分解产品；精制的食用油脂；动物、植物蜡；处理油脂或蜡所产生的残渣。

第十五章　动、植物或微生物油、脂及其分解产品；精制的食用油脂；动、植物蜡

第四类　食品；饮料、酒及醋；烟草、烟草及烟草代用品的制品；非经燃烧吸用的产品，不论是否含有尼古丁；其他供人体摄入尼古丁的含尼古丁的产品

本类包括加工程度超过第一类和第二类允许的范围、通常供人食用的动物或植物产品；本类还包括动、植物原料制饲料以及烟草及烟草代用品的制品等。本类共分九章，可分为五组产品：主要以动物产品为原料的食品（第十六章）；主要以植物产品为原料的食品（第十七章至第二十一章）；饮料、酒及醋（第二十二章）；食品工业残渣及配制的动物饲料（第二十三章）；烟草及其制品（第二十四章）。

第四类中各章的具体内容为：

第十六章　肉、鱼、甲壳动物、软体动物及其他水生无脊椎动物以及昆虫的制品

第十七章　糖及糖食

第十八章　可可及可可制品

第十九章　谷物、粮食粉、淀粉或乳的制品；糕饼点心

第二十章　蔬菜、水果、坚果或植物其他部分的制品

第二十一章　杂项食品

第二十二章　饮料、酒及醋

第二十三章　食品工业的残渣及废料；配制的动物饲料

第二十四章　烟草、烟草及烟草代用品的制品；非经燃烧吸用的产品，不论是否含有尼古丁；其他供人体摄入尼古丁的含尼古丁的产品

第五类　矿产品

本类包括从陆地或海洋里直接提取的原产状态或只经过洗涤、粉碎或机械物理方法精选的矿产品及残渣、废料，而其加工后的制品则归入以后的类章。本类共三章。

第五类中各章的具体内容为：

第二十五章　盐；硫黄；泥土及石料；石膏料、石灰及水泥

第二十六章　矿砂、矿渣及矿灰

第二十七章　矿物燃料、矿物油及其蒸馏产品；沥青物质；矿物蜡

第六类　化学工业及其相关工业的产品

本类化工产品共十一章（第二十八章至第三十八章），包括化工产品以及化工产品为原料做进一步加工的相关工业产品。第二十八章（无机化学品）和第二十九章（有机化学品）都是符合化学定义的纯净物，即化工原料；第三十章至第三十八章都是不符合化学定义的混合物，即在第二十八章、第二十九章的化工原料的基础上进行混合配制及其他加工的制成品。

第六类中各章的具体内容为：

第二十八章　无机化学品；贵金属、稀土金属、放射性元素及其同位素的有机及无机化合物

第二十九章　有机化学品

第三十章　药品

第三十一章　肥料

第三十二章　鞣料浸膏及染料浸膏；鞣酸及其衍生物；染料、颜料及其他着色料；油漆及清漆；油灰及其他类似胶黏剂；墨水、油墨

第三十三章　精油及香膏；芳香料制品及化妆盥洗品

第三十四章　肥皂、有机表面活性剂、洗涤剂、润滑剂、人造蜡、调制蜡、光洁剂、蜡烛及类似品、塑型用膏、"牙科用蜡"及牙科用熟石膏制剂

第三十五章　蛋白类物质；改性淀粉；胶；酶

第三十六章　炸药；烟火制品；火柴；引火合金；易燃材料制品

第三十七章　照相及电影用品

第三十八章　杂项化学产品

第七类　塑料及其制品；橡胶及其制品

本类包括两章：第三十九章塑料及其制品和第四十章橡胶及其制品。这两章所包括的原料都属于高分子聚合物，是由高分子聚合物组成的塑料与橡胶以及它们的制品。除天然的以外，合成的高分子聚合物大多是由第二十九章的有机化合物聚合得到的。

第七类中各章的具体内容为：

第三十九章　塑料及其制品

第四十章　橡胶及其制品

第八类　生皮、皮革、毛皮及其制品；鞍具及挽具；旅行用品、手提包及类似品；动物肠线（蚕胶丝除外）制品

本类从第四十一章至第四十三章。其中第四十一章主要包括生皮（毛皮除外）和皮革，并且按加工程度由低到高排列。第四十二章主要包括皮革制品和具有皮革特征但用其他材料制成的货品。第四十三章主要包括毛皮及其制品。

第八类中各章的具体内容为：

第四十一章　生皮（毛皮除外）及皮革

第四十二章　皮革制品；鞍具及挽具；旅行用品、手提包及类似容器；动物肠线（蚕胶丝除外）制品

第四十三章　毛皮、人造毛皮及其制品

第九类　木及木制品；木炭；软木及软木制品；稻草；秸秆；针茅或其他编结材料制品；篮筐及柳条编结品

第九类从第四十四章至第四十六章。其中第四十四章主要包括木及其制品，其中木制品还包括竹子制品；第四十五章主要包括软木及其制品；第四十六章主要包括各种编结材料制品。

第九类中各章的具体内容为：

第四十四章　木及木制品；木炭

第四十五章　软木及软木制品

第四十六章　稻草；秸秆；针茅或其他编结材料制品；篮筐及柳条编结品

第十类　木浆及其他纤维状纤维素浆；回收（废碎）纸或纸板；纸、纸板及其制品

第十类从第四十七章至第四十九章，按纸张的加工分列于各章。

第十类中各章的具体内容为：

第四十七章　木浆及其他纤维状纤维素浆；回收（废碎）纸或纸板

第四十八章　纸及纸板；纸浆、纸或纸板制品

第四十九章　书籍、报纸、印刷图画及其他印刷品；手稿、打字稿及设计图纸

第十一类　纺织原料及纺织制品

本类纺织品原料及纺织制品由十三条类注、两条子目注释和十四章构成。除注释规定除外的商品外，其余各种纺织原料及制品均归入本类。本类共十四章（第五十章至第六十三章），包括纺织原料、半成品及制成品。这十四章可分成两部分：第一部分为第五十章至第五十五章，包括普通的纺织原料、半成品，并按照纺织原料的性质分章；第二部分为第五十六章至第六十三章，包括以特殊的方式或工艺制成的或有特殊用途的半成品及制成品，并且除税目 58.09 和 59.02 外，税目所列产品一般不分纺织原料的性质。

第十一类中各章的具体内容为：

第五十章　蚕丝

第五十一章　羊毛、动物细毛或粗毛；马毛纱线及其机织物

第五十二章　棉花

第五十三章　其他植物纺织纤维；纸纱线及其机织物

第五十四章　化学纤维长丝

第五十五章　化学纤维短纤

第五十六章　絮胎、毡呢及无纺织物；特种纱线；线、绳、索、缆及其制品

第五十七章　地毯及纺织材料的其他铺地制品

第五十八章　特种机织物；簇绒织物；花边；装饰毯；装饰带；刺绣品

第五十九章　浸渍、涂布、包覆或层压的纺织物；工业用纺织制品

第六十章　针织物及钩编织物

第六十一章　针织或钩编的服装及衣着附件
第六十二章　非针织或非钩编的服装及衣着附件
第六十三章　其他纺织制成品；成套物品；旧衣着及旧纺织品；碎织物

第十二类　鞋、帽、伞、杖、鞭及其零件；已加工的羽毛及其制品；人造花；人发制品

本类有四章,其中第六十四章主要包括各种形状、尺寸、用途及制造方法的鞋靴；第六十五章主要包括各种材料(石棉除外)制成的任何用途(日用、戏剧用、化妆用、防护用等)的帽子(第九十五章的玩偶帽除外)和发网,且可带有各种材料制的装饰物；第六十六章主要包括各种材料制成的雨伞、阳伞、手杖、鞭子等；第六十七章主要包括已加工的羽毛和羽绒及其制品、人造花和人发制品等。

第十二类中各章的具体内容为：

第六十四章　鞋靴、护腿和类似品及其零件
第六十五章　帽类及其零件
第六十六章　雨伞、阳伞、手杖、鞭子、马鞭及其零件
第六十七章　已加工羽毛、羽绒及其制品；人造花；人发制品

第十三类　石料、石膏、水泥、石棉、云母及类似材料的制品；陶瓷产品；玻璃及其制品

本类由三章组成：第六十八章为石料、石膏、水泥、石棉、云母及类似材料的制品；第六十九章为陶瓷产品；第七十章为玻璃及其制品。

第十三类中各章的具体内容为：

第六十八章　石料、石膏、水泥、石棉、云母及类似材料的制品
第六十九章　陶瓷产品
第七十章　玻璃及其制品

第十四类　天然或养殖珍珠、宝石或半宝石、贵金属、包贵金属及其制品；仿首饰、硬币

本类商品仅由一章(第七十一章)组成,主要包括贵金属、包贵金属及其制品,以及天然养殖珍珠、宝石、半宝石制品,也包括一些贱金属制的仿首饰。

第七十一章　天然或养殖珍珠、宝石或半宝石、贵金属、包贵金属及其制品；仿首饰、硬币

第十五类　贱金属及其制品

本类包括贱金属、金属陶瓷及其制品。本类共有十一章,可分为三部分内容：第一部分为钢铁及其制品(第七十二章和第七十三章)；第二部分为有色金属、金属陶瓷及其制品(第七十四章至第八十一章)；第三部分为结构较为简单的贱金属制品(第八十二章和第八十三章)。

第十五类中各章的具体内容为：

第七十二章　钢铁
第七十三章　钢铁制品
第七十四章　铜及其制品

第七十五章　镍及其制品
第七十六章　铝及其制品
第七十七章　空章(保留为税则将来所用)
第七十八章　铅及其制品
第七十九章　锌及其制品
第八十章　锡及其制品
第八十一章　其他贱金属、金属陶瓷及其制品
第八十二章　贱金属工具、器具、利口器、餐匙、餐叉及其零件
第八十三章　贱金属杂项制品

第十六类　机器、机械器具、电气设备及其零件；录音机及放声机、电视图像、声音的录制和重放设备及其零件、附件

本类的机械电子产品包括第八十四、第八十五两章。其中第八十四章主要包括非电气的机器、机械器具，第八十五章主要包括电气电子产品。

第十六类中各章的具体内容为：

第八十四章　核反应堆、锅炉、机器、机械器具及其零件

第八十五章　电机、电气设备及其零件；录音机及放声机、电视图像、声音的录制和重放设备及其零件、附件

第十七类　车辆、航空器、船舶及有关运输设备

本类由第八十六章至第八十九章组成，包括：各种铁道、电车道用车辆及气垫火车(第八十六章)；其他陆上车辆，包括气垫车辆(第八十七章)；航空、航天器(第八十八章)；船舶、气垫船及浮动结构体(第八十九章)以及与运输设备相关的一些具体列名商品，如集装箱、某些铁道或电车轨道固定装置和机械信号设备、降落伞、航空器发射装置等。

第十七类中各章的具体内容为：

第八十六章　铁道及电车道机车、车辆及其零件；铁道及电车道轨道固定装置及其零件、附件；各种机械(包括电动机械)交通信号设备

第八十七章　车辆及其零件、附件，但铁道及电车道车辆除外

第八十八章　航空器、航天器及其零件

第八十九章　船舶及浮动结构体

第十八类　光学、照相、电影、计量、检验、医疗或外科用仪器及设备、精密仪器及设备；钟表；乐器；上述物品的零件、附件

本类由第九十章、第九十一章和第九十二章所组成。本类所包括的商品有：第九十章的光学、照相、电影、计量、检验、医疗用仪器及设备、精密仪器及设备；第九十一章的钟表；第九十二章的乐器，以及分列于各章的上述商品的零件、附件。

第十八类中各章的具体内容为：

第九十章　光学、照相、电影、计量、检验、医疗或外科用仪器及设备、精密仪器及设备；上述物品的零件、附件

第九十一章　钟表及其零件

第九十二章　乐器及其零件、附件

第十九类　武器、弹药及其零件、附件

本类仅有一章,即第九十三章。本类主要包括:供军队、警察或其他有组织的机构(海关、边防部队等)在陆、海、空战斗中使用的各种武器;个人自卫、狩猎等用的武器及导弹等。其他章已列名的武器及零件不应归入本章,如第八十七章的坦克、装甲车(不论是否装有武器)、第九十章的武器瞄准用的望远镜以及税目为42.02的枪盒等。

第九十三章　武器、弹药及其零件、附件

第二十类　杂项制品

本类由第九十四章、第九十五章和第九十六章组成。本类所称杂项制品是指前述各类、章、税目号未包括的商品。

第二十类中各章的具体内容为:

第九十四章　家具;寝具、褥垫、弹簧床垫、软座垫及类似的填充制品;未列名灯具及照明装置;发光标志、发光铭牌及类似品;活动房屋

第九十五章　玩具、游戏品、运动用品及其零件、附件

第九十六章　杂项制品

第二十一类　艺术品、收藏品及古物

本类只包括一章,即第九十七章。本类主要包括艺术品和收藏品,有完全手工绘制的油画、粉画、雕版画、印制画、石印画原本、雕塑品原件、邮票、印花税票等,以及动物、植物、矿物等的收集品和超过100年的古物。

第九十七章　艺术品、收藏品及古物

第二十二类　特殊交易品及未分类商品

本类由第九十八章和第九十九章组成,仅在《中华人民共和国海关统计商品目录》中专为统计需要而设。

第二十二类中各章的具体内容为:

第九十八章　特殊交易品及未分类商品

本章包括:未分类商品,是指数量零星、单项金额较小、逐项归类难度大,且非税、非证的进口商品;出口的计算机软件及军品(特殊交易品)。

第九十九章　(无标题)

本章仅包括以出顶进的新疆棉和内地棉。

【思政课堂】

2022年版《协调制度》修订目录解读

《协调制度》是世界海关组织主持制定的一部供国际贸易各方共同使用的商品分类编码体系。为适应贸易及科技的发展,《协调制度》一般5年进行一次全面修订。世界海关组织自2014年9月启动第六审议循环,其成果2022年版《协调制度》于2022年1月1日

起在全球实施。海关总署发布了2022年版《协调制度》修订目录中文版。新版《协调制度》主要有哪些方面的修订呢?

一、本次修订的主要特点

2022年版《协调制度》共有351组修订,修订后的《协调制度》共有6位数子目5 609个,比2017年版《协调制度》增加了222个。新版《协调制度》通过对贸易中形成主要趋势的新产品以及与全球关注的环境和社会问题相关的产品进行列目,调整原有列目结构以适应当前贸易发展。

《协调制度》将商品分成二十一大类,本次仅第八类(皮革制品)、第十二类(鞋帽等)、第十九类(武器弹药)没有修订。修订较多的为:第十六类(机电产品)修订52组(占全部修订组数的14.8%),第六类(化工品)47组(占13.4%),第一类(动物产品)、第九类(木及木制品)均为31组(占8.8%)。

二、本次修订的重点内容

1. 因应新技术发展及新产品贸易需求作出的修订

增列品目,如新型烟草产品(品目24.04)、平板显示模组(品目85.24)、无人机(品目88.06)等。修订章注释及条文,如半导体换能器(品目85.41)等。

2. 因应产业和贸易发展变化需求作出的修订

调整品目结构,如玻璃纤维及其制品(品目70.19)、加工金属的锻造冲压机床(品目84.62)等。

3. 因应国际社会对安全、环保、健康问题的关注作出的修订

根据《巴塞尔公约》,为明确某些废物的范围新增品目(品目85.49);为《禁止化学武器公约》(CWC)控制的特定化学品、《鹿特丹公约》控制的某些危险化学品、《蒙特利尔议定书》管制的臭氧层消耗物质修订《协调制度》(第二十九章、第三十八章及第三十九章相关品目);为安慰剂和盲法(或双盲法)临床试验试剂盒(子目3006.93)、寨卡病毒及由伊蚊属蚊子传播的其他疾病用诊断或实验用试剂(子目3822.12)增列子目等。

4. 因应简化优化《协调制度》目录结构需求作出的修订

删除贸易量低的品目和子目,如镉及其制品(品目81.07)、地球仪和天体仪(子目4905.10)、镍铁蓄电池(子目8507.40)、电话应答机(子目8519.30)、钟表发条(子目9114.10)等。

5. 因应《协调制度》规范应用需求作出的修订

修订相关类、章注释及条文以明确商品范围,如为明确微生物油脂归入品目15.15修订品目条文等、新增第五十九章注释三以明确"用塑料层压的纺织物"的定义等。

三、中国海关深度参与修订工作

本轮修订中,中国海关45组提案及修订意见获采纳,创历史新高。其中"玻璃车窗""通信天线""无人机""不锈钢真空保温容器"等被列入新版《协调制度》,解决归类争议,助力我国优势产品"走出去"。同时,为明确"微生物油脂""3D打印机""集成电路检测设备"等产品归类提供"中国方案"获得通过,并将北斗导航系统等中国元素及"单板层积材"国家标准纳入《协调制度》注释。

资料来源:海关总署网站。

第四节　进出口商品归类的海关行政管理

商品归类是海关执行国家关税政策、贸易管制措施和编制海关进出口统计的基础。因此,正确进行商品归类在进出口货物的通关和海关监管中具有十分重要的意义。

一、进出口商品归类的依据

《海关法》第四十二条规定,"进出口货物的商品归类按照国家有关商品归类的规定确定";《中华人民共和国进出口关税条例》第三十一条规定,纳税义务人应当按照《中华人民共和国进出口税则》规定的目录条文和归类总规则、类注、章注、子目注释以及其他归类注释,对其申报的进出口货物进行商品归类,并归入相应的税则号列。具体来说,对进出口商品进行归类的依据主要包括以下两个方面。

(一)商品归类的主要依据

(1)《海关法》《中华人民共和国进出口关税条例》《中华人民共和国海关进出口货物征税管理办法》;

(2)《中华人民共和国进出口税则》(《中华人民共和国海关统计商品目录》),包括协调制度归类总规则、类注、章注、子目注释、目录条文;

(3)海关总署公布下发的关于商品归类的有关规定,包括海关总署的文件、归类决定、归类行政裁定、归类技术委员会决议以及海关总署转发的世界海关组织归类决定等;

(4)《进出口税则商品及品目注释》;

(5)《中华人民共和国进出口税则本国子目注释》;

(6)国家其他有关商品归类的公开规定。

(二)商品归类的其他依据

在进出口商品归类过程中,海关可以要求进出口货物的收发货人提供商品归类所需的有关资料并将其作为商品归类的依据;必要时,海关可以组织化验、检验,并将海关认定的化验、检验结果作为商品归类的依据。进出口货物相关的国家标准、行业标准等可以作为商品归类的参考。

二、进出口商品归类的具体管理规范

进出口货物的商品归类应当遵循客观、准确、统一的原则。

进出口货物的商品归类应当按照进出口货物收发货人或者其代理人向海关申报时货物的实际状态确定。以提前申报方式进出口的货物,商品归类应当按照货物运抵海关监管区时的实际状态确定。法律、行政法规和海关总署规章另有规定的,依照有关规定办理。

由同一运输工具同时运抵同一口岸并且属于同一收货人、使用同一提单的多种进口货物,按照商品归类规则应当归入同一商品编码的,该收货人或者其代理人应当将有关商品一并归入该商品编码向海关申报。法律、行政法规和海关总署规章另有规定的,依照有关规定办理。

收发货人或者其代理人应当依照法律、行政法规以及其他相关规定，如实、准确申报其进出口货物的商品名称、规格型号等事项，并且对其申报的进出口货物进行商品归类，确定相应的商品编码。

海关在审核确定收发货人或者其代理人申报的商品归类事项时，可以依照《海关法》和《中华人民共和国进出口关税条例》的规定行使下列权力，收发货人或者其代理人应当予以配合：查阅、复制有关单证、资料；要求收发货人或者其代理人提供必要的样品及相关商品资料，包括外文资料的中文译文并且对译文内容负责；组织对进出口货物实施化验、检验。收发货人或者其代理人隐瞒有关情况，或者拖延、拒绝提供有关单证、资料的，海关可以依法审核确定进出口货物的商品归类。必要时，海关可以要求收发货人或者其代理人补充申报。

收发货人或者其代理人向海关提供的资料涉及商业秘密、未披露信息或者保密商务信息，要求海关予以保密的，应当以书面方式向海关提出保密要求，并且具体列明需要保密的内容。收发货人或者其代理人不得以商业秘密为理由拒绝向海关提供有关资料。海关按照国家有关规定承担保密义务。

必要时，海关可以依据《中华人民共和国进出口税则》《进出口税则商品及品目注释》《中华人民共和国进出口税则本国子目注释》和国家标准、行业标准，以及海关化验方法等，对进出口货物的属性、成分、含量、结构、品质、规格等进行化验、检验，并将化验、检验结果作为商品归类的依据。海关对进出口货物实施取样化验、检验的，收发货人或者其代理人应当到场协助，负责搬移货物，开拆和重封货物的包装，并按照海关要求签字确认。收发货人或者其代理人拒不到场，或者海关认为必要时，海关可以径行取样，并通知货物存放场所的经营人或者运输工具负责人签字确认。收发货人或者其代理人应当及时提供化验、检验样品的相关单证和技术资料，并对其真实性和有效性负责。

除特殊情况外，海关技术机构应当自收到送检样品之日起 15 日内作出化验、检验结果。除特殊情况外，海关应当在化验、检验结果作出后的 1 个工作日内，将相关信息通知收发货人或者其代理人。收发货人或者其代理人要求提供化验、检验结果纸本的，海关应当提供。其他化验、检验机构作出的化验、检验结果与海关技术机构或者海关委托的化验、检验机构作出的化验、检验结果不一致的，以海关认定的化验、检验结果为准。收发货人或者其代理人对化验、检验结果有异议的，可以在收到化验、检验结果之日起 15 日内向海关提出书面复验申请，海关应当组织复验。已经复验的，收发货人或者其代理人不得对同一样品再次申请复验。

扩展阅读材料链接：
海关总署第 252 号令：《中华人民共和国海关进出口货物商品归类管理规定》，海关总署网站：http://www.customs.gov.cn/customs/302249/302266/302267/3898724/index.html。

海关发现收发货人或者其代理人申报的商品归类不准确的，按照商品归类的有关规定予以重新确定，并且按照报关单修改和撤销有关规定予以办理。收发货人或者其代理人发现其申报的商品归类需要修改的，应当按照报关单修改和撤销有关规定向海关提出申请。

海关对货物的商品归类审核确定前,收发货人或者其代理人要求放行货物的,应当按照海关事务担保的有关规定提供担保。国家对进出境货物有限制性规定,应当提供许可证件而不能提供的,以及法律、行政法规规定不得担保的其他情形,海关不得办理担保放行。

收发货人或者其代理人就其进出口货物的商品归类提出行政裁定、预裁定申请的,应当按照行政裁定、预裁定管理的有关规定办理。

海关总署可以依据有关法律、行政法规规定,对进出口货物作出具有普遍约束力的商品归类决定,并对外公布。进出口相同货物,应当适用相同的商品归类决定。

作出商品归类决定所依据的法律、行政法规以及其他相关规定发生变化的,商品归类决定同时失效。商品归类决定失效的,应当由海关总署对外公布。

海关总署发现商品归类决定需要修改的,应当及时予以修改并对外公布。海关总署发现商品归类决定存在错误的,应当及时予以撤销并对外公布。

因商品归类引起退税或者补征、追征税款以及征收滞纳金的,依照有关法律、行政法规以及海关总署规章的规定办理。

【思政课堂】

关于公布2020年商品归类决定的公告

为便于进出口货物的收发货人及其代理人正确申报商品归类事项,减少商品归类争议,保证海关商品归类的统一,根据《中华人民共和国海关进出口货物商品归类管理规定》有关规定,海关总署制定了有关商品归类决定(表5-1),现予以公布。

表 5-1 有关商品归类决定

序号	归类决定编号	商品税则号列	商品名称	英文名称	其他名称	商品描述	归类决定
1	Z2020-001	2616.1000	含贵金属的铅矿			该商品为土灰色粉末和颗粒混合物,由矿田开采并经简单破碎筛选加工制得。其铅含量32.5%,锌含量14.94%,金含量2.49克/吨,银含量966克/吨。该商品进口后用于提炼粗铅	该商品中的铅、锌、金、银等含量均未达到相关标准中相应的精矿品位,其中铅、锌、银含量达到相应的工业品位,根据归类总规则三(3)、六,该商品应归入税则号列2616.1000项下
2	Z2020-002	8537.1019	数控装置	CNC		KEBA 牌 andronic3060 数控装置,用于机床,能同时最多控制16个插补轴,并补偿各种轴和几何误差。该商品进口后,与伺服驱动器和伺服马达连用,可以构成完整的数控系统	该商品用于机床的数控装置,符合税则税目85.37及其子目条文的描述,根据归类总规则一、六,该商品应归入税则号列8537.1019

续表

序号	归类决定编号	商品税则号列	商品名称	英文名称	其他名称	商品描述	归类决定
3	Z2020-003	8537.1019	数控装置	CNC		KEBA牌KK系列数控装置,用于注塑机,该商品进口后,与伺服驱动器和伺服马达连用,可以构成完整的数控系统	该商品用于注塑机的数控装置,符合税则税目85.37及其子目条文的描述,根据归类总规则一、六,该商品应归入税则号列8537.1019
4	Z2020-004	8481.2010	油压阀(换向阀)	hydraulic control valve	分片式液压多路阀	该商品为分片式液压多路阀,主要用于液压传动系统,起换向控制作用,如控制挖掘机的抓斗运动。该阀门是液压阀的一种	该商品用于油压传动系统,通过传递流体动力控制阀门换向,根据归类总规则一、《中华人民共和国进出口税则》84章子目注释三和归类总规则六,该商品应归入税则号列8481.2010

根据我国进出口商品及国际贸易实际,将世界海关组织协调制度委员会的部分商品归类意见转化为商品归类决定(表5-2)并予以公布。

表5-2 世界海关组织协调制度委员会商品归类意见转化的商品归类决定

(限于篇幅只列出部分)

序号	3	归类决定编号	W2020-3	子目号	1516.10
商品名称	含有90%再酯化甘油三酯的产品					
英文名称	a product consisting of 90% of re-esterified triglycerides					
其他名称						
商品描述	含有90%再酯化甘油三酯的产品,主要成分为从粗凤尾鱼油中制得的欧米伽-3脂肪酸EPA(二十碳五烯酸)和DHA(二十二碳六烯酸)。其余10%的成分主要为甘油单酯和甘油二酯。本产品含有EPA(400毫克/克)和DHA(300毫克/克),并添加了维生素E(生育酚)作为抗氧化剂。粗凤尾鱼油经过脱酸、乙酯化、蒸馏、过滤、脱色、再酯化和脱臭等工艺处理。 本产品为桶装,将用于生产保健品。 又见归类意见2106.90/37					
归类依据	归类总规则一、六					

续表

序号	8	归类决定编号	W2020-8	子目号	2403.99
商品名称	烟弹				
英文名称	tobacco capsule				
其他名称					
商品描述	烟弹(图5-1),单独报验,用于特定的电子加热设备。这种加热设备由烟弹仓和电池两部分组成。 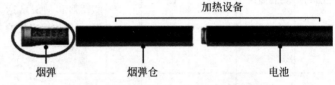 图5-1 烟弹及其设备(设备不在归类范围) 烟弹呈圆柱形(长22.9毫米,直径9.5毫米/8.4毫米),聚丙烯外壳,内有约0.31克粒状再造烟草、水、香精、碳酸钾及其他助剂的混合物,以及一个醋酸纤维素制的烟嘴。烟弹总重约0.56克。 使用时,烟弹需插入烟弹仓的末端。烟弹仓中含有丙二醇、甘油和水组成的液体。烟弹仓接上电池后,将烟弹部分放入口中吸食。吸食时,电池部分的传感器激活,烟弹仓内部开始加热,使其中的液体蒸发。蒸汽经过烟弹(图5-2)时将粒状再造烟草加热,并吸收其释放的香精和尼古丁。产生含有尼古丁的气溶胶(蒸汽)时,烟草没有被点燃。 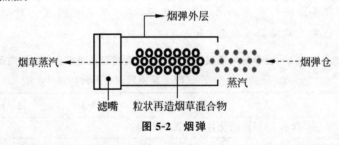 图5-2 烟弹				
归类依据	归类总规则一、六				

因制定新的归类决定而失效的部分商品归类决定一并予以公布(略)。

本公告自2020年10月1日起实施。有关商品归类决定所依据的法律、行政法规以及其他相关规定发生变化的,商品归类决定同时失效。

资料来源:海关总署公告2020年第108号:"关于公布2020年商品归类决定的公告",海关总署网站。

三、商品归类海关预裁定

为了促进贸易安全与便利,优化营商环境,增强企业对进出口贸易活动的可预期性,在货物实际进出口前,海关应申请人的申请,对其与实际进出口活动有关的商品归类等海关事务作出预裁定。

(一)商品归类预裁定的申请

预裁定的申请人应当是与实际进出口活动有关,并且在海关备案的对外贸易经营者,即进口货物收货人或出口货物发货人。

申请人应当在货物拟进出口3个月前向其备案地直属海关提出预裁定申请。

有下列特殊情况之一,且申请人有正当理由,经直属海关批准,可以在货物拟进出口前3个月内提出预裁定申请:

(1)因不可抗力或政策调整原因造成申请时间距实际进出口时间少于3个月的;

(2)申请企业在海关备案时间少于3个月的。

申请人申请预裁定的,应当通过电子口岸"海关事务联系系统"(QP系统)或"互联网+海关"提交《中华人民共和国海关预裁定申请书》(以下简称《预裁定申请书》)以及相关材料。材料为外文的,申请人应当同时提交符合海关要求的中文译本。申请人应当对提交材料的真实性、准确性、完整性、规范性承担法律责任。申请人需要海关为其保守商业秘密的,应当以书面方式向海关提出要求,并且列明具体内容。海关按照国家有关规定承担保密义务。

(二)海关预裁定的受理及决定作出

海关在接到《预裁定申请书》以及相关材料之日起10日内审核决定是否受理,并制发《中华人民共和国海关预裁定申请受理决定书》或者《中华人民共和国海关预裁定申请不予受理决定书》。申请材料不符合有关规定的,海关应当在决定是否受理前一次性告知申请人在规定期限内进行补正,制发《中华人民共和国海关预裁定申请补正通知书》(以下简称《补正通知书》),申请人应当在收到《补正通知书》之日起5日内进行补正。申请人未在规定期限内提交材料进行补正的,视为未提出预裁定申请。

海关自收到《预裁定申请书》以及相关材料之日起10日内未作出是否受理的决定,也没有一次性告知申请人进行补正的,自收到材料之日起即为受理。

有下列情形之一的,海关应当作出不予受理决定,并且说明理由:

(1)申请不符合上述申请条件规定的;

(2)海关规章、海关总署公告已经对申请预裁定的海关事务有明确规定的;

(3)申请人就同一事项已经提出预裁定申请并且被受理的。

海关对申请人申请的海关事务依据有关法律、行政法规、海关规章以及海关总署公告作出预裁定决定,制发《中华人民共和国海关预裁定决定书》(以下简称《预裁定决定书》)。作出预裁定决定过程中,海关可以要求申请人提交与申请商品归类有关的材料或者样品,申请人应当在收到《中华人民共和国海关预裁定申请补充材料通知书》之日起5日内提交相关材料。申请人也可以向海关补充提交有关材料。海关应当自受理之日起60日内制发《预裁定决定书》(需要通过化验、检测、鉴定、专家论证或者其他方式确定有关情况的,所需时间不计入规定的期限内)。《预裁定决定书》应当送达申请人,并且自送达之日起生效。除涉及申请人商业秘密的,海关将通过网站等方式公开预裁定决定内容。

有下列情形之一的,海关可以终止预裁定,并且制发《中华人民共和国海关终止预裁定决定书》:

（1）申请人在预裁定决定作出前以书面方式向海关提交《中华人民共和国海关预裁定撤回申请书》申明撤回其申请，海关同意撤回的；

（2）申请人未按照海关要求提供有关材料或者样品的；

（3）由于申请人原因致使预裁定决定未能在规定的期限内作出的。

预裁定决定有效期为3年。预裁定决定所依据的法律、行政法规、海关规章以及海关总署公告相关规定发生变化，影响其效力的，预裁定决定自动失效。申请人就海关对其作出的预裁定决定所涉及的事项，在有效期内不得再次申请预裁定。预裁定决定对于其生效前已经实际进出口的货物没有溯及力。申请人在预裁定决定有效期内进出口与预裁定决定列明情形相同的货物，应当按照预裁定决定申报，并在报关单备注栏内填写："预裁定+《预裁定决定书》编号"（例如，某份预裁定决定书编号为 R-2-0100-2018-0001，则应当在备注栏内填写"预裁定 R-2-0100-2018-0001"），海关予以认可。

已生效的预裁定决定有下列情形之一的，由海关予以撤销，制发《中华人民共和国海关预裁定决定撤销通知书》并且通知申请人：

（1）因申请人提供的材料不真实、不准确、不完整，造成预裁定决定需要撤销的；

（2）预裁定决定错误的；

（3）其他需要撤销的情形。

撤销决定自作出之日起生效。依照上述第（1）项的规定撤销预裁定决定的，经撤销的预裁定决定自始无效。

申请人对预裁定决定不服的，可以向海关总署申请行政复议；对复议决定不服的，可以依法向人民法院提起行政诉讼。

申请人提供虚假材料或者隐瞒相关情况的，海关给予警告，可以处1万元以下罚款。

【思政课堂】

海关预裁定助力湖北外贸企业快速通关

"海关的预裁定制度真是太给力了。"（2022年）1月12日，湖北亿纬动力有限公司关务部经理郑泽华在"单一窗口"收到了武汉海关制发的归类预裁定决定书时表示："公司设备在进口前就拿到了海关出具的专业归类意见，再也不用担心归类的合规性问题了。"

据悉，湖北亿纬动力有限公司正持续加码动力电池产业布局，从2021年10月开始陆续采购进口锂电池生产整线设备，其中包含12种功能不同的分组设备，设备功能结构复杂，并且都是第一次进口，正确归类对公司来说是个大难题。郑泽华表示，税号一旦申报错误，会影响通关效率和项目建设的整体进度。听说海关有预裁定制度，对于拿不准归类的设备，公司在进口前就向武汉海关寻求专业指导，目前已拿到了打码机、套膜机等多项商品的归类预裁定决定书。

海关预裁定制度是海关为优化营商环境、增强企业对外贸活动的可预见性而实施的重要便利措施。企业可在进出口前，通过电子口岸或海关"互联网+"平台，向海关提交关于确定进出口商品归类、审价、原产地等事项的预裁定申请，海关对符合要求的商品签发预裁定证书，在全国海关均可适用。

"武汉海关把帮助企业提高合规申报水平、推广预裁定作为服务企业、促进贸易安全与便利的重要举措。"武汉海关关税处副处长陈力玲介绍。2021年以来,武汉海关以纳税人属地管理为抓手,为重点企业设置服务专员,提供个性化、专业化、差别化的税收合规管理服务方案,结合送"服务包"等惠企活动,主动上门宣传预裁定政策、进行申报指导。开发"武关归类"平台,提供归类决定和历史通关信息等便捷查询服务,累计发布商品归类及政策解读信息28万余条,打造企业指尖上的"归类宝典"。针对商品归类技术性强等问题,分专业、分商品组建专家小组,对"专精特新"等重点行业、重点商品,采用"在线预审+专家轮值+集体审核"方式提升预裁定工作效能。

据武汉海关统计,2021年武汉海关共签发预裁定决定书55份,同比增加89.7%,越来越多湖北企业享受到海关预裁定政策带来的便利。

资料来源:潘怡飞、王艺霏:"海关预裁定助力湖北外贸企业快速通关",海关总署网站。

扩展阅读材料链接:

1. 海关总署第236号令:《中华人民共和国海关预裁定管理暂行办法》,海关总署网站:http://www.customs.gov.cn/customs/302249/302266/302267/1069484/index.html。

2. 海关总署公告2018年第14号:"关于实施《中华人民共和国海关预裁定管理暂行办法》有关事项的公告",海关总署网站:http://www.customs.gov.cn/customs/302249/302266/302267/1455871/index.html。

四、商品归类海关行政裁定

海关行政裁定是指海关在货物实际进出口前,应对外贸易经营者的申请,依据有关海关法律、行政法规和规章,对与实际进出口活动有关的海关事务作出的具有普遍约束力的决定。进出口商品归类的行政裁定是海关行政裁定在进出口商品归类中的具体应用。

(一)海关行政裁定的申请

海关行政裁定的申请人应当是在海关备案的进出口货物经营单位。申请人可以自行向海关提出申请,也可以委托他人向海关提出申请。

除特殊情况外,海关行政裁定的申请人,应当在货物拟作进口或出口的3个月前向海关总署或者直属海关提交书面申请。一份申请只应包含一项海关事务。申请人对多项海关事务申请行政裁定的,应当逐项提出。申请人不得就同一项海关事务向两个或者两个以上海关提交行政裁定申请。

申请人应当按照海关要求填写行政裁定申请书,主要包括下列内容:申请人的基本情况;申请行政裁定的事项;申请行政裁定的货物的具体情况;预计进出口日期及进出口口岸;海关认为需要说明的其他情况。

申请人应当按照海关要求提供足以说明申请事项的资料,包括进出口合同或意向书复印件、图片、说明书、分析报告等。申请书所附文件如为外文,申请人应同时提供外文原件及中文译文。申请书应当加盖申请人印章,所提供文件与申请书应当加盖骑缝章。申请人委托他人申请的,应当提供授权委托书及代理人的身份证明。海关认为必要时,可要求申请人提供货物样品。申请人为申请行政裁定向海关提供的资料,如果涉及商业秘密,可以要求海关予以保密。除司法程序要求提供的以外,未经申请人同意,海关不应泄露。申请人对所提供资料的保密要求,应当书面向海关提出,并具体列明需要保密的内容。

(二)海关行政裁定的受理及裁定的作出

收到申请的直属海关应当按照《中华人民共和国海关行政裁定管理暂行办法》的规定对申请资料进行初审。对符合规定的申请,自接受申请之日起3个工作日内移送海关总署或总署授权机构。申请资料不符合有关规定的,海关应当书面通知申请人在10个工作日内补正。申请人逾期不补正的,视为撤回申请。

海关总署或授权机构应当自收到申请书之日起15个工作日内,审核决定是否受理该申请,并书面告知申请人。对不予受理的应当说明理由。有下列情形之一的,海关不予受理:

(1)申请不符合《中华人民共和国海关行政裁定管理暂行办法》规定的申请条件的;

(2)申请与实际进出口活动无关的;

(3)就相同海关事务,海关已经作出有效行政裁定或者其他明确规定的;

(4)经海关认定不予受理的其他情形。

海关在受理申请后、作出行政裁定以前,可以要求申请人补充提供相关资料或货物样品。申请人在规定期限内未能提供有效、完整的资料或样品,影响海关作出行政裁定的,海关可以终止审查。申请人主动向海关提供新的资料或样品作为补充的,应当说明原因。海关审查决定是否采用。海关接受补充材料的,根据补充的事实和资料为依据重新审查,作出行政裁定的期限自收到申请人补充材料之日起重新计算。申请人可以在海关作出行政裁定前以书面形式向海关申明撤回其申请。

海关对申请人申请的海关事务应当根据有关事实和材料,依据有关法律、行政法规、规章进行审查并作出行政裁定。审查过程中,海关可以征求申请人以及其他利害关系人的意见。海关应当自受理申请之日起60日内作出行政裁定,并应当将作出的行政裁定书面通知申请人,并对外公布。

(三)海关行政裁定的效力

海关作出的行政裁定自公布之日起在中华人民共和国境内统一适用。进口或者出口相同情形的货物,应当适用相同的进出口商品归类的行政裁定。对于裁定生效前已经办理完毕裁定事项有关手续的进出口货物,不适用该裁定。

海关作出行政裁定所依据的法律、行政法规及规章中的相关规定发生变化,影响行政裁定效力的,原行政裁定自动失效。海关总署应当定期公布自动失效的行政裁定。

有下列情形之一的,由海关总署撤销原行政裁定:原行政裁定错误的;因申请人提供的申请文件不准确或者不全面造成原行政裁定需要撤销的;其他需要撤销的情形。

海关撤销行政裁定的,应当书面通知原申请人,并对外公布。撤销行政裁定的决定,自公布之日起生效。经海关总署撤销的行政裁定对已经发生的进出口活动无溯及力。

进出口活动的当事人对于海关作出的具体行政行为不服,并对该具体行政行为依据的行政裁定持有异议的,可以在对具体行政行为申请复议的同时一并提出对行政裁定的审查申请。复议海关受理该复议申请后应将其中对于行政裁定的审查申请移送海关总署,由海关总署作出审查决定。

海关行政裁定的申请人应对申请内容及所提供资料的真实性、完整性负责。向海关隐瞒真实情况或提供虚假材料的,应当承担相应的法律责任。

扩展阅读材料链接:

海关总署第 92 号令:《中华人民共和国海关行政裁定管理暂行办法》,海关总署网站: http://www.customs.gov.cn/customs/302249/302266/302267/356545/index.html。

五、进口商品样品预先归类咨询服务

为促进贸易安全与便利,增强企业对进出口贸易活动的可预期性,海关提供进口商品样品预先归类咨询服务。

进口商品样品预先归类咨询服务的申请人应当是进口货物收货人。申请人进口以下商品样品可向拟进口地直属海关提出预先归类咨询服务申请:

(1) 通过装运前检验等方式完成安全质量预评估的进口商品,即持有装运前质量安全预评估证明的商品;

(2) 拟进口商品的样品,即企业批量进口货物之前,提前进口少量用于法定检验目的的相同商品。

申请人申请进口商品样品预先归类咨询服务,应当通过"互联网+海关"或"单一窗口"提交《进口商品样品预先归类咨询申请表》,同时提交满足商品样品归类的相关资料和符合要求的相关证明材料。

海关自受理《进口商品样品预先归类咨询申请表》以及相关材料之日起 20 日内回复咨询结果。预先归类咨询服务结果仅供参考。如需预先确定具有法律效力的归类事项,需要按照海关总署发布的《中华人民共和国海关预裁定管理暂行办法》(海关总署令第 236 号)办理。

《中华人民共和国进出口税则》《进出口税则商品及品目注释》《中华人民共和国进出口税则本国子目注释》、商品归类决定或相关规定发生变化的,进口商品样品预先归类咨询结果同时失效,申请人可就该商品再次提交咨询申请。

本章重要概念

《商品名称及编码协调制度》;商品归类总规则;《中华人民共和国进出口税则》;《中华人民共和国海关统计商品目录》;进出口商品归类依据;商品归类预裁定;海关行政裁定;进口商品样品预先归类咨询服务

本章小结

1. 《协调制度》有哪些主要特点？
2. 《协调制度》归类总规则中规则二的具体内容是什么？
3. 简要解释《协调制度》归类总规则中规则三的内容。
4. 对进出口商品进行归类的依据有哪些？
5. 哪些情形下，海关可以终止商品归类预裁定？哪些情形下，海关可以对已生效的预裁定决定予以撤销？
6. 哪些情形下，海关不予受理商品归类行政裁定的申请？
7. 申请人进口哪些商品样品可向拟进口地直属海关提出预先归类咨询服务申请？
8. 查出下列商品编码：

（1）黄花菜

（2）"鳄鱼"牌牛皮公文包

（3）阿司匹林

（4）安放在公共场所的饮料自动售货机（装有制冷装置）

（5）人造肉

（6）成套理发工具，由一个电动理发推子、一把木梳、一把剪子、一把刷子及一条毛巾组成，装于一个塑料盒中

（7）线性低密度聚乙烯粒子

（8）CD-ROM（只读存储光盘）

（9）"龙井"绿茶，150克塑料袋装

（10）"长虹"牌彩色等离子电视机（显示屏幕74厘米）

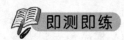

第六章 进出口税费

本章学习目标

本章介绍进出口税费的计算、征收、减免和退补。通过本章的学习,应当重点掌握进出口税费的种类和计算、进出口货物完税价格的审定、货物原产地的确定和税率适用、进出口税费的缴纳、减免和退补等内容。

第一节 进出口税费概述

进出口税费是指在进出口环节由海关依法征收的关税、增值税、消费税、船舶吨税以及滞纳金和滞报金等税费。依法征收税费是海关的基本任务之一。进出口税费征纳的法律依据主要是《海关法》《中华人民共和国进出口关税条例》以及其他有关法律、行政法规。

一、关税

关税是国家税收的重要组成部分,是由海关代表国家,按照国家制定的关税政策和公布实施的税法及进出口税则,对进出关境的货物和物品向纳税义务人征收的一种流转税。关税的征税主体是国家,由海关代表国家向纳税义务人征收。其课税对象是进出关境的货物和物品。关税是国家保护国内经济、调整产业结构、发展进出口贸易、增加财政收入的重要手段,也是世界贸易组织允许各成员保护其经济的一种手段。

(一)进口关税

1. 进口关税的含义

进口关税是一国海关对进口货物和物品征收的关税。进口关税是最主要的一种关税,它一般在外国货物或物品直接进入关境时征收,或者当外国货物或物品由自由港、自由贸易区或海关保税仓库等地提出运往进口国的国内市场销售或使用,在办理海关手续时征收。进口关税是执行国家关税保护政策、限制外国商品进入的主要手段,也是财政收入的重要来源之一。

2. 进口关税的种类

(1)按征收方式,进口关税可分为从价税、从量税、复合税和滑准税。

从价税以货物的价格作为计税标准,用货物的完税价格乘以税率作为其应征税额。这是包括我国在内的大多数国家使用的主要计税标准。目前我国对进口商品征收进口税绝大多数都是从价税。

$$从价税应征税额 = 货物的完税价格 \times 从价税税率$$

从量税是以货物的计量单位如重量、数量、容量等作为计税标准。目前我国对冻鸡、原油、啤酒和胶卷等进口商品征收从量税。

从量税应征税额＝货物数量×单位税额

复合税是指在海关税则中,一个税目中的商品同时使用从价、从量两种标准计税,计税时按两种标准合并计征的一种关税。目前我国对广播级磁带录像机、其他磁带录像机、磁带放像机、非特种用途的广播级电视摄像机以及非特种用途的其他电视摄像机、数字照相机、视频摄录一体机等进口商品征收复合税。

复合税应征税额＝货物的完税价格×从价税税率＋货物数量×单位税额

滑准税是指在海关税则中,对同一税目的商品按其价格高低分档并依此制定不同税率,根据该商品的价格高低而适用其不同档次税率计征的一种关税,也称滑动税。目前我国对关税配额外进口的棉花(税号52010000)适用滑准税。

(2) 按征收的主次程度,进口关税可分为进口正税和进口附加税。

进口正税是按税则中法定的税率征收的进口税。

进口附加税是在征收进口正税的基础上有针对性加征的临时性关税,如反倾销税、反补贴税、报复关税、特别关税等。

(二) 出口关税

出口关税是指当本国货物和物品出境时,海关对出口货物和物品征收的一种关税。当今各国为鼓励本国货物出口,提高本国产品竞争力,纷纷削减或废除出口关税。我国对大部分出口产品不征收出口关税,只是为限制、调控某些商品过度削价竞销、无序出口,特别是防止国内供应紧俏的一些重要自然资源和原材料的无序出口,对少数商品征收出口关税。2024年,我国对鳗鱼苗、部分有色金属矿砂及其精矿、苯、山羊板皮、合金生铁等总计102个8位编码的商品征收出口关税(部分商品的出口暂定税率为0)。

我国目前征收的出口关税都是以从价税形式计征。

应征出口关税税额＝出口货物完税价格×出口关税税率

其中,出口货物完税价格＝FOB÷(1＋出口关税税率),即出口货物是以FOB(船上交货价格)成交的,应以该价格扣除出口关税后作为完税价格;如果以其他价格成交的,应换算成FOB后再按上述公式计算。

二、进口环节税

进口货物和物品在办理海关手续放行后,进入国内市场流通,与国内货物同等对待,所以应缴纳应征的国内税。进口货物和物品的一些国内税依法由海关在进口环节征收。目前,由海关征收的进口环节税主要有增值税和消费税。

(一) 增值税

增值税是以商品的生产、流通和劳务服务各个环节所创造的新增价值为课税对象的一种流转税。增值税由税务机关征收,但进口环节的增值税由海关征收。进口环节增值税的减税、免税项目由国务院规定,任何地区、部门都无权擅自决定增值税的减免。

在我国境内销售货物(销售不动产或免征的除外)、进口货物和提供加工、修理、修配劳务的单位或个人,都要依法缴纳增值税。2019年4月1日起,对纳税义务人销售或者进口低税率和零税率以外的货物,提供加工、修理、修配劳务的,税率为13%。对于纳税义务人销售或者进口下列货物,按低税率9%计征增值税:

(1) 粮食、食用植物油;

(2) 自来水、暖气、冷气、热水、煤气、石油液化气、天然气、沼气、居民用煤炭制品;

(3) 图书、报纸、杂志;

(4) 饲料、化肥、农药、农机、农膜;

(5) 农产品;

(6) 金属矿采选产品和非金属矿采选产品;

(7) 国务院规定的其他货物。

另外,财政部、海关总署、国家税务总局会根据国民经济发展和形势变化对部分商品进口环节增值税税率进行调整。[①]

进口环节增值税以组成价格作为计税价格,征税时不得抵扣任何税额。其组成价格由关税完税价格加上关税组成;对于应征消费税的商品,其组成价格还要加上消费税。现行进口环节增值税的组成价格和应纳税额计算公式为:

$$组成价格 = 关税完税价格 + 实征关税税额 + 实征消费税税额$$

$$应纳增值税税额 = 组成价格 \times 增值税税率$$

进口货物由纳税义务人(进口人或者其代理人)向报关地海关申报缴纳进口环节增值税。进口环节增值税的缴纳期限与关税相同,起征额为人民币50元,低于50元的免征。

(二) 消费税

消费税是以消费品或消费行为的流转额作为课税对象而征收的一种流转税。消费税由税务机关征收,进口环节的消费税由海关征收。进口环节消费税除国务院另有规定者外,一律不得给予减税、免税。

我国的消费税是在对货物普遍征收增值税的基础上,选择少数消费品再予征收的税。在中华人民共和国境内生产、委托加工、进口应税消费品的单位和个人为消费税的纳税义务人。目前,我国征收进口环节消费税的商品大体可分为以下四种:

(1) 一些过度消费会对人的身体健康、社会秩序、生态环境等方面造成危害的特殊消费品如烟、酒、鞭炮、焰火、木制一次性筷子、实木地板、电池、涂料等;

(2) 奢侈品、非生活必需品如贵重首饰及珠宝玉石、化妆品、高尔夫球及球具、每块进口关税完税价格在10 000元人民币及以上的高档手表、游艇等;

(3) 高能耗的高档消费品如小汽车、摩托车等;

(4) 不可再生和替代的资源类消费品如汽油、柴油、石脑油、溶剂油、润滑油、燃料油等。

我国消费税采用从价税(如化妆品、木制一次性筷子、实木地板、小汽车、摩托车、高尔夫球、高档手表、游艇、电池、涂料等)、从量税(如啤酒、黄酒、汽油、柴油、石脑油、溶剂油、

[①] 根据财关税〔2016〕18号"财政部 海关总署 国家税务总局关于跨境电子商务零售进口税收政策的通知"和财关税〔2018〕49号"财政部 海关总署 税务总局关于完善跨境电子商务零售进口税收政策的通知",我国对在限值以内进口的跨境电子商务零售进口商品,关税税率暂设为0;进口环节增值税、消费税暂按法定应纳税额的70%征收。

润滑油等)和复合税(如进口白酒、卷烟等)的方法计征。

从价征收的消费税按照组成的计税价格计算,我国消费税采用价内税的计税方法,即计税价格的组成中包括了消费税税额,其计算公式为

组成计税价格＝(关税完税价格＋实征关税税额)÷(1－消费税税率)

应纳消费税税额＝组成计税价格×消费税税率

从量征收的消费税的计算公式为

应纳消费税税额＝应征消费税消费品数量×单位税额

复合消费税是实行从量、从价两种征税方法之和,其计算公式为

应纳消费税税额＝应征消费税消费品数量×单位税额＋组成计税价格×消费税税率

进口的应税消费品,由纳税义务人(进口人或者其代理人)向报关地海关申报纳税。进口环节消费税的缴纳期限与关税相同,起征额为人民币50元,低于50元的免征。

三、船舶吨税

(一) 概念

船舶吨税是由海关在设关口岸对进出、停靠我国港口的国际航行船舶征收的一种使用税。国际航行船舶在我国港口行驶和停靠,使用了我国的港口和助航设备,应缴纳一定的税费,即船舶吨税。船舶吨税由交通运输部管理,但由海关代征。

(二) 征收范围

自我国境外港口进入境内港口的船舶,均应当依照《中华人民共和国船舶吨税法》缴纳船舶吨税。吨税的税目、税率依照《中华人民共和国船舶吨税法》所附的《吨税税目税率表》执行。

(三) 税率适用范围

船舶吨税分为优惠税率和普通税率两种。中华人民共和国籍的应税船舶以及船籍国(地区)与中华人民共和国签订含有相互给予船舶税费最惠国待遇条款的条约或者协定的应税船舶,适用优惠税率;其他应税船舶,适用普通税率。截至2022年年底,适用船舶吨税优惠税率的国家和地区共78个,包括阿尔巴尼亚、朝鲜、加纳、斯里兰卡、刚果(布)、巴基斯坦、刚果(金)(原扎伊尔)、挪威、日本、阿尔及利亚、新西兰、阿根廷、孟加拉国、泰国、巴西、墨西哥、马来西亚、新加坡、塞浦路斯、蒙古、马耳他、越南、土耳其、韩国、格鲁吉亚、克罗地亚、俄罗斯、乌克兰、黎巴嫩、智利、印度、以色列、加拿大、秘鲁、埃及、摩洛哥、南非、古巴、印度尼西亚、突尼斯、伊朗、巴哈马、美国、比利时、捷克、丹麦、德国、爱沙尼亚、希腊、西班牙、法国、爱尔兰、意大利、拉脱维亚、立陶宛、卢森堡、匈牙利、荷兰、奥地利、波兰、葡萄牙、斯洛文尼亚、斯洛伐克、芬兰、瑞典、英国、保加利亚、罗马尼亚、也门、苏丹、菲律宾、埃塞俄比亚、肯尼亚、阿曼、利比里亚(到期日为2024年1月7日)、巴拿马(到期日为2026年7月19日)、中国香港、中国澳门。

(四) 船舶吨税的征收和退补

1. 船舶吨税的计算

吨税按照船舶净吨位和吨税执照期限征收。应税船舶负责人在每次申报纳税时,可以按照《吨税税目税率表》选择申领一种期限的吨税执照。

吨税的计算公式如下:

船舶吨税应纳税额＝船舶净吨位×适用税率

净吨位是指由船籍国(地区)政府签发或者授权签发的船舶吨位证明书上标明的净吨位。

2. 船舶吨税的征收和吨税执照

吨税由海关负责征收,海关征收吨税应当制发缴款凭证。船舶吨税分1年期缴纳、90天期缴纳与30天期缴纳三种(表6-1)。缴纳期限由应税船舶负责人自行选择。应税船舶负责人应当自海关填发吨税缴款凭证之日起15日内缴清税款。未按期缴清税款的,自滞纳税款之日起至缴清税款之日止,按日加收滞纳税款万分之五的税款滞纳金。应税船舶负责人选择柜台支付方式缴纳船舶吨税的,应将加盖银行已收讫税款业务印章的缴款书第一联交海关。应税船舶负责人选择电子支付方式缴纳船舶吨税的,应根据海关总署公告2014年第6号的要求完成船舶吨税电子支付备案。

表6-1 船舶吨税税目税率表

税目 (按船舶净吨位划分)	税率(元/净吨)						备 注
	普通税率 (按执照期限划分)			优惠税率 (按执照期限划分)			
	1年	90日	30日	1年	90日	30日	
不超过2 000净吨	12.6	4.2	2.1	9.0	3.0	1.5	1. 拖船按照发动机功率每千瓦折合净吨位0.67吨。 2. 无法提供净吨位证明文件的游艇,按照发动机功率每千瓦折合净吨位0.05吨。 3. 拖船和非机动驳船分别按相同净吨位船舶税率的50%计征税款
超过2 000净吨,但不超过10 000净吨	24.0	8.0	4.0	17.4	5.8	2.9	
超过10 000净吨,但不超过50 000净吨	27.6	9.2	4.6	19.8	6.6	3.3	
超过50 000净吨	31.8	10.6	5.3	22.8	7.6	3.8	

应税船舶负责人在缴纳船舶吨税前申请先行签发船舶吨税执照的,应当向海关提供与其依法履行吨税缴纳义务相适应的担保。应税船舶到达港口前,经海关核准先行申报并办结出入境手续的,应税船舶负责人应当向海关提供与其依法履行吨税缴纳义务相适应的担保;应税船舶到达港口后,依照规定向海关申报纳税。下列财产、权利可以用于担保:人民币、可自由兑换货币;汇票、本票、支票、债券、存单;银行、非银行金融机构的保函;海关依法认可的其他财产、权利。船舶吨税担保期限一般不超过6个月,特殊情况需要延期的,应当经主管海关核准。应税船舶负责人应当在海关核准的船舶吨税担保期限内履行纳税义务。

应税船舶在进入港口办理入境手续时,应当向海关申报纳税领取吨税执照,或者交验吨税执照(或者申请核验吨税执照电子信息)。应税船舶在离开港口办理出境手续时,应当交验吨税执照(或者申请核验吨税执照电子信息)。自2018年7月1日起签发的船舶吨税执照电子信息由海关系统进行自动比对。

应税船舶负责人应在应税船舶抵港申报纳税时,如实填写《船舶吨税执照申请书》申领吨税执照,同时向海关提供下列文件:

(1) 船舶国籍证书或者海事部门签发的船舶国籍证书收存证明;

(2) 船舶吨位证明。

应税船舶为拖船或无法提供净吨位证明文件的游艇的,应税船舶负责人还应提供发动机功率(千瓦)等相关材料。

应税船舶负责人应通过"互联网+海关"、国际贸易"单一窗口"等关企事务平台登录"海关船舶吨税执照申请系统",录入并向海关发送船舶吨税执照申请信息。

应税船舶负责人缴纳吨税或者提供担保后,海关按照其申领的执照期限填发吨税执照。

应税船舶因不可抗力在未设立海关地点停泊的,船舶负责人应当立即向附近海关报告,并在不可抗力原因消除后,依照规定向海关申报纳税。

吨税纳税义务发生时间为应税船舶进入港口的当日。应税船舶在吨税执照期满后尚未离开港口的,应当申领新的吨税执照,自上一次执照期满的次日起续缴吨税。

应税船舶在吨税执照期限内,因修理、改造导致净吨位变化的,吨税执照继续有效。应税船舶办理出入境手续时,应当提供船舶经过修理、改造的证明文件。应税船舶在吨税执照期限内,因税目税率调整或者船籍改变而导致适用税率变化的,吨税执照继续有效。因船籍改变而导致适用税率变化的,应税船舶在办理出入境手续时,应当提供船籍改变的证明文件。吨税执照在期满前毁损或者遗失的,应当向原发照海关书面申请核发吨税执照副本,不再补税。

应税船舶有下列行为之一的,由海关责令限期改正,处 2 000 元以上 3 万元以下的罚款;不缴或者少缴应纳税款的,处不缴或者少缴税款 50% 以上、5 倍以下的罚款,但罚款不得低于 2 000 元:

(1) 未按照规定申报纳税、领取吨税执照;

(2) 未按照规定交验吨税执照(或者申请核验吨税执照电子信息)以及提供其他证明文件。

吨税税款、税款滞纳金、罚款以人民币计算。

3. 船舶吨税的免征和退补

下列船舶免征吨税:

(1) 应纳税额在人民币 50 元以下的船舶;

(2) 自境外以购买、受赠、继承等方式取得船舶所有权的初次进口到港的空载船舶;

(3) 吨税执照期满后 24 小时内不上下客货的船舶;

(4) 非机动船舶(不包括非机动驳船);

(5) 捕捞、养殖渔船;

(6) 避难、防疫隔离、修理、改造、终止运营或者拆解,并不上下客货的船舶;

(7) 军队、武装警察部队专用或者征用的船舶;

(8) 警用船舶;

(9) 依照法律规定应当予以免税的外国驻华使领馆、国际组织驻华代表机构及其有关人员的船舶；

(10) 国务院规定的其他船舶(由国务院报全国人民代表大会常务委员会备案)。

在吨税执照期限内，应税船舶发生下列情形之一的，应税船舶负责人应在延期事项发生地海关办理船舶吨税执照延期的海关手续，同时提交延期申请，海关按照实际发生的天数批注延长吨税执照期限：

(1) 避难、防疫隔离、修理、改造，并不上下客货；

(2) 军队、武装警察部队征用。

对于符合上述免征吨税第(2)项至第(4)项规定的应税船舶，应税船舶负责人应当向海关提供书面免税申请，申明免税的依据和理由。符合上述免征吨税第(5)项至第(9)项以及延长吨税执照期限情形规定的船舶，应当提供海事部门、渔业船舶管理部门等部门、机构出具的具有法律效力的证明文件或者使用关系证明文件，申明免税或者延长吨税执照期限的依据和理由。

海关发现少征或者漏征税款的，应当自应税船舶应当缴纳税款之日起1年内，补征税款。但因应税船舶违反规定造成少征或者漏征税款的，海关可以自应当缴纳税款之日起3年内追征税款，并自应当缴纳税款之日起按日加征少征或者漏征税款万分之五的税款滞纳金。

海关发现多征税款的，应当在24小时内通知应税船舶办理退还手续，并加算银行同期活期存款利息。应税船舶发现多缴税款的，可以自缴纳税款之日起3年内以书面形式要求海关退还多缴的税款并加算银行同期活期存款利息；海关应当自受理退税申请之日起30日内查实并通知应税船舶办理退还手续。应税船舶应当自收到规定的通知之日起3个月内办理有关退还手续。

扩展阅读材料链接：

《中华人民共和国船舶吨税法》，海关总署网站：http://www.customs.gov.cn/customs/302249/302266/302267/1420513/index.html。

四、滞纳金和滞报金

(一) 滞纳金

关税、进口环节增值税、消费税、船舶吨税等的纳税义务人或其代理人，应当自海关填发税款缴款书之日起15日内向指定银行缴纳税款。逾期缴纳税款的，由海关自缴款期限届满之日起至缴清税款之日止，按日加收滞纳税款0.5‰的滞纳金。纳税义务人应当自海关填发滞纳金缴款书之日起15日内向指定银行缴纳滞纳金。

滞纳金的计算公式为

关税滞纳金金额 = 滞纳关税税额 × 0.5‰ × 滞纳天数

代征税滞纳金金额 = 滞纳代征税税额 × 0.5‰ × 滞纳天数

滞纳金的起征额为人民币50元，不足人民币50元的免予征收。

另外，《中华人民共和国进出口关税条例》和《中华人民共和国海关进出口货物征税管理办法》等法律、法规对征收滞纳金还作出了如下几点规定。

(1) 进出口货物放行后,海关发现少征或者漏征税款的,应当自缴纳税款或者货物放行之日起 1 年内,向纳税义务人补征税款。但因纳税义务人违反规定造成少征或者漏征税款的,海关可以自缴纳税款或者货物放行之日起 3 年内追征税款,并从缴纳税款或者货物放行之日起至海关发现之日止按日加收少征或者漏征税款 0.5‰的滞纳金。

(2) 海关发现海关监管货物因纳税义务人违反规定造成少征或漏征税款的,应当自纳税义务人应缴纳税款之日起 3 年内追征税款,并从应缴纳税款之日起至海关发现之日止按日加收少征或漏征税款 0.5‰的滞纳金。

(3) 租赁进口货物,分期支付租金的,纳税义务人应当在申报租赁货物进口时,按照第一期应当支付的租金办理纳税手续,缴纳相应税款;在其后分期支付租金时,纳税义务人向海关申报办理纳税手续应当不迟于每次支付租金后的第 15 日。纳税义务人未在规定期限内申报纳税的,海关按照纳税义务人每次支付租金后第 15 日该货物适用的税率、计征汇率征收相应税款,并自规定的申报办理纳税手续期限届满之日起至纳税义务人申报纳税之日止按日加收应缴纳税款 0.5‰的滞纳金。

纳税义务人应当自租赁进口货物租期届满之日起 30 日内,向海关申请办结监管手续,将租赁进口货物复运出境。需留购、续租租赁进口货物的,纳税义务人向海关申报办理相关手续应当不迟于租赁进口货物租期届满后的第 30 日。纳税义务人未在规定的期限内向海关申报办理留购租赁进口货物的相关手续的,海关除按照审定进口货物完税价格的有关规定和租期届满后第 30 日该货物适用的计征汇率、税率,审核确定其完税价格、计征应缴纳的税款外,还应当自租赁期限届满后 30 日起至纳税义务人申报纳税之日止按日加收应缴纳税款 0.5‰的滞纳金。纳税义务人未在规定的期限内向海关申报办理续租租赁进口货物的相关手续的,海关除按照规定征收续租租赁进口货物应缴纳的税款外,还应当自租赁期限届满后 30 日起至纳税义务人申报纳税之日止按日加收应缴纳税款 0.5‰的滞纳金。

(4) 暂时进出境货物未在规定期限内复运出境或者复运进境,且纳税义务人未在规定期限届满前向海关申报办理进出口及纳税手续的,海关除按照规定征收应缴纳的税款外,还应当自规定期限届满之日起至纳税义务人申报纳税之日止按日加收应缴纳税款 0.5‰的滞纳金。

(二) 滞报金

根据《海关法》的规定,进口货物的收货人应当自运输工具申报进境之日起 14 日内向海关申报,超过规定期限向海关申报的,由海关征收滞报金。滞报金按日计征,以自运输工具申报进境之日起第 15 日为起征日,以海关接受申报之日为截止日,除另有规定外,起征日和截止日均计入滞报期间。对于邮运进口货物,应当以自邮政企业向海关驻邮局办事机构申报总包之日起第 15 日为起征日;转关运输货物在进境地申报的,应当以自载运进口货物的运输工具申报进境之日起第 15 日为起征日;在指运地申报的,应当以自货物运抵指运地之日起第 15 日为起征日;邮运进口转关运输货物在进境地申报的,应当以自运输工具申报进境之日起第 15 日为起征日;在指运地申报的,应当以自邮政企业向海关驻邮局办事机构申报总包之日起第 15 日为起征日。滞报金起征日遇有休息日或者法定节假日的,顺延至休息日或者法定节假日之后的第一个工作日。国务院临时调整休息日与工作日的,海关应当按照调整后的情况确定滞报金的起征日。

滞报金的日征收金额为进口货物完税价格的 0.5‰,以人民币"元"为计征单位,不足人民币 1 元的部分免予计征。

征收滞报金的计算公式为

$$应征滞报金金额 = 进口货物完税价格 \times 0.5‰ \times 滞报期间$$

滞报金的起征点为人民币 50 元。滞报金应当由进口货物收货人于当次申报时缴清。进口货物收货人要求在缴清滞报金前先放行货物的,海关可以在其提供与应缴纳滞报金等额的保证金后放行。

第二节 进出口货物完税价格的审定

我国海关对实行从价税的进出口货物征收关税时,必须依法审定货物的完税价格,它是海关凭以计征进出口货物关税及进口环节税税额的基础。

一、进口货物完税价格的审定

进口货物的完税价格,由海关以该货物的成交价格为基础审查确定,并且应当包括货物运抵中华人民共和国境内输入地点起卸前的运输及其相关费用、保险费。

海关确定进口货物完税价格有六种估价方法:成交价格估价方法、相同货物成交价格估价方法、类似货物成交价格估价方法、倒扣价格估价方法、计算价格估价方法和合理方法。这六种估价方法必须依次使用,即只有在不能使用前一种估价方法的情况下,才可以顺延使用其他估价方法。纳税义务人向海关提供有关资料后,可以提出申请,颠倒倒扣价格估价方法和计算价格估价方法的适用次序。

(一) 成交价格估价方法

成交价格估价方法是第一种估价方法,它建立在进口货物实际发票或合同价格的基础上,在海关估价实践中使用率最高。

1. 成交价格的定义

进口货物的成交价格,是指卖方向中华人民共和国境内销售该货物时,买方为进口该货物向卖方实付、应付的,并且按照规定调整后的价款总额,包括直接支付的价款和间接支付的价款。在这一定义中,"卖方"是指销售货物的自然人、法人或者其他组织,其中进口货物的卖方是指向中华人民共和国境内销售进口货物的卖方;"买方"是指通过履行付款义务,购入货物,并且为此承担风险,享有收益的自然人、法人或者其他组织,其中进口货物的买方是指向中华人民共和国境内购入进口货物的买方;"境内"是指中华人民共和国海关关境内;"向中华人民共和国境内销售"是指将进口货物实际运入中华人民共和国境内,货物的所有权和风险由卖方转移给买方,买方为此向卖方支付价款的行为;"实付、应付"价格是指买方为购买进口货物而直接或者间接支付的价款总额,即作为卖方销售进口货物的条件,由买方向卖方或者为履行卖方义务向第三方已经支付或者将要支付的全部款项;"间接支付"是指买方根据卖方的要求,将货款全部或者部分支付给第三方,或者冲抵买卖双方之间的其他资金往来的付款方式。

2. 成交价格的条件

进口货物的成交价格应当符合下列条件：

(1) 对买方处置或者使用进口货物不予限制，但是法律、行政法规规定实施的限制、对货物销售地域的限制和对货物价格无实质性影响的限制除外；

(2) 进口货物的价格不得受到使该货物成交价格无法确定的条件或者因素的影响；

(3) 卖方不得直接或者间接获得因买方销售、处置或者使用进口货物而产生的任何收益，或者虽然有收益但是能够按照《中华人民共和国海关审定进出口货物完税价格办法》的相关规定作出调整；

(4) 买卖双方之间没有特殊关系，或者虽然有特殊关系但是按照规定未对成交价格产生影响。

有下列情形之一的，应当视为对买方处置或者使用进口货物进行了限制：

(1) 进口货物只能用于展示或者免费赠送的；

(2) 进口货物只能销售给指定第三方的；

(3) 进口货物加工为成品后只能销售给卖方或者指定第三方的；

(4) 其他经海关审查，认定买方对进口货物的处置或者使用受到限制的。

有下列情形之一的，应当视为进口货物的价格受到了使该货物成交价格无法确定的条件或者因素的影响：

(1) 进口货物的价格是以买方向卖方购买一定数量的其他货物为条件而确定的；

(2) 进口货物的价格是以买方向卖方销售其他货物为条件而确定的；

(3) 其他经海关审查，认定货物的价格受到使该货物成交价格无法确定的条件或者因素影响的。

有下列情形之一的，应当认为买卖双方存在特殊关系：

(1) 买卖双方为同一家族成员的；

(2) 买卖双方互为商业上的高级职员或者董事的；

(3) 一方直接或者间接地受另一方控制的；

(4) 买卖双方都直接或者间接地受第三方控制的；

(5) 买卖双方共同直接或者间接地控制第三方的；

(6) 一方直接或者间接地拥有、控制或者持有对方5%以上(含5%)公开发行的有表决权的股票或者股份的；

(7) 一方是另一方的雇员、高级职员或者董事的；

(8) 买卖双方是同一合伙的成员的。

买卖双方在经营上相互有联系，一方是另一方的独家代理、独家经销或者独家受让人，如果符合前述的规定，也应当视为存在特殊关系。

买卖双方之间存在特殊关系，但是纳税义务人能证明其成交价格与同时或者大约同时发生的下列任何一款价格相近的，应当视为特殊关系未对进口货物的成交价格产生影响：

(1) 向境内无特殊关系的买方出售的相同或者类似进口货物的成交价格；

(2) 按照《中华人民共和国海关审定进出口货物完税价格办法》规定的倒扣价格估价

方法所确定的相同或者类似进口货物的完税价格;

(3) 按照《中华人民共和国海关审定进出口货物完税价格办法》规定的计算价格估价方法所确定的相同或者类似进口货物的完税价格。

海关在使用上述价格进行比较时,应当考虑商业水平和进口数量的不同,以及买卖双方有无特殊关系造成的费用差异。

海关经对与货物销售有关的情况进行审查,认为符合一般商业惯例的,可以确定特殊关系未对进口货物的成交价格产生影响。

3. 成交价格的调整项目

以成交价格为基础审查确定进口货物的完税价格时,未包括在该货物实付、应付价格中的下列费用或者价值应当计入完税价格:

(1) 由买方负担的下列费用:

① 除购货佣金以外的佣金和经纪费;

② 与该货物视为一体的容器费用;

③ 包装材料费用和包装劳务费用。

(2) 与进口货物的生产和向中华人民共和国境内销售有关的,由买方以免费或者以低于成本的方式提供,并且可以按适当比例分摊的下列货物或者服务的价值:

① 进口货物包含的材料、部件、零件和类似货物;

② 在生产进口货物过程中使用的工具、模具和类似货物;

③ 在生产进口货物过程中消耗的材料;

④ 在境外进行的为生产进口货物所需的工程设计、技术研发、工艺及制图等相关服务。

(3) 买方需向卖方或者有关方直接或者间接支付的特许权使用费,但是符合下列情形之一的除外:

① 特许权使用费与该货物无关;

② 特许权使用费的支付不构成该货物向中华人民共和国境内销售的条件。

(4) 卖方直接或者间接从买方对该货物进口后销售、处置或者使用所得中获得的收益。

纳税义务人应当向海关提供上述费用或者价值的客观量化数据资料。纳税义务人不能提供的,海关与纳税义务人进行价格磋商后,按照《中华人民共和国海关审定进出口货物完税价格办法》列明的方法审查确定完税价格。

在根据上述第(2)项确定应当计入进口货物完税价格的货物价值时,应当按照下列方法计算有关费用:

(1) 由买方从与其无特殊关系的第三方购买的,应当计入的价值为购入价格;

(2) 由买方自行生产或者从有特殊关系的第三方获得的,应当计入的价值为生产成本;

(3) 由买方租赁获得的,应当计入的价值为买方承担的租赁成本;

(4) 生产进口货物过程中使用的工具、模具和类似货物的价值,应当包括其工程设计、技术研发、工艺及制图等费用。

如果货物在被提供给卖方前已经被买方使用过,应当计入的价值为根据国内公认的会计原则对其进行折旧后的价值。

符合下列条件之一的特许权使用费,应当视为与进口货物有关。

(1) 特许权使用费是用于支付专利权或者专有技术使用权,且进口货物属于下列情形之一的:

① 含有专利或者专有技术的;

② 用专利方法或者专有技术生产的;

③ 为实施专利或者专有技术而专门设计或者制造的。

(2) 特许权使用费是用于支付商标权,且进口货物属于下列情形之一的:

① 附有商标的;

② 进口后附上商标直接可以销售的;

③ 进口时已含有商标权,经过轻度加工后附上商标即可以销售的。

(3) 特许权使用费是用于支付著作权,且进口货物属于下列情形之一的:

① 含有软件、文字、乐曲、图片、图像或者其他类似内容的进口货物,包括磁带、磁盘、光盘或者其他类似载体的形式;

② 含有其他享有著作权内容的进口货物。

(4) 特许权使用费是用于支付分销权、销售权或者其他类似权利,且进口货物属于下列情形之一的:

① 进口后可以直接销售的;

② 经过轻度加工即可以销售的。

买方不支付特许权使用费则不能购得进口货物,或者买方不支付特许权使用费则该货物不能以合同议定的条件成交的,应当视为特许权使用费的支付构成进口货物向中华人民共和国境内销售的条件。

进口货物的价款中单独列明的下列税收、费用,不计入该货物的完税价格:

(1) 厂房、机械或者设备等货物进口后发生的建设、安装、装配、维修或者技术援助费用,但是保修费用除外;

(2) 进口货物运抵中华人民共和国境内输入地点起卸后发生的运输及其相关费用、保险费;

(3) 进口关税、进口环节海关代征税及其他国内税;

(4) 为在境内复制进口货物而支付的费用;

(5) 境内外技术培训及境外考察费用。

同时符合下列条件的利息费用不计入完税价格:

(1) 利息费用是买方为购买进口货物而融资所产生的;

(2) 有书面的融资协议的;

(3) 利息费用单独列明的;

(4) 纳税义务人可以证明有关利率不高于在融资当时当地此类交易通常应当具有的利率水平,且没有融资安排的相同或者类似进口货物的价格与进口货物的实付、应付价格非常接近的。

（二）相同货物成交价格估价方法与类似货物成交价格估价方法

成交价格估价方法是海关估价中使用频率最高的一种估价方法，但由于种种原因，并不是所有的进口货物都能采用这一估价方法，不符合成交价格条件或者成交价格不能确定的进口货物不能采用成交价格估价方法，而应按照顺序考虑采用相同货物成交价格估价方法或类似货物成交价格估价方法。

相同货物成交价格估价方法，是指海关以与进口货物同时或者大约同时向中华人民共和国境内销售的相同货物的成交价格为基础，审查确定进口货物的完税价格的估价方法。"相同货物"是指与进口货物在同一国家或者地区生产的，在物理性质、质量和信誉等所有方面都相同的货物，但是允许存在表面的微小差异。"大约同时"是指海关接受货物申报之日的大约同时，最长不应当超过前后45日。

类似货物成交价格估价方法，是指海关以与进口货物同时或者大约同时向中华人民共和国境内销售的类似货物的成交价格为基础，审查确定进口货物的完税价格的估价方法。"类似货物"是指与进口货物在同一国家或者地区生产的，虽然不是在所有方面都相同，但是却具有相似的特征、相似的组成材料、相同的功能，并且在商业中可以互换的货物。"大约同时"也是指海关接受货物申报之日的大约同时，最长不应当超过前后45日。

按照相同货物成交价格估价方法或者类似货物成交价格估价方法的规定审查确定进口货物的完税价格时，应当使用与该货物具有相同商业水平且进口数量基本一致的相同或者类似货物的成交价格。使用上述价格时，应当以客观量化的数据资料，对该货物与相同或者类似货物之间由于运输距离、运输方式不同而在成本和其他费用方面产生的差异进行调整。

在没有前述的相同或者类似货物的成交价格的情况下，可以使用不同商业水平或者不同进口数量的相同或者类似货物的成交价格。使用上述价格时，应当以客观量化的数据资料，对因商业水平、进口数量、运输距离和运输方式不同而在价格、成本和其他费用方面产生的差异作出调整。

按照相同货物成交价格估价方法或者类似货物成交价格估价方法审查确定进口货物的完税价格时，应当首先使用同一生产商生产的相同或者类似货物的成交价格。没有同一生产商生产的相同或者类似货物的成交价格的，可以使用同一生产国或者地区其他生产商生产的相同或者类似货物的成交价格。如果有多个相同或者类似货物的成交价格，应当以最低的成交价格为基础审查确定进口货物的完税价格。

（三）倒扣价格估价方法

倒扣价格估价方法，是指海关以进口货物、相同或者类似进口货物在境内的销售价格为基础，扣除境内发生的有关费用后，审查确定进口货物完税价格的估价方法。该销售价格应当同时符合下列条件。

（1）是在该货物进口的同时或者大约同时，将该货物、相同或者类似进口货物在境内销售的价格（"大约同时"是指海关接受货物申报之日的大约同时，最长不应当超过前后45日。按照倒扣价格法审查确定进口货物的完税价格时，如果进口货物、相同或者类似货物没有在海关接受进口货物申报之日前后45日内在境内销售，可以将在境内销售的时间延长至接受货物申报之日前后90日内）。

(2) 是按照货物进口时的状态销售的价格。
(3) 是在境内第一销售环节销售的价格。
(4) 是向境内无特殊关系方销售的价格。
(5) 按照该价格销售的货物合计销售总量最大。

按照倒扣价格估价方法审查确定进口货物完税价格的,下列各项应当扣除:

(1) 同等级或者同种类货物在境内第一销售环节销售时,通常的利润和一般费用(包括直接费用和间接费用)以及通常支付的佣金;
(2) 货物运抵境内输入地点起卸后的运输及其相关费用、保险费;
(3) 进口关税、进口环节海关代征税及其他国内税。

如果该货物、相同或者类似货物没有按照进口时的状态在境内销售,应纳税义务人要求,可以在符合《中华人民共和国海关审定进出口货物完税价格办法》规定的其他条件的情形下,使用经进一步加工后的货物的销售价格审查确定完税价格,但是应当同时扣除加工增值额。加工增值额应当依据与加工成本有关的客观量化数据资料、该行业公认的标准、计算方法及其他的行业惯例计算。

按照上述规定确定扣除的项目时,应当使用与国内公认的会计原则相一致的原则和方法。

(四) 计算价格估价方法

计算价格估价方法,是指海关以下列各项的总和为基础,审查确定进口货物完税价格的估价方法:

(1) 生产该货物所使用的料件成本和加工费用;
(2) 向境内销售同等级或者同种类货物通常的利润和一般费用(包括直接费用和间接费用);
(3) 该货物运抵境内输入地点起卸前的运输及相关费用、保险费。

按照上述规定审查确定进口货物的完税价格时,海关在征得境外生产商同意并且提前通知有关国家或者地区政府后,可以在境外核实该企业提供的有关资料。按照规定确定有关价值或者费用时,应当使用与生产国或者地区公认的会计原则相一致的原则和方法。

(五) 合理方法

合理方法,是指当海关不能根据成交价格估价方法、相同货物成交价格估价方法、类似货物成交价格估价方法、倒扣价格估价方法和计算价格估价方法确定完税价格时,海关根据《中华人民共和国海关审定进出口货物完税价格办法》规定的客观、公平、统一的原则,以客观量化的数据资料为基础审查确定进口货物完税价格的估价方法。

海关在采用合理方法确定进口货物的完税价格时,不得使用以下价格:

(1) 境内生产的货物在境内的销售价格;
(2) 可供选择的价格中较高的价格;
(3) 货物在出口地市场的销售价格;
(4) 以《中华人民共和国海关审定进出口货物完税价格办法》中计算价格估价方法规定之外的价值或者费用计算的相同或者类似货物的价格;

（5）出口到第三国或者地区的货物的销售价格；

（6）最低限价或者武断、虚构的价格。

扩展阅读材料链接：

海关总署第213号令：《中华人民共和国海关审定进出口货物完税价格办法》，海关总署网站：http://www.customs.gov.cn/customs/302249/302266/302267/356036/index.html。

二、特殊进口货物完税价格的审定

（一）内销保税货物的完税价格

内销保税货物，包括因故转为内销需要征税的加工贸易货物、海关特殊监管区域内货物、保税监管场所内货物和因其他原因需要按照内销征税办理的保税货物，但不包括以下项目：

（1）海关特殊监管区域、保税监管场所内生产性的基础设施建设项目所需的机器、设备和建设所需的基建物资；

（2）海关特殊监管区域、保税监管场所内企业开展生产或综合物流服务所需的机器、设备、模具及其维修用零配件；

（3）海关特殊监管区域、保税监管场所内企业和行政管理机构自用的办公用品、生活消费用品和交通运输工具。

内销保税货物的完税价格，由海关以该货物的成交价格为基础审查确定。

进料加工进口料件或者其制成品（包括残次品）内销时，海关以料件原进口成交价格为基础审查确定完税价格。属于料件分批进口，并且内销时不能确定料件原进口——对应批次的，海关可按照同项号、同品名和同税号的原则，以其合同有效期内或电子账册核销周期内已进口料件的成交价格计算所得的加权平均价为基础审查确定完税价格。合同有效期内或电子账册核销周期内已进口料件的成交价格加权平均价难以计算或者难以确定的，海关以客观可量化的当期进口料件成交价格的加权平均价为基础审查确定完税价格。

来料加工进口料件或者其制成品（包括残次品）内销时，海关以接受内销申报的同时或者大约同时进口的与料件相同或者类似的保税货物的进口成交价格为基础审查确定完税价格。

加工企业内销的加工过程中产生的边角料或者副产品，以其内销价格为基础审查确定完税价格。内销价格是指向国内企业销售保税货物时买卖双方订立的价格，是国内企业为购买保税货物而向卖方（保税企业）实际支付或者应当支付的全部价款，但不包括关税和进口环节海关代征税。副产品并非全部使用保税料件生产所得的，海关以保税料件在投入成本核算中所占比重计算结果为基础审查确定完税价格。按照规定需要以残留价值征税的受灾保税货物，海关以其内销价格为基础审查确定完税价格。按照规定应折算成料件征税的，海关以各项保税料件占构成制成品（包括残次品）全部料件的价值比重计算结果为基础审查确定完税价格。边角料、副产品和按照规定需要以残留价值征税的受灾保税货物经海关允许采用拍卖方式内销时,海关以其拍卖价格为基础审查确定完税价格。拍卖价格,是指国家注册的拍卖机构对海关核准参与交易的保税货物履行合法有效的拍卖程序,竞买人依拍卖规定获得拍卖标的物的价格。

深加工结转货物内销时,海关以该结转货物的结转价格为基础审查确定完税价格。结转价格是指深加工结转企业间买卖加工贸易货物时双方订立的价格,是深加工结转转入企业为购买加工贸易货物而向深加工结转转出企业实际支付或者应当支付的全部价款。

保税区内企业内销的保税加工进口料件或者其制成品,海关以其内销价格为基础审查确定完税价格。保税区内企业内销的保税加工制成品中,如果含有从境内采购的料件,海关以制成品所含从境外购入料件的原进口成交价格为基础审查确定完税价格。保税区内企业内销的保税加工进口料件或者其制成品的完税价格依据前述规定不能确定的,海关以接受内销申报的同时或者大约同时内销的相同或者类似的保税货物的内销价格为基础审查确定完税价格。

除保税区以外的海关特殊监管区域内企业内销的保税加工料件或者其制成品,以其内销价格为基础审查确定完税价格。除保税区以外的海关特殊监管区域内企业内销的保税加工料件或者其制成品的内销价格不能确定的,海关以接受内销申报的同时或者大约同时内销的相同或者类似的保税货物的内销价格为基础审查确定完税价格。除保税区以外的海关特殊监管区域内企业内销的保税加工制成品、相同或者类似的保税货物的内销价格不能确定的,海关以生产该货物的成本、利润和一般费用计算所得的价格为基础审查确定完税价格。海关特殊监管区域内企业内销的保税加工过程中产生的边角料、废品、残次品和副产品,以其内销价格为基础审查确定完税价格。海关特殊监管区域内企业经海关允许采用拍卖方式内销的边角料、废品、残次品和副产品,海关以其拍卖价格为基础审查确定完税价格。

海关特殊监管区域、保税监管场所内企业内销的保税物流货物,海关以该货物运出海关特殊监管区域、保税监管场所时的内销价格为基础审查确定完税价格;该内销价格包含的能够单独列明的海关特殊监管区域、保税监管场所内发生的保险费、仓储费和运输及其相关费用,不计入完税价格。

海关特殊监管区域内企业内销的研发货物,海关依据上述保税区和其他海关特殊监管区域内企业内销货物的相关规定审查确定完税价格。海关特殊监管区域内企业内销的检测、展示货物,海关依据海关特殊监管区域、保税监管场所内企业内销保税物流货物的相关规定审查确定完税价格。

内销保税货物的完税价格不能依据上述规定确定的,海关依次以下列价格估定该货物的完税价格。

(1)与该货物同时或者大约同时向中华人民共和国境内销售的相同货物的成交价格。

(2)与该货物同时或者大约同时向中华人民共和国境内销售的类似货物的成交价格。

(3)与该货物进口的同时或者大约同时,将该进口货物、相同或者类似进口货物在第

一级销售环节销售给无特殊关系买方最大销售总量的单位价格,但应当扣除以下项目:

① 同等级或者同种类货物在中华人民共和国境内第一级销售环节销售时通常的利润和一般费用以及通常支付的佣金;

② 进口货物运抵境内输入地点起卸后的运输及其相关费用、保险费;

③ 进口关税及国内税收。

(4) 按照下列各项总和计算的价格:生产该货物所使用的料件成本和加工费用,向中华人民共和国境内销售同等级或者同种类货物通常的利润和一般费用,该货物运抵境内输入地点起卸前的运输及其相关费用、保险费。

(5) 以合理方法估定的价格。

纳税义务人向海关提供有关资料后,可以提出申请,颠倒上述第(3)项和第(4)项的适用次序。

(二) 出境修理和加工货物的完税价格

运往境外修理的机械器具、运输工具或者其他货物,出境时已向海关报明,并且在海关规定的期限内复运进境的,应当以境外修理费和料件费为基础审查确定完税价格。出境修理货物复运进境超过海关规定期限的,由海关按照《中华人民共和国海关审定进出口货物完税价格办法》规定的进口货物完税价格确定方法审查确定完税价格。

运往境外加工的货物,出境时已向海关报明,并且在海关规定期限内复运进境的,应当以境外加工费和料件费以及该货物复运进境的运输及其相关费用、保险费为基础审查确定完税价格。出境加工货物复运进境超过海关规定期限的,由海关按照《中华人民共和国海关审定进出口货物完税价格办法》规定的进口货物完税价格确定方法审查确定完税价格。

(三) 暂时进境货物的完税价格

经海关批准的暂时进境货物,应当缴纳税款的,由海关按照《中华人民共和国海关审定进出口货物完税价格办法》规定的进口货物完税价格确定方法审查确定完税价格。经海关批准留购的暂时进境货物,以海关审查确定的留购价格作为完税价格。

(四) 租赁进口货物的完税价格

以租赁方式进口的货物,按照下列方法审查确定完税价格:

(1) 以租金方式对外支付的租赁货物,在租赁期间以海关审查确定的租金作为完税价格,利息应当予以计入;

(2) 留购的租赁货物以海关审查确定的留购价格作为完税价格;

(3) 纳税义务人申请一次性缴纳税款的,可以选择申请按照《中华人民共和国海关审定进出口货物完税价格办法》列明的方法确定完税价格,或者按照海关审查确定的租金总额作为完税价格。

飞机经营性租赁期间发生的由承租人承担的境外维修检修费用,按照前述出境修理货物的完税价格审定办法审价征税。在飞机退租时,承租人因未符合飞机租赁贸易中约定的交还飞机条件而向出租人支付的补偿或赔偿费用,或为满足飞机交机条件而开展的维修检修所产生的维修检修费,无论是发生在境内或境外,均按租金计入完税价格。飞机租赁结束后未退还承租人的维修保证金,按租金计入完税价格。对于出租人为纳税义务人,而由承租人依照合同约定,在合同规定的租金之外另行为出租人承担的预提所得税、增值税,属于间接支付的租金,应计入完税价格。对于应计入完税价格的上述税款,应随下一次支付的租金一同向主管海关申报办理纳税手续;对于为支付最末一期租金而代缴的国内税收,承租人应在代缴税款后30日内向主管海关申报办理纳税手续。在飞机租赁贸易中约定由承租方支付的与机身、零备件相关的保险,无论是发生在境内或境外,属于间接支付的租金,应计入完税价格;与飞机租赁期间保持正常营运相关的保险费用,不计入完税价格。承租人应于支付保险费用后30日内向主管海关申报办理纳税手续。

（五）减免税进口货物的完税价格

减税或者免税进口的货物应当补税时,应当以海关审查确定的该货物原进口时的价格,扣除折旧部分价值作为完税价格,其计算公式如下:

$$完税价格 = 海关审查确定的该货物原进口时的价格 \times \left(1 - \frac{补税时实际已进口的时间(月)}{监管年限 \times 12}\right)$$

上述计算公式中"补税时实际已进口的时间"按月计算,不足1个月但是超过15日的,按照1个月计算;不超过15日的,不予计算。

（六）不存在成交价格的进口货物的完税价格

易货贸易、寄售、捐赠、赠送等不存在成交价格的进口货物,海关与纳税义务人进行价格磋商后,按照《中华人民共和国海关审定进出口货物完税价格办法》列明的方法审查确定完税价格。

（七）进口介质的完税价格

"介质"是指磁带、磁盘、光盘。进口载有专供数据处理设备用软件的介质,具有下列情形之一的,应当以介质本身的价值或者成本为基础审查确定完税价格:

（1）介质本身的价值或者成本与所载软件的价值分列;

（2）介质本身的价值或者成本与所载软件的价值虽未分列,但是纳税义务人能够提供介质本身的价值或者成本的证明文件,或者能提供所载软件价值的证明文件。

含有美术、摄影、声音、图像、影视、游戏、电子出版物的介质不适用这一规定。

（八）公式定价进口货物完税价格

为适应国际贸易中存在的以定价公式(是指在向中华人民共和国境内销售货物所签订的合同中,买卖双方未以具体明确的数值约定货物价格,而是以约定的定价公式来确定货物结算价格的定价方式)约定货物价格的贸易实际,对同时符合下列条件的进口货物,海关以合同约定定价公式所确定的结算价格(是指买方为购买该货物实付、应付的价款总额)为基础审查确定完税价格:

（1）在货物运抵中华人民共和国境内前或保税货物内销前,买卖双方已书面约定定价公式;

（2）结算价格取决于买卖双方均无法控制的客观条件和因素;

（3）自货物申报进口之日起6个月内,能够根据合同约定的定价公式确定结算价格;

（4）结算价格符合《中华人民共和国海关审定进出口货物完税价格办法》中成交价格的有关规定。

纳税义务人应当在公式定价合同项下首批货物进口或内销前,向首批货物申报地海关或企业备案地海关提交《公式定价合同海关备案表》(以下简称《备案表》),如实填写相关备案信息。海关自收齐《备案表》及相关材料之日起3个工作日内完成备案确认。对于货物申报进口或在"两步申报"通关模式下完整申报时能够确定货物结算价格的,纳税义务人无须向海关提交《备案表》。

纳税义务人申请备案需提供的材料包括:

(1) 进口货物合同、协议(包括长期合同、总合同等);

(2) 定价公式的作价基础、计价期、结算期、折扣、成分含量、数量等影响价格的要素,以及进境关别、申报海关、批次和数量安排等情况说明;

(3) 相关说明及其他有关资料。

纳税义务人申报进口公式定价货物,因故未能事先向海关备案的,应当在合同项下首批货物申报进口时补办备案手续。

经海关备案的公式定价合同发生变更的,纳税义务人应当在变更合同项下首批货物申报进口前,向原备案海关办理备案变更手续。

公式定价货物进口时结算价格不能确定,以暂定价格申报的,纳税义务人应当向海关办理税款担保。

纳税义务人申报进口货物时,应当根据实际情况填报报关单"公式定价确认""暂定价格确认"栏目,在报关单备注栏准确填写公式定价备案号。

自货物申报进口之日起6个月内不能确定结算价格的,海关根据《中华人民共和国海关审定进出口货物完税价格办法》《中华人民共和国海关审定内销保税货物完税价格办法》的相关规定审查确定完税价格。经纳税义务人申请,申报地海关同意,可以延长结算期限至9个月。

纳税义务人应当在公式定价货物结算价格确定之日起30日内向海关提供确定结算价格的相关材料,办理报关单修改手续,包括将"暂定价格确认"调整为"否"以及其他相关申报项目调整等内容。同时,办理税款缴纳及其他海关手续。结算价格确定之日为卖方根据定价公式出具最终结算发票的日期。

三、进口货物完税价格中的运输及其相关费用、保险费的计算

进口货物的运输及其相关费用,应当按照由买方实际支付或者应当支付的费用计算。如果进口货物的运输及其相关费用无法确定的,海关应当按照该货物进口同期的正常运输成本审查确定。

运输工具作为进口货物,利用自身动力进境的,海关在审查确定完税价格时,不再另行计入运输及其相关费用。

进口货物的保险费,应当按照实际支付的费用计算。如果进口货物的保险费无法确定或者未实际发生,海关应当按照"货价加运费"两者总额的3‰计算保险费,其计算公式如下:

$$保险费 = (货价 + 运费) \times 3‰$$

邮运进口的货物,应当以邮费作为运输及其相关费用、保险费。

四、出口货物完税价格的审定

出口货物的完税价格由海关以该货物的成交价格为基础审查确定,并且应当包括货物运至中华人民共和国境内输出地点装载前的运输及其相关费用、保险费。

出口货物的成交价格,是指该货物出口销售时,卖方为出口该货物应当向买方直接收取和间接收取的价款总额。下列税收、费用不计入出口货物的完税价格:出口关税;在货物价款中单独列明的货物运至中华人民共和国境内输出地点装载后的运输及其相关费用、保险费。

出口货物的成交价格不能确定的,海关经了解有关情况,并且与纳税义务人进行价格磋商后,依次以下列价格审查确定该货物的完税价格:

(1) 同时或者大约同时向同一国家或者地区出口的相同货物的成交价格;

(2) 同时或者大约同时向同一国家或者地区出口的类似货物的成交价格;

(3) 根据境内生产相同或者类似货物的成本、利润和一般费用(包括直接费用和间接费用)、境内发生的运输及其相关费用、保险费计算所得的价格;

(4) 按照合理方法估定的价格。

五、审定完税价格时海关与纳税义务人的权责关系

海关审查确定进出口货物的完税价格,应当遵循客观、公平、统一的原则。

海关应当按照国家有关规定,妥善保管纳税义务人提供的涉及商业秘密的资料,除法律、行政法规另有规定外,不得对外提供。纳税义务人可以书面向海关提出为其保守商业秘密的要求,并且具体列明需要保密的内容,但是不得以商业秘密为理由拒绝向海关提供有关资料。

纳税义务人向海关申报时,应当按照《中华人民共和国海关审定进出口货物完税价格办法》的有关规定,如实向海关提供发票、合同、提单、装箱清单等单证。根据海关要求,纳税义务人还应当如实提供与货物买卖有关的支付凭证以及证明申报价格真实、准确的其他商业单证、书面资料和电子数据。货物买卖中发生《中华人民共和国海关审定进出口货物完税价格办法》所列的价格调整项目或者运输及其相关费用的,纳税义务人应当如实向海关申报。价格调整项目或者运输及其相关费用如果需要分摊计算的,纳税义务人应当根据客观量化的标准进行分摊,并同时向海关提供分摊的依据。

海关为审查申报价格的真实性、准确性,可以行使下列职权进行价格核查:

(1) 查阅、复制与进出口货物有关的合同、发票、账册、结付汇凭证、单据、业务函电、录音录像制品和其他反映买卖双方关系及交易活动的商业单证、书面资料和电子数据;

(2) 向进出口货物的纳税义务人及与其有资金往来或者有其他业务往来的公民、法人或者其他组织调查与进出口货物价格有关的问题;

(3) 对进出口货物进行查验或者提取货样进行检验或者化验;

(4) 进入纳税义务人的生产经营场所、货物存放场所,检查与进出口活动有关的货物和生产经营情况;

(5) 经直属海关关长或者其授权的隶属海关关长批准,凭《中华人民共和国海关账户查询通知书》及有关海关工作人员的工作证件,可以查询纳税义务人在银行或者其他金融机构开立的单位账户的资金往来情况,并且向银行业监督管理机构通报有关情况;

(6) 向税务部门查询了解与进出口货物有关的缴纳国内税情况。

海关在行使上述规定的各项职权时,纳税义务人及有关公民、法人或者其他组织应当如实反映情况,提供有关书面资料和电子数据,不得拒绝、拖延和隐瞒。

海关审查确定进出口货物的完税价格期间,纳税义务人可以在依法向海关提供担保后,先行提取货物。

海关审查确定进出口货物的完税价格后,纳税义务人可以提出书面申请,要求海关就如何确定其进出口货物的完税价格作出书面说明。海关应当根据要求出具《中华人民共和国海关估价告知书》。

纳税义务人对海关确定完税价格有异议的,应当按照海关作出的相关行政决定依法缴纳税款,并且可以依法向上一级海关申请复议。对复议决定不服的,可以依法向人民法院提起行政诉讼。

六、海关审定完税价格中的价格质疑和价格磋商

海关对申报价格的真实性、准确性有疑问,或者认为买卖双方之间的特殊关系影响成交价格时,应当制发《中华人民共和国海关价格质疑通知书》(以下简称《价格质疑通知书》),将质疑的理由书面告知纳税义务人或者其代理人,纳税义务人或者其代理人应当自收到《价格质疑通知书》之日起5个工作日内,以书面形式提供相关资料或者其他证据,证明其申报价格真实、准确或者双方之间的特殊关系未影响成交价格。

纳税义务人或者其代理人确有正当理由无法在规定时间内提供上述资料的,可以在规定期限届满前以书面形式向海关申请延期。除特殊情况外,延期不得超过10个工作日。

海关制发《价格质疑通知书》后,有下列情形之一的,海关与纳税义务人进行价格磋商后,按照《中华人民共和国海关审定进出口货物完税价格办法》列明的方法审查确定进出口货物的完税价格:

(1) 纳税义务人或者其代理人在海关规定期限内,未能提供进一步说明的;

(2) 纳税义务人或者其代理人提供有关资料、证据后,海关经审核其所提供的资料、证据,仍然有理由怀疑申报价格的真实性、准确性的;

(3) 纳税义务人或者其代理人提供有关资料、证据后,海关经审核其所提供的资料、证据,仍然有理由认为买卖双方之间的特殊关系影响成交价格的。

海关经过审查认为进口或出口货物无成交价格的,可以不进行价格质疑,经与纳税义务人进行价格磋商后,按照《中华人民共和国海关审定进出口货物完税价格办法》列明的方法审查确定完税价格。

按照《中华人民共和国海关审定进出口货物完税价格办法》的规定需要价格磋商的,海关应当依法向纳税义务人制发《中华人民共和国海关价格磋商通知书》。纳税义务人应当自收到通知之日起5个工作日内与海关进行价格磋商。纳税义务人在海关规定期限内

与海关进行价格磋商的,海关应当制作《中华人民共和国海关价格磋商记录表》。纳税义务人未在通知规定的时限内与海关进行磋商的,视为其放弃价格磋商的权利,海关可以直接使用《中华人民共和国海关审定进出口货物完税价格办法》列明的方法审查确定进出口货物的完税价格。

对符合下列情形之一的,经纳税义务人书面申请,海关可以不进行价格质疑以及价格磋商,按照《中华人民共和国海关审定进出口货物完税价格办法》列明的方法审查确定进出口货物的完税价格:

(1) 同一合同项下分批进出口的货物,海关对其中一批货物已经实施估价的;

(2) 进出口货物的完税价格在人民币 10 万元以下或者关税及进口环节海关代征税总额在人民币 2 万元以下的;

(3) 进出口货物属于危险品、鲜活品、易腐品、易失效品、废品、旧品等的。

【思政课堂】

"入世"后中国海关估价发展 20 年——建立中国特色估价体系

2021 年是中国加入世界贸易组织 20 周年,也是中国海关全面履行《WTO 估价协定》20 周年。20 年来,中国海关努力学习新规则、适应新规则、掌握新规则,以摒弃"正常价格"、接受"成交价格"为起点,逐步建成具有中国特色的海关估价管理体系,为维护国家税收安全、推进跨境贸易便利化作出积极贡献。

勇担历史重任,主动与国际规则接轨

"入世"前,中国海关以"正常价格"作为估价准则。

为做好"入世"准备,中国海关从 20 世纪 90 年代起逐步接受 WTO 估价规则,在 1996 年以"成交价格"作为估价准则。

"入世"以后,中国履行国际承诺,按照《WTO 估价协定》精神修订《海关法》等法律、法规及规章中关于海关估价的有关规定,在尊重贸易实际的基础上,明确海关以进出口货物成交价格为基础审定完税价格,同时赋予海关价格质疑权和估价权,规定了估价方法、估价程序以及企业寻求救济的途径,在法律制度层面上完成与《WTO 估价协定》的全面衔接。

积极应对挑战,建立中国特色的估价体系

2002 年,中国海关从遵守国际估价规则出发,充分考虑国内执法环境和现实管理需要,以重点风险商品、企业为主线,统筹通关前价格预审核、通关中价格审查、通关后估价后续管理以及公式定价等管理手段和管理方法,不断拓展估价管理时空。在估价实践中,海关坚持按照法定程序和方法实施估价,提高估价透明度,确保海关估价"客观、公平、统一",同时正面引导纳税人"主动守法",加大力度打击价格瞒骗行为,形成具有中国特色的海关估价管理体系,维护了国家税收安全和进出口贸易秩序,实现了把关与服务的有机平衡。

全面深化改革,估价迎来高质量发展

"入世"后我国对外经济贸易的飞速发展,为海关估价带来许多新课题。一方面,中国海关紧紧围绕成交价格原则,对"进口货物特许权使用费""跨国公司转移定价政策"等估价领域的诸多热点问题开展深入研究,不断推进估价理论研究前沿和估价技术水平。另一方面,中国海关估价全面融入海关通关一体化改革,进一步强化关企合作共同确定完税价格的新机制,企业自主开展进出口货物价格合规申报,海关以大数据管理为依托开展事后价格审核,结合属地纳税人管理和价格预裁定,全面防控各类价格风险,引导企业规范价格申报,实现确保海关税收、降低企业合规成本、推进跨境贸易便利化的有机统一,海关估价也实现了高质量发展。

加强国际估价交流,深度参与规则制定

"入世"20年,中国海关经过不断努力,估价管理水平从"入世"前后开始学习估价规则发展到目前深度参与制定完善国际规则。从2016年开始,中国海关向WCO提交中国对外技术援助报告,派员对东南亚、非洲等国海关实施估价培训,成为WCO主要估价技术援助国。不仅如此,中国海关越来越多地向世界介绍"中国估价方案"。2017年,中国海关提交的转让定价案例被纳入WCO《海关估价纲要》,首次成为WCO估价指导性文件;2018年,《中国海关价格管理经验》被WCO推荐为"最佳做法"并纳入《WCO税收一揽子指导文件Ⅲ》,为发展中国家海关提供估价管理范例;2021年,中国海关提交的"特许权使用费涉及的预提所得税"估价案例再次成为WCO指导性文件。同年,开始启动对WTO部分成员(包括相关西方发达国家)国(地区)内估价立法审议程序,承担起"主动审议他国(地区)估价规则"的职责。鉴于中国海关在估价领域取得的显著成就和丰富经验,中国海关估价代表林倩余2020年当选WCO估价技术委员会副主席,2021年获选连任该委员会第一副主席,中国海关已经成为国际海关估价舞台上一支重要力量。

新阶段新征程,中国海关将对标国际最高标准,不断推进估价管理高质量发展,在国家更高水平开放进而引领共建开放型世界经济中续写新的篇章。

资料来源:海关总署网站。

第三节 进口货物原产地的确定与税率适用

一、进口货物原产地的确定标准

(一)原产地规则的含义和类型

在国际贸易中,货物的原产地具有重要地位。各国为了执行本国关税及非关税方面的国别歧视性贸易措施,必须对进口商品的原产地进行认定。为此,各国都以立法形式制定出确定货物原产地的标准,这就是原产地规则。

按适用对象和目的的不同,原产地规则分为优惠原产地规则和非优惠原产地规则。

优惠原产地规则是指一国为了实施国别优惠政策而制定的原产地规则,优惠范围以原产地为受惠国的进口产品为限。它是出于某些优惠措施规定的需要,根据受惠国的情况和限定的优惠范围,制定的一些特殊原产地认定标准,而这些标准是给惠国和受惠国之间通过多边或双边协定形式制定的,所以又称为"协定原产地规则"。目前我国执行的优惠原产地规则在《中华人民共和国海关进出口货物优惠原产地管理规定》中有总的说明,具体原产地规则体现在中国与各成员签订的优惠贸易协定及相应的原产地管理办法中,目前主要包括《中华人民共和国海关〈亚太贸易协定〉项下进出口货物原产地管理办法》《中华人民共和国海关〈中华人民共和国与东南亚国家联盟全面经济合作框架协议〉项下进出口货物原产地管理办法》和《中华人民共和国海关〈中华人民共和国与东南亚国家联盟全面经济合作框架协议〉项下经修订的进出口货物原产地管理办法》《中华人民共和国海关〈〈内地与香港关于建立更紧密经贸关系的安排〉货物贸易协议〉项下进出口货物原产地管理办法》《中华人民共和国海关〈〈内地与澳门关于建立更紧密经贸关系的安排〉货物贸易协议〉项下进出口货物原产地管理办法》《中华人民共和国政府与巴基斯坦伊斯兰共和国政府自由贸易协定项下进口货物原产地管理办法》《中华人民共和国海关〈中华人民共和国政府和智利共和国政府自由贸易协定〉项下进出口货物原产地管理办法》《中华人民共和国海关〈中华人民共和国政府和新西兰政府自由贸易协定〉项下经修订的进出口货物原产地管理办法》和《中华人民共和国海关〈中华人民共和国政府和新加坡共和国政府自由贸易协定〉项下经修订的进出口货物原产地管理办法》《中华人民共和国海关〈中华人民共和国政府和秘鲁共和国政府自由贸易协定〉项下进出口货物原产地管理办法》《中华人民共和国海关关于最不发达国家特别优惠关税待遇进口货物原产地管理办法》《中华人民共和国海关〈海峡两岸经济合作框架协议〉项下进出口货物原产地管理办法》《中华人民共和国海关〈中华人民共和国政府和哥斯达黎加共和国政府自由贸易协定〉项下进出口货物原产地管理办法》《中华人民共和国海关〈中华人民共和国政府和冰岛政府自由贸易协定〉项下进出口货物原产地管理办法》《中华人民共和国海关〈中华人民共和国和瑞士联邦自由贸易协定〉项下进出口货物原产地管理办法》《中华人民共和国海关〈中华人民共和国政府和澳大利亚政府自由贸易协定〉项下进出口货物原产地管理办法》《中华人民共和国海关〈中华人民共和国政府和大韩民国政府自由贸易协定〉项下进出口货物原产地管理办法》《中华人民共和国海关〈中华人民共和国政府和格鲁吉亚政府自由贸易协定〉项下进出口货物原产地管理办法》《中华人民共和国海关〈中华人民共和国政府和毛里求斯共和国政府自由贸易协定〉项下进出口货物原产地管理办法》《中华人民共和国海关〈区域全面经济伙伴关系协定〉项下进出口货物原产地管理办法》《中华人民共和国海关〈中华人民共和国政府和柬埔寨王国政府自由贸易协定〉项下进出口货物原产地管理办法》《中华人民共和国海关关于〈中华人民共和国政府和尼加拉瓜共和国政府自由贸易协定〉项下进出口货物原产地管理办法》等。

非优惠原产地规则适用于实施最惠国待遇、反倾销和反补贴、保障措施、原产地标记管理、国别数量限制、关税配额等非优惠性贸易措施以及进行政府采购、贸易统计等活动对进出口货物原产地的确定。它是一国根据实施其海关税则和其他贸易措施的需要,由本国立法自主制定的原产地规则,故也称为"自主原产地规则"。目前《中华人民共和国进出口货物原产地条例》中规定了我国的非优惠原产地规则。

(二)优惠原产地规则中的原产地认定标准

1. 优惠原产地管理规定

从优惠贸易协定成员国或者地区(以下简称"成员国或者地区")直接运输进口的货物,

符合下列情形之一的,其原产地为该成员国或者地区,适用《中华人民共和国进出口税则》中相应优惠贸易协定对应的协定税率或者特惠税率(以下简称"协定税率或者特惠税率")。

(1) 完全在该成员国或者地区获得或者生产的货物。"完全在该成员国或者地区获得或者生产"的货物是指:

① 在该成员国或者地区境内收获、采摘或者采集的植物产品;

② 在该成员国或者地区境内出生并饲养的活动物;

③ 在该成员国或者地区领土或者领海开采、提取的矿产品;

④ 其他符合相应优惠贸易协定项下完全获得标准的货物。

"生产",是指获得货物的方法,包括货物的种植、饲养、开采、收获、捕捞、耕种、诱捕、狩猎、捕获、采集、收集、养殖、提取、制造、加工或者装配。

(2) 非完全在该成员国或者地区获得或者生产,但符合下列规定的货物。

① "非完全在该成员国或者地区获得或者生产"的货物,按照相应优惠贸易协定规定的税则归类改变标准、区域价值成分标准、制造加工工序标准或者其他标准确定其原产地。税则归类改变标准是指原产于非成员国或者地区的材料在出口成员国或者地区境内进行制造、加工后,所得货物在《协调制度》中税则归类发生了变化。区域价值成分标准是指出口货物船上交货价格扣除该货物生产过程中该成员国或者地区非原产材料价格后,所余价款在出口货物船上交货价格中所占的百分比。"非原产材料"是指用于货物生产中的非优惠贸易协定成员国或者地区原产的材料,以及不明原产地的材料。制造加工工序标准是指赋予加工后所得货物基本特征的主要工序。其他标准是指除上述标准之外,成员国或者地区一致同意采用的确定货物原产地的其他标准。

② 原产于优惠贸易协定某一成员国或者地区的货物或者材料在同一优惠贸易协定另一成员国或者地区境内用于生产另一货物,并构成另一货物组成部分的,该货物或者材料应当视为原产于另一成员国或者地区境内。

上述所称的"直接运输"是指优惠贸易协定项下进口货物从该协定成员国或者地区直接运输至中国境内,途中未经过该协定成员国或者地区以外的其他国家或者地区(以下简称"其他国家或者地区")。原产于优惠贸易协定成员国或者地区的货物,经过其他国家或者地区运输至中国境内,不论在运输途中是否转换运输工具或者做临时储存,同时符合下列条件的,应当视为"直接运输":该货物在经过其他国家或者地区时,未做除使货物保持良好状态所必须处理以外的其他处理;该货物在其他国家或者地区停留的时间未超过相应优惠贸易协定规定的期限;该货物在其他国家或者地区做临时储存时,处于该国家或者地区海关监管之下。

为便利各优惠贸易安排中"直接运输"条款的实施,对于经中国香港或中国澳门中转的货物,收货人或者其代理人申报适用协定税率或特惠税率时向海关提交下列运输单证之一的,海关不再要求提交中转确认书或者未再加工证明。

(1) 对空运或海运进口货物,经营国际快递业务的企业、民用航空运输企业、国际班轮运输经营者及其委托代理人出具的单份运输单证。该运输单证应在同一页上载明始发地为进口货物的原产国(地区)境内,且目的地为中国境内;原产于内陆国家(地区)的海运进口货物,始发地可为其海运始发地。

(2) 对已实现原产地电子数据交换的《海峡两岸经济合作框架协议》(ECFA)等协定项下集装箱运输货物,也可提交能够证明货物在运输过程中集装箱箱号、封志号未发生变动的全程运输单证。

不符合上述两种情形的,进口人应按照以下规定提交中转确认书或未再加工证明。

(1) 对于在香港或澳门中转的非集装箱运输货物,以及中转期间非因预检验开箱的集装箱运输货物,应提交香港或澳门海关签发的中转确认书。

(2) 对于中转期间进行预检验的集装箱运输货物,应提交中国检验(香港)公司或澳门中国检验公司签发的未再加工证明。

(3) 对于中转期间未开箱的集装箱运输货物,应提交香港或澳门海关签发的中转确认书,或者中国检验(香港)公司或澳门中国检验公司签发的未再加工证明。

海关对上述单证有疑问的,进口人应当补充提交相关资料。

对于经中国香港或中国澳门之外的第三方中转的进口货物,其收货人或者代理人申报适用协定税率或特惠税率时向海关提交下列运输单证之一的,海关不再要求提交中转地海关出具的证明文件。

(1) 对空运或海运进口货物,经营国际快递业务的企业、民用航空运输企业、国际班轮运输经营者及其委托代理人出具的单份运输单证。该运输单证应在同一页上载明始发地为进口货物的原产国(地区)境内,且目的地为中国境内;原产于内陆国家(地区)的海运进口货物,始发地可为其海运始发地。

(2) 对已实现原产地电子数据交换的《海峡两岸经济合作框架协议》等协定项下集装箱运输货物,也可提交能够证明货物在运输过程中集装箱箱号、封志号未发生变动的全程运输单证。海关对上述运输单证有疑问的,进口人应当补充提交相关资料。

为便于装载、运输、储存、销售进行的加工、包装、展示等微小加工或者处理,不影响货物原产地确定。运输期间用于保护货物的包装材料及容器不影响货物原产地确定。在货物生产过程中使用,本身不构成货物物质成分,也不成为货物组成部件的材料或者物品,其原产地不影响货物原产地确定。

货物申报进口时,进口货物收货人或者其代理人应当按照海关的申报规定填制《中华人民共和国海关进口货物报关单》,申明适用协定税率或者特惠税率,并同时提交下列单证:

① 货物的有效原产地证书正本,或者相关优惠贸易协定规定的原产地声明文件;

② 货物的商业发票正本、运输单证等其他商业单证。

货物经过其他国家或者地区运输至中国境内,应当提交证明符合上述"直接运输"规定的联运提单等证明文件;在其他国家或者地区临时储存的,还应当提交该国家或者地区海关出具的证明符合上述"直接运输"规定的其他文件。

进口货物收货人或者其代理人向海关提交的原产地证书应当同时符合下列要求:

① 符合相应优惠贸易协定关于证书格式、填制内容、签章、提交期限等规定;

② 与商业发票、报关单等单证的内容相符。

原产地申报为优惠贸易协定成员国或者地区的货物,进口货物收货人及其代理人未依照规定提交原产地证书、原产地声明的,应当在申报进口时就进口货物是否具备相应优惠贸易协定成员国或者地区原产资格向海关进行补充申报。进口货物收货人或者其代理人依照规定进行补充申报的,海关可以根据进口货物收货人或者其代理人的申请,按照协定税率或者特惠税率收取等值保证金后放行货物,并按照规定办理进口手续、进行海关统计。海关认为需要对进口货物收货人或者其代理人提交的原产地证书的真实性、货物是否原产于优惠贸易协定成员国或者地区进行核查的,应当按照该货物适用的最惠国税率、普通税率或者其他税率收取相当于应缴税款的等值保证金后放行货物,并按照规定办理进口手续、进行海关统计。

法律、行政法规规定的有权签发出口货物原产地证书的机构(以下简称"签证机构")可以签发优惠贸易协定项下出口货物原产地证书。签证机构应依据《中华人民共和国海关进出口货物优惠原产地管理规定》以及相应优惠贸易协定项下所确定的原产地规则签发出口货物原产地证书。海关总署应当对签证机构是否依照规定签发优惠贸易协定项下出口货物原产地证书进行监督和检查。签证机构应当定期向海关总署报送依据规定签发优惠贸易协定项下出口货物原产地证书的有关情况。出口货物申报时,出口货物发货人应当按照海关的申报规定填制《中华人民共和国海关出口货物报关单》,并向海关提交原产地证书电子数据或者原产地证书正本的复印件。

为确定货物原产地是否与进出口货物收发货人提交的原产地证书及其他申报单证相符,海关可以对进出口货物进行查验,具体程序按照《中华人民共和国海关进出口货物查验管理办法》有关规定办理。

优惠贸易协定项下进出口货物及其包装上标有原产地标记的,其原产地标记所标明的原产地应当与依照规定确定的货物原产地一致。

有下列情形之一的,进口货物不适用协定税率或者特惠税率:

(1) 进口货物收货人或者其代理人在货物申报进口时没有提交符合规定的原产地证书、原产地声明,也未就进口货物是否具备原产资格进行补充申报的;

(2) 进口货物收货人或者其代理人未提供商业发票、运输单证等其他商业单证,也未提交其他证明符合规定的文件的;

(3) 经查验或者核查,确认货物原产地与申报内容不符,或者无法确定货物真实原产地的;

(4) 其他不符合《中华人民共和国海关进出口货物优惠原产地管理规定》及相应优惠贸易协定规定的情形。

海关认为必要时,可以请求出口成员国或者地区主管机构对优惠贸易协定项下进口货物原产地进行核查。海关也可以依据相应优惠贸易协定的规定就货物原产地开展核查访问。海关认为必要时,可以对优惠贸易协定项下出口货物原产地进行核查,以确定其原产地。应优惠贸易协定成员国或者地区要求,海关可以对出口货物原产地证书或者原产地进行核查,并应当在相应优惠贸易协定规定的期限内反馈核查结果。

进出口货物收发货人可以依照《中华人民共和国海关预裁定管理暂行办法》和《中华人民共和国海关行政裁定管理暂行办法》有关规定,向海关申请原产地预裁定或行政裁定。海关总署可以依据有关法律、行政法规、海关规章的规定,对进出口货物作出具有普遍约束力的原产地决定。海关对依照《中华人民共和国海关进出口货物优惠原产地管理规定》获得的商业秘密依法负有保密义务。未经进出口货物收发货人同意,海关不得泄露或者用于其他用途,但是法律、行政法规及相关司法解释另有规定的除外。

扩展阅读材料链接:

海关总署第181号令:《中华人民共和国海关进出口货物优惠原产地管理规定》,海关总署网站:http://www.customs.gov.cn/customs/302249/302266/302267/356811/index.html。

进出口货物收发货人或者其代理人在办理优惠贸易协定项下货物海关申报手续时,应当如实填报《中华人民共和国海关进(出)口货物报关单》商品项"优惠贸易协定享惠"类栏目,同时在商品项对应的"原产国(地区)"栏填报依据《中华人民共和国进出口货物原产地条例》和海关总署令第122号确定的货物原产地,不再需要按照海关总署公告2019年第18号附件中有关优惠贸易协定项下进口货物填制要求填报"随附单证及编号"栏目。

进口货物收货人或者其代理人(以下统称"进口人")可以自行选择"通关无纸化"方式或者"有纸报关"方式申报。

(1)选择"通关无纸化"方式申报的,进口人应当以电子方式向海关提交原产地证明(是指相关优惠贸易协定原产地管理办法所规定的原产地证书和原产地声明)、商业发票、运输单证和未再加工证明文件等单证正本(以下简称"原产地单证")。进口人以电子方式提交的原产地单证内容应当与其持有的纸质文件一致。进口人应当按照海关有关规定保存原产地单证纸质文件。海关认为有必要时,进口人应当补充提交原产地单证纸质文件。

(2)选择"有纸报关"方式申报的,进口人在申报进口时提交原产地单证纸质文件。

对于出海关特殊监管区域和保税监管场所申请适用协定税率或者特惠税率的货物,进口人应在内销时按照上述要求填报《中华人民共和国海关进(出)口货物报关单》;在货物从境外入海关特殊监管区域和保税监管场所时,无须比照上述要求填报《中华人民共和国海关进(出)境货物备案清单》(以下简称《备案清单》)商品项"优惠贸易协定享惠"类栏目。内销时货物实际报验状态与其从境外入海关特殊监管区域和保税监管场所时的状态相比,超出了相关优惠贸易协定所规定的微小加工或处理范围的,不得享受协定税率或者特惠税率。优惠贸易协定项下实施特殊保障措施的农产品仍然按照海关总署2019年第207号公告要求申报。有关农产品出海关特殊监管区域和保税监管场所申请适用协定税率的,在货物从境外入海关特殊监管区域和保税监管场所时,进口人应当比照上述规定填报《备案清单》,并以"通关无纸化"方式申报。

向中国香港特别行政区或者中国澳门特别行政区出口用于生产《内地与香港关于建立更紧密经贸关系的安排》(香港CEPA)或者《内地与澳门关于建立更紧密经贸关系的安排》(澳门CEPA)项下协定税率货物的原材料时,应当在《报关单》的"关联备案"栏填报中国香港或中国澳门生产厂商在香港工业贸易署或者澳门特别行政区经济局登记备案的有关备案号。

根据有关优惠贸易协定实施安排,海关总署已完成原产地证书管理信息系统升级。原产地证书申请企业既可通过中国国际贸易"单一窗口"标准版/"互联网+海关"一体化网上办事平台办理相关业务,也可通过信息系统联网对接方式办理。自2023年1月1日起,海关导入接口只接收原产地证书申请企业自行导入报文,不再接收第三方平台导入报文。

2.《区域全面经济伙伴关系协定》原产地规则

2011年11月,东盟提出"区域全面经济伙伴关系"倡议,旨在构建以东盟为核心的地区自贸安排。经过多年谈判,2020年11月15日,东盟10国和中国、日本、韩国、澳大利亚、新西兰共15个亚太国家正式签署了《区域全面经济伙伴关系协定》。《区域全面经济伙伴关系协定》于2022年1月1日对十国(包括文莱、柬埔寨、老挝、新加坡、泰国、越南6个东盟成员国和中国、日本、新西兰、澳大利亚4个非东盟成员国)开始生效,标志着当前世界上人口最多、经贸规模最大的自由贸易区正式启航。《区域全面经济伙伴关系协定》于2022年2月1日、3月18日和5月1日起分别对韩国、马来西亚和缅甸开始生效实施,2023年1月2日和6月2日起分别对印度尼西亚和菲律宾生效,这标志着该协定已对15个成员国全面生效,全球最大的自贸区进入全面实施新阶段。海关总署令第255号公布的《中华人民共和国海关〈区域全面经济伙伴关系协定〉项下进出口货物原产地管理办法》中规定了适用于中华人民共和国与已实施《区域全面经济伙伴关系协定》其他成员方之间的《区域全面经济伙伴关系协定》项下进出口货物的原产地规则。

符合下列条件之一的货物,是《区域全面经济伙伴关系协定》项下原产货物(以下简称"原产货物"),具备《区域全面经济伙伴关系协定》项下原产资格(以下简称"原产资格")。

(1) 在一成员方完全获得或者生产。在一成员方完全获得或者生产的货物是指:

① 在该成员方种植、收获、采摘或者收集的植物或者植物产品;

② 在该成员方出生并饲养的活动物;

③ 从该成员方饲养的活动物获得的货物;

④ 在该成员方通过狩猎、诱捕、捕捞、耕种、水产养殖、收集或者捕捉直接获得的货物;

⑤ 从该成员方领土、领水、海床或者海床底土提取或者得到的,但未包括在第①至第④项的矿物质及其他天然资源;

⑥ 由该成员方船只依照国际法规定,从公海或者该成员方有权开发的专属经济区捕捞的海洋渔获产品和其他海洋生物;

⑦ 由该成员方或者该成员方的人依照国际法规定从该成员方领海以外的水域、海床或者海床底土获得的未包括在第⑥项的货物;

⑧ 在该成员方加工船上完全使用第⑥项或者第⑦项所述的货物加工或者制造的货物;

⑨ 在该成员方生产或者消费中产生的,仅用于废弃处置或者原材料回收利用的废碎料;

⑩ 在该成员方收集的,仅用于废弃处置或者原材料回收利用的旧货物;

⑪ 在该成员方仅使用第①至第⑩项所列货物或者其衍生物获得或者生产的货物。

(2) 在一成员方完全使用原产材料生产。

(3) 在一成员方使用非原产材料生产,但符合产品特定原产地规则[①]规定的税则归类

[①] 海关总署公告2022年第129号(关于《区域全面经济伙伴关系协定》实施新增事宜的公告)中具体列明了"区域价值成分40"(是指计算所得的货物区域价值成分不少于40%)、"章改变"(是指货物生产中使用的所有非原产材料均已在协调制度的前两位数级别上发生改变)、"品目改变"(是指在货物生产中使用的所有非原产材料均已在协调制度的前4位数级别上发生改变)、"子目改变"(是指货物生产中使用的所有非原产材料均已在协调制度的前6位数级别上发生改变)、"完全获得"以及"化学反应"(是指化学反应规则,如果在一成员方发生了化学反应,应当视为原产货物)等产品特定原产地规则。

改变、区域价值成分、制造加工工序或者其他要求。

符合上述第(3)条规定的货物,如在生产中使用的非原产材料在成员方仅经过下列一项或者多项加工或者处理,该货物仍不具备原产资格:

① 为确保货物在运输或者储存期间保持良好状态进行的保存操作;
② 为货物运输或者销售进行的包装或者展示;
③ 简单(是指不需要专门技能,并且不需要专门生产、装配机械、仪器或者设备的情形)的加工,包括过滤、筛选、挑选、分类、磨锐、切割、纵切、研磨、弯曲、卷绕或者展开;
④ 在货物或者其包装上粘贴或者印刷标志、标签、标识以及其他类似的用于区别的标记;
⑤ 仅用水或者其他物质稀释,未实质改变货物的特性;
⑥ 将产品拆成零部件;
⑦ 屠宰动物;
⑧ 简单的上漆和磨光;
⑨ 简单的去皮、去核或者去壳;
⑩ 对产品进行简单混合,无论是否为不同种类的产品。

在一成员方获得或者生产的原产货物或者原产材料,在另一成员方用于生产时,应当视为另一成员方的原产材料。

上述规定的区域价值成分应当按照下列公式之一计算。

(1) 扣减公式

$$区域价值成分 = \frac{货物离岸价格 - 非原产材料价格}{货物离岸价格} \times 100\%$$

(2) 累加公式

$$区域价值成分 = \frac{原产材料价格 + 直接人工成本 + 直接经营费用成本 + 利润 + 其他成本}{货物离岸价格} \times 100\%$$

上述公式中,原产材料价格是指用于生产货物的原产材料和零部件的价格;直接人工成本包括工资、薪酬和其他员工福利;直接经营费用成本是指经营的总体费用。

非原产材料价格是指非原产材料的进口成本、运至目的港口或者地点的运费和保险费,包括原产地不明材料的价格。非原产材料在一成员方境内获得时,其价格应当为在该成员方最早可确定的实付或者应付价格。以下费用可以从非原产材料价格中扣除:将非原产材料运至生产商的运费、保险费、包装费,以及在此过程中产生的其他运输相关费用;未被免除、返还或者以其他方式退还的关税、其他税收和代理报关费;扣除废料及副产品回收价格后的废品和排放成本。

上述规定的货物价格应当参照《WTO估价协定》计算。各项成本应当依照生产货物的成员方适用的公认会计准则记录和保存。

适用《区域全面经济伙伴关系协定》项下税则归类改变要求确定原产资格的货物,如不属于上述不具备原产资格①~⑩规定的情形,且生产过程中使用的不满足税则归类改变要求的非原产材料符合下列条件之一,应当视为原产货物:

(1) 上述全部非原产材料按照区域价值成分公式计算确定的价格不超过该货物离岸

价格的 10%；

（2）货物归入《中华人民共和国进出口税则》第五十章至第六十三章的，上述全部非原产材料的重量不超过该货物总重量的 10%。

下列包装材料和容器不影响货物原产资格的确定：运输期间用于保护货物的包装材料和容器；与货物一并归类的零售用包装材料和容器。货物适用区域价值成分标准确定原产资格的，在计算货物的区域价值成分时，与货物一并归类的零售用包装材料和容器的价格应当纳入原产材料或者非原产材料的价格予以计算。

与货物一并申报进口，在《中华人民共和国进出口税则》中一并归类并且不单独开具发票的附件、备件、工具和说明材料不影响货物原产资格的确定。货物适用区域价值成分标准确定原产资格的，在计算货物的区域价值成分时，前述所列附件、备件、工具和说明材料的价格应当纳入原产材料或者非原产材料的价格予以计算。附件、备件、工具和说明材料的数量与价格应当在合理范围之内。

在货物生产、测试或者检验过程中使用且本身不构成该货物组成成分的下列物料，应当视为原产材料：燃料及能源；工具、模具及型模；用于维护设备和建筑的备件及材料；在生产中使用或者用于运行设备和维护厂房建筑物的润滑剂、油（滑）脂、合成材料及其他材料；手套、眼镜、鞋靴、衣服、安全设备及用品；用于测试或者检验货物的设备、装置及用品；催化剂及溶剂；能合理证明用于生产的其他物料。

对于出于商业目的可相互替换且性质实质相同的货物或者材料，应当通过下列方法之一区分后分别确定其原产资格：

（1）物理分离；

（2）出口成员方公认会计准则承认并在整个会计年度内连续使用的库存管理方法。

确定货物原产资格时，货物的标准单元应当与根据《协调制度国际公约》确定商品归类时的基本单位一致。同一批运输货物中包括多个可归类在同一税则号列下的相同商品，应当分别确定每个商品的原产资格。

具备原产资格并且列入进口成员方《特别货物清单》的货物，如出口成员方价值成分不低于 20%，其《区域全面经济伙伴关系协定》项下原产国（地区）为出口成员方。前述规定的出口成员方价值成分应当按照上述区域价值成分公式规定计算，但其他成员方生产的材料一律视为非原产材料。

具备原产资格但未列入进口成员方《特别货物清单》的货物，符合下列条件之一的，其原产国（地区）为出口成员方：

（1）货物在出口成员方完全获得或者生产；

（2）货物完全使用原产材料生产，并且在出口成员方经过了上述不具备原产资格①~⑩规定以外的加工或者处理；

（3）货物在出口成员方使用非原产材料生产，并且符合产品特定原产地规则的规定。

具备原产资格，但根据上述规定无法确定原产国（地区）的货物，其原产国（地区）是为该货物在出口成员方的生产提供的全部原产材料价格占比最高的成员方。

从出口成员方运输至进口成员方的原产货物，符合下列条件之一的，货物保有其原产资格：

(1) 未途经其他国家(地区);

(2) 途经其他国家(地区),但除装卸、储存等物流活动、其他为运输货物或者保持货物良好状态的必要操作外,货物在其境内未经任何其他处理,并且处于这些国家(地区)海关的监管之下。

扩展阅读材料链接:

1. 海关总署第 255 号令:《中华人民共和国海关〈区域全面经济伙伴关系协定〉项下进出口货物原产地管理办法》,海关总署网站:http://www.customs.gov.cn/customs/302249/302266/302267/4020557/index.html。

2. 海关总署公告 2022 年第 129 号:"关于《区域全面经济伙伴关系协定》实施新增事宜的公告",海关总署网站:http://www.customs.gov.cn/customs/302249/2480148/4758731/index.html。

【思政课堂】

RCEP 货物原产资格和原产国(地区)的判定

为了适应各国关税减让模式的需要,RCEP 原产地规则规定了"原产资格"和"原产国(地区)"两个层次的原产地概念。RCEP 各成员方可以选择采用"统一减让"和"国别减让"两种方式实现货物贸易自由化。"统一减让"即同一产品对其他缔约方适用相同的降税安排,澳大利亚、新西兰、马来西亚、新加坡、文莱、老挝、柬埔寨、缅甸等 8 个成员方都采用这种模式。这些成员方只有一张关税承诺表,同一税号下的原产货物,在上述成员方进口时,都将缴纳相同的关税。"国别减让"即在大部分产品采取"统一减让"的基础上,小部分产品对不同国家(地区)适用不同的降税安排。中国、韩国、日本、泰国、菲律宾、越南、印度尼西亚 7 个成员方都采用这种模式。这意味着同一税号下的原产于不同缔约方的货物,在进口时可能将适用不同的 RCEP 税率。例如:同样税号的货物,中国对日本、新西兰实施的 RCEP 税率可能是不同的。所以货物首先要确定具备原产资格,然后再确定原产地,从而适用对具体原产国(地区)实施的 RCEP 税率。关税减让模式如图 6-1 所示。

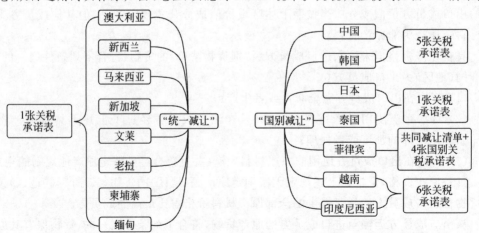

图 6-1 关税减让模式

根据《中华人民共和国海关〈区域全面经济伙伴关系协定〉项下进出口货物原产地管理办法》的规定，符合下列条件之一的货物，具备 RCEP 项下原产资格，是原产货物：

在一成员方完全获得或者生产；

在一成员方完全使用原产材料生产；

在一成员方使用非原产材料生产，但符合产品特定原产地规则规定的税则归类改变、区域价值成分、制造加工工序等标准。

除了以上所述确定原产资格的主规则以外，还有一些补充规则，包括累积、微小含量、包装材料和容器、附件、备件、工具和说明材料、间接材料、可互换货物或者材料等；此外还有一些约束性补充规则，如直接运输、微小加工或处理（图 6-2）。其中"累积"是计算区域价值成分标准时的一项重要补充规则，是指在确定产品的原产资格时，把产品生产中所使用协定其他国家（地区）的原产材料视为本国（地区）的原产材料，将自贸区域看成一个整体。累积规则实质上降低了产品获得原产资格的门槛，具有"软化剂"功效，有助于鼓励生产商在各缔约方区域内进行生产资源配置，促进区域内的自由贸易和产业经济发展。

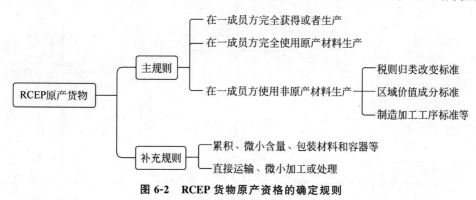

图 6-2　RCEP 货物原产资格的确定规则

货物在出口成员方获得 RCEP 原产资格后，可以按照下面的顺序判定货物的协定项下原产国（地区）。

（1）如果货物属于《特别货物清单》，则应判断货物在出口成员方的生产是否符合"出口成员方价值成分不低于 20%"的要求。如果符合，货物的协定项下原产国（地区）就应当为出口成员方。

（2）如果货物不属于《特别货物清单》，那么分为三种情况来判定货物的协定项下原产国（地区）。

① 如果货物是在出口成员方完全获得或者生产的，则货物的协定项下原产国（地区）是出口成员方。

② 如果货物是在出口成员方使用了非原产材料生产并符合"产品特定原产地规则"规定的实质性改变，则该货物的协定项下原产国（地区）是出口成员方。

③ 如果货物在出口成员方完全使用原产材料生产，则需要进一步判断货物的生产是否超出《中华人民共和国海关〈区域全面经济伙伴关系协定〉项下进出口货物原产地管理办法》第五条所列微小加工或处理的情况。如果是，则该货物的协定项下原产国（地区）是出口成员方。

（3）如果货物不属于上面所说的情况，那么货物的协定项下原产国（地区）应认定为该货物在出口成员方生产中提供最高价值原产材料的成员方。

RCEP项下货物原产国（地区）的判定流程如图6-3所示。

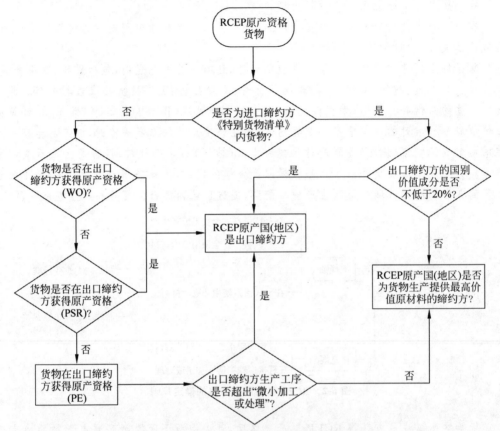

图 6-3　RCEP 项下货物原产国（地区）的判定流程

资料来源：根据海关总署网站和中国国际贸易促进委员会浙江省委员会网站资料整理。

RCEP 正式生效　青岛海关签发全国首份 RCEP 原产地证书

2022年1月1日，《区域全面经济伙伴关系协定》正式生效，零点，在RCEP青岛经贸合作创新试验基地原产地证书审签中心，青岛海关关员为青岛海湾集团有限公司出口到日本的一批2 800余吨氯化钙签发了全国首份RCEP原产地证书。"凭这份原产地证书，货物到日本后缴纳的关税税率可由3.3%降为3%。"公司业务经理刘琨表示，仅这批货物税款减免就达到近万元。

"我们公司每年的对日出口额达到4 500多万元。根据RCEP的降税清单，碳酸氢钠在日本的进口税率由3.9%立即降为0，氯化钙在日本的进口税率由3.3%分步降为零关税。RCEP生效首年，公司出口货物可在日本少缴关税约100万元。日方完成降税进程后，关税减免的金额将进一步扩大。"刘琨说，在RCEP关税减让政策利好的助推下，预计2022年，公司对日出口额将同比增长10%左右。

在山东临沂,1月1日凌晨,青岛海关所属临沂海关为山东康荣国际贸易有限公司市场采购出口日本的一批服装签发了RCEP原产地证书,这也是山东省首份为市场采购出口商品签发的RCEP原产地证书。

"利用这份RCEP原产地证书,我们的产品可在日本通关时享受关税减免。像这批2万多件内衣裤在日本通关时,关税税率可由7.4%下降到6.9%。"公司经理王欣荣说。

RCEP生效后,我国与日本首次实施双边关税减让。根据2020年山东省对日本静态贸易数据测算,RCEP生效首年,山东省出口商品可在日本享受关税减让约3.8亿元;RCEP完成降税进程后,山东自日本进口商品可降低关税成本约9亿元。今后,不仅消费者会以更便宜的价格买到进口商品,而且RCEP成员方外资企业在山东的发展环境也将得到进一步优化。

1月1日,位于青岛的日资企业洋马发动机(山东)有限公司从黄岛口岸进口一批价值24.9万元的日本产发动机零配件。这是RCEP生效后,山东省首批申请适用RCEP税率的进口货物。

"因生产需要,公司会从日本进口部分关键零部件。发动机用过滤器的进口税率在RCEP生效首年就从5%降至零关税,发动机用电缆等零配件分步降税为零。RCEP生效首年,我们自日本进口的零配件将节省关税成本200万元,并逐年增加。"公司关务经理王平说,进口关税的减免最终会体现在企业生产成本上,有助于企业提高市场占有率。得益于政策利好,预计2022年,这家公司自日本进口零部件将达到近4亿元。

在山东烟台,1月1日,烟台首钢丰田工业空调压缩机有限公司自日本进口的空调压缩机用阀门等零配件抵达烟台港。

"这批进口货物的金额为1 100万元,预估能享受关税优惠6万元。我们每年自日本进口零部件6亿~7亿元,RCEP生效后,当年预估节省近100万元,这些产品税率逐年降低,过渡期后,预估年均可减少税负3 000万元。"正在青岛海关所属烟台海关驻港口办事处办理报关手续的公司经理卜树清介绍,这部分关税优惠的红利,也将让利给客户,最终受益的将是国内普通消费者。

RCEP不仅降低了成员方之间跨境贸易的关税成本,而且推出了经核准出口商原产地自主声明制度、"6小时通关"等一系列便利化举措,促进成员方之间商品以及制造业原材料等低成本高效流动。全国首份RCEP原产地证书签发的同时,1月1日凌晨,海关高级认证企业山东中地进出口有限公司成为全国首家非生产型经核准出口商。

"RCEP首次大规模实施经核准出口商原产地自主声明制度,而且我国海关将其认定条件由此前的生产型高级认证企业拓展到全部高级认证企业。经海关认定为经核准出口商后,企业可以根据协定要求自主声明原产地并享受关税减让,不再需要到海关或贸促会等签证机构申办原产地证书。"青岛海关关税处处长毕海军说。

"被青岛海关认定为经核准出口商后,就可以自主出具RCEP原产地声明,不再需要办理相关原产地证书,不仅每年可以节约人工成本10余万元,而且可以更加灵活地安排生产和出货。"公司单证部郑经理说。

下一步,青岛海关将会同有关单位继续从优化管理、便利通关、政策宣讲等方面同步发力,不断探索新机制、新模式,发挥RCEP政策优势,赋能外贸企业抢抓RCEP新机遇,提升跨境贸易便利化水平,增创制度型开放新优势,促进外贸进出口高质量发展。

资料来源:赵广英、胡潇、郑军、王志伟、徐兴凯:"RCEP正式生效 青岛海关签发全国首份RCEP原产地证书",海关总署网站。

海关助力中小外贸企业抢抓RCEP发展机遇

2022年3月,在位于大连市普兰店区的大连嘉宁万食品有限公司,脱水蔬菜生产线正在满负荷运转,加紧生产销往日本、韩国等目的国的订单。

RCEP已于(2022年)1月1日起正式生效,大连海关先后面向辖区外贸企业组织多场培训会宣讲RCEP政策,针对企业经营需求"送教上门",分析RCEP项下商品关税优惠情况,比对不同协定税率,详细讲解RCEP累积规则,全力保障辖区企业尽享RCEP新政红利。

"我们公司以出口软包装罐头食品为主,RCEP政策实施后,仅我们生产的脱水蔬菜一项每年就可节约10万元的成本。"大连嘉宁万食品有限公司董事长唐文昆介绍,"在海关的大力支持下,我们的所有生产线都是马力全开,目前追加的订单已经排到几个月后。"

像大连嘉宁万食品有限公司一样享受到税率优惠红利的中小微企业还有很多。"我们公司拳头产品是女性内衣,与国际知名品牌有长期合作关系。RCEP生效后,相关产品协定税率直接从8.4%降为0,客户成本节省约160万元。最近半个月时间,客户就追加了20万美元订单,今年的出口额至少能翻一倍。"正在办理原产地证的大连东樱久隆服饰有限公司关务人员董春玲说。

为帮助辖区中小微企业第一时间顺利搭上RCEP政策"顺风车",大连海关在帮扶中小企业、精准宣传相关政策法规的基础上,不断提升通关便利化水平,先后开通"智能签证"和"智能审核",打通通关"最后一公里",申报内容准确、规范的企业证书实现快速审签;针对易腐、快运货物开启审签"绿色通道",采取"特殊时期、特事特办""零见面"等措施办理原产地证,切实为广大中小微企业节约每一分成本。

大连是连接东北亚与共建"一带一路"国家和地区的重要支点,已形成多个产业集群,本次RCEP的生效实施,广大中小外贸企业将迎来更多的发展机遇。

下一步,大连海关将继续深化原产地签证制度改革,做好RCEP实施后的政策研究和产业调研,支持更多辖区企业充分运用RCEP规则,把握市场开放机遇。同时进一步发挥原产地证书"纸黄金"作用,促进辽宁经济更深度融入区域经济发展之中。

资料来源:崔峭、罗沛怡:"新政及时送上门 海关助力中小外贸企业抢抓RCEP发展机遇",海关总署网站。

3. 其他优惠原产地规则

以上以《区域全面经济伙伴关系协定》原产地规则为例介绍了"协定原产地规则"。对于其他优惠原产地规则,特别是《中华人民共和国海关〈亚太贸易协定〉项下进出口货物原产地管理办法》《中华人民共和国海关〈中华人民共和国与东南亚国家联盟全面经济合作框架协议〉项下进出口货物原产地管理办法》和《中华人民共和国海关〈中华人民共和国与东南亚国家联盟全面经济合作框架协议〉项下经修订的进出口货物原产地管理办法》《中华人民共和国海关〈《内地与香港关于建立更紧密经贸关系的安排》货物贸易协议〉项下进出口货物原产地管理办法》《中华人民共和国海关〈《内地与澳门关于建立更紧密经贸关系的安排》货物贸易协议〉项下进出口货物原产地管理办法》《中华人民共和国海关〈中华人民共和国政府与巴基斯坦伊斯兰共和国政府自由贸易协定〉项下进口货物原产地管理办法》《中华人民共和国海关〈中华人民共和国政府和智利共和国政府自由贸易协定〉项下进出口货物原产地管理办法》《中华人民共和国海关〈中华人民共和国政府和新加坡共和国政府自由贸易协定〉项下进出口货物原产地管理办法》和《中华人民共和国海关〈中华人民共和国政府和新加坡共和国政府自由贸易协定〉项下经修订的进出口货物原产地管理办法》《中华人民共和国海关〈中华人民共和国政府和秘鲁共和国政府自由贸易协定〉项下进出口货物原产地管理办法》《中华人民共和国海关关于最不发达国家特别优惠关税待遇进口货物原产地管理办法》《中华人民共和国海关〈海峡两岸经济合作框架协议〉项下进出口货物原产地管理办法》《中华人民共和国海关〈中华人民共和国政府和哥斯达黎加共和国政府自由贸易协定〉项下进出口货物原产地管理办法》《中华人民共和国海关〈中华人民共和国政府和冰岛政府自由贸易协定〉项下进出口货物原产地管理办法》《中华人民共和国海关〈中华人民共和国和瑞士联邦自由贸易协定〉项下进出口货物原产地管理办法》《中华人民共和国海关〈中华人民共和国政府和澳大利亚政府自由贸易协定〉项下进出口货物原产地管理办法》《中华人民共和国海关〈中华人民共和国政府和大韩民国政府自由贸易协定〉项下进出口货物原产地管理办法》《中华人民共和国海关〈中华人民共和国政府和格鲁吉亚政府自由贸易协定〉项下进出口货物原产地管理办法》《中华人民共和国海关〈中华人民共和国政府和毛里求斯共和国政府自由贸易协定〉项下进出口货物原产地管理办法》《中华人民共和国海关〈中华人民共和国政府和柬埔寨王国政府自由贸易协定〉项下进出口货物原产地管理办法》以及《中华人民共和国海关关于〈中华人民共和国政府和尼加拉瓜共和国政府自由贸易协定〉项下进出口货物原产地管理办法》中有关原产地规则内容和原产地认定标准,请分别参见海关总署第 177 号令(海关总署公告 2018 年第 69 号修订)、海关总署第 199 号令、海关总署公告 2019 年第 136 号、海关总署公告 2018 年第 214 号、海关总署公告 2018 年第 213 号、海关总署第 162 号令、海关总署公告 2019 年第 39 号、海关总署第 178 号令、海关总署公告 2019 年第 205 号、海关总署第 186 号令、海关总署第 231 号令、海关总署第 200 号令、海关总署第 202 号令、海关总署第 222 号令、海关总署第 223 号令、海关总署第 228 号令、海关总署第 229 号令、海关总署公告 2017 年第 61 号、海关总署公告 2020 年第 128 号、海关总署公告 2021 年第 107 号和海关总署公告 2023 年第 190 号中的相关规定,限于篇幅本书不再赘述。

(三)非优惠原产地规则中的原产地认定标准

对于实施最惠国待遇、反倾销和反补贴、保障措施、原产地标记管理、国别数量限制、关税配额等非优惠性贸易措施以及进行政府采购、贸易统计等活动而确定进口货物原产地,适用《中华人民共和国进出口货物原产地条例》中规定的原产地规则。

完全在一个国家(地区)获得的货物,以该国(地区)为原产地;两个以上国家(地区)参与生产的货物,以最后完成实质性改变的国家(地区)为原产地。

上述所称完全在一个国家(地区)获得的货物,是指:

(1) 在该国(地区)出生并饲养的活的动物；
(2) 在该国(地区)野外捕捉、捕捞、收集的动物；
(3) 从该国(地区)的活的动物获得的未经加工的物品；
(4) 在该国(地区)收获的植物和植物产品；
(5) 在该国(地区)采掘的矿物；
(6) 在该国(地区)获得的除上述第(1)项至第(5)项范围之外的其他天然生成的物品；
(7) 在该国(地区)生产过程中产生的只能弃置或者回收用作材料的废碎料；
(8) 在该国(地区)收集的不能修复或者修理的物品，或者从该物品中回收的零件或者材料；
(9) 由合法悬挂该国旗帜的船舶从其领海以外海域获得的海洋捕捞物和其他物品；
(10) 在合法悬挂该国旗帜的加工船上加工第(9)项所列物品获得的产品；
(11) 从该国领海以外享有专有开采权的海床或者海床底土获得的物品；
(12) 在该国(地区)完全从上述第(1)项至第(11)项所列物品中生产的产品。

在确定货物是否在一个国家(地区)完全获得时，不考虑下列微小加工或者处理：
(1) 为运输、贮存期间保存货物而做的加工或者处理；
(2) 为货物便于装卸而做的加工或者处理；
(3) 为货物销售而做的包装等加工或者处理。

上述规定的实质性改变的确定标准，以税则归类改变为基本标准；税则归类改变不能反映实质性改变的，以从价百分比、制造、加工工序等为补充标准。

"税则归类改变"标准是指在某一国家(地区)对非该国(地区)原产材料进行制造、加工后，所得货物在《中华人民共和国进出口税则》中的 4 位数级税目归类发生了变化。

"制造、加工工序"标准是指在某一国家(地区)进行的赋予制造、加工后所得货物基本特征的主要工序。

"从价百分比"标准是指在某一国家(地区)对非该国(地区)原产材料进行制造、加工后的增值部分超过了所得货物价值的 30%。用公式表示如下：

$$\frac{\text{工厂交货价} - \text{非该国(地区)原产材料价值}}{\text{工厂交货价}} \times 100\% \geqslant 30\%$$

其中，"工厂交货价"是指支付给制造厂生产的成品的价格。"非该国(地区)原产材料价值"是指直接用于制造或装配最终产品而进口原料、零部件的价值(含原产地不明的原料、零配件)，以其进口"成本、保险费加运费"(CIF)价格计算。

上述"从价百分比"的计算应当符合公认的会计原则及《中华人民共和国进出口关税条例》。

以制造、加工工序和从价百分比为标准判定实质性改变的货物在《适用制造或者加工工序及从价百分比标准的货物清单》中具体列明，并按列明的标准判定是否发生实质性改变。未列入《适用制造或者加工工序及从价百分比标准的货物清单》货物的实质性改变，应当适用税则归类改变标准。《适用制造或者加工工序及从价百分比标准的货物清单》由海关总署会同商务部根据实施情况修订并公告。

货物生产过程中使用的能源、厂房、设备、机器和工具的原产地,以及未构成货物物质成分或者组成部件的材料的原产地,不影响该货物原产地的确定。随所装货物进出口的包装、包装材料和容器,在《中华人民共和国进出口税则》中与该货物一并归类的,该包装、包装材料和容器的原产地不影响所装货物原产地的确定;对该包装、包装材料和容器的原产地不再单独确定,所装货物的原产地即为该包装、包装材料和容器的原产地。随所装货物进出口的包装、包装材料和容器,在《中华人民共和国进出口税则》中与该货物不一并归类的,依照《中华人民共和国进出口货物原产地条例》的规定确定该包装、包装材料和容器的原产地。按正常配备的种类和数量随货物进出口的附件、备件、工具和介绍说明性资料,在《中华人民共和国进出口税则》中与该货物一并归类的,该附件、备件、工具和介绍说明性资料的原产地不影响该货物原产地的确定;对该附件、备件、工具和介绍说明性资料的原产地不再单独确定,该货物的原产地即为该附件、备件、工具和介绍说明性资料的原产地。随货物进出口的附件、备件、工具和介绍说明性资料在《中华人民共和国进出口税则》中虽与该货物一并归类,但超出正常配备的种类和数量的,以及在《中华人民共和国进出口税则》中与该货物不一并归类的,依照《中华人民共和国进出口货物原产地条例》的规定确定该附件、备件、工具和介绍说明性资料的原产地。

对货物所进行的任何加工或者处理,是为了规避中华人民共和国关于反倾销、反补贴和保障措施等有关规定的,海关在确定该货物的原产地时可以不考虑这类加工和处理。

扩展阅读材料链接:

《中华人民共和国进出口货物原产地条例》,海关总署网站:http://www.customs.gov.cn/customs/302249/302266/302267/3989417/index.html。

二、进出口货物关税税率的适用

(一) 关税税率的设置和适用原则

我国进口关税设置最惠国税率、协定税率、特惠税率、普通税率、关税配额税率等税率。对进口货物在一定期限内可以实行暂定税率。

出口关税设置出口税率。对出口货物在一定期限内可以实行暂定税率。

(1) 税率适用的基本原则。

① 原产于共同适用最惠国待遇条款的世界贸易组织成员的进口货物,原产于与中华人民共和国签订含有相互给予最惠国待遇条款的双边贸易协定的国家或者地区的进口货物,以及原产于中华人民共和国境内的进口货物,适用最惠国税率。

② 原产于与中华人民共和国签订含有关税优惠条款的区域性贸易协定的国家或者地区的进口货物,适用协定税率。2024 年,我国对原产于 20 个自贸协定成员国(地区)的部分进口货物实施协定税率。当最惠国税率低于或等于协定税率时,协定有规定的,按相关协定的规定执行;协定无规定的,二者从低适用。

③ 原产于与中华人民共和国签订含有特殊关税优惠条款的贸易协定的国家或者地区的进口货物,适用特惠税率。2024 年,我国对与我国建交并完成换文手续的阿富汗等最不发达国家的部分进口货物实施特惠税率。

④ 原产于上述①~③所列以外国家或者地区的进口货物,以及原产地不明的进口货物,适用普通税率。

⑤ 适用最惠国税率的进口货物有暂定税率的,应当适用暂定税率;适用协定税率、特惠税率的进口货物有暂定税率的,应当从低适用税率;适用普通税率的进口货物,不适用暂定税率。

⑥ 适用出口税率的出口货物有暂定税率的,应当适用暂定税率。

⑦ 按照国家规定实行关税配额管理的进口货物(2023年我国对小麦、玉米、稻谷和大米、糖、羊毛、毛条、棉花、化肥这8类、47个税目的商品实行关税配额管理),关税配额内的,适用关税配额税率;关税配额外的,其税率的适用按照《中华人民共和国进出口关税条例》的规定执行。

(2) 按照有关法律、行政法规的规定对进口货物采取反倾销、反补贴、保障措施的,其税率的适用按照《反倾销条例》《反补贴条例》和《保障措施条例》的有关规定执行。

(3) 任何国家或者地区违反与中华人民共和国签订或者共同参加的贸易协定及相关协定,对中华人民共和国在贸易方面采取禁止、限制、加征关税或者其他影响正常贸易的措施的,对原产于该国家或者地区的进口货物可以征收报复性关税,适用报复性关税税率。征收报复性关税的货物、适用国别、税率、期限和征收办法,由国务院关税税则委员会决定并公布。

扩展阅读材料链接:

1. 税委会公告2023年第10号:"国务院关税税则委员会关于2024年关税调整方案的公告",财政部关税司网站:https://gss.mof.gov.cn/gzdt/zhengcefabu/202312/t20231221_3923368.htm

2. 税委会公告2023年第12号:"国务院关税税则委员会关于发布《中华人民共和国进出口税则(2024)》的公告",财政部关税司网站:https://gss.mof.gov.cn/gzdt/zhengcefabu/202312/t20231229_3924577.htm

(二) 税率的适用时间

根据《中华人民共和国进出口关税条例》和《中华人民共和国海关进出口货物征税管理办法》的规定,进出口货物应当适用海关接受该货物申报进口或者出口之日实施的税率。

进口货物到达前,经海关核准先行申报的,应当适用装载该货物的运输工具申报进境之日实施的税率。

进口转关运输货物,应当适用指运地海关接受该货物申报进口之日实施的税率;货物运抵指运地前,经海关核准先行申报的,应当适用装载该货物的运输工具抵达指运地之日实施的税率。出口转关运输货物,应当适用启运地海关接受该货物申报出口之日实施的税率。

经海关批准,实行集中申报的进出口货物,应当适用每次货物进出口时海关接受该货物申报之日实施的税率。

因超过规定期限未申报而由海关依法变卖的进口货物,其税款计征应当适用装载该货物的运输工具申报进境之日实施的税率。

因纳税义务人违反规定需要追征税款的进出口货物,应当适用违反规定的行为发生之日实施的税率;行为发生之日不能确定的,适用海关发现该行为之日实施的税率。

已申报进境并放行的保税货物、减免税货物、租赁货物或者已申报进出境并放行的暂时进出境货物,有下列情形之一需缴纳税款的,应当适用海关接受纳税义务人再次填写报关单申报办理纳税及有关手续之日实施的税率:

(1) 保税货物经批准不复运出境的;
(2) 保税仓储货物转入国内市场销售的;
(3) 减免税货物经批准转让或者移作他用的;
(4) 可以暂不缴纳税款的暂时进出境货物,不复运出境或者进境的;
(5) 租赁进口货物,分期缴纳税款的。

补征或者退还进出口货物税款,应当按照上述规定确定适用的税率。

进出口货物的价格及有关费用以外币计价的,海关按照该货物适用税率之日所适用的计征汇率折合为人民币计算完税价格。完税价格采用四舍五入法计算至分。海关每月使用的计征汇率为上一个月第三个星期三(第三个星期三为法定节假日[①]的,顺延采用第四个星期三)中国人民银行公布的外币对人民币的基准汇率;以基准汇率币种以外的外币计价的,采用同一时间中国银行公布的现汇买入价和现汇卖出价的中间值(人民币元后采用四舍五入法保留4位小数)。如果上述汇率发生重大波动,海关总署认为必要,可以另行规定计征汇率,并且对外公布。

第四节 进出口税费的计算

根据《中华人民共和国进出口关税条例》《中华人民共和国海关进出口货物征税管理办法》以及《中华人民共和国海关征收进口货物滞报金办法》的规定,海关应当根据进出口货物的税则号列、完税价格、原产地、适用的税率和汇率计征税款。关税、进口环节海关代征税、滞纳金等,应当按人民币计征,采用四舍五入法计算至分;滞报金以人民币"元"为计征单位,不足人民币1元的部分免予计征。税款的起征点为人民币50元。

一、进出口关税税款的计算

(一) 进口关税税款的计算

海关按照《中华人民共和国进出口关税条例》的规定,以从价、从量或者国家规定的其他方式对进出口货物征收关税。目前,我国进口关税的计征标准主要有从价税、从量税和复合税。

1. 从价税

1) 计算公式

从价税以货物的价格作为计税标准,用货物的完税价格乘以税率作为其应征税额。

[①] 法定节假日是指《全国年节及纪念日放假办法》第二条规定的"全体公民放假的节日",具体包括(不含调休日):新年(1月1日)、春节(农历正月初一、初二、初三)、清明节(农历清明当日)、劳动节(5月1日)、端午节(农历端午当日)、中秋节(农历中秋当日)、国庆节(10月1日、2日、3日)。

目前我国对进口商品征收进口税绝大多数都是从价税。

$$从价税应征税额 = 货物的完税价格 \times 从价税税率$$

2) 计算程序

(1) 按照商品归类原则确定税则归类,将应税货物归入恰当的税目税号;

(2) 根据原产地规则和税率适用原则,确定应税货物所适用的税率;

(3) 根据完税价格审定办法和规定,确定应税货物的完税价格;

(4) 根据汇率适用原则,将以外币计价的完税价格折算成人民币计价的完税价格;

(5) 按照计算公式计算应征税款。

3) 计算实例

国内某公司从德国购进奔驰牌轿车20辆,成交价格合计为FOB汉堡800 000.00美元,实际支付运费10 000美元,保险费1 500美元。已知汽车的规格为4座位、排气量为2.5升,计征汇率为1美元=人民币6.355 8元,计算应征进口关税。

计算方法:

确定税则归类,排气量为2.5升的小轿车归入税目税号8703.2351;

该货物进口最惠国税率为15%,普通税率为230%,原产国德国适用最惠国税率15%;

审定完税价格为811 500美元(800 000.00+10 000+1 500);

将外币完税价格折算成人民币为5 157 731.70元;

$$应征进口关税税额 = 完税价格 \times 从价税税率$$
$$= 5\ 157\ 731.70 \times 15\%$$
$$= 773\ 659.76(元)$$

2. 从量税

1) 计算公式

从量税是以货物的计量单位如重量、数量、容量等作为计税标准。目前我国对冻鸡、原油、啤酒和胶卷等进口商品征收从量税。

$$从量税应征税额 = 货物数量 \times 单位税额$$

2) 计算程序

(1) 按照商品归类原则确定税则归类,将应税货物归入恰当的税目税号;

(2) 根据原产地规则和税率适用原则,确定应税货物所适用的税率;

(3) 确定其实际进口量;

(4) 按照计算公式计算应征税款。

3) 计算实例

国内某公司从日本购进富士彩色摄影胶卷10 500卷,胶卷规格为每卷长度=1 180毫米、宽度=35毫米,计量单位换算标准为1卷=0.041 3平方米,计算应征进口关税。

计算方法:

确定税则归类,规格为每卷长度=1 180毫米、宽度=35毫米的彩色摄影胶卷归入税目税号3702.5410;

该货物进口最惠国税率为10元/平方米,普通税率为433元/平方米,原产地日本适用最惠国税率10元/平方米;

确定其实际进口量为 10 500 卷×0.041 3 平方米/卷＝433.65 平方米；

$$应征进口关税税额＝货物数量×单位税额$$
$$＝433.65 \text{平方米}×10 \text{元}/\text{平方米}$$
$$＝4 336.50（元）$$

3．复合税

1）计算公式

复合税是指在海关税则中,一个税目中的商品同时使用从价、从量两种标准计税,计税时按两种标准合并计征的一种关税。目前我国对录像机、放像机、摄像机、摄录一体机以及数字照相机等进口商品征收复合税。

$$复合税应征税额＝货物的完税价格×从价税税率＋货物数量×单位税额$$

2）计算程序

(1) 按照商品归类原则确定税则归类,将应税货物归入恰当的税目税号；

(2) 根据原产地规则和税率适用原则,确定应税货物所适用的税率；

(3) 根据完税价格审定办法和规定,确定应税货物的完税价格；

(4) 根据汇率适用原则,将以外币计价的完税价格折算成人民币计价的完税价格；

(5) 确定其实际进口量；

(6) 按照计算公式计算应征税款。

3）计算实例

国内某公司购进原产地不明的广播级录像机 150 台,每台 CIF 天津价格为 4 500 美元,已知计征汇率为 1 美元＝人民币 6.355 8 元,计算应征进口关税。

计算方法：

确定税则归类,广播级录像机归入税目税号 8521.1011；

该货物进口最惠国税率为 0,普通税率为每台征收从量税额 20 600 元,加上 6% 从价税,原产国不明适用普通税率；

审定完税价格为 675 000.00 美元（4 500 美元/台×150 台）；

将外币完税价格折算成人民币为 4 290 165.00 元；

$$应征进口关税税额＝货物的完税价格×从价税税率＋货物数量×单位税额$$
$$＝4 290 165.00 \text{元}×6\%＋150 \text{台}×20 600 \text{元}/\text{台}$$
$$＝257 409.90 \text{元}＋3 090 000.00 \text{元}$$
$$＝3 347 409.90（元）$$

（二）出口关税税款的计算

1．计算公式

2024 年,我国对鳗鱼苗、部分有色金属矿砂及其精矿、苯、山羊板皮、合金生铁等总计 102 个 8 位编码的商品征收出口关税(部分商品的出口暂定税率为 0)。

$$应征出口关税税额＝出口货物完税价格×出口关税税率$$

其中,出口货物完税价格＝FOB÷(1＋出口关税税率)。

2．计算程序

(1) 按照商品归类原则确定税则归类,将应税货物归入恰当的税目税号；

(2)根据税率适用原则,确定应税货物所适用的税率;

(3)根据完税价格审定办法,确定应税货物的FOB;

(4)根据汇率适用原则,将以外币计价的FOB折算成人民币;

(5)按照计算公式计算应征出口关税税款。

3. 计算实例

国内某企业出口铝废碎料168吨,每吨价格为FOB天津135美元,已知计征汇率为1美元=人民币6.355 8元,计算应征出口关税。

计算方法:

确定税则归类,该批铝废碎料归入税目税号7602.0000;

铝废碎料的出口税则税率为30%,出口暂定税率为15%,根据税率适用原则,适用出口税率的出口货物有暂定税率的,应当适用暂定税率;

审定该批货物的FOB为22 680.00美元(135美元/吨×168吨);

将外币价格折算成人民币为144 149.54元;

$$应征出口关税税额 = FOB \div (1 + 出口关税税率) \times 出口关税税率$$
$$= 144\,149.54 \div (1 + 15\%) \times 15\%$$
$$= 18\,802.11(元)$$

二、进口环节税的计算

(一)消费税税款的计算

1. 计算公式

从价征收的消费税按照组成的计税价格计算,我国消费税采用价内税的计税方法,即计税价格的组成中包括了消费税税额,其计算公式为

$$组成计税价格 = (关税完税价格 + 实征关税税额) \div (1 - 消费税税率)$$
$$应纳消费税税额 = 组成计税价格 \times 消费税税率$$

从量征收的消费税的计算公式为

$$应纳消费税税额 = 应征消费税消费品数量 \times 单位税额$$

复合消费税是实行从量、从价两种征收方法之和,其计算公式为

$$应纳消费税税额 = 应征消费税消费品数量 \times 单位税额 + 组成计税价格 \times 消费税税率$$

2. 计算程序

(1)按照商品归类原则确定税则归类,将应税货物归入恰当的税目税号;

(2)根据有关规定,确定应税货物所适用的税率;

(3)确定应税货物的组成计税价格;

(4)根据汇率适用原则,将外币折算成人民币;

(5)按照计算公式计算消费税税款。

3. 计算实例

实例1:

国内某公司从德国购进奔驰牌轿车20辆,成交价格合计为FOB汉堡800 000.00美

元,实际支付运费 10 000 美元,保险费 1 500 美元。已知汽车的规格为 4 座位、排气量为 2.5 升,计征汇率为 1 美元＝人民币 6.355 8 元,计算应征进口环节消费税。

计算方法：

确定税则归类,排气量为 2.5 升的小轿车归入税目税号 8703.2351；

原产国德国进口关税适用最惠国税率 15%,排气量为 2.5 升的小轿车进口消费税税率为 9%；

审定关税完税价格为 811 500 美元(800 000.00 美元＋10 000 美元＋1 500 美元)；

将外币关税完税价格折算成人民币为 5 157 731.70 元；

$$\begin{aligned}应征进口关税税额 &= 完税价格 \times 从价税税率 \\ &= 5\ 157\ 731.70 \times 15\% \\ &= 773\ 659.76(元)\end{aligned}$$

$$\begin{aligned}消费税组成计税价格 &= (关税完税价格＋实征关税税额) \div (1－消费税税率) \\ &= (5\ 157\ 731.70＋773\ 659.76) \div (1－9\%) \\ &= 6\ 518\ 012.60(元)\end{aligned}$$

$$\begin{aligned}应纳消费税税额 &= 组成计税价格 \times 消费税税率 \\ &= 6\ 518\ 012.60 \times 9\% \\ &= 586\ 621.13(元)\end{aligned}$$

实例 2：

国内某进出口公司进口英国产威士忌酒 5 600 升,计量单位换算标准为 1 升＝0.912 千克。经海关审核该批货物成交价格总值为 CIF 天津 31 650 美元,计征汇率为 1 美元＝人民币 6.355 8 元,计算应征进口环节消费税。

计算方法：

确定税则归类,威士忌酒归入税目税号 2208.3000；

该货物进口最惠国税率 10%,普通税率 180%,暂定税率 5%。根据税率适用原则,适用最惠国税率的进口货物有暂定税率的,应当适用暂定税率。原产于英国威士忌酒的进口关税适用暂定税率 5%,进口消费税复合征收,税率为从价 20% 再加上每千克 1 元的从量税。

审定关税完税价格为 31 650.00 美元；

将外币关税完税价格折算成人民币为 201 161.07 元；

$$\begin{aligned}应征进口关税税额 &= 完税价格 \times 从价税税率 \\ &= 201\ 161.07\ 元 \times 5\% = 10\ 058.05(元)\end{aligned}$$

$$\begin{aligned}消费税组成计税价格 &= (关税完税价格＋实征关税税额) \div (1－消费税税率) \\ &= (201\ 161.07＋10\ 058.05) \div (1－20\%) \\ &= 264\ 023.90(元)\end{aligned}$$

确定其实际进口量为 5 600 升×0.912 千克/升＝5 107.2 千克；

$$\begin{aligned}应纳消费税税额 &= 应征消费税消费品数量 \times 单位税额＋组成计税价格 \times 消费税税率 \\ &= 5\ 107.2 \times 1＋264\ 023.90 \times 20\% \\ &= 57\ 911.98(元)\end{aligned}$$

(二) 增值税税款的计算

1. 计算公式

进口环节增值税以组成价格作为计税价格,征税时不得抵扣任何税额。其组成价格由关税完税价格加上关税组成;对于应征消费税的品种,其组成价格还要加上消费税。现行增值税的组成价格和应纳税额计算公式为

组成价格 = 关税完税价格 + 实征关税税额 + 实征消费税税额

应纳增值税税额 = 组成价格 × 增值税税率

2. 计算程序

首先计算关税税额;征收消费税的还需要计算消费税税额;最后确定增值税的组成价格,计算增值税税额。

3. 计算实例

国内某公司从德国购进奔驰牌轿车 20 辆,成交价格合计为 FOB 汉堡 800 000.00 美元,实际支付运费 10 000 美元,保险费 1 500 美元。已知汽车的规格为 4 座位、排气量为 2.5 升,计征汇率为 1 美元 = 人民币 6.355 8 元,计算应纳进口环节增值税税额。

计算方法:

确定税则归类,排气量为 2.5 升的小轿车归入税目税号 8703.2351;

原产国德国进口关税适用最惠国税率 15%,排气量为 2.5 升的小轿车进口消费税税率为 9%,增值税税率 13%;

审定关税完税价格为 811 500 美元(800 000.00 美元 + 10 000 美元 + 1 500 美元);

将外币关税完税价格折算成人民币为 5 157 731.70 元;

应征进口关税税额 = 完税价格 × 从价税税率
= 5 157 731.70 × 15%
= 773 659.76(元)

消费税组成计税价格 = (关税完税价格 + 实征关税税额) ÷ (1 − 消费税税率)
= (5 157 731.70 + 773 659.76) ÷ (1 − 9%)
= 6 518 012.60(元)

应纳消费税税额 = 组成计税价格 × 消费税税率
= 6 518 012.60 × 9%
= 586 621.13(元)

增值税组成价格 = 关税完税价格 + 实征关税税额 + 实征消费税税额
= 5 157 731.70 + 773 659.76 + 586 621.13
= 6 518 012.60(元)

应纳增值税税额 = 组成价格 × 增值税税率
= 6 518 012.60 × 13%
= 847 341.64(元)

三、船舶吨税的计算

(一)计算方法

首先确定船舶吨税税率,然后再计算税款。计算公式为

$$船舶吨税 = 净吨位 \times 吨税税率(元/净吨)$$

(二)计算实例

有一韩国籍净吨位为 8 200 吨的轮船停靠在天津新港装卸货物,纳税义务人自行选择 90 天期缴纳船舶吨税,计算应征的船舶吨税。

韩国籍轮船适用船舶吨税优惠税率,净吨位 8 200 吨的轮船 90 天期的优惠税率为 5.8 元/净吨。

$$\begin{aligned}应征船舶吨税 &= 净吨位 \times 吨税税率(元/净吨) \\ &= 8\,200 \times 5.8 \\ &= 47\,560(元)\end{aligned}$$

四、滞纳金和滞报金的计算

(一)滞纳金的计算

1. 计算方法

关税、进口环节增值税、消费税、船舶吨税等的纳税义务人或其代理人,应当自海关填发税款缴款书之日起 15 日内向指定银行缴纳税款。逾期缴纳税款的,由海关自缴款期限届满之日起至缴清税款之日止,按日加收滞纳税款 0.5‰ 的滞纳金。滞纳金的计算公式为

$$关税滞纳金金额 = 滞纳关税税额 \times 0.5‰ \times 滞纳天数$$
$$代征税滞纳金金额 = 滞纳代征税税额 \times 0.5‰ \times 滞纳天数$$

2. 计算实例

国内某公司从德国购进奔驰牌轿车 20 辆,已知该批货物应纳进口关税税额为人民币 773 659.76 元,应纳消费税税额为人民币 586 621.13 元,应纳增值税税额为人民币 847 341.64 元。海关于 2022 年 3 月 16 日填发《海关专用缴款书》,该公司于 2022 年 4 月 15 日缴纳税款。计算该公司应缴纳的滞纳金。

首先确定滞纳天数,税款缴款期限至 2022 年 3 月 31 日,4 月 1 日至 4 月 15 日为滞纳期,共滞纳 15 天。

$$\begin{aligned}关税滞纳金金额 &= 滞纳关税税额 \times 0.5‰ \times 滞纳天数 \\ &= 773\,659.76 \times 0.5‰ \times 15 \\ &= 5\,802.45(元)\end{aligned}$$

$$\begin{aligned}进口环节消费税滞纳金 &= 进口环节消费税税额 \times 0.5‰ \times 滞纳天数 \\ &= 586\,621.13 \times 0.5‰ \times 15 \\ &= 4\,399.66(元)\end{aligned}$$

$$\begin{aligned}进口环节增值税滞纳金 &= 进口环节增值税税额 \times 0.5‰ \times 滞纳天数 \\ &= 847\,341.64 \times 0.5‰ \times 15 \\ &= 6\,355.06(元)\end{aligned}$$

(二)滞报金的计算

1. 计算方法

进口货物的收货人应当自运输工具申报进境之日起 14 日内向海关申报,超过规定期限向海关申报的,由海关征收滞报金。滞报金按日计征,以自运输工具申报进境之日起第 15 日为起征日,以海关接受申报之日为截止日,除另有规定外,起征日和截止日均计入滞报期间。滞报金的日征收金额为进口货物完税价格的 0.5‰,以人民币"元"为计征单位,不足人民币 1 元的部分免予计征。

征收滞报金的计算公式为

$$应征滞报金金额 = 进口货物完税价格 \times 0.5‰ \times 滞报期间$$

2. 计算实例

某一运输工具装载某进出口企业购买进口的轿车于 2022 年 4 月 1 日申报进境,但该进出口企业于 2022 年 4 月 29 日才向海关申报进口该批轿车。该批轿车的完税价格为人民币 5 157 731.70 元。计算应缴纳滞报金。

首先确定滞报天数,该批货物的申报期限至 2022 年 4 月 15 日,4 月 16 日至 4 月 29 日为滞报期间,共滞报 14 天。

$$\begin{aligned}应征滞报金金额 &= 进口货物完税价格 \times 0.5‰ \times 滞报期间\\ &= 5\ 157\ 731.70 \times 0.5‰ \times 14\\ &= 36\ 104(元)\end{aligned}$$

第五节 进出口税费的缴纳征收、减免及退补

一、进出口税费的缴纳征收

(一)缴纳地点和方式

目前,纳税义务人向海关缴纳税款的地点以进出口地纳税为主,也有部分企业经海关批准采取属地纳税方式。进出口地纳税是指货物在设有海关的进出口地纳税。属地纳税是指进出口货物应缴纳的税款由纳税义务人所在地主管海关征收,纳税义务人在所在地缴纳税款。

纳税义务人向海关缴纳税款的方式主要有两种:一种是持税款缴款书向指定银行办理税费交付手续;另一种是向签有协议的银行办理网上电子交付税费的手续。

除另有规定外,在通关无纸化模式下,参与税费电子支付业务的进出口企业应在海关审结报关单生成电子税款信息之日起 10 日内,通过第三方支付平台向商业银行发送税款预扣指令。未在规定期限内发送预扣指令的,将直接转为柜台支付,海关填发税款缴款书。企业应当按照《海关法》规定,自海关填发税款缴款书之日起 15 日内缴纳税款;逾期缴纳的,海关征收滞纳金。

(二)缴纳凭证

1. 进出口关税和进口环节税的缴纳凭证

海关征收进出口关税和进口环节税时,向纳税义务人或其代理人填发"海关专用缴款

书"(含关税、进口环节税)。纳税义务人或其代理人持"海关专用缴款书"向银行缴纳税款。海关税款缴款书一式六联,第一联(收据)由银行收款签章后交缴款单位或者纳税义务人;第二联(付款凭证)由缴款单位开户银行作为付出凭证;第三联(收款凭证)由收款国库作为收入凭证;第四联(回执)由国库盖章后退回海关财务部门;第五联(报查)国库收款后,关税专用缴款书退回海关,海关代征税专用缴款书送当地税务机关;第六联(存根)由填发单位存查。

海关制发税款缴纳通知并通过"单一窗口"和"互联网+海关"平台推送至纳税义务人。纳税义务人应当自海关税款缴纳通知制发之日起15日内依法缴纳税款;采用汇总征税模式的,纳税义务人应当自海关税款缴纳通知制发之日起15日内或次月第5个工作日结束前依法缴纳税款。纳税义务人自行打印的版式化《海关专用缴款书》,其"填发日期"为海关税款缴纳通知制发之日。缴款期限届满日遇星期六、星期日等休息日或者法定节假日的,应当顺延至休息日或者法定节假日之后的第一个工作日。国务院临时调整休息日与工作日的,海关应当按照调整后的情况计算缴款期限。逾期缴纳税款的,由海关自缴款期限届满之日起至缴清税款之日止,按日加收滞纳税款 0.5‰ 的滞纳金。

纳税义务人向银行缴纳税款后,应当及时将盖有证明银行已收讫税款的业务印章的税款缴款书送交填发海关验核,海关据此办理核注手续。

纳税义务人缴纳税款前不慎遗失税款缴款书的,可以向填发海关提出补发税款缴款书的书面申请。海关应当自接到纳税义务人的申请之日起2个工作日内审核确认并重新予以补发。海关补发的税款缴款书内容应当与原税款缴款书完全一致。

纳税义务人缴纳税款后遗失税款缴款书的,可以自缴纳税款之日起1年内向填发海关提出确认其已缴清税款的书面申请,海关经审查核实后,应当予以确认,但不再补发税款缴款书。

2. 滞纳金的缴纳凭证

海关征收进口货物的关税、进口环节增值税、消费税、船舶吨税等的滞纳金时,应向纳税义务人或其代理人填发"海关专用缴款书"。纳税义务人应当自海关填发滞纳金缴款书之日起15日内向指定银行缴纳滞纳金。滞纳金缴款书的格式与税款缴款书相同。

3. 滞报金的缴纳凭证

海关向进口货物收货人征收进口货物滞报金时使用《中央非税收入统一票据》电子票据。海关业务现场不再打印滞报金票据,进口货物收货人缴纳进口货物滞报金后可通过国际贸易"单一窗口"标准版、"互联网+海关"自行打印《中央非税收入统一票据》。

(三)特殊进出口货物税款的征收

1. 无代价抵偿货物

无代价抵偿货物是指进出口货物在海关放行后,因残损、短少、品质不良或者规格不符原因,由进出口货物的发货人、承运人或者保险公司免费补偿或者更换的与原货物相同或者与合同规定相符的货物。进口无代价抵偿货物,不征收进口关税和进口环节海关代征税;出口无代价抵偿货物,不征收出口关税。

纳税义务人应当在原进出口合同规定的索赔期内且不超过原货物进出口之日起3年,向海关申报办理无代价抵偿货物的进出口手续。纳税义务人申报进出口无代价抵偿货物,应当提交买卖双方签订的索赔协议。海关认为需要时,纳税义务人还应当提交具有资质的商品检验机构出具的原进出口货物残损、短少、品质不良或者规格不符的检验证明书或者其他有关证明文件。

纳税义务人申报进出口的无代价抵偿货物,与退运出境或者退运进境的原货物不完全相同或者与合同规定不完全相符的,应当向海关说明原因。海关经审核认为理由正当,且其税则号列未发生改变的,应当按照审定进出口货物完税价格的有关规定和原进出口货物适用的计征汇率、税率,审核确定其完税价格、计算应征税款。应征税款高于原进出口货物已征税款的,应当补征税款的差额部分。应征税款低于原进出口货物已征税款,且原进出口货物的发货人、承运人或者保险公司同时补偿货款的,海关应当退还补偿货款部分的相应税款;未补偿货款的,税款的差额部分不予退还。纳税义务人申报进出口的免费补偿或者更换的货物,其税则号列与原货物的税则号列不一致的,不适用无代价抵偿货物的有关规定,海关应当按照一般进出口货物的有关规定征收税款。

纳税义务人申报进出口无代价抵偿货物,被更换的原进口货物不退运出境且不放弃交由海关处理的,或者被更换的原出口货物不退运进境的,海关应当按照接受无代价抵偿货物申报进出口之日适用的税率、计征汇率和有关规定对原进出口货物重新估价征税。被更换的原进口货物退运出境时不征收出口关税。被更换的原出口货物退运进境时不征收进口关税和进口环节海关代征税。

2. 租赁进口货物

纳税义务人进口租赁货物,除另有规定外,应当向其所在地海关办理申报进口及申报纳税手续。纳税义务人申报进口租赁货物,应当向海关提交租赁合同及其他有关文件。海关认为必要时,纳税义务人应当提供税款担保。租赁进口货物自进境之日起至租赁结束办结海关手续之日止,应当接受海关监管。

一次性支付租金的,纳税义务人应当在申报租赁货物进口时办理纳税手续,缴纳税款。分期支付租金的,纳税义务人应当在申报租赁货物进口时,按照第一期应当支付的租金办理纳税手续,缴纳相应税款;在其后分期支付租金时,纳税义务人向海关申报办理纳税手续应当不迟于每次支付租金后的第15日。纳税义务人未在规定期限内申报纳税的,海关按照纳税义务人每次支付租金后第15日该货物适用的税率、计征汇率征收相应税款,并且自规定的申报办理纳税手续期限届满之日起至纳税义务人申报纳税之日止按日加收应缴纳税款万分之五的滞纳金。

海关应当对租赁进口货物进行跟踪管理,督促纳税义务人按期向海关申报纳税,确保税款及时足额入库。纳税义务人应当自租赁进口货物租期届满之日起30日内,向海关申请办结监管手续,将租赁进口货物复运出境。需留购、续租租赁进口货物的,纳税义务人向海关申报办理相关手续应当不迟于租赁进口货物租期届满后的第30日。海关对留购的租赁进口货物,按照审定进口货物完税价格的有关规定和海关接受申报办理留购的相关手续之日该货物适用的计征汇率、税率,审核确定其完税价格、计征应缴纳的税款。续租租赁进口货物的,纳税义务人应当向海关提交续租合同,并且按照上述有关规定办理申报纳税手续。

纳税义务人未在规定的期限内向海关申报办理留购租赁进口货物的相关手续的,海关除按照审定进口货物完税价格的有关规定和租期届满后第 30 日该货物适用的计征汇率、税率,审核确定其完税价格、计征应缴纳的税款外,还应当自租赁期限届满后 30 日起至纳税义务人申报纳税之日止按日加收应缴纳税款万分之五的滞纳金。纳税义务人未在规定的期限内向海关申报办理续租租赁进口货物的相关手续的,海关除按照规定征收续租租赁进口货物应缴纳的税款外,还应当自租赁期限届满后 30 日起至纳税义务人申报纳税之日止按日加收应缴纳税款万分之五的滞纳金。租赁进口货物租赁期未满终止租赁的,其租期届满之日为租赁终止日。

3. 暂时进出境货物

暂时进境或者暂时出境的货物,海关按照有关规定实施管理。

《中华人民共和国进出口关税条例》第四十二条第一款所列的暂时进出境货物,在海关规定期限内,可以暂不缴纳税款。所述暂时进出境货物在规定期限届满后不再复运出境或者复运进境的,纳税义务人应当在规定期限届满前向海关申报办理进出口及纳税手续。海关按照有关规定征收税款。

《中华人民共和国进出口关税条例》第四十二条第一款所列范围以外的其他暂时进出境货物,海关按照审定进出口货物完税价格的有关规定和海关接受该货物申报进出境之日适用的计征汇率、税率,审核确定其完税价格、按月征收税款,或者在规定期限内货物复运出境或者复运进境时征收税款。计征税款的期限为 60 个月。不足 1 个月但超过 15 天的,按 1 个月计征;不超过 15 天的,免予计征。计征税款的期限自货物放行之日起计算。按月征收税款的计算公式为

每月关税税额＝关税总额×(1/60);

每月进口环节代征税税额＝进口环节代征税总额×(1/60)

上述暂时进出境货物在规定期限届满后不再复运出境或者复运进境的,纳税义务人应当在规定期限届满前向海关申报办理进出口及纳税手续,缴纳剩余税款。暂时进出境货物未在规定期限内复运出境或者复运进境,且纳税义务人未在规定期限届满前向海关申报办理进出口及纳税手续的,海关除按照规定征收应缴纳的税款外,还应当自规定期限届满之日起至纳税义务人申报纳税之日止按日加收应缴纳税款万分之五的滞纳金。

4. 进出境修理货物和出境加工货物

纳税义务人在办理进境修理货物的进口申报手续时,应当向海关提交该货物的维修合同(或者含有保修条款的原出口合同),并且向海关提供进口税款担保或者由海关按照保税货物实施管理。进境修理货物应当在海关规定的期限内复运出境。

进境修理货物需要进口原材料、零部件的,纳税义务人在办理原材料、零部件进口申报手续时,应当向海关提供进口税款担保或者由海关按照保税货物实施管理。进口原材料、零部件只限用于进境修理货物的修理,修理剩余的原材料、零部件应当随进境修理货物一同复运出境。

进境修理货物及剩余进境原材料、零部件复运出境的,海关应当办理修理货物及原材料、零部件进境时纳税义务人提供的税款担保的退还手续;海关按照保税货物实施管理的,按照有关保税货物的管理规定办理。因正当理由不能在海关规定期限内将进境修理货物复运出境的,纳税义务人应当在规定期限届满前向海关说明情况,申请延期复运出

境。进境修理货物未在海关允许期限(包括延长期,下同)内复运出境的,海关对其按照一般进出口货物的征税管理规定实施管理,将该货物进境时纳税义务人提供的税款担保转为税款。

纳税义务人在办理出境修理货物的出口申报手续时,应当向海关提交该货物的维修合同(或者含有保修条款的原进口合同)。出境修理货物应当在海关规定的期限内复运进境。纳税义务人在办理出境修理货物复运进境的进口申报手续时,应当向海关提交该货物的维修发票等相关单证。海关按照审定进口货物完税价格的有关规定和海关接受该货物申报复运进境之日适用的计征汇率、税率,审核确定其完税价格、计征进口税款。因正当理由不能在海关规定期限内将出境修理货物复运进境的,纳税义务人应当在规定期限届满前向海关说明情况,申请延期复运进境。出境修理货物超过海关允许期限复运进境的,海关对其按照一般进口货物的征税管理规定征收进口税款。

纳税义务人在办理出境加工货物的出口申报手续时,应当向海关提交该货物的委托加工合同;出境加工货物属于征收出口关税的商品的,纳税义务人应当向海关提供出口税款担保。出境加工货物应当在海关规定的期限内复运进境。

纳税义务人在办理出境加工货物复运进境的进口申报手续时,应当向海关提交该货物的加工发票等相关单证。海关按照审定进口货物完税价格的有关规定和海关接受该货物申报复运进境之日适用的计征汇率、税率,审核确定其完税价格、计征进口税款,同时办理解除该货物出境时纳税义务人提供税款担保的相关手续。因正当理由不能在海关规定期限内将出境加工货物复运进境的,纳税义务人应当在规定期限届满前向海关说明情况,申请延期复运进境。

出境加工货物未在海关允许期限内复运进境的,海关对其按照一般进出口货物的征税管理规定实施管理,将该货物出境时纳税义务人提供的税款担保转为税款;出境加工货物复运进境时,海关按照一般进口货物的征税管理规定征收进口税款。

5. 退运货物

因品质或者规格原因,出口货物自出口放行之日起1年内原状退货复运进境的,纳税义务人在办理进口申报手续时,应当按照规定提交有关单证和证明文件。经海关确认后,对复运进境的原出口货物不予征收进口关税和进口环节海关代征税。

因品质或者规格原因,进口货物自进口放行之日起1年内原状退货复运出境的,纳税义务人在办理出口申报手续时,应当按照规定提交有关单证和证明文件。经海关确认后,对复运出境的原进口货物不予征收出口关税。

6. 散装进出口溢短装货物

散装进出口货物发生溢短装的,按照以下规定办理。

(1)溢装数量在合同、发票标明数量3%以内的,或者短装的,海关应当根据审定的货物单价,按照合同、发票标明数量计征税款。

(2)溢装数量超过合同、发票标明数量3%的,海关应当根据审定的货物单价,按照实际进出口数量计征税款。

(四)汇总征税

为提高贸易便利化,压缩通关时间,降低通关成本,海关对符合条件的进出口纳税义务人在一定时期内多次进出口货物应纳税款实施汇总计征。所有海关备案企业均可适用汇总征税模式("失信企业"除外)。汇总征税企业是指进出口报关单上的收发货人。

有汇总征税需求的企业,向备案地直属海关关税职能部门(以下简称"属地关税职能部门")提交税款总担保(以下简称"总担保")备案申请,总担保应当依法以保函、《关税保证保险单》等海关认可的形式;保函等受益人应包括企业备案地直属海关以及其他进出口地直属海关;担保范围为担保期限内企业进出口货物应缴纳的海关税款和滞纳金;担保额度可根据企业税款缴纳情况循环使用。无布控查验等海关要求事项的汇总征税报关单担保额度扣减成功,海关即放行。

汇总征税报关单采用有纸模式的,企业应在货物放行之日起10日内递交纸质报关单证,至当月底不足10日的,应在当月底前递交。

海关制发税款缴纳通知并通过"单一窗口"和"互联网+海关"平台推送至企业。企业应当自海关税款缴纳通知制发之日起15日内或次月第5个工作日结束前依法缴纳税款。税款缴库后,企业担保额度自动恢复。企业未在规定期限内缴税的,海关办理保证金转税手续或通知担保机构履行担保纳税义务。

企业办理汇总征税时,有滞报金等其他费用的,应在货物放行前缴清。

企业出现欠税风险的,进出口地直属海关暂停企业适用汇总征税;风险解除后,经备案地直属海关确认,恢复企业适用汇总征税。

担保机构是银行或其他非银行金融机构的,应符合以下条件:

(1) 具有良好资信和较大资产规模;

(2) 无滞压或延迟海关税款入库情事;

(3) 承诺对担保期限内企业申报进出口货物应纳税款、滞纳金承担足额、及时汇总缴纳的保付责任;

(4) 与海关建立保函真伪验核机制。

担保机构不具备资金偿付能力、拒不履行担保责任或不配合海关税收征管工作的,属地关税职能部门拒绝接受其保函。

企业信用状况被下调为失信企业或保函担保期限届满,属地关税职能部门确认企业已按期履行纳税义务的,可根据企业或担保机构申请退还保函正本。

依托财关库银横向联网系统,汇总征税担保数据电子传输系统实现了担保备案、变更、撤销、担保额度扣减和返还、索偿等业务的电子化作业。通过汇总征税担保数据电子传输系统传输的担保电子数据与纸质文书具有相同法律效力。海关已通过该系统接收汇总征税担保电子数据的,不再接受相应的纸质文书。

(五)"自报自缴"税收征管方式改革

为进一步引导进出口企业、单位守法自律,体现"诚信守法便利、失信违法惩戒",保障海关统一执法,提升通关便利化水平,海关总署推进"自报自缴"税收征管方式改革试点工作。"自主申报、自行缴税(自报自缴)"是指进出口企业、单位在办理海关预录入时,应当如实、规范填报报关单各项目,利用预录入系统的海关计税(费)服务工具计算应缴纳的相关税费,并对系统显示的税费计算结果进行确认,连同报关单预录入内容一并提交海关。进出口企业、单位在收到海关通关系统发送的回执后,自行办理相关税费缴纳手续;需要纸质税款缴款书的,可到申报地海关现场打印,该纸质税款缴款书上注明"自报自缴"字样,属于缴税凭证,不具有海关行政决定属性。

"自报自缴"税收征管方式将税收要素审核后置:货物放行后,海关对进出口企业、单位申报的价格、归类、原产地等税收要素进行抽查审核;特殊情况下,海关实施放行前的税收要素审核。相关进出口企业、单位应当根据海关要求,配合海关做好税收征管工作。

进出口企业、单位主动向海关书面报告其违反海关监管规定的行为并接受海关处理,经海关认定为主动披露的,海关应当从轻或者减轻处罚;违法行为轻微并及时纠正,没有造成危害后果的,不予行政处罚。对主动披露并补缴税款的,海关可以减免滞纳金。

目前纳入"自报自缴"税收征管方式改革试点范围的包括:优惠贸易协定项下进口报关单;在全国口岸海运、陆运、空运进口的《中华人民共和国进出口税则》第80、81、82章商品;在上海口岸海运进口、向上海海关申报的《中华人民共和国进出口税则》第84、85、90章商品;在上海口岸空运进口、向上海海关申报的《中华人民共和国进出口税则》第84、85、90章商品(限上海海关备案进出口企业、单位,不含快件);在北京、宁波口岸进口的《中华人民共和国进出口税则》第84、85、90章商品,分批纳入试点范围;涉及公式定价、征免栏目为"特案"的货物,不纳入试点范围。有关"自报自缴"适用范围的调整变化,请关注海关总署发布的相关公告。

【思政课堂】

"主动披露"树导向 海关容错有"良方"

2022年1月,龙口一家贸易公司在核实对外支付款项时,发现一批进口货物漏报滞期费,漏缴14.03万元税款。企业第一时间向龙口海关申请适用"主动披露"政策。

龙口海关经调查核实,企业可以适用"主动披露"政策,除追缴税款外,不再对企业实施行政处罚,并依法减免0.25万元的滞纳金。

"主动披露"是海关为推动进出口企业守法自律而实施的一项容错管理模式,是进出口企业发现可能存在少缴、漏缴税款或者违反海关监管规定的情况,主动向海关进行披露并接受处理的行为。经海关认定后,企业可享受从轻、减轻或不予处罚,同时补缴海关税款产生的滞纳金还可以申请减免。

"'主动披露'政策为企业提供了自我纠错的机会,可以引导企业更好地守法自律。"龙口海关稽查科科长任开平介绍,这一政策也成为海关优化口岸营商环境、引导和帮助企业规范经营的一剂"良方"。

为让企业切实感受到容错机制带来的政策红利,龙口海关通过政策宣讲会、普法宣传、调研座谈及执法监管等各种契机,强化企业对"主动披露"政策的认知,倡议企业开展自检自查,降低经营风险。

海关还在业务现场设置了主动披露岗,第一时间受理企业主动披露业务,引导企业利用"互联网+海关"平台开展业务,压缩受理、核实、审核和处置等各作业环节时间,提升主动披露作业时效。

2021年以来,龙口海关共开展主动披露作业7起,涉及货值2.29亿元,追征税款

37.7万元,为企业诚信守法经营树立了正面导向。

资料来源:衣文滨:"'主动披露'树导向 海关容错有'良方'",海关总署网站。

二、进出口税费的减免

(一)进出口关税和进口环节税的减免

进出口关税和进口环节税的减免可分为三种,即法定减免税、特定减免税和临时减免税。

1. 法定减免税

法定减免税是指进出口货物按照《海关法》《中华人民共和国进出口关税条例》和其他法律、行政法规的规定可以享受的减免税优惠。纳税义务人进出口减免税货物,应当在货物进出口前,按照规定凭有关文件向海关办理减免税审核确认手续。下列减免税进出口货物无须办理减免税审核确认手续,属法定减免税货物:

(1) 关税、进口环节增值税或者消费税税额在人民币50元以下的一票货物;
(2) 无商业价值的广告品和货样;
(3) 在海关放行前遭受损坏或者损失的货物;
(4) 进出境运输工具装载的途中必需的燃料、物料和饮食用品;
(5) 其他无须办理减免税审核确认手续的减征或者免征税款的货物。

上述第(3)项所列货物,纳税义务人应当在申报时或者自海关放行货物之日起15日内书面向海关说明情况,提供相关证明材料。海关认为需要时,可以要求纳税义务人提供具有资质的商品检验机构出具的货物受损程度的检验证明书。海关根据实际受损程度予以减征或者免征税款。

2. 特定减免税

特定减免税是指海关根据国家政策规定,对特定地区和特定用途的进口货物给予的减免税优惠,也称政策性减免税。特定减税或者免税的范围和办法由国务院规定,海关根据国务院的规定单独或会同其他主管部门制定具体实施办法并加以贯彻执行。

目前实施特定减免税的情况主要包括以下几方面。

1)特定地区进口货物

(1) 保税区进口区内生产性的基础设施建设项目所需的机器、设备和其他基建物资;区内企业自用的生产、管理设备和自用合理数量的办公用品及其所需的维修零配件,生产用燃料,建设生产厂房、仓储设施所需的物资、设备;以及保税区行政管理机构自用合理数量的管理设备和办公用品及其所需的维修零配件,均予以免征进口关税和进口环节税。区内加工企业加工的制成品及其在加工过程中产生的边角余料运往境外时,除法律、行政法规另有规定外,免征出口关税。

(2) 出口加工区进口区内生产性的基础设施建设项目所需的机器、设备和建设生产厂房、仓储设施所需的基建物资;区内企业生产所需的机器、设备、模具及其维修用零配件;以及区内企业和行政管理机构自用合理数量的办公用品,均予以免征进口关税和进口环节税。除法律、法规另有规定外,区内企业加工的制成品及其在加工生产过程中产生的边角料、余料、残次品、废品等销往境外的,免征出口关税。

(3) 从境外进入保税物流园区的货物、物品,包括园区的基础设施建设项目所需的设备、物资等;园区企业为开展业务所需的机器、装卸设备、仓储设施、管理设备及其维修用消耗品、零配件及工具;以及园区行政管理机构及其经营主体和园区企业自用合理数量的办公用品等,海关予以办理免税手续。从园区运往境外的货物,除法律、行政法规另有规定外,免征出口关税。

(4) 从境外进入保税港区内生产性的基础设施建设项目所需的机器、设备和建设生产厂房、仓储设施所需的基建物资;区内企业生产所需的机器、设备、模具及其维修用零配件;以及区内企业和行政管理机构自用合理数量的办公用品,海关免征进口关税和进口环节海关代征税。从保税港区运往境外的货物免征出口关税,但法律、行政法规另有规定的除外。

(5) 从境外进入综合保税区内生产性的基础设施建设项目所需的机器、设备和建设生产厂房、仓储设施所需的基建物资;区内企业开展规定业务所需的机器、设备、模具及其维修用零配件;以及综合保税区行政管理机构和区内企业自用合理数量的办公用品,除法律法规另有规定外,海关免征进口关税和进口环节税。除法律法规另有规定外,综合保税区运往境外的货物免征出口关税。

2) 特定用途进口货物

(1) 国内投资项目。对属于《产业结构调整指导目录(2019年本)》(2021年中华人民共和国国家发展和改革委员会令第49号进行了修订)鼓励类范围的国内投资项目,在投资总额内进口的自用设备以及按照合同随上述设备进口的技术和配套件、备件,除相关《国内投资项目不予免税的进口商品目录(2012年调整)》和《进口不予免税的重大技术装备和产品目录(2019年修订)》所列商品外,按照《国务院关于调整进口设备税收政策的通知》(国发〔1997〕37号)和海关总署公告2008年第103号及其他相关规定免征关税,照章征收进口环节增值税。

(2) 利用外资项目。对属于《鼓励外商投资产业目录(2022年版)》范围的外商投资项目(包括增资项目),在投资总额内进口的自用设备以及按照合同随前述设备进口的技术和配套件、备件,除相关《外商投资项目不予免税的进口商品目录》(海关总署公告2008年第65号,2020年调整)和《进口不予免税的重大技术装备和产品目录(2019年修订)》所列商品外,按照《国务院关于调整进口设备税收政策的通知》(国发〔1997〕37号)和海关总署公告2008年第103号及其他相关规定免征关税,照章征收进口环节增值税。外国政府贷款和国际金融组织贷款项目、外商提供不作价进口设备的加工贸易企业、中西部地区外商投资优势产业项目以及外商投资企业和《海关总署关于进一步鼓励外商投资有关进口税收政策的通知》(署税〔1999〕791号)规定的外商投资设立的研究中心利用自有资金进行技术改造项目进口自用设备以及按照合同随上述设备进口的技术及配套件、备件,除《外商投资项目不予免税的进口商品目录》(海关总署公告2008年第65号,2020年调整)和《进口不予免税的重大技术装备和产品目录(2019年修订)》所列商品外,免征关税。

(3) 为提高我国企业的核心竞争力及自主创新能力,促进装备制造业的发展,符合规定条件的国内企业为生产《国家支持发展的重大技术装备和产品目录(2019年修订)》中所列装备或产品而确有必要进口《重大技术装备和产品进口关键零部件、原材料商品目录（2019年修订）》中所列商品，免征关税和进口环节增值税。

（4）外国政府、国际组织的无偿援助项目、扶贫、救灾、慈善捐赠项目进口的物资免征关税和进口环节增值税、消费税。

（5）科研单位和学校在自用合理数量范围内进口国内不能生产的、直接用于教学和科研的设备和用品免征进口关税和进口环节增值税、消费税。

（6）进口的残疾人专用物品和专用设备免征进口关税和进口环节增值税、消费税。

（7）国有公益性收藏单位以从事永久收藏、展示和研究等公益性活动为目的，以接受境外捐赠（指境外机构、个人将合法所有的藏品无偿捐献给国有公益性收藏单位的行为）、归还（指境外机构、个人将持有的原系从中国劫掠、盗窃、走私或以其他方式非法出境的藏品无偿交还给国有公益性收藏单位的行为）、追索（指国家主管文化文物行政管理部门依据有关国际公约从境外索回原系从中国劫掠、盗窃、走私或以其他方式非法出境的藏品的行为）和购买（指国有公益性收藏单位通过合法途径从境外买入藏品的行为）等方式进口的藏品，免征关税和进口环节增值税、消费税。

3. 临时减免税

临时减免税是指法定减免税和特定减免税以外的其他减免税，是由国务院根据某个单位、某类商品、某个时期或某批货物的特殊情况，按规定给予特别的临时性的减免税优惠。临时性减免税一般是"一案一批"。

（二）滞纳金、滞报金的减免

1. 滞纳金的减免

滞纳金的起征额为人民币50元，不足50元的免予征收。海关对未履行税款给付义务的纳税义务人征收税款滞纳金，符合下列情形之一的，海关可以依法减免税款滞纳金：

（1）纳税义务人确因经营困难，自海关填发税款缴款书之日起在规定期限内难以缴纳税款，但在规定期限届满后3个月内补缴税款的；

（2）因不可抗力或者国家政策调整原因导致纳税义务人自海关填发税款缴款书之日起在规定期限内无法缴纳税款，但在相关情形解除后3个月内补缴税款的；

（3）货物放行后，纳税义务人通过自查发现（仅指符合海关总署令第230号《〈中华人民共和国海关稽查条例〉实施办法》第四章有关主动披露的规定，并按照海关规定程序办理的情形）少缴或漏缴税款并主动补缴的；

（4）经海关总署认可的其他特殊情形。

在办理税款滞纳金减免手续时，纳税义务人应按照海关要求提交以下材料：

（1）报关单及随附资料复印件；

（2）滞纳金缴款书复印件；

（3）已补缴税款的税单复印件；

（4）属于货物放行后，纳税义务人通过自查发现少缴或漏缴税款并主动补缴的情形的，需提供自查情况报告；

（5）海关认为需要提供的其他材料。

纳税义务人应声明对上述材料的真实性、合法性、有效性承担法律责任。

为深化海关通关作业无纸化改革,纳税义务人符合海关总署 2015 年第 27 号公告第一条规定的可以依法减免税款滞纳金情形的,应通过中国电子口岸执法系统(以下简称"执法系统")中"税款滞纳金减免申请"功能录入信息并提交相关材料的电子数据,并可通过执法系统查询办理情况。纳税义务人通过执法系统以电子方式上传材料的,文件格式标准参照海关总署公告 2019 年第 66 号发布的《报关单证电子转换或扫描文件格式标准》。海关需要验核纸质材料的,纳税义务人应当提交相关纸质材料。

2. 滞报金的减免

滞报金的起征点为人民币 50 元。有下列情形之一的,海关不予征收滞报金:

(1) 收货人在运输工具申报进境之日起超过 3 个月未向海关申报,进口货物被依法变卖处理,余款按《海关法》规定上缴国库的;

(2) 进口货物收货人在申报期限内,根据《海关法》有关规定向海关提供担保,并在担保期限内办理有关进口手续的;

(3) 进口货物收货人申报后依法撤销原报关单电子数据重新申报,因删单重报产生滞报的;

(4) 进口货物办理直接退运的;

(5) 进口货物应征收滞报金金额不满人民币 50 元的。

有下列情形之一的,进口货物收货人可以向申报地海关申请减免滞报金:

(1) 政府主管部门有关贸易管理规定变更,要求收货人补充办理有关手续或者政府主管部门延迟签发许可证件,导致进口货物产生滞报的;

(2) 产生滞报的进口货物属于政府间或国际组织无偿援助和捐赠用于救灾、社会公益福利等方面的进口物资或其他特殊货物的;

(3) 因不可抗力导致收货人无法在规定期限内申报,从而产生滞报的;

(4) 因海关及相关司法、行政执法部门工作原因致使收货人无法在规定期限内申报,从而产生滞报的;

(5) 其他特殊情况经海关批准的。

进口货物收货人申请减免滞报金的,应当自收到海关滞报金缴款通知书之日起 30 个工作日内,以书面形式向申报地海关提交申请书,申请书应当加盖公章。进口货物收货人提交申请材料时,应当同时提供政府主管部门或者相关部门出具的相关证明材料。收货人应当对申请书以及相关证明材料的真实性、合法性、有效性承担法律责任。

为贯彻落实党中央、国务院关于深化"放管服"改革决策部署,持续推进"减证便民"行动,进一步优化营商环境,海关总署实施进口货物滞报金减免证明事项告知承诺制。滞报金减免证明事项告知承诺制是指进口货物收货人(以下称"申请人")依法提出滞报金减免申请时,海关一次告知其核批条件及所需提交的证明材料。申请人以书面形式承诺其符合申请条件,愿意承担不实承诺的法律责任,海关依据申请人承诺办理滞报金减免事项。

上述列明的可以申请减免滞报金情形中适用告知承诺制的包括:第(1)项"政府主管部门有关贸易管理规定变更,要求收货人补充办理有关手续或者政府主管部门延迟签发许可证件,导致进口货物产生滞报的",第(2)项"产生滞报的进口货物属于政府间或者国际组织无偿援助和捐赠用于救灾、社会公益福利等方面的进口物资或其他特殊货物的"

以及第(4)项中的"因海关及相关司法、行政执法部门工作原因致使收货人无法在规定期限内申报,从而产生滞报的"。

根据现行规定,申请人向海关申请减免滞报金应当提交下列材料:

(1)减免滞报金申请书;

(2)有关主管部门证明材料;

(3)有关证明文件及相关进口许可证件复印件(如配额证明、许可证、减免税证明、担保凭据等);

(4)进口货物报关单证;

(5)滞报金缴款通知书复印件。

申请人选择告知承诺方式的,应提交《证明事项告知承诺书(进口货物滞报金减免)》(以下简称《告知承诺书》),并免于提交上述第(2)项有关主管部门证明材料。

申请人选择告知承诺方式申请减免滞报金时,海关应当就以下事项进行告知:滞报金减免所依据的法律、法规及相关条款;滞报金减免申请及核批条件;所需提交的相关材料;告知承诺制适用范围及办理要求;申请人义务及虚假承诺、违反承诺的法律责任;海关认为应当告知的其他事项。

申请人选择告知承诺方式的,可从海关总署及各直属海关门户网站下载或在受理海关现场领取《告知承诺书》文本,并在《中华人民共和国海关征收进口货物滞报金办法》规定的滞报金减免申请时限内就下列事项作出确认和承诺:无不良信用记录或曾作出虚假承诺;已知晓海关告知的全部内容;所提交的信息和材料真实、准确;符合申请条件及告知承诺制适用范围;能够在约定期限内提交办事所需相关材料;愿意承担不实承诺、违反承诺的法律责任;上述承诺意思表示真实。

符合条件的申请人在办理滞报金减免申请时,按规定提交经法定代表人签章并加盖机构公章的《告知承诺书》(一式两份)及上述所列明的第(1)、(3)、(4)、(5)项申请材料。

对申请人提出的滞报金减免申请,如相关资料不齐或不符合法定形式的,海关应当一次性告知需要补正的全部内容。申请人承诺内容与实际情况不符的,海关不予减免滞报金。该申请人2年内不再适用告知承诺制。

扩展阅读材料链接:

1. 海关总署第124号令:《中华人民共和国海关进出口货物征税管理办法》,海关总署网站:http://www.customs.gov.cn/customs/302249/302266/302267/4052249/index.html。

2. 海关总署第128号令:《中华人民共和国海关征收进口货物滞报金办法》,海关总署网站:http://www.customs.gov.cn/customs/302249/302266/302267/356554/index.html。

三、税款退还

海关发现多征税款的,应当立即通知纳税义务人办理退税手续。纳税义务人应当自收到海关通知之日起3个月内办理有关退税手续。纳税义务人发现多缴纳税款的,自缴纳税款之日起1年内,可以向海关申请退还多缴的税款并且加算银行同期活期存款利息。纳税义务人向海关申请退还税款及利息时,应当提交下列材料:《退税申请书》;可以证明应予退税的材料。

已缴纳税款的进口货物,因品质或者规格原因原状退货复运出境的,纳税义务人自缴纳税款之日起1年内,可以向海关申请退税。纳税义务人向海关申请退税时,应当提交下列材料:《退税申请书》;收发货人双方关于退货的协议。

已缴纳出口关税的出口货物,因品质或者规格原因原状退货复运进境,并且已重新缴纳因出口而退还的国内环节有关税收的,纳税义务人自缴纳税款之日起1年内,可以向海关申请退税。纳税义务人向海关申请退税时,应当提交下列材料:《退税申请书》;收发货人双方关于退货的协议和税务机关重新征收国内环节税的证明。

已缴纳出口关税的货物,因故未装运出口申报退关的,纳税义务人自缴纳税款之日起1年内,可以向海关申请退税,并提交《退税申请书》。

散装进出口货物发生短装并且已征税放行的,如果该货物的发货人、承运人或者保险公司已对短装部分退还或者赔偿相应货款,纳税义务人自缴纳税款之日起1年内,可以向海关申请退还进口或者出口短装部分的相应税款。纳税义务人向海关申请退税时,应当提交下列材料:《退税申请书》;具有资质的商品检验机构出具的相关检验证明书;已经退款或者赔款的证明文件。

进出口货物因残损、品质不良、规格不符原因,或者发生上述散装货物短装以外的货物短少的情形,由进出口货物的发货人、承运人或者保险公司赔偿相应货款的,纳税义务人自缴纳税款之日起1年内,可以向海关申请退还赔偿货款部分的相应税款。纳税义务人向海关申请退税时,应当提交下列材料:《退税申请书》;已经赔偿货款的证明文件。

海关收到纳税义务人的退税申请后应当进行审核。纳税义务人提交的申请材料齐全且符合规定形式的,海关应当予以受理,并且以海关收到申请材料之日作为受理之日;纳税义务人提交的申请材料不全或者不符合规定形式的,海关应当在收到申请材料之日起5个工作日内一次告知纳税义务人需要补正的全部内容,并且以海关收到全部补正申请材料之日为海关受理退税申请之日。

纳税义务人按照规定申请退税的,海关认为需要时,可以要求纳税义务人提供具有资质的商品检验机构出具的原进口或者出口货物品质不良、规格不符或者残损、短少的检验证明书或者其他有关证明文件。

海关应当自受理退税申请之日起30日内查实并且通知纳税义务人办理退税手续或者不予退税的决定。纳税义务人应当自收到海关准予退税的通知之日起3个月内办理有关退税手续。

海关办理退税手续时,应当填发收入退还书,并且按照以下规定办理。

(1) 按照规定应当同时退还多征税款部分所产生的利息的,应退利息按照海关填发收入退还书之日中国人民银行规定的活期储蓄存款利息率计算。计算应退利息的期限自纳税义务人缴纳税款之日起至海关填发收入退还书之日止。

(2) 进口环节增值税已予抵扣的,该项增值税不予退还,但国家另有规定的除外。

(3) 已征收的滞纳金不予退还。

四、税款补征和追征

进出口货物放行后,海关发现少征税款的,应当自缴纳税款之日起1年内,向纳税义务人补征税款;海关发现漏征税款的,应当自货物放行之日起1年内,向纳税义务人补征税款。

因纳税义务人违反规定造成少征税款的,海关应当自缴纳税款之日起3年内追征税款;因纳税义务人违反规定造成漏征税款的,海关应当自货物放行之日起3年内追征税款。海关除依法追征税款外,还应当自缴纳税款或者货物放行之日起至海关发现违规行为之日止按日加收少征或者漏征税款0.5‰的滞纳金。

因纳税义务人违反规定造成海关监管货物少征或者漏征税款的,海关应当自纳税义务人应缴纳税款之日起3年内追征税款,并自应缴纳税款之日起至海关发现违规行为之日止按日加收少征或者漏征税款0.5‰的滞纳金。

上述所称"应缴纳税款之日"是指纳税义务人违反规定的行为发生之日;该行为发生之日不能确定的,应当以海关发现该行为之日作为应缴纳税款之日。

海关补征或者追征税款,应当制发《海关补征税款告知书》。纳税义务人应当自收到《海关补征税款告知书》之日起15日内到海关办理补缴税款的手续。

纳税义务人未在规定期限内办理补税手续的,海关应当在规定期限届满之日填发税款缴款书。

因纳税义务人违反规定需在征收税款的同时加收滞纳金的,如果纳税义务人未在规定的15天缴款期限内缴纳税款,海关依照规定另行加收自缴款期限届满之日起至缴清税款之日止滞纳税款的滞纳金。

五、海关税款担保改革

为进一步提升贸易便利化水平,更好地服务对外开放大局,海关总署实施以企业为单元的税款担保改革,实现一份担保可以同时在全国海关用于多项税款担保业务。

海关税款担保业务范围包括:

(1) 汇总征税担保,是指为办理汇总征税业务向海关提供的担保;

(2) 纳税期限担保,是指符合《中华人民共和国海关事务担保条例》第四条第一款第三项"在纳税期限内税款尚未缴纳的"规定的担保;

(3) 征税要素担保,是指符合《中华人民共和国海关事务担保条例》第四条第一款第一项(进出口货物的商品归类、完税价格、原产地尚未确定的)、第二项(有效报关单证尚未提供的)、第五项(其他海关手续尚未办结的)的担保。

除失信企业外,进出口货物收发货人(以下统称"企业")可凭银行或非银行金融机构(以下统称"金融机构")开具的海关税款担保保函(以下简称"保函")、关税保证保险单(以下简称"保单")办理海关税款担保业务。

企业应在办理货物通关手续前向金融机构申请获取保函或保单。保函受益人或保单被保险人应包括企业备案地和报关单申报地直属海关。

企业备案地直属海关关税职能部门根据金融机构传输的保函、保单电子数据或验核企业提交的保函、保单正本,为企业在海关业务系统备案担保信息,系统生成担保备案编号。已联网金融机构向海关传输的保函、保单电子数据与正本具有同等效力,海关不再验核正本;未联网金融机构应向企业出具保函、保单正本。

企业选择办理汇总征税或纳税期限担保通关的,应在报关单申报界面选取担保备案编号;选择办理征税要素担保通关的,应通过单一窗口"征税要素担保备案"模块提交征税要素担保备案申请,海关核批同意后再选取担保备案编号或按照海关规定缴纳保证金。系统成功核扣担保额度或海关核注保证金后,满足放行条件的报关单即可担保放行。

企业缴纳税款或担保核销后,保函、保单的担保额度自动恢复。企业在保函、保单列明的申报地海关办理不同税款担保业务均可共用一份保函或保单,担保额度在有效期内可循环使用。

已备案且尚在有效期的保函、保单,企业确认担保责任已解除的,经与金融机构协商一致,可向属地关税职能部门申请撤销。联网传输的保函、保单,应由金融机构向海关发送撤销的电子数据。人工备案的保函、保单,应由企业向海关提交撤销的书面申请。

企业未在规定的纳税期限内缴纳税款的,海关可以停止其使用保函、保单办理担保通关业务。

金融机构拒不履行担保责任、不配合海关税收征管工作或偿付能力存疑的,属地关税职能部门可不再备案其保函、保单担保信息。

上述规定也可适用于符合《中华人民共和国海关事务担保条例》第五条第一款第二项(货物、物品暂时进出境的)、第三项(货物进境修理和出境加工的)、第四项(租赁货物进口的)规定的特定海关业务担保。

本章重要概念

关税;从价税;从量税;复合税;进口环节增值税;进口环节消费税;船舶吨税;滞纳金;滞报金;完税价格;成交价格估价方法;公式定价;优惠原产地规则;非优惠原产地规则;RCEP原产地规则;税率适用;计征汇率;汇总征税;自报自缴;税费减免;税款退还;税款补征和追征;税款担保改革

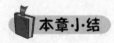

本章小结

本章思考题

1. 我国征收进口环节消费税的商品有哪些?

2. 哪些船舶免征吨税?
3. 使用成交价格估价方法应当符合哪些条件?
4. 海关在采用合理方法确定进口货物的完税价格时,不得使用哪些价格?
5. 对同时符合哪些条件的进口货物,海关以买卖双方约定的定价公式所确定的结算价格为基础审查确定完税价格?
6. 海关为审查申报价格的真实性和准确性,可以行使哪些职权进行价格核查?
7. 符合哪些条件的货物,是《区域全面经济伙伴关系协定》项下原产货物,具备原产资格?
8. 货物在出口成员方获得 RCEP 原产资格后,如何判定货物的协定项下原产国?
9. 非优惠原产地规则中如何认定货物的原产地?
10. 汇总征税的担保机构是银行或其他非银行金融机构的,应符合哪些条件?
11. 什么是"自报自缴"税收征管方式?
12. 哪些进出口货物属于法定减免税货物无须办理减免税审核确认手续?
13. 符合哪些情形的海关可以依法减免税款滞纳金?
14. 在哪些情形下,海关不予征收滞报金?在哪些情形下,进口货物收货人可以向申报地海关申请减免滞报金?
15. 海关税款担保业务范围包括哪些?
16. 一辆进口自日本的小轿车 CIF 天津价格为 50 万元人民币,经海关审定,该进口轿车的完税价格为 50 万元人民币。已知进口关税税率为 15%,消费税税率为 9%,增值税税率为 13%。计算该轿车应纳的关税税额、消费税税额及增值税税额。
17. 某进出口公司于 2022 年 5 月 13 日(周五)申报进口一批货物,海关于当日开出税款缴款书。其中关税税款为人民币 24 000 元,增值税税款为人民币 35 100 元,消费税税款为人民币 8 900 元。该公司实际缴纳税款日期为 2022 年 6 月 10 日。计算该公司应缴纳的滞纳金。
18. 某一运输工具装载某进出口企业购买进口的轿车于 2022 年 5 月 10 日申报进境,但该进出口企业于 2022 年 6 月 10 日才向海关申报进口该批轿车。该批轿车的完税价格为人民币 5 600 000 元。计算该企业应缴纳的滞报金。

即测即练

第七章　进出口货物报关单填制

本章学习目标

本章介绍进出口货物报关单的填制规范。通过本章的学习,应当掌握进出口报关单的含义、用途和填制基本要求,特别是需要重点掌握进出口货物报关单各个项目的具体填制规范和要求。

进出口货物报关单是办理货物进出口报关手续的主要单证,按照《中华人民共和国海关进出口货物申报管理规定》和《中华人民共和国海关进出口货物报关单填制规范》的要求,准确、完整、规范地填制进出口货物报关单是货物顺利通关的前提条件,同时也是报关人员从事报关业务所必备的基本技能。

第一节　进出口货物报关单概述

一、进出口货物报关单的含义和用途

进出口货物报关单是指进出口货物的收发货人或其代理人,按照海关规定的格式对进出口货物的实际情况作出书面申明,以此要求海关对其货物按适用的海关管理制度办理通关手续的法律文书。进出口货物报关单既是海关对进出口货物进行监管、征税、统计以及开展稽查、调查的重要依据,又是办理加工贸易核销、外汇管理和出口退税的重要凭证,也是海关处理进出口货物走私、违规案件及税务、外汇管理部门查处骗税、套汇犯罪活动的重要书证。进出口货物报关单可分为进口货物报关单和出口货物报关单,也可分为电子数据报关单和纸质报关单。电子数据报关单和纸质报关单均具有法律效力。

为深化通关作业无纸化改革,海关已全面取消出口货物报关单证明联(出口退税专用)、报关单收付汇证明联以及办理加工贸易核销的海关核销联。海关总署向国家税务总局传输出口报关单结关信息电子数据。企业办理货物贸易外汇收付和加工贸易核销业务,按规定须提交纸质报关单的,可通过中国电子口岸自行以普通A4纸打印报关单并加盖企业公章。

二、进出口货物报关单填制的基本要求

进出口货物的收发货人或其代理人向海关申报时,必须填写并向海关递交进出口货物报关单。申报人在填制报关单时,应当依法如实向海关申报,对申报内容的真实性、准

确性、完整性和规范性承担相应的法律责任。进出口货物报关单填制的基本要求主要包括以下几点。

(1) 报关单位和报关人员必须按照《海关法》及《中华人民共和国海关进出口货物申报管理规定》和《中华人民共和国海关进出口货物报关单填制规范》的有关规定与要求,向海关如实申报。报关单的填制必须真实,做到"两个相符":一是单、证相符,即所填报关单各栏目的内容必须与合同、发票、装箱单、提单以及许可证件等随附单据相符;二是单、货相符,即所填报关单各栏目的内容必须与实际进出口货物情况相符,尤其是货物的品名、规格、数量、价格等栏目的内容必须真实,不得出现差错,更不能出现伪报、瞒报、虚报。

(2) 进出口货物的收发货人、受委托的报关企业应当以电子数据报关单形式向海关申报,与随附单证一并递交的纸质报关单的内容应当与电子数据报关单一致;特殊情况下经海关同意,允许先采用纸质报关单形式申报,电子数据事后补报,补报的电子数据应当与纸质报关单内容一致。在向未使用海关信息化管理系统作业的海关申报时,可以采用纸质报关单申报形式。

(3) 海关接受进出口货物申报后,报关单证及其内容不得修改或者撤销;符合规定情形的,可以修改或者撤销。但海关已经决定布控、查验以及涉嫌走私或者违反海关监管规定的进出口货物,在办结相关手续前不得修改或者撤销报关单及其电子数据。进出口货物报关单修改或者撤销后,纸质报关单和电子数据报关单应当一致。

第二节 进出口货物报关单的填制规范

目前报关单位可以通过中国电子口岸国际贸易单一窗口或"互联网+海关",根据《中华人民共和国海关进出口货物报关单填制规范》的规定填写进出口货物报关单各栏目进行申报。

扩展阅读材料链接:

海关总署公告2019年第18号:"关于修订《中华人民共和国海关进出口货物报关单填制规范》的公告",海关总署网站:http://www.customs.gov.cn/customs/302249/302266/302267/2281037/index.html。

一、进出口货物报关单填制的具体规范和要求

进出口货物报关单各栏目的具体填制规范和要求如下。

(一) 预录入编号

预录入编号指预录入报关单的编号,一份报关单对应一个预录入编号,由系统自动生成。

报关单预录入编号为18位,其中第1~4位为接受申报海关的代码(海关规定的《关区代码表》中相应海关代码),第5~8位为录入时的公历年份,第9位为进出口标志("1"为进口,"0"为出口;集中申报清单"I"为进口,"E"为出口),后9位为顺序编号。

(二) 海关编号

海关编号指海关接受申报时给予报关单的编号,一份报关单对应一个海关编号,由系

统自动生成。

报关单海关编号为18位,其中第1~4位为接受申报海关的代码(海关规定的《关区代码表》中相应海关代码),第5~8位为海关接受申报的公历年份,第9位为进出口标志("1"为进口,"0"为出口;集中申报清单"I"为进口,"E"为出口),后9位为顺序编号。

(三) 境内收发货人

该栏填报在海关备案的对外签订并执行进出口贸易合同的中国境内法人、其他组织名称及编码。编码填报18位法人和其他组织统一社会信用代码,没有统一社会信用代码的,填报其在海关的备案编码。

特殊情况下填报要求如下。

(1) 进出口货物合同的签订者和执行者非同一企业的,填报执行合同的企业。

(2) 外商投资企业委托进出口企业进口投资设备、物品的,填报外商投资企业,并在标记唛码及备注栏注明"委托某进出口企业进口",同时注明被委托企业的18位法人和其他组织统一社会信用代码。

(3) 有代理报关资格的报关企业代理其他进出口企业办理进出口报关手续时,填报委托的进出口企业。

(4) 海关特殊监管区域收发货人填报该货物的实际经营单位或海关特殊监管区域内经营企业。

(5) 免税品经营单位经营出口退税国产商品的,填报免税品经营单位名称。

(四) 进出境关别

该栏根据货物实际进出境的口岸海关,填报海关规定的《关区代码表》中相应口岸海关的名称及代码。

特殊情况填报要求如下。

进口转关运输货物填报货物进境地海关名称及代码,出口转关运输货物填报货物出境地海关名称及代码。按转关运输方式监管的跨关区深加工结转货物,出口报关单填报转出地海关名称及代码,进口报关单填报转入地海关名称及代码。

在不同海关特殊监管区域或保税监管场所之间调拨、转让的货物,填报对方海关特殊监管区域或保税监管场所所在的海关名称及代码。

其他无实际进出境的货物,填报接受申报的海关名称及代码。

(五) 进出口日期

进口日期填报运载进口货物的运输工具申报进境的日期。出口日期指运载出口货物的运输工具办结出境手续的日期,在申报时免予填报。无实际进出境的货物,填报海关接受申报的日期。

进出口日期为8位数字,顺序为年(4位)、月(2位)、日(2位)。

(六) 申报日期

申报日期指海关接受进出口货物收发货人、受委托的报关企业申报数据的日期。以电子数据报关单方式申报的,申报日期为海关计算机系统接受申报数据时记录的日期。以纸质报关单方式申报的,申报日期为海关接受纸质报关单并对报关单进行登记处理的日期。本栏目在申报时免予填报。

申报日期为8位数字,顺序为年(4位)、月(2位)、日(2位)。

(七)备案号

该栏填报进出口货物收发货人、消费使用单位、生产销售单位在海关办理加工贸易合同备案或征、减、免税审核确认等手续时,海关核发的《加工贸易手册》、海关特殊监管区域和保税监管场所保税账册、《征免税证明》或其他备案审批文件的编号。

一份报关单只允许填报一个备案号,具体填报要求如下。

(1)加工贸易项下货物,除少量低值辅料按规定不使用《加工贸易手册》及以后续补税监管方式办理内销征税的外,填报《加工贸易手册》编号。

使用异地直接报关分册和异地深加工结转出口分册在异地口岸报关的,填报分册号;本地直接报关分册和本地深加工结转分册限制在本地报关,填报总册号。

加工贸易成品凭《征免税证明》转为减免税进口货物的,进口报关单填报《征免税证明》编号,出口报关单填报《加工贸易手册》编号。

对加工贸易设备、使用账册管理的海关特殊监管区域内减免税设备之间的结转,转入和转出企业分别填制进、出口报关单,在报关单"备案号"栏目填报《加工贸易手册》编号。

(2)涉及征、减、免税审核确认的报关单,填报《征免税证明》编号。

(3)减免税货物退运出口,填报《中华人民共和国海关进口减免税货物准予退运证明》的编号;减免税货物补税进口,填报《减免税货物补税通知书》的编号;减免税货物进口或结转进口(转入),填报《征免税证明》的编号;相应的结转出口(转出),填报《中华人民共和国海关进口减免税货物结转联系函》的编号。

(4)免税品经营单位经营出口退税国产商品的,免予填报。

(八)境外收发货人

该栏境外收货人通常指签订并执行出口贸易合同中的买方或合同指定的收货人,境外发货人通常指签订并执行进口贸易合同中的卖方。

填报境外收发货人的名称及编码。名称一般填报英文名称,检验检疫要求填报其他外文名称的,在英文名称后填报,以半角括号分隔;对于AEO互认国家(地区)企业的,编码填报AEO编码,填报样式为:"国别(地区)代码+海关企业编码",如新加坡AEO企业SG123456789012(新加坡国别代码+12位企业编码);非互认国家(地区)AEO企业等其他情形,编码免予填报。

特殊情况下无境外收发货人的,名称及编码填报"NO"。

(九)运输方式

运输方式包括实际运输方式和海关规定的特殊运输方式,前者指货物实际进出境的运输方式,按进出境所使用的运输工具分类;后者指货物无实际进出境的运输方式,按货物在境内的流向分类。

根据货物实际进出境的运输方式或货物在境内流向的类别,按照海关规定的《运输方式代码表》选择填报相应的运输方式。

1. 特殊情况填报要求

(1)非邮件方式进出境的快递货物,按实际运输方式填报。

(2)进口转关运输货物,按载运货物抵达进境地的运输工具填报;出口转关运输货物,按载运货物驶离出境地的运输工具填报。

(3) 不复运出(入)境而留在境内(外)销售的进出境展览品、留赠转卖物品等,填报"其他运输"(代码9)。

(4) 进出境旅客随身携带的货物,填报"旅客携带"(代码L)。

(5) 以固定设施(包括输油、输水管道和输电网等)运输货物的,填报"固定设施运输"(代码G)。

2. 无实际进出境货物在境内流转时填报要求

(1) 境内非保税区运入保税区货物和保税区退区货物,填报"非保税区"(代码0)。

(2) 保税区运往境内非保税区货物,填报"保税区"(代码7)。

(3) 境内存入出口监管仓库和出口监管仓库退仓货物,填报"监管仓库"(代码1)。

(4) 保税仓库转内销货物或转加工贸易货物,填报"保税仓库"(代码8)。

(5) 从境内保税物流中心外运入中心或从中心运往境内中心外的货物,填报"物流中心"(代码W)。

(6) 从境内保税物流园区外运入园区或从园区内运往境内园区外的货物,填报"物流园区"(代码X)。

(7) 保税港区、综合保税区与境内(区外)(非海关特殊监管区域、保税监管场所)之间进出的货物,填报"保税港区/综合保税区"(代码Y)。

(8) 出口加工区、珠澳跨境工业区(珠海园区)、中哈霍尔果斯国际边境合作中心(中方配套区)与境内(区外)(非海关特殊监管区域、保税监管场所)之间进出的货物,填报"出口加工区"(代码Z)。

(9) 境内运入深港西部通道港方口岸区的货物以及境内进出中哈霍尔果斯边境合作中心中方区域的货物,填报"边境特殊海关作业区"(代码H)。

(10) 经横琴新区和平潭综合实验区(以下简称综合试验区)二线指定申报通道运往境内区外或从境内经二线指定申报通道进入综合试验区的货物,以及综合试验区内按选择性征收关税申报的货物,填报"综合试验区"(代码T)。

(11) 海关特殊监管区域内的流转、调拨货物,海关特殊监管区域、保税监管场所之间的流转货物,海关特殊监管区域与境内区外之间进出的货物,海关特殊监管区域外的加工贸易余料结转、深加工结转、内销货物,以及其他境内流转货物,填报"其他运输"(代码9)。

(十) 运输工具名称及航次号

该栏填报载运货物进出境的运输工具名称或编号及航次号。填报内容应与运输部门向海关申报的舱单(载货清单)所列相应内容一致。

1. 运输工具名称具体填报要求

(1) 直接在进出境地或采用全国通关一体化通关模式办理报关手续的报关单填报要求如下。

水路运输:填报船舶编号(来往港澳小型船舶为监管簿编号)或者船舶英文名称。

公路运输:启用公路舱单前,填报该跨境运输车辆的国内行驶车牌号,深圳提前报关模式的报关单填报国内行驶车牌号+"/"+"提前报关"。启用公路舱单后,免予填报。

铁路运输：填报车厢编号或交接单号。

航空运输：填报航班号。

邮件运输：填报邮政包裹单号。

其他运输：填报具体运输方式名称，如管道、驮畜等。

(2) 转关运输货物的报关单填报要求如下。

① 进口。

A. 水路运输：直转、提前报关填报"@"+16位转关申报单预录入号（或13位载货清单号）；中转填报进境英文船名。

B. 铁路运输：直转、提前报关填报"@"+16位转关申报单预录入号；中转填报车厢编号。

C. 航空运输：直转、提前报关填报"@"+16位转关申报单预录入号（或13位载货清单号）；中转填报"@"。

D. 公路及其他运输：填报"@"+16位转关申报单预录入号（或13位载货清单号）。

E. 以上各种运输方式使用广东地区载货清单转关的提前报关货物填报"@"+13位载货清单号。

② 出口。

A. 水路运输：非中转填报"@"+16位转关申报单预录入号（或13位载货清单号）。如多张报关单需要通过一张转关单转关的，运输工具名称字段填报"@"。

中转货物，境内水路运输填报驳船船名；境内铁路运输填报车名（主管海关4位关区代码+"TRAIN"）；境内公路运输填报车名（主管海关4位关区代码+"TRUCK"）。

B. 铁路运输：填报"@"+16位转关申报单预录入号（或13位载货清单号），如多张报关单需要通过一张转关单转关的，填报"@"。

C. 航空运输：填报"@"+16位转关申报单预录入号（或13位载货清单号），如多张报关单需要通过一张转关单转关的，填报"@"。

D. 其他运输方式：填报"@"+16位转关申报单预录入号（或13位载货清单号）。

(3) 采用"集中申报"通关方式办理报关手续的，报关单填报"集中申报"。

(4) 免税品经营单位经营出口退税国产商品的，免予填报。

(5) 无实际进出境的货物，免予填报。

2. 航次号具体填报要求

(1) 直接在进出境地或采用全国通关一体化通关模式办理报关手续的报关单。

水路运输：填报船舶的航次号。

公路运输：启用公路舱单前，填报运输车辆的8位进出境日期[顺序为年（4位）、月（2位）、日（2位），下同]。启用公路舱单后，填报货物运输批次号。

铁路运输：填报列车的进出境日期。

航空运输：免予填报。

邮件运输：填报运输工具的进出境日期。

其他运输方式：免予填报。

(2) 转关运输货物的报关单。

① 进口。

A. 水路运输：中转转关方式填报"@"＋进境干线船舶航次。直转、提前报关免予填报。

B. 公路运输：免予填报。

C. 铁路运输："@"＋8位进境日期。

D. 航空运输：免予填报。

E. 其他运输方式：免予填报。

② 出口。

A. 水路运输：非中转货物免予填报。中转货物：境内水路运输填报驳船航次号；境内铁路、公路运输填报6位启运日期[顺序为年（2位）、月（2位）、日（2位）]。

B. 铁路拼车拼箱捆绑出口：免予填报。

C. 航空运输：免予填报。

D. 其他运输方式：免予填报。

(3) 免税品经营单位经营出口退税国产商品的，免予填报。

(4) 无实际进出境的货物，免予填报。

(十一) 提运单号

该栏填报进出口货物提单或运单的编号。一份报关单只允许填报一个提单或运单号，一票货物对应多个提单或运单时，应分单填报。

其具体填报要求如下。

1. 直接在进出境地或采用全国通关一体化通关模式办理报关手续的

(1) 水路运输：填报进出口提单号。如有分提单的，填报进出口提单号＋"*"＋分提单号。

(2) 公路运输：启用公路舱单前，免予填报；启用公路舱单后，填报进出口总运单号。

(3) 铁路运输：填报运单号。

(4) 航空运输：填报总运单号＋"_"＋分运单号，无分运单的填报总运单号。

(5) 邮件运输：填报邮运包裹单号。

2. 转关运输货物的报关单

(1) 进口。

① 水路运输：直转、中转填报提单号。提前报关免予填报。

② 铁路运输：直转、中转填报铁路运单号。提前报关免予填报。

③ 航空运输：直转、中转货物填报总运单号＋"_"＋分运单号。提前报关免予填报。

④ 其他运输方式：免予填报。

⑤ 以上运输方式进境货物，在广东省内用公路运输转关的，填报车牌号。

(2) 出口。

① 水路运输：中转货物填报提单号；非中转货物免予填报；广东省内汽车运输提前报关的转关货物，填报承运车辆的车牌号。

② 其他运输方式：免予填报。广东省内汽车运输提前报关的转关货物，填报承运车

辆的车牌号。

3. 采用"集中申报"通关方式办理报关手续的

采用"集中申报"通关方式办理报关手续的,报关单填报归并的集中申报清单的进出口起止日期[按年(4位)月(2位)日(2位)年(4位)月(2位)日(2位)]。

4. 无实际进出境的货物

无实际进出境的货物,免予填报。

(十二) 货物存放地点

该栏填报货物进境后存放的场所或地点,包括海关监管作业场所、分拨仓库、定点加工厂、隔离检疫场、企业自有仓库等。

(十三) 消费使用单位/生产销售单位

(1) 消费使用单位填报已知的进口货物在境内的最终消费、使用单位的名称,包括:

① 自行进口货物的单位;

② 委托进出口企业进口货物的单位。

(2) 生产销售单位填报出口货物在境内的生产或销售单位的名称,包括:

① 自行出口货物的单位;

② 委托进出口企业出口货物的单位;

③ 免税品经营单位经营出口退税国产商品的,填报该免税品经营单位统一管理的免税店。

(3) 减免税货物报关单的消费使用单位/生产销售单位应与《中华人民共和国海关进出口货物征免税证明》(以下简称《征免税证明》)的"减免税申请人"一致;保税监管场所与境外之间的进出境货物,消费使用单位/生产销售单位填报保税监管场所的名称[保税物流中心(B型)填报中心内企业名称]。

(4) 海关特殊监管区域的消费使用单位/生产销售单位填报区域内经营企业("加工单位"或"仓库")。

(5) 编码填报要求:

① 填报18位法人和其他组织统一社会信用代码;

② 无18位统一社会信用代码的,填报"NO"。

(6) 进口货物在境内的最终消费或使用以及出口货物在境内的生产或销售的对象为自然人的,填报身份证号、护照号、台胞证号等有效证件号码及姓名。

(十四) 监管方式

监管方式是以国际贸易中进出口货物的交易方式为基础,结合海关对进出口货物的征税、统计及监管条件综合设定的海关对进出口货物的管理方式。其代码由4位数字构成,前两位是按照海关监管要求和计算机管理需要划分的分类代码,后两位是参照国际标准编制的贸易方式代码。

根据实际对外贸易情况,按海关规定的《监管方式代码表》选择填报相应的监管方式简称及代码。一份报关单只允许填报一种监管方式。

特殊情况下,加工贸易货物监管方式填报要求如下。

(1) 进口少量低值辅料(即5 000美元以下,78种以内的低值辅料)按规定不使用《加工贸易手册》的,填报"低值辅料"。使用《加工贸易手册》的,按《加工贸易手册》上的监管方式填报。

(2) 加工贸易料件转内销货物以及按料件办理进口手续的转内销制成品、残次品、未完成品,填制进口报关单,填报"来料料件内销"或"进料料件内销";加工贸易成品凭《征免税证明》转为减免税进口货物的,分别填制进、出口报关单,出口报关单填报"来料成品减免"或"进料成品减免",进口报关单按照实际监管方式填报。

(3) 加工贸易出口成品因故退运进口及复运出口的,填报"来料成品退换"或"进料成品退换";加工贸易进口料件因换料退运出口及复运进口的,填报"来料料件退换"或"进料料件退换";加工贸易过程中产生的剩余料件、边角料退运出口,以及进口料件因品质、规格等原因退运出口且不再更换同类货物进口的,分别填报"来料料件复出""来料边角料复出""进料料件复出""进料边角料复出"。

(4) 加工贸易边角料内销和副产品内销,填制进口报关单,填报"来料边角料内销"或"进料边角料内销"。

(5) 企业销毁处置加工贸易货物未获得收入,销毁处置货物为料件、残次品的,填报"料件销毁";销毁处置货物为边角料、副产品的,填报"边角料销毁"。

企业销毁处置加工贸易货物获得收入的,填报为"进料边角料内销"或"来料边角料内销"。

(6) 免税品经营单位经营出口退税国产商品的,填报"其他"。

(十五) 征免性质

根据实际情况,按海关规定的《征免性质代码表》选择填报相应的征免性质简称及代码,持有海关核发的《征免税证明》的,按照《征免税证明》中批注的征免性质填报。一份报关单只允许填报一种征免性质。

加工贸易货物报关单按照海关核发的《加工贸易手册》中批注的征免性质简称及代码填报。特殊情况填报要求如下。

(1) 加工贸易转内销货物,按实际情况填报(如一般征税、科教用品、其他法定等)。

(2) 料件退运出口、成品退运进口货物填报"其他法定"。

(3) 加工贸易结转货物,免予填报。

(4) 免税品经营单位经营出口退税国产商品的,填报"其他法定"。

(十六) 许可证号

该栏填报进(出)口许可证、两用物项和技术进(出)口许可证、两用物项和技术出口许可证(定向)、纺织品临时出口许可证、出口许可证(加工贸易)、出口许可证(边境小额贸易)的编号。

免税品经营单位经营出口退税国产商品的,免予填报。

一份报关单只允许填报一个许可证号。

(十七) 启运港

该栏填报进口货物在运抵我国关境前的第一个境外装运港。

根据实际情况,按海关规定的《港口代码表》填报相应的港口名称及代码,未在《港口代码表》列明的,填报相应的国家名称及代码。货物从海关特殊监管区域或保税监管场所运至境内区外的,填报《港口代码表》中相应海关特殊监管区域或保税监管场所的名称及代码,未在《港口代码表》中列明的,填报"未列出的特殊监管区"及代码。

其他无实际进境的货物,填报"中国境内"及代码。

(十八) 合同协议号

该栏填报进出口货物合同(包括协议或订单)编号。未发生商业性交易的免予填报。

免税品经营单位经营出口退税国产商品的,免予填报。

(十九) 贸易国(地区)

发生商业性交易的进口填报购自国(地区),出口填报售予国(地区)。未发生商业性交易的填报货物所有权拥有者所属的国家(地区)。

按海关规定的《国别(地区)代码表》选择填报相应的贸易国(地区)中文名称及代码。

(二十) 启运国(地区)/运抵国(地区)

启运国(地区)填报进口货物启始发出直接运抵我国或者在运输中转国(地)未发生任何商业性交易的情况下运抵我国的国家(地区)。

运抵国(地区)填报出口货物离开我国关境直接运抵或者在运输中转国(地区)未发生任何商业性交易的情况下最后运抵的国家(地区)。

不经过第三国(地区)转运的直接运输进出口货物,以进口货物的装货港所在国(地区)为启运国(地区),以出口货物的指运港所在国(地区)为运抵国(地区)。

经过第三国(地区)转运的进出口货物,如在中转国(地区)发生商业性交易,则以中转国(地区)作为启运/运抵国(地区)。

按海关规定的《国别(地区)代码表》选择填报相应的启运国(地区)或运抵国(地区)中文名称及代码。

无实际进出境的货物,填报"中国"及代码。

(二十一) 经停港/指运港

经停港填报进口货物在运抵我国关境前的最后一个境外装运港。

指运港填报出口货物运往境外的最终目的港;最终目的港不可预知的,按尽可能预知的目的港填报。

根据实际情况,按海关规定的《港口代码表》选择填报相应的港口名称及代码。经停港/指运港在《港口代码表》中无港口名称及代码的,可选择填报相应的国家名称及代码。

无实际进出境的货物,填报"中国境内"及代码。

(二十二) 入境口岸/离境口岸

入境口岸填报进境货物从跨境运输工具卸离的第一个境内口岸的中文名称及代码;采取多式联运跨境运输的,填报多式联运货物最终卸离的境内口岸中文名称及代码;过境货物填报货物进入境内的第一个口岸的中文名称及代码;从海关特殊监管区域或保税监管场所进境的,填报海关特殊监管区域或保税监管场所的中文名称及代码。其他无实际进境的货物,填报货物所在地的城市名称及代码。

离境口岸填报装运出境货物的跨境运输工具离境的第一个境内口岸的中文名称及代码;采取多式联运跨境运输的,填报多式联运货物最初离境的境内口岸中文名称及代码;过境货物填报货物离境的第一个境内口岸的中文名称及代码;从海关特殊监管区域或保税监管场所离境的,填报海关特殊监管区域或保税监管场所的中文名称及代码。其他无实际出境的货物,填报货物所在地的城市名称及代码。

入境口岸/离境口岸类型包括港口、码头、机场、机场货运通道、边境口岸、火车站、车辆装卸点、车检场、陆路港、坐落在口岸的海关特殊监管区域等。按海关规定的《国内口岸编码表》选择填报相应的境内口岸名称及代码。

(二十三) 包装种类

该栏填报进出口货物的所有包装材料,包括运输包装和其他包装,按海关规定的《包装种类代码表》选择填报相应的包装种类名称及代码。运输包装指提运单所列货物件数单位对应的包装,其他包装包括货物的各类包装以及植物性铺垫材料等。

(二十四) 件数

该栏填报进出口货物运输包装的件数(按运输包装计)。特殊情况填报要求如下。

(1) 舱单件数为集装箱的,填报集装箱个数。

(2) 舱单件数为托盘的,填报托盘数。

件数不得填报为零,裸装货物填报为"1"。

(二十五) 毛重(千克)

该栏填报进出口货物及其包装材料的重量之和,计量单位为千克,不足一千克的填报为"1"。

(二十六) 净重(千克)

该栏填报进出口货物的毛重减去外包装材料后的重量,即货物本身的实际重量,计量单位为千克,不足一千克的填报为"1"。

(二十七) 成交方式

根据进出口货物实际成交价格条款,按海关规定的《成交方式代码表》选择填报相应的成交方式代码。

无实际进出境的货物,进口填报 CIF,出口填报 FOB。

(二十八) 运费

该栏填报进口货物运抵我国境内输入地点起卸前的运输费用,出口货物运至我国境内输出地点装载后的运输费用。

运费可按运费单价、总价或运费率三种方式之一填报,注明运费标记(运费标记"1"表示运费率,"2"表示每吨货物的运费单价,"3"表示运费总价),并按海关规定的《货币代码表》选择填报相应的币种代码。

免税品经营单位经营出口退税国产商品的,免予填报。

(二十九) 保费

该栏填报进口货物运抵我国境内输入地点起卸前的保险费用,出口货物运至我国境内输出地点装载后的保险费用。

保费可按保险费总价或保险费率两种方式之一填报,注明保险费标记(保险费标记"1"表示保险费率,"3"表示保险费总价),并按海关规定的《货币代码表》选择填报相应的币种代码。

免税品经营单位经营出口退税国产商品的,免予填报。

(三十) 杂费

该栏填报成交价格以外的、按照《中华人民共和国进出口关税条例》相关规定应计入完税价格或应从完税价格中扣除的费用。可按杂费总价或杂费率两种方式之一填报,注明杂费标记(杂费标记"1"表示杂费率,"3"表示杂费总价),并按海关规定的《货币代码表》选择填报相应的币种代码。

应计入完税价格的杂费填报为正值或正率,应从完税价格中扣除的杂费填报为负值或负率。

免税品经营单位经营出口退税国产商品的,免予填报。

(三十一) 随附单证及编号

该栏根据海关规定的《监管证件代码表》和《随附单据代码表》选择填报除前述(十六)许可证号规定的许可证件以外的其他进出口许可证件或监管证件、随附单据代码及编号。

本栏目分为随附单证代码和随附单证编号两栏,其中,随附单证代码栏按海关规定的《监管证件代码表》和《随附单据代码表》选择填报相应证件代码;随附单证编号栏填报证件编号。

加工贸易内销征税报关单(使用金关二期加工贸易管理系统的除外),随附单证代码栏填报"c",随附单证编号栏填报海关审核通过的内销征税联系单号。

(三十二) 标记唛码及备注

该栏填报要求如下。

(1) 标记唛码中除图形以外的文字、数字,无标记唛码的填报 N/M。

(2) 受外商投资企业委托代理其进口投资设备、物品的进出口企业名称。

(3) 与本报关单有关联关系的,同时在业务管理规范方面又要求填报的备案号,填报在电子数据报关单中"关联备案"栏。

保税间流转货物、加工贸易结转货物及凭《征免税证明》转内销货物,其对应的备案号填报在"关联备案"栏。

减免税货物结转进口(转入),"关联备案"栏填报本次减免税货物结转所申请的《中华人民共和国海关进口减免税货物结转联系函》的编号。

减免税货物结转出口(转出),"关联备案"栏填报与其相对应的进口(转入)报关单"备案号"栏中《征免税证明》的编号。

(4) 与本报关单有关联关系的,同时在业务管理规范方面又要求填报的报关单号,填报在电子数据报关单中"关联报关单"栏。

保税间流转、加工贸易结转类的报关单,应先办理进口报关,并将进口报关单号填入出口报关单的"关联报关单"栏。

办理进口货物直接退运手续的,除另有规定外,应先填制出口报关单,再填制进口报关单,并将出口报关单号填报在进口报关单的"关联报关单"栏。

减免税货物结转出口(转出),应先办理进口报关,并将进口(转入)报关单号填入出口(转出)报关单的"关联报关单"栏。

(5) 办理进口货物直接退运手续的,填报"<ZT"+"海关审核联系单号或者《海关责令进口货物直接退运通知书》编号"+">"。办理固体废物直接退运手续的,填报"固体废物,直接退运表××号/责令直接退运通知书××号"。

(6) 保税监管场所进出货物,在"保税/监管场所"栏填报本保税监管场所编码[保税物流中心(B型)填本中心的国内地区代码],其中涉及货物在保税监管场所间流转的,在本栏填报对方保税监管场所代码。

(7) 涉及加工贸易货物销毁处置的,填报海关加工贸易货物销毁处置申报表编号。

(8) 当监管方式为"暂时进出货物"(代码2600)和"展览品"(代码2700)时,填报要求如下:

① 根据《中华人民共和国海关暂时进出境货物管理办法》(海关总署令第233号,以下简称《管理办法》)第三条第一款所列项目,填报暂时进出境货物类别,如暂进六、暂出九;

② 根据《管理办法》第十条规定,填报复运出境或者复运进境日期,期限应在货物进出境之日起6个月内,如20180815前复运进境、20181020前复运出境;

③ 根据《管理办法》第七条,向海关申请对有关货物是否属于暂时进出境货物进行审核确认的,填报《中华人民共和国××海关暂时进出境货物审核确认书》编号,如:<ZS海关审核确认书编号>,其中英文为大写字母;无此项目的,无须填报。

上述内容依次填报,项目间用"/"分隔,前后均不加空格。

④ 收发货人或其代理人申报货物复运进境或者复运出境的:货物办理过延期的,根据《管理办法》填报《货物暂时进/出境延期办理单》的海关回执编号,如<ZS海关回执编号>,其中英文为大写字母;无此项目的,无须填报。

(9) 跨境电子商务进出口货物,填报"跨境电子商务"。

(10) 加工贸易副产品内销,填报"加工贸易副产品内销"。

(11) 服务外包货物进口,填报"国际服务外包进口货物"。

(12) 公式定价进口货物填报公式定价备案号,格式为:"公式定价"+备案编号+"@"。对于同一报关单下有多项商品的,如某项或某几项商品为公式定价备案的,则备注栏内填报为:"公式定价"+备案编号+"#"+商品序号+"@"。

(13) 进出口与《预裁定决定书》列明情形相同的货物时,按照《预裁定决定书》填报,格式为:"预裁定+《预裁定决定书》编号"(例如,某份预裁定决定书编号为R-2-0100-2018-0001,则填报为"预裁定R-2-0100-2018-0001")。

(14) 含归类行政裁定报关单,填报归类行政裁定编号,格式为:"c"+4位数字编号,如c0001。

(15) 已经在进入特殊监管区时完成检验的货物,在出区入境申报时,填报"预检验"字样,同时在"关联报检单"栏填报实施预检验的报关单号。

(16) 进口直接退运的货物,填报"直接退运"字样。

(17) 企业提供ATA单证册的货物,填报"ATA单证册"字样。

(18) 不含动物源性低风险生物制品,填报"不含动物源性"字样。

(19) 货物自境外进入境内特殊监管区或者保税仓库的,填报"保税入库"或者"境外入区"字样。

(20) 海关特殊监管区域与境内区外之间采用分送集报方式进出的货物,填报"分送集报"字样。

(21) 军事装备出入境的,填报"军品"或"军事装备"字样。

(22) 申报 HS 为 3821000000、3002300000 的,属于下列情况的,填报要求为:属于培养基的,填报"培养基"字样;属于化学试剂的,填报"化学试剂"字样;不含动物源性成分的,填报"不含动物源性"字样。

(23) 属于修理物品的,填报"修理物品"字样。

(24) 属于下列情况的,填报"压力容器""成套设备""食品添加剂""成品退换""旧机电产品"等字样。

(25) 申报 HS 为 2903890020(入境六溴环十二烷),用途为"其他(99)"的,填报具体用途。

(26) 集装箱体信息填报集装箱号(在集装箱箱体上标示的全球唯一编号)、集装箱规格、集装箱商品项号关系(单个集装箱对应的商品项号,半角逗号分隔)、集装箱货重(集装箱箱体自重+装载货物重量,千克)。

(27) 申报 HS 为 3006300000、3504009000、3507909010、3507909090、3822001000、3822009000,不属于"特殊物品"的,填报"非特殊物品"字样。"特殊物品"定义见《出入境特殊物品卫生检疫管理规定》(国家质量监督检验检疫总局令第 160 号公布,根据国家质量监督检验检疫总局令第 184 号、海关总署令第 238 号、第 240 号、第 243 号修改)。

(28) 进出口列入目录的进出口商品及法律、行政法规规定须经出入境检验检疫机构检验的其他进出口商品实施检验的,填报"应检商品"字样。

(29) 申报时其他必须说明的事项。

(三十三) 项号

该栏分两行填报:第一行填报报关单中的商品顺序编号;第二行填报备案序号,专用于加工贸易及保税、减免税等已备案、审批的货物,填报该项货物在《加工贸易手册》或《征免税证明》等备案、审批单证中的顺序编号。有关优惠贸易协定项下报关单填制要求按照海关总署相关规定执行。其中第二行特殊情况填报要求如下。

(1) 深加工结转货物,分别按照《加工贸易手册》中的进口料件项号和出口成品项号填报。

(2) 料件结转货物(包括料件、制成品和未完成品折料),出口报关单按照转出《加工贸易手册》中进口料件的项号填报;进口报关单按照转进《加工贸易手册》中进口料件的项号填报。

(3) 料件复出货物(包括料件、边角料),出口报关单按照《加工贸易手册》中进口料件的项号填报;当边角料对应一个以上料件项号时,填报主要料件项号。料件退换货物(包括料件,不包括未完成品),进出口报关单按照《加工贸易手册》中进口料件的项号填报。

(4) 成品退换货物,退运进境报关单和复运出境报关单按照《加工贸易手册》原出口成品的项号填报。

(5) 加工贸易料件转内销货物(以及按料件办理进口手续的转内销制成品、残次品、未完成品)填制进口报关单,填报《加工贸易手册》进口料件的项号;加工贸易边角料、副产品内销,填报《加工贸易手册》中对应的进口料件项号。当边角料或副产品对应一个以上料件项号时,填报主要料件项号。

(6) 加工贸易成品凭《征免税证明》转为减免税货物进口的,应先办理进口报关手续。进口报关单填报《征免税证明》中的项号,出口报关单填报《加工贸易手册》原出口成品项号,进、出口报关单货物数量应一致。

(7) 加工贸易货物销毁,填报《加工贸易手册》中相应的进口料件项号。

(8) 加工贸易副产品退运出口、结转出口,填报《加工贸易手册》中新增成品的出口项号。

(9) 经海关批准实行加工贸易联网监管的企业,按海关联网监管要求,企业需申报报关清单的,应在向海关申报进出口(包括形式进出口)报关单前,向海关申报"清单"。一份报关清单对应一份报关单,报关单上的商品由报关清单归并而得。加工贸易电子账册报关单中项号、品名、规格等栏目的填制规范比照《加工贸易手册》。

(三十四) 商品编号

该栏填报由 10 位数字组成的商品编号。前 8 位为《中华人民共和国进出口税则》和《中华人民共和国海关统计商品目录》确定的编码;9、10 位为监管附加编号。

(三十五) 商品名称及规格型号

该栏分两行填报:第一行填报进出口货物规范的中文商品名称,第二行填报规格型号,具体填报要求如下。

(1) 商品名称及规格型号应据实填报,并与进出口货物收发货人或受委托的报关企业所提交的合同、发票等相关单证相符。

(2) 商品名称应当规范,规格型号应当足够详细,以能满足海关归类、审价及许可证件管理要求为准,可参照《中华人民共和国海关进出口商品规范申报目录》中对商品名称、规格型号的要求进行填报。

(3) 已备案的加工贸易及保税货物,填报的内容必须与备案登记中同项号下货物的商品名称一致。

(4) 对需要海关签发《货物进口证明书》的车辆,商品名称栏填报"车辆品牌+排气量(注明 cc)+车型(如越野车、小轿车等)"。进口汽车底盘不填报排气量。车辆品牌按照《进口机动车辆制造厂名称和车辆品牌中英文对照表》中"签注名称"一栏的要求填报。规格型号栏可填报"汽油型"等。

(5) 由同一运输工具同时运抵同一口岸并且属于同一收货人、使用同一提单的多种进口货物,按照商品归类规则应当归入同一商品编号的,应当将有关商品一并归入该商品编号。商品名称填报一并归类后的商品名称;规格型号填报一并归类后商品的规格型号。

(6) 加工贸易边角料和副产品内销、边角料复出口,填报其报验状态的名称和规格型号。

(7) 进口货物收货人以一般贸易方式申报进口属于《需要详细列名申报的汽车零部件清单》(海关总署 2006 年第 64 号公告)范围内的汽车生产件的,按以下要求填报。

① 商品名称填报进口汽车零部件的详细中文商品名称和品牌,中文商品名称与品牌之间用"/"相隔,必要时加注英文商业名称;进口的成套散件或者毛坯件应在品牌后加注

"成套散件""毛坯"等字样,并与品牌之间用"/"相隔。

② 规格型号填报汽车零部件的完整编号。在零部件编号前应当加注"S"字样,并与零部件编号之间用"/"相隔,零部件编号之后应当依次加注该零部件适用的汽车品牌和车型。汽车零部件属于可以适用于多种汽车车型的通用零部件的,零部件编号后应当加注"TY"字样,并用"/"与零部件编号相隔。与进口汽车零部件规格型号相关的其他需要申报的要素,或者海关规定的其他需要申报的要素,如"功率""排气量"等,应当在车型或"TY"之后填报,并用"/"与之相隔。汽车零部件报验状态是成套散件的,应当在"标记唛码及备注"栏内填报该成套散件装配后的最终完整品的零部件编号。

(8) 进口货物收货人以一般贸易方式申报进口属于《需要详细列名申报的汽车零部件清单》(海关总署 2006 年第 64 号公告)范围内的汽车维修件的,填报规格型号时,应当在零部件编号前加注"W",并与零部件编号之间用"/"相隔;进口维修件的品牌与该零部件适用的整车厂牌不一致的,应当在零部件编号前加注"WF",并与零部件编号之间用"/"相隔。其余申报要求同(7)执行。

(9) 品牌类型。品牌类型为必填项目。可选择"无品牌"(代码 0)、"境内自主品牌"(代码 1)、"境内收购品牌"(代码 2)、"境外品牌(贴牌生产)"(代码 3)、"境外品牌(其他)"(代码 4)如实填报。其中,"境内自主品牌"是指由境内企业自主开发、拥有自主知识产权的品牌;"境内收购品牌"是指境内企业收购的原境外品牌;"境外品牌(贴牌生产)"是指境内企业代工贴牌生产中使用的境外品牌;"境外品牌(其他)"是指除代工贴牌生产以外使用的境外品牌。上述品牌类型中,除"境外品牌(贴牌生产)"仅用于出口外,其他类型均可用于进口和出口。

(10) 出口享惠情况。出口享惠情况为出口报关单必填项目。可选择"出口货物在最终目的国(地区)不享受优惠关税""出口货物在最终目的国(地区)享受优惠关税""出口货物不能确定在最终目的国(地区)享受优惠关税"如实填报。进口货物报关单不填报该申报项。

(11) 申报进口已获 3C 认证(中国强制性产品认证)的机动车辆时,填报以下信息。

① 提运单日期:填报该项货物的提运单签发日期。

② 质量保质期:填报机动车的质量保证期。

③ 发动机号或电机号:填报机动车的发动机号或电机号,应与机动车上打刻的发动机号或电机号相符。纯电动汽车、插电式混合动力汽车、燃料电池汽车为电机号,其他机动车为发动机号。

④ 车辆识别代码(VIN):填报机动车车辆识别代码,须符合国家强制性标准《道路车辆 车辆识别代号(VIN)》(GB 16735—2019)的要求。该项目一般与机动车的底盘(车架号)相同。

⑤ 发票所列数量:填报对应发票中所列进口机动车的数量。

⑥ 品名(中文名称):填报机动车中文品名,按《进口机动车辆制造厂名称和车辆品牌中英文对照表(2004 年版)》([国家质量监督检验检疫总局(已撤销)、公安部、海关总署、国家环境保护总局(已撤销),2004 年第 52 号公告])(2022 年 9 月 30 日第 75 次修订和勘误刷新)的要求填报。

⑦ 品名(英文名称)。填报机动车英文品名,按《进口机动车辆制造厂名称和车辆品牌中英文对照表(2004年版)》的要求填报。

⑧ 型号(英文)。填报机动车型号,与机动车产品标牌上整车型号一栏相符。

(12) 进口货物收货人申报进口属于实施反倾销反补贴措施货物的,填报"原厂商中文名称""原厂商英文名称""反倾销税率""反补贴税率"和"是否符合价格承诺"等计税必要信息。

格式要求为:"|<><><><><>"。"|""<"和">"均为英文半角符号。第一个"|"为在规格型号栏目中已填报的最后一个申报要素后系统自动生成或人工录入的分割符(若相关商品税号无规范申报填报要求,则需要手工录入"|"),"|"后面5个"<>"内容依次为"原厂商中文名称"、"原厂商英文名称"(如无原厂商英文名称,可填报以原厂商所在国或地区文字标注的名称,具体可参照商务部实施贸易救济措施相关公告中对有关原厂商的外文名称写法)、"反倾销税率"、"反补贴税率"、"是否符合价格承诺"。其中,"反倾销税率"和"反补贴税率"填写实际值,如税率为30%,填写"0.3"。"是否符合价格承诺"填写"1"或者"0","1"代表"是","0"代表"否"。填报时,5个"<>"不可缺项,如第3、4、5项"<>"中无申报事项,相应的"<>"可以为空,但需要保留。

(三十六) 数量及单位

该栏分三行填报。

(1) 第一行按进出口货物的法定第一计量单位填报数量及单位,法定计量单位以《中华人民共和国海关统计商品目录》中的计量单位为准。

(2) 凡列明有法定第二计量单位的,在第二行按照法定第二计量单位填报数量及单位。无法定第二计量单位的,第二行为空。

(3) 成交计量单位及数量填报在第三行。

(4) 法定计量单位为"千克"的数量填报,特殊情况下填报要求如下:

① 装入可重复使用的包装容器的货物,按货物扣除包装容器后的重量填报,如罐装同位素、罐装氧气及类似品等。

② 使用不可分割包装材料和包装容器的货物,按货物的净重填报(即包括内层直接包装的净重重量),如采用供零售包装的罐头、药品及类似品等。

③ 按照商业惯例以公量重计价的商品,按公量重填报,如未脱脂羊毛、羊毛条等。

④ 采用以毛重作为净重计价的货物,可按毛重填报,如粮食、饲料等大宗散装货物。

⑤ 采用零售包装的酒类、饮料、化妆品,按照液体/乳状/膏状/粉状部分的重量填报。

(5) 成套设备、减免税货物如需分批进口,货物实际进口时,按照实际报验状态确定数量。

(6) 具有完整品或制成品基本特征的不完整品、未制成品,根据《协调制度》归类规则按完整品归类的,按照构成完整品的实际数量填报。

(7) 已备案的加工贸易及保税货物,成交计量单位必须与《加工贸易手册》中同项号下货物的计量单位一致,加工贸易边角料和副产品内销、边角料复出口,填报其报验状态的计量单位。

(8) 优惠贸易协定项下进出口商品的成交计量单位必须与原产地证书上对应商品的

计量单位一致。

(9) 法定计量单位为立方米的气体货物,折算成标准状况(即摄氏零度及1个标准大气压)下的体积进行填报。

【思政课堂】

关于新冠病毒检测试剂盒等疫情防控物资申报相关事项的公告

为便利企业申报和海关高效监管,进一步提高新冠肺炎疫情防控物资申报和统计准确性,服务疫情防控大局,根据《2022年关税调整方案》(税委会〔2021〕18号文印发),现就新型冠状病毒检测试剂盒等疫情防控物资进出口申报事项公告如下。

一、增列相关商品编号

(一) 增列商品编号"30024100.11",名称为"新型冠状病毒(COVID-19)疫苗,已配定剂量或制成零售包装";原编号"30022000.11"停止使用。

(二) 增列商品编号"30024100.19",名称为"新型冠状病毒(COVID-19)疫苗,未配定剂量或制成零售包装";原编号"30022000.19"停止使用。

(三) 增列商品编号"38221900.20",名称为"新型冠状病毒(COVID-19)检测试剂盒";原编号"30021500.50""38220010.20"及"38220090.20"停止使用。

(四) 增列商品编号"40151200.00",名称为"硫化橡胶制医疗、外科、牙科或兽医用分指手套、连指手套及露指手套";原编号"40151100.00"停止使用。

(五) 增列商品编号"63079010.10",名称为"医疗或外科口罩";增列商品编号"63079010.90",名称为"其他口罩";原编号"63079000.10"停止使用。

(六) 增列商品编号"90192010.10",名称为"有创呼吸机(整机)";增列商品编号"90192010.90",名称为"有创呼吸机的零件及附件";增列商品编号"90192020.11",名称为"具有自动人机同步追踪功能或自动调节呼吸压力功能的无创呼吸机(整机)";增列商品编号"90192020.19",名称为"具有自动人机同步追踪功能或自动调节呼吸压力功能的无创呼吸机的零件及附件";增列商品编号"90192020.91",名称为"其他无创呼吸机(整机)";增列商品编号"90192020.99",名称为"其他无创呼吸机的零件及附件";原商品编号"90192000.10"及"90192000.90"停止使用。

二、关于上述新增商品编号的成交计量单位申报要求

(一) 商品编号"30024100.11"的成交计量单位按照"支"申报,代码为"012"。

(二) 商品编号"30024100.19"的成交计量单位按照"升"申报,代码为"095"。

(三) 商品编号"38221900.20"的成交计量单位按照"人份"申报,代码为"170"。

三、实施时间

本公告自2022年1月1日起实施。

资料来源:海关总署公告2021年第118号:"关于新冠病毒检测试剂盒等疫情防控物资申报相关事项的公告",海关总署网站。

(三十七) 单价

该栏填报同一项号下进出口货物实际成交的商品单位价格。无实际成交价格的,填

报单位货值。

（三十八）总价

该栏填报同一项号下进出口货物实际成交的商品总价格。无实际成交价格的，填报货值。

（三十九）币制

按海关规定的《货币代码表》选择相应的货币名称及代码填报，如《货币代码表》中无实际成交币种，需将实际成交货币按申报日外汇折算率折算成《货币代码表》列明的货币填报。

（四十）原产国（地区）

原产国（地区）依据《中华人民共和国进出口货物原产地条例》《关于执行非优惠原产地规则中实质性改变标准的规定》以及海关总署关于各项优惠贸易协定原产地管理规章规定的原产地确定标准填报。同一批进出口货物的原产地不同的，分别填报原产国（地区）。进出口货物原产国（地区）无法确定的，填报"国别不详"。

按海关规定的《国别（地区）代码表》选择填报相应的国家（地区）名称及代码。

进出口货物收发货人或者其代理人在办理优惠贸易协定项下货物海关申报手续时，应当如实填报《中华人民共和国海关进（出）口货物报关单》商品项"优惠贸易协定享惠"类栏目，同时在商品项对应的"原产国（地区）"栏填报依据《中华人民共和国进出口货物原产地条例》和海关总署令第122号确定的货物原产地，不再需要按照海关总署公告2019年第18号附件中有关优惠贸易协定项下进口货物填制要求填报"随附单证及编号"栏目。

"优惠贸易协定享惠"类栏目填制要求如下：

1. 关于"优惠贸易协定代码"栏目

该栏填报优惠贸易协定对应的代码。各优惠贸易协定代码如下：

"01"为"亚太贸易协定"；

"02"为"中国—东盟自贸协定"；

"03"为"内地与香港紧密经贸关系安排"（香港CEPA）；

"04"为"内地与澳门紧密经贸关系安排"（澳门CEPA）；

"06"为"台湾农产品零关税措施"；

"07"为"中国—巴基斯坦自贸协定"；

"08"为"中国—智利自贸协定"；

"10"为"中国—新西兰自贸协定"；

"11"为"中国—新加坡自贸协定"；

"12"为"中国—秘鲁自贸协定"；

"13"为"最不发达国家特别优惠关税待遇"；

"14"为"海峡两岸经济合作框架协议（ECFA）"；

"15"为"中国—哥斯达黎加自贸协定"；

"16"为"中国—冰岛自贸协定"；

"17"为"中国—瑞士自贸协定"；

"18"为"中国—澳大利亚自贸协定"；

"19"为"中国—韩国自贸协定";

"20"为"中国—格鲁吉亚自贸协定";

"21"为"中国—毛里求斯自贸协定";

"22"为"区域全面经济伙伴关系协定(RCEP)";

"23"为"中国—柬埔寨自贸协定";

"24"为"中国—尼加拉瓜自贸协定"。

2. 关于"原产地证明类型"栏目

该栏选择原产地证书或者原产地声明。免提交原产地证明的小金额进口货物(以下简称"小金额货物")该栏默认为空。

3. 关于"原产地证明编号"栏目

该栏填报原产地证书编号或者原产地声明序列号。小金额货物该栏填写"XJE00000"。

一份报关单对应一份原产地证明,一份原产地证明应当对应同一批次货物。享受和不享受协定税率或者特惠税率(以下统称"优惠税率")的同一批次进口货物可以在同一张报关单中申报。"同一批次"进口货物指由同一运输工具同时运抵同一口岸,并且属于同一收货人,使用同一提单的进口货物。对于客观原因(集装箱货物因海河联运需大船换小船、因海陆联运需分车运输,陆路运输集装箱货物需大车换小车以及其他多式联运情况下同一批次货物在中转地需要分拆由多个小型运输工具进行中转运输的情况等)导致有关进口货物在运抵中国关境(运抵口岸)前必须分批运输的情况,不影响同一批次的认定。同一批次出口货物比照上述规定进行审核认定。

4. 关于"优惠贸易协定项下原产地"栏目

该栏填报根据相关优惠贸易协定原产地管理办法确定的货物原产地。

5. 关于"原产地证明商品项号"栏目

该栏填报报关单商品项对应的原产地证明商品项号。小金额货物在该栏填报本报关单中该商品的项号。

6. 填报示例

例1:凭编号为 ABC12345 的原产地证书进口中国—东盟自贸协定项下越南原产货物,报关单商品项对应原产地证书的第2项,则"优惠贸易协定"类栏目应填报如表 7-1 所示。

表 7-1 填报示例 1

优惠贸易协定代码	02
原产地证明类型	原产地证书
原产地证明编号	ABC12345
优惠贸易协定项下原产地	越南
原产地证明商品项号	2

例2:中国—韩国自贸协定项下小金额货物,报关单商品项第5项的"优惠贸易协定"类栏目应填报如表 7-2 所示。

表 7-2　填报示例 2

优惠贸易协定代码	19
原产地证明类型	
原产地证明编号	XJE00000
优惠贸易协定项下原产地	韩国
原产地证明商品项号	5

（四十一）最终目的国（地区）

最终目的国（地区）填报已知的进出口货物的最终实际消费、使用或进一步加工制造国家（地区）。不经过第三国（地区）转运的直接运输货物，以运抵国（地区）为最终目的国（地区）；经过第三国（地区）转运的货物，以最后运往国（地区）为最终目的国（地区）。同一批进出口货物的最终目的国（地区）不同的，分别填报最终目的国（地区）。进出口货物不能确定最终目的国（地区）时，以尽可能预知的最后运往国（地区）为最终目的国（地区）。

按海关规定的《国别（地区）代码表》选择填报相应的国家（地区）名称及代码。

（四十二）境内目的地/境内货源地

境内目的地填报已知的进口货物在国内的消费、使用地或最终运抵地，其中最终运抵地为最终使用单位所在的地区。最终使用单位难以确定的，填报货物进口时预知的最终收货单位所在地。

境内货源地填报出口货物在国内的产地或原始发货地。出口货物产地难以确定的，填报最早发运该出口货物的单位所在地。

海关特殊监管区域、保税物流中心（B 型）与境外之间的进出境货物，境内目的地/境内货源地填报本海关特殊监管区域、保税物流中心（B 型）所对应的国内地区。

按海关规定的《国内地区代码表》选择填报相应的国内地区名称及代码。境内目的地还需根据《中华人民共和国行政区划代码表》选择填报其对应的县级行政区名称及代码。无下属区县级行政区的，可选择填报地市级行政区。

（四十三）征免

按照海关核发的《征免税证明》或有关政策规定，对报关单所列每项商品选择海关规定的《征减免税方式代码表》中相应的征减免税方式填报。

加工贸易货物报关单根据《加工贸易手册》中备案的征免规定填报；《加工贸易手册》中备案的征免规定为"保金"或"保函"的，填报"全免"。

（四十四）特殊关系确认

根据《中华人民共和国海关审定进出口货物完税价格办法》（以下简称《审价办法》）第十六条，填报确认进出口行为中买卖双方是否存在特殊关系，有下列情形之一的，应当认为买卖双方存在特殊关系，应填报"是"，反之则填报"否"。

(1) 买卖双方为同一家族成员的。

(2) 买卖双方互为商业上的高级职员或者董事的。

(3) 一方直接或者间接地受另一方控制的。

(4) 买卖双方都直接或者间接地受第三方控制的。

(5) 买卖双方共同直接或者间接地控制第三方的。

(6) 一方直接或者间接地拥有、控制或者持有对方5%以上(含5%)公开发行的有表决权的股票或者股份的。

(7) 一方是另一方的雇员、高级职员或者董事的。

(8) 买卖双方是同一合伙的成员的。

买卖双方在经营上相互有联系,一方是另一方的独家代理、独家经销或者独家受让人,如果符合上述规定,也应当视为存在特殊关系。

出口货物免予填报,加工贸易及保税监管货物(内销保税货物除外)免予填报。

(四十五) 价格影响确认

根据《审价办法》第十七条,填报确认纳税义务人是否可以证明特殊关系未对进口货物的成交价格产生影响,纳税义务人能证明其成交价格与同时或者大约同时发生的下列任何一款价格相近的,应视为特殊关系未对成交价格产生影响,填报"否",反之则填报"是"。

(1) 向境内无特殊关系的买方出售的相同或者类似进口货物的成交价格。

(2) 按照《审价办法》第二十三条的规定所确定的相同或者类似进口货物的完税价格。

(3) 按照《审价办法》第二十五条的规定所确定的相同或者类似进口货物的完税价格。

出口货物免予填报,加工贸易及保税监管货物(内销保税货物除外)免予填报。

(四十六) 支付特许权使用费确认

特许权使用费是指《审价办法》第五十一条所规定的特许权使用费;应税特许权使用费是指按照《审价办法》第十一条、第十三条和第十四条规定,应计入完税价格的特许权使用费。

纳税义务人在填制报关单时,应当在"支付特许权使用费确认"栏目填报确认是否存在应税特许权使用费。出口货物、加工贸易及保税监管货物(内销保税货物除外)免予填报。

对于存在需向卖方或者有关方直接或者间接支付与进口货物有关的应税特许权使用费的,无论是否已包含在进口货物实付、应付价格中,都应在"支付特许权使用费确认"栏目填报"是"。

对于不存在向卖方或者有关方直接或者间接支付与进口货物有关的应税特许权使用费的,在"支付特许权使用费确认"栏目填报"否"。

纳税义务人在货物申报进口时已支付应税特许权使用费的,已支付的金额应填报在报关单"杂费"栏目,无须填报在"总价"栏目。海关按照接受货物申报进口之日适用的税率、计征汇率,对特许权使用费征收税款。

纳税义务人在货物申报进口时未支付应税特许权使用费的,应在每次支付后的30日内向海关办理申报纳税手续,并填写《应税特许权使用费申报表》。报关单"监管方式"栏目填报"特许权使用费后续征税"(代码9500),"商品名称"栏目填报原进口货物名称,"商品编码"栏目填报原进口货物编码,"法定数量"栏目填报"0.1","总价"栏目填报每次支付的应税特许权使用费金额，"毛重"和"净重"栏目填报"1"。

（四十七）自报自缴

进出口企业、单位采用"自主申报、自行缴税"（自报自缴）模式向海关申报时，填报"是"；反之则填报"否"。

（四十八）申报单位

自理报关的，填报进出口企业的名称及编码；委托代理报关的，填报报关企业名称及编码。编码填报18位法人和其他组织统一社会信用代码。

报关人员填报在海关备案的姓名、编码、电话，并加盖申报单位印章。

（四十九）海关批注及签章

该栏供海关作业时签注。

注：上述填制规范所述尖括号（<＞）、逗号（,）、连接符（-）、冒号（：）等标点符号及数字，填报时都必须使用非中文状态下的半角字符。

二、进出口货物报关单填制中常用代码表

在前述报关单填制规范中，一些栏目需要填报相应代码。本部分我们列出报关工作中常用的主要代码表。

（一）运输方式代码表

运输方式代码表如表7-3所示。

表7-3 运输方式代码表

运输方式代码	运输方式名称	运输方式代码	运输方式名称
0	非保税区	G	固定设施运输
1	监管仓库	H	边境特殊海关作业区
2	水路运输	L	旅客携带
3	铁路运输	P	洋浦保税港区
4	公路运输	S	特殊综合保税区
5	航空运输	T	综合试验区
6	邮件运输	W	物流中心
7	保税区	X	物流园区
8	保税仓库	Y	保税港区
9	其他方式运输	Z	出口加工区

（二）征免性质代码表

征免性质代码表如表7-4所示。

表7-4 征免性质代码表

征免性质代码	征免性质简称	征免性质全称
101	一般征税	一般征税进出口货物
118	整车征税	构成整车特征的汽车零部件纳税
119	零部件征税	不构成整车特征的汽车零部件纳税

续表

征免性质代码	征免性质简称	征免性质全称
201	无偿援助	无偿援助进出口物资
299	其他法定	其他法定减免税进出口货物
301	特定区域	特定区域进口自用物资及出口货物
307	保税区	保税区进口自用物资
399	其他地区	其他执行特殊政策地区出口货物
401	科教用品	大专院校及科研机构进口科教用品
402	示范平台用品	
403	技术改造	企业技术改造进口货物
405	科技开发用品	科学研究、技术开发机构进口科技开发用品
406	重大项目	国家重大项目进口货物
407	动漫用品	动漫开发生产用品
408	重大技术装备	生产重大技术装备进口关键零部件及原材料
409	科技重大专项	科技重大专项进口关键设备、零部件和原材料
412	基础设施	通信、港口、铁路、公路、机场建设进口设备
413	残疾人	残疾人组织和企业进出口货物
417	远洋渔业	远洋渔业自捕水产品
418	国产化	国家定点生产小轿车和摄录机企业进口散件
419	整车特征	构成整车特征的汽车零部件进口
420	远洋船舶	远洋船舶及设备部件
421	内销设备	内销远洋船用设备及关键部件
422	集成电路	集成电路生产企业进口货物
423	新型显示器件	新型显示器件生产企业进口物资
426	集成电路和软件企业进口设备	集成电路设计、先进封装测试、集成电路生产企业和软件企业进口设备
428	集成电路产业进口货物	集成电路生产企业、先进封装测试企业和关键原材料及零配件生产企业进口货物
491	零关税自用生产设备	海南零关税进口自用生产设备
492	零关税交通工具及游艇	海南零关税进口交通工具及游艇
493	零关税自用生产设备缴纳进口环节税	海南零关税进口自用生产设备并自愿缴纳进口环节增值税、消费税
494	零关税交通工具游艇缴纳进口环节税	海南零关税进口交通工具及游艇并自愿缴纳进口环节增值税、消费税
496	含进口料件加工增值货物	海南自由贸易港加工增值含进口料件货物内销免征关税
497	不含进口料件加工增值货物	海南自由贸易港加工增值不含进口料件货物内销免征关税
499	ITA产品	非全税号信息技术产品
501	加工设备	加工贸易外商提供的不作价进口设备
502	来料加工	来料加工装配和补偿贸易进口料件及出口成品

续表

征免性质代码	征免性质简称	征免性质全称
503	进料加工	进料加工贸易进口料件及出口成品
506	边境小额	边境小额贸易进口货物
510	港澳OPA	港澳在内地加工的纺织品获证出口
591	零关税原辅料	海南零关税原辅料进口
592	原辅料部分征税	海南零关税原辅料征收进口环节税
593	内外贸同船运输加注保税油	海南自由贸易港内外贸同船运输境内船舶加注保税油
594	内外贸同船运输加注本地生产燃料油	海南自由贸易港内外贸同船运输境内船舶加注本地生产燃料油
595	进出岛航班加注保税油全免	海南自由贸易港进出岛航班加注保税航油全免
596	进出岛航班加注保税油部分征税	海南自由贸易港进出岛航班加注保税航油自愿缴纳进口环节增值税
601	中外合资	中外合资经营企业进出口货物
602	中外合作	中外合作经营企业进出口货物
603	外资企业	外商独资企业进出口货物
605	勘探开发煤层气	勘探开发煤层气
606	海洋石油	勘探、开发海洋石油进口货物
608	陆上石油	勘探、开发陆上石油进口货物
609	贷款项目	利用贷款进口货物
610	海上应急救援	海上应急救援
611	贷款中标	国际金融组织贷款、外国政府贷款中标机电设备零部件
666	加征关税排除措施	加征关税排除措施
686	市场化组织采购排除措施	市场化组织采购排除措施
698	公益收藏	国有公益性收藏单位进口藏品
701	部分进口饲料	部分进口饲料、矿物质微量元素舔砖
702	中资"方便旗"船	回国登记中资"方便旗"船
703	航空公司进口飞机	国内航空公司进口的空载重量在25吨以上的飞机
704	花卉种子	花卉种子
705	科普影视	科普影视
706	租赁企业进口飞机	租赁企业进口空载重量在25吨以上的客货运飞机
707	博览会留购展品	博览会留购展品
708	替代种植农产品	替代种植进口农产品
710	民用卫星	民用卫星
711	救助船舶设备	救助船舶设备
789	鼓励项目	国家鼓励发展的内外资项目进口设备
799	自有资金	外商投资额度外利用自有资金进口设备、备件、配件
801	救灾捐赠	救灾捐赠进口物资
802	慈善捐赠	境外捐赠人无偿向我境内受赠人捐赠的直接用于慈善事业的免税进口物资

续表

征免性质代码	征免性质简称	征免性质全称
803	抗艾滋病药物	进口抗艾滋病病毒药物
811	种子种源	进口种子(苗)、种畜(禽)、鱼种(苗)和种用野生动植物种源
815	野生动植物	进口种用野生动植物和军警用工作犬
818	中央储备粮油	中央储备粮油免征进口环节增值税政策
819	科教图书	进口科研教学用图书资料
888	航材减免	经核准的航空公司进口维修用航空器材
898	国批减免	国务院特准减免税的进出口货物
899	选择征税	选择征税
901	科研院所	科研院所进口科学研究、科技开发和教学用品
902	高等学校	高等学校进口科学研究、科技开发和教学用品
903	工程研究中心	国家工程研究中心进口科学研究、科技开发和教学用品
904	国家企业技术中心	国家企业技术中心进口科学研究、科技开发和教学用品
905	转制科研机构	转制科研机构进口科学研究、科技开发和教学用品
906	重点实验室	国家重点实验室及企业国家重点实验室进口科学研究、科技开发和教学用品
907	国家工程技术研究中心	国家工程技术研究中心进口科学研究、科技开发和教学用品
908	科技民非单位	科技类民办非企业单位进口科学研究、科技开发和教学用品
909	示范平台	国家中小企业公共服务示范平台(技术类)进口科学研究、科技开发和教学用品
910	外资研发中心	外资研发中心进口科学研究、科技开发和教学用品
911	科教图书	出版物进口单位进口用于科研、教学的图书、文献、报刊及其他资料
912	国家实验室	国家实验室进口科学研究、科技开发和教学用品
913	国家产业创新中心	国家产业创新中心进口科学研究、科技开发和教学用品
915	国家制造业创新中心	国家制造业创新中心进口科学研究、科技开发和教学用品
916	国家技术创新中心	国家技术创新中心进口科学研究、科技开发和教学用品
917	公共图书馆	公共图书馆进口用于科研、教学的图书、文献、报刊及其他资料
918	国家临床医学研究中心	国家临床医学研究中心进口科学研究、科技开发和教学用品
919	党校(行政学院)	党校(行政学院)进口科学研究、科技开发和教学用品
921	大型客机研制物资	大型客机、大型客机发动机研制进口物资
922	进博会留购展品	进博会留购展品
926	服贸会留购展品	服贸会留购展品
927	进口钻石	自上海钻石交易所销往国内市场的毛坯钻石和成品钻石
928	三代核电	三代核电项目进口设备
930	疫情防控物资	新冠肺炎疫情防控进口物资
931	消博会留购展品	消博会留购展品
939	运动会	运动会

续表

征免性质代码	征免性质简称	征免性质全称
997	自贸协定	
998	内部暂定	享受内部暂定税率的进出口货物
999	例外减免	例外减免税进出口货物

(三) 征减免税方式代码表

征减免税方式代码表如表 7-5 所示。

表 7-5　征减免税方式代码表

征减免税方式代码	征减免税方式名称	征减免税方式代码	征减免税方式名称
1	照章征税	6	保证金
2	折半征税	7	保函
3	全免	8	折半补税
4	特案	9	全额退税
5	随征免性质		

(四) 成交方式代码表

成交方式代码表如表 7-6 所示。

表 7-6　成交方式代码表

成交方式代码	成交方式名称	成交方式代码	成交方式名称
1	CIF	5	市场价
2	C&F	6	垫仓
3	FOB	7	EXW
4	C&I		

(五) 货币代码表

货币代码表如表 7-7 所示。

表 7-7　货币代码表

货币代码	中文名称	英文名称	货币代码	中文名称	英文名称
HKD	港币	Hong Kong Dollar	EUR	欧元	Euro
IDR	印度尼西亚卢比	Rupiah	DKK	丹麦克朗	Danish Krone
JPY	日本元	Yen	GBP	英镑	Pound Sterling
MOP	澳门元	Pataca	NOK	挪威克朗	Norwegian Krone
MYR	马来西亚林吉特	Malaysian Ringgit	SEK	瑞典克朗	Swedish Krona
PHP	菲律宾比索	Philippine Piso	CHF	瑞士法郎	Swiss Franc
SGD	新加坡元	Singapore Dollar	RUB	俄罗斯卢布	Russian Ruble
KRW	韩国圆	Won	CAD	加拿大元	Canadian Dollar
THB	泰国铢	Baht	USD	美元	US Dollar
CNY	人民币	Yuan Renminbi	AUD	澳大利亚元	Australian Dollar
TWD	新台币	New Taiwan Dollar	NZD	新西兰元	New Zealand Dollar

(六)监管方式代码表

监管方式代码表如表 7-8 所示。

表 7-8 监管方式代码表

监管方式代码	监管方式简称	监管方式全称
0110	一般贸易	一般贸易
0130	易货贸易	易货贸易
0139	旅游购物商品	用于旅游者 5 万美元以下的出口小批量订货
0200	料件销毁	加工贸易料件、残次品(折料)销毁
0214	来料加工	来料加工装配贸易进口料件及加工出口货物
0245	来料料件内销	来料加工料件转内销
0255	来料深加工	来料深加工结转货物
0258	来料余料结转	来料加工余料结转
0265	来料料件复出	来料加工复运出境的原进口料件
0300	来料料件退换	来料加工料件退换
0314	加工专用油	国营贸易企业代理来料加工企业进口柴油
0320	不作价设备	加工贸易外商提供的不作价进口设备
0345	来料成品减免	来料加工成品凭征免税证明转减免税
0400	边角料销毁	加工贸易边角料、副产品(按状态)销毁
0420	加工贸易设备	加工贸易项下外商提供的进口设备
0444	保区进料成品	按成品征税的保税区进料加工成品转内销货物
0445	保区来料成品	按成品征税的保税区来料加工成品转内销货物
0446	加工设备内销	加工贸易免税进口设备转内销
0456	加工设备结转	加工贸易免税进口设备结转
0466	加工设备退运	加工贸易免税进口设备退运出境
0500	减免设备结转	用于监管年限内减免税设备的结转
0513	补偿贸易	补偿贸易
0544	保区进料料件	按料件征税的保税区进料加工成品转内销货物
0545	保区来料料件	按料件征税的保税区来料加工成品转内销货物
0615	进料对口	进料加工(对口合同)
0642	进料以产顶进	进料加工成品以产顶进
0644	进料料件内销	进料加工料件转内销
0654	进料深加工	进料深加工结转货物
0657	进料余料结转	进料加工余料结转
0664	进料料件复出	进料加工复运出境的原进口料件
0700	进料料件退换	进料加工料件退换
0715	进料非对口	进料加工(非对口合同)
0744	进料成品减免	进料加工成品凭征免税证明转减免税
0815	低值辅料	低值辅料
0844	进料边角料内销	进料加工项下边角料转内销
0845	来料边角料内销	来料加工项下边角料内销
0864	进料边角料复出	进料加工项下边角料复出口
0865	来料边角料复出	来料加工项下边角料复出口
1039	市场采购	市场采购
1139	国轮油物料	中国籍运输工具境内添加的保税油料、物料
1200	保税间货物	海关保税场所及保税区域之间往来的货物

续表

监管方式代码	监管方式简称	监管方式全称
1210	保税电商	保税跨境贸易电子商务
1215	保税工厂	保税工厂
1233	保税仓库货物	保税仓库进出境货物
1234	保税区仓储转口	保税区进出境仓储转口货物
1239	保税电商A	保税跨境贸易电子商务A
1300	修理物品	进出境修理物品
1371	保税维修	保税维修
1427	出料加工	出料加工
1500	租赁不满1年	租期不满1年的租赁贸易货物
1523	租赁贸易	租期在1年及以上的租赁贸易货物
1616	寄售代销	寄售、代销贸易
1741	免税品	免税品
1831	外汇商品	免税外汇商品
2025	合资合作设备	合资合作企业作为投资进口设备物品
2210	对外投资	对外投资
2225	外资设备物品	外资企业作为投资进口的设备物品
2439	常驻机构公用	外国常驻机构进口办公用品
2600	暂时进出货物	暂时进出口货物
2700	展览品	进出境展览品
2939	陈列样品	驻华商业机构不复运出口的进口陈列样品
3010	货样广告品	进出口的货样广告品
3100	无代价抵偿	无代价抵偿进出口货物
3239	零售电商	跨境电子商务零售
3339	其他进出口免费	其他进出口免费提供货物
3410	承包工程进口	对外承包工程进口物资
3422	对外承包出口	对外承包工程出口物资
3511	援助物资	国家和国际组织无偿援助物资
3611	无偿军援	无偿军援
3612	捐赠物资	进出口捐赠物资
3910	军事装备	军事装备
4019	边境小额	边境小额贸易(边民互市贸易除外)
4039	对台小额	对台小额贸易
4139	对台小额商品交易市场	进入对台小额商品交易专用市场的货物
4200	驻外机构运回	我驻外机构运回旧公用物品
4239	驻外机构购进	我驻外机构境外购买运回国的公务用品
4400	来料成品退换	来料加工成品退换
4500	直接退运	直接退运
4539	进口溢误卸	进口溢卸、误卸货物
4561	退运货物	因质量不符、延误交货等原因退运进出境货物
4600	进料成品退换	进料成品退换
5000	料件进出区	料件进出海关特殊监管区域
5010	特殊区域研发货物	海关特殊监管区域与境外之间进出的研发货物
5014	区内来料加工	海关特殊监管区域与境外之间进出的来料加工货物
5015	区内进料加工货物	海关特殊监管区域与境外之间进出的进料加工货物

续表

监管方式代码	监管方式简称	监管方式全称
5033	区内仓储货物	加工区内仓储企业从境外进口的货物
5034	区内物流货物	海关特殊监管区域与境外之间进出的物流货物
5072	区内保税展品	海关特殊监管区域进出境展览品
5073	区内国际中转	海关特殊监管区域国际中转货物
5100	成品进出区	成品进出海关特殊监管区域
5200	区内边角调出	用于区内外非实际进出境货物
5300	设备进出区	设备及物资进出海关特殊监管区域
5335	境外设备进区	海关特殊监管区域从境外进口的设备及物资
5361	区内设备退运	海关特殊监管区域设备及物资退运境外
6033	物流中心进出境货物	保税物流中心与境外之间进出仓储货物
6072	中心保税展品	保税物流中心进出境展览品
6073	中心国际中转	保税物流中心国际中转货物
9500	特许权使用费后续征税	特许权使用费后续征税
9600	内贸货物跨境运输	内贸货物跨境运输
9610	电子商务	跨境贸易电子商务
9639	海关处理货物	海关变卖处理的超期未报货物、走私违规货物
9700	后续补税	无原始报关单的后续补税
9710	跨境电商B2B直接出口	跨境电子商务企业对企业直接出口
9739	其他贸易	其他贸易
9800	租赁征税	租赁期1年及以上的租赁贸易货物的租金
9839	留赠转卖物品	外交机构转售境内或国际活动留赠放弃特批货物
9900	其他	其他

（七）监管证件名称代码表

监管证件名称代码表如表7-9所示。

表7-9 监管证件名称代码表

监管证件代码	监管证件名称	监管证件代码	监管证件名称
#	零关税申请单	T	提发货凭证
0	反制措施排除代码	U	合法捕捞产品通关证明
1	进口许可证	V	人类遗传资源材料出口、出境证明
2	两用物项和技术进口许可证	X	有毒化学品环境管理放行通知单
3	两用物项和技术出口许可证	Y	原产地证明
4	出口许可证	Z	赴境外加工光盘进口备案证明
5	纺织品临时出口许可证	a	保税核注清单
6	旧机电产品禁止进口	b	进口广播电影电视节目带（片）提取单
7	自动进口许可证	c	内销征税联系单
8	禁止出口商品	d	援外项目任务通知函
9	禁止进口商品	e	关税配额外优惠税率进口棉花配额证
@	准予担保通知书	f	音像制品（成品）进口批准单
A	检验检疫	g	技术出口合同登记证
B	电子底账	h	核增核扣表
D	毛坯钻石进出境检验	i	技术出口许可证

续表

监管证件代码	监管证件名称	监管证件代码	监管证件名称
E	濒危物种允许出口证明书	k	民用爆炸物品进出口审批单
F	濒危物种允许进口证明书	m	银行调运人民币现钞进出境证明
G	两用物项和技术出口许可证(定向)	n	音像制品(版权引进)批准单
H	港澳OPA纺织品证明	q	国别关税配额证明
I	麻醉精神药品进出口准许证	r	预归类标志
J	黄金及黄金制品进出口准许证	s	适用ITA税率的商品用途认定证明
K	深加工结转申请表	t	关税配额证明
L	药品进出口准许证	u	钟乳石出口批件
M	密码产品和设备进口许可证	v	自动进口许可证(加工贸易)
O	自动进口许可证(新旧机电产品)	w	再生原料装运前检验证书
Q	进口药品通关单	x	出口许可证(加工贸易)
R	进口兽药通关单	y	出口许可证(边境小额贸易)
S	进出口农药登记证明	z	古生物化石出境批件

(八)计量单位代码表

计量单位代码表如表7-10所示。

表7-10 计量单位代码表

代码	名称	代码	名称	代码	名称	代码	名称
001	台	002	座	003	辆	004	艘
005	架	006	套	007	个	008	只
009	头	010	张	011	件	012	支
013	枝	014	根	015	条	016	把
017	块	018	卷	019	副	020	片
021	组	022	份	023	幅	025	双
026	对	027	棵	028	株	029	井
030	米	031	盘	032	平方米	033	立方米
034	筒	035	千克	036	克	037	盆
038	万个	039	具	040	百副	041	百支
042	百把	043	百个	044	百片	045	刀
046	疋	047	公担	048	扇	049	百枝
050	千只	051	千块	052	千盒	053	千枝
054	千个	055	亿支	056	亿个	057	万套
058	千张	059	万张	060	千伏安	061	千瓦
062	千瓦·时	063	千升	067	英尺	070	吨
071	长吨	072	短吨	073	司马担	074	司马斤
075	斤	076	磅	077	担	078	英担
079	短担	080	两	081	市担	083	盎司
084	克拉	085	市尺	086	码	088	英寸
089	寸	095	升	096	毫升	097	英加仑
098	美加仑	099	立方英尺	101	立方尺	110	平方码
111	平方英尺	112	平方尺	115	英制马力	116	公制马力

续表

代码	名称	代码	名称	代码	名称	代码	名称
118	令	120	箱	121	批	122	罐
123	桶	124	扎	125	包	126	篓
127	打	128	筐	129	罗	130	匹
131	册	132	本	133	发	134	枚
135	捆	136	袋	139	粒	140	盒
141	合	142	瓶	143	千支	144	万双
145	万粒	146	千粒	147	千米	148	千英尺
149	百万贝可	163	部	164	亿株	170	人份

（九）用途代码表

用途代码表如表 7-11 所示。

表 7-11 用途代码表

代 码	用 途	代 码	用 途
01	外贸自营内销	07	收保证金
02	特区内销	08	免费提供
03	其他内销	09	作价提供
04	企业自用	10	货样、广告品
05	加工返销	11	其他
06	借用	13	以产顶进

（十）其他代码表

限于教材篇幅,有关《关区代码表》《国别(地区)代码表》《国内地区代码表》《国内口岸代码表》以及《原产地区代码表》等具体内容,读者可参考海关总署网站"关检融合部分通关参数查询及下载"栏目或者中国国际贸易单一窗口网站"参数查询"栏目,本书不再列出。

进出口货物报关单；电子数据报关单；纸质报关单；中国电子口岸；国际贸易单一窗口；"互联网＋海关"；运输方式；监管方式；随附单证及编号；标记唛码及备注；项号；代码表

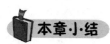

 本章思考题

1. 简述进出口货物报关单填制的基本要求。
2. 分析报关单中"备案号"一栏的填报要求。
3. 分析报关单中"运输方式"一栏无实际进出境货物在境内流转时的填报要求。
4. 分析"优惠贸易协定享惠"类栏目填制要求。
5. 分析报关单中"项号"第二行特殊情况的填报要求。
6. 阐述《运输方式代码表》中的运输方式名称及其代码。
7. 阐述《征减免税方式代码表》中的代码及其含义。
8. 简述《监管证件名称代码表》中的代码及其含义。

 即测即练

参 考 文 献

主要著作:
- [1] 《中国海关报关实用手册》编写组.中国海关报关实用手册(2022)[M].北京:中国海关出版社有限公司,2022.
- [2] 《中国海关报关专业教材》编写组.2021中国海关报关专业教材[M].北京:中国海关出版社有限公司,2021.
- [3] 海关总署关税征管司.中华人民共和国进出口税则[M].北京:中国海关出版社有限公司,2022.
- [4] 海关总署监管司.中国海关通关实务(2017)[M].北京:中国海关出版社,2017.
- [5] 季琼,秦雯.报关与报检实务[M].北京:高等教育出版社,2020.
- [6] 叶红玉.报关实务[M].4版.北京:中国人民大学出版社,2021.
- [7] 中国报关协会.关务基本技能[M].北京:中国海关出版社有限公司,2021.
- [8] 中国报关协会.关务基础知识[M].北京:中国海关出版社有限公司,2021.

主要法规文献:
- [1] 财关税〔2016〕18号:"财政部 海关总署 国家税务总局关于跨境电子商务零售进口税收政策的通知"。
- [2] 财关税〔2018〕49号:"财政部 海关总署 税务总局关于完善跨境电子商务零售进口税收政策的通知"。
- [3] 财政部、税务总局、海关总署联合公告2019年第39号:"财政部 税务总局 海关总署关于深化增值税改革有关政策的公告"。
- [4] 国家林业局、海关总署令第34号:"《野生动植物进出口证书管理办法》"。
- [5] 国家外汇管理局、海关总署、国家税务总局联合公告2012年第1号:"国家外汇管理局 海关总署 国家税务总局关于货物贸易外汇管理制度改革的公告"。
- [6] 海关总署、财政部、国家税务总局、国家外汇管理局联合公告2016年第18号:"海关总署 财政部 国家税务总局 国家外汇管理局关于保税物流中心(B型)设立申请和审批有关事项的公告"。
- [7] 海关总署、国家发展改革委、商务部联合公告2005年第44号:"海关总署、国家发展改革委、商务部关于执行《汽车产业发展政策》有关问题的公告"。
- [8] 海关总署、国家外汇管理局公告2019年第93号:"关于取消报关单收、付汇证明联和海关核销联的公告"。
- [9] 海关总署、国家药品监督管理局公告2019年第56号:"关于《进口药品通关单》等3种监管证件扩大实施联网核查的公告"。
- [10] 海关总署、市场监管总局公告2021年第113号:"关于报关单位备案全面纳入'多证合一'改革的公告"。
- [11] 海关总署、银保监会公告2018年第155号:"关于开展关税保证保险通关业务试点的公告"。
- [12] 海关总署第103号令:"中华人民共和国海关进出口货物申报管理规定"。
- [13] 海关总署第104号令:"中华人民共和国海关对进出境快件监管办法"。
- [14] 海关总署第105号令:"中华人民共和国海关对保税仓库及所存货物的管理规定"。

[15] 海关总署第 111 号令:"中华人民共和国海关关于加工贸易边角料、剩余料件、残次品、副产品和受灾保税货物的管理办法"。
[16] 海关总署第 122 号令:"关于非优惠原产地规则中实质性改变标准的规定"。
[17] 海关总署第 124 号令:"中华人民共和国海关进出口货物征税管理办法"。
[18] 海关总署第 128 号令:"中华人民共和国海关征收进口货物滞报金办法"。
[19] 海关总署第 129 号令:"中华人民共和国海关对保税物流中心(A 型)的暂行管理办法"。
[20] 海关总署第 130 号令:"中华人民共和国海关对保税物流中心(B 型)的暂行管理办法"。
[21] 海关总署第 133 号令:"中华人民共和国海关对出口监管仓库及所存货物的管理办法"。
[22] 海关总署第 138 号令:"中华人民共和国海关进出口货物查验管理办法"。
[23] 海关总署第 150 号令:"中华人民共和国海关加工贸易企业联网监管办法"。
[24] 海关总署第 155 号令:"中华人民共和国海关加工贸易单耗管理办法"。
[25] 海关总署第 161 号令:"中华人民共和国海关进出境印刷品及音像制品监管办法"(根据 2018 年 5 月 29 日海关总署第 240 号令《海关总署关于修改部分规章的决定》第一次修正;根据 2018 年 11 月 23 日海关总署第 243 号令《海关总署关于修改部分规章的决定》第二次修正)。
[26] 海关总署第 162 号令:"中华人民共和国海关《中华人民共和国政府与巴基斯坦伊斯兰共和国政府自由贸易协定》项下进口货物原产地管理办法"。
[27] 海关总署第 166 号令:"中华人民共和国海关行政复议办法"(根据海关总署令第 218 号进行修改)。
[28] 海关总署第 169 号令:"中华人民共和国海关进出口货物集中申报管理办法"。
[29] 海关总署第 177 号令:"中华人民共和国海关《亚太贸易协定》项下进出口货物原产地管理办法"。
[30] 海关总署第 178 号令:"中华人民共和国海关《中华人民共和国政府和新加坡共和国政府自由贸易协定》项下进出口货物原产地管理办法"。
[31] 海关总署第 181 号令:"中华人民共和国海关进出口货物优惠原产地管理规定"。
[32] 海关总署第 183 号令:"中华人民共和国海关关于《中华人民共和国知识产权海关保护条例》的实施办法"(根据 2010 年 3 月 24 日《国务院关于修改〈中华人民共和国知识产权海关保护条例〉的决定》修订;根据 2018 年 3 月 19 日《国务院关于修改和废止部分行政法规的决定》修正)。
[33] 海关总署第 186 号令:"中华人民共和国海关《中华人民共和国政府和秘鲁共和国政府自由贸易协定》项下进出口货物原产地管理办法"。
[34] 海关总署第 196 号令:"中华人民共和国海关进出境运输工具监管办法"。
[35] 海关总署第 199 号令:"中华人民共和国海关《中华人民共和国与东南亚国家联盟全面经济合作框架协议》项下进出口货物原产地管理办法"。
[36] 海关总署第 200 号令:"中华人民共和国海关《海峡两岸经济合作框架协议》项下进出口货物原产地管理办法"。
[37] 海关总署第 202 号令:"中华人民共和国海关《中华人民共和国政府和哥斯达黎加共和国政府自由贸易协定》项下进出口货物原产地管理办法"。
[38] 海关总署第 211 号令:"中华人民共和国海关审定内销保税货物完税价格办法"。
[39] 海关总署第 213 号令:"中华人民共和国海关审定进出口货物完税价格办法"。
[40] 海关总署第 217 号令:"中华人民共和国海关进口货物直接退运管理办法"。
[41] 海关总署第 218 号令:"海关总署关于修改部分规章的决定"。
[42] 海关总署第 219 号令:"中华人民共和国海关加工贸易货物监管办法"。
[43] 海关总署第 220 号令:"中华人民共和国海关进出口货物报关单修改和撤销管理办法"。
[44] 海关总署第 222 号令:"中华人民共和国海关《中华人民共和国政府和冰岛政府自由贸易协定》项下进出口货物原产地管理办法"。

[45] 海关总署第223号令:"中华人民共和国海关《中华人民共和国和瑞士联邦自由贸易协定》项下进出口货物原产地管理办法"。
[46] 海关总署第228号令:"中华人民共和国海关《中华人民共和国政府和澳大利亚政府自由贸易协定》项下进出口货物原产地管理办法"。
[47] 海关总署第229号令:"中华人民共和国海关《中华人民共和国政府和大韩民国政府自由贸易协定》项下进出口货物原产地管理办法"。
[48] 海关总署第230号令:"《中华人民共和国海关稽查条例》实施办法"。
[49] 海关总署第231号令:"中华人民共和国海关最不发达国家特别优惠关税待遇进口货物原产地管理办法"。
[50] 海关总署第233号令:"中华人民共和国海关暂时进出境货物管理办法"。
[51] 海关总署第236号令:"中华人民共和国海关预裁定管理暂行办法"。
[52] 海关总署第242号令:"《中华人民共和国海关统计工作管理规定》"。
[53] 海关总署第245号令:"中华人民共和国海关进出口货物减免税管理办法"。
[54] 海关总署第247号令:"《海关总署关于修改部分规章的决定》"。
[55] 海关总署第248号令:"关于公布《中华人民共和国进口食品境外生产企业注册管理规定》的令"。
[56] 海关总署第249号令:"关于公布《中华人民共和国进出口食品安全管理办法》的令"。
[57] 海关总署第252号令:"中华人民共和国海关进出口货物商品归类管理规定"。
[58] 海关总署第253号令:"中华人民共和国海关报关单位备案管理规定"。
[59] 海关总署第254号令:"中华人民共和国海关经核准出口商管理办法"。
[60] 海关总署第256号令:"中华人民共和国海关综合保税区管理办法"。
[61] 海关总署第260号令:"中华人民共和国海关过境货物监管办法"。
[62] 海关总署第261号令:"海关总署关于废止部分规章的决定"。
[63] 海关总署第262号令:"海关总署关于修改部分规章的决定"。
[64] 海关总署第263号令:"海关总署关于修改部分规章的决定"。
[65] 海关总署第43号令:"《中华人民共和国禁止进出境物品表》和《中华人民共和国限制进出境物品表》"。
[66] 海关总署第65号令:"保税区海关监管办法"。
[67] 海关总署第89号令:"中华人民共和国海关关于转关货物的监管办法"。
[68] 海关总署第91号令:"中华人民共和国海关关于超期未报关进口货物、误卸或者溢卸的进境货物和放弃进口货物的处理办法"。
[69] 海关总署第92号令:"中华人民共和国海关行政裁定管理暂行办法"。
[70] 海关总署第9号令:"中华人民共和国海关对进出境旅客行李物品监管办法"。
[71] 海关总署公告2004年第14号:"关于执行《中华人民共和国海关对保税仓库及所存货物的管理规定》有关问题的公告"。
[72] 海关总署公告2007年第72号:"关于在全国各对外开放口岸实行新的进出境旅客申报制度"。
[73] 海关总署公告2009年第49号:"关于进出口货物补充申报有关问题"。
[74] 海关总署公告2010年第43号:"关于进一步规范对进出境个人邮递物品监管有关事项的公告"。
[75] 海关总署公告2010年第54号:"关于进境旅客所携行李物品验放标准有关事宜"。
[76] 海关总署公告2010年第7号:"关于实施《国有公益性收藏单位进口藏品免税暂行规定》的有关事宜"。
[77] 海关总署公告2012年第15号:"关于修订《中华人民共和国进境物品归类表》和《中华人民共和国进境物品完税价格表》"。
[78] 海关总署公告2012年第42号:"关于启用补充申报管理系统"。

[79] 海关总署公告 2013 年第 36 号:"海关特殊监管区域和保税监管场所内销货物适用协定税率或者特惠税率的有关事宜"。

[80] 海关总署公告 2013 年第 46 号:"关于《中华人民共和国禁止进出境物品表》和《中华人民共和国限制进出境物品表》有关问题解释的公告"。

[81] 海关总署公告 2014 年第 25 号:"关于深入推进通关作业无纸化改革工作有关事项的公告"。

[82] 海关总署公告 2014 年第 74 号:"关于明确进出口货物提前申报管理要求的公告"。

[83] 海关总署公告 2014 年第 92 号:"关于发布《通关作业无纸化进出口报关单证档案企业存储管理标准》的公告"。

[84] 海关总署公告 2015 年第 27 号:"关于明确税款滞纳金减免相关事宜的公告"。

[85] 海关总署公告 2015 年第 34 号:"关于《货物进口证明书》相关事宜的公告"。

[86] 海关总署公告 2015 年第 55 号:"关于进出口货物报关单修改和撤销业务无纸化相关事宜的公告"。

[87] 海关总署公告 2015 年第 57 号:"关于优惠贸易协定项下符合'直接运输'单证事宜的公告"。

[88] 海关总署公告 2015 年第 5 号:"关于进一步明确进出口货物征税计征汇率适用日期问题的公告"。

[89] 海关总署公告 2015 年第 60 号:"关于各优惠贸易协定项下经港澳中转进口货物相关证明文件的公告"。

[90] 海关总署公告 2016 年第 19 号:"关于启用新快件通关系统相关事宜的公告"。

[91] 海关总署公告 2016 年第 25 号:"关于《中华人民共和国进境物品归类表》和《中华人民共和国进境物品完税价格表》的公告"。

[92] 海关总署公告 2016 年第 62 号:"关于决定开展税收征管方式改革试点工作"。

[93] 海关总署公告 2016 年第 82 号:"关于进一步规范进口货物直接退运业务相关事宜的公告"。

[94] 海关总署公告 2016 年第 8 号:"关于修订飞机经营性租赁审定完税价格有关规定的公告"。

[95] 海关总署公告 2017 年第 11 号:"关于适用《中华人民共和国海关关于最不发达国家特别优惠关税待遇进口货物原产地管理办法》区域性集团名单的公告"。

[96] 海关总署公告 2017 年第 25 号:"关于推进全国海关通关一体化改革的公告"。

[97] 海关总署公告 2017 年第 32 号:"关于进一步明确税款滞纳金减免事宜的公告"。

[98] 海关总署公告 2017 年第 45 号:"关于优化汇总征税制度的公告"。

[99] 海关总署公告 2017 年第 48 号:"关于规范转关运输业务的公告"。

[100] 海关总署公告 2017 年第 58 号:"关于推广减免税申请无纸化及取消减免税备案的公告"。

[101] 海关总署公告 2017 年第 61 号:"关于公布《中华人民共和国海关〈中华人民共和国政府和格鲁吉亚政府自由贸易协定〉项下进出口货物原产地管理办法》"。

[102] 海关总署公告 2017 年第 8 号:"关于扩大通关作业无纸化适用范围的公告"。

[103] 海关总署公告 2018 年第 104 号:"关于加工贸易监管有关事宜的公告"。

[104] 海关总署公告 2018 年第 119 号:"关于升级新版快件通关管理系统相关事宜的公告"。

[105] 海关总署公告 2018 年第 125 号:"关于执行《中华人民共和国海关统计工作管理规定》有关问题的公告"。

[106] 海关总署公告 2018 年第 140 号:"关于《中华人民共和国进境物品归类表》和《中华人民共和国进境物品完税价格表》的公告"。

[107] 海关总署公告 2018 年第 143 号:"关于推进关检融合优化报关单位注册登记有关事项"。

[108] 海关总署公告 2018 年第 14 号:"关于实施《中华人民共和国海关预裁定管理暂行办法》有关事项的公告"。

[109] 海关总署公告 2018 年第 164 号:"关于启用进出境邮递物品信息化管理系统有关事宜的公告"。

[110] 海关总署公告 2018 年第 193 号:"关于全面推行转关作业无纸化的公告"。

[111] 海关总署公告 2018 年第 194 号:"关于跨境电子商务零售进出口商品有关监管事宜的公告"。
[112] 海关总署公告 2018 年第 196 号:"关于推广加工贸易料件内销征税'自报自缴'的公告"。
[113] 海关总署公告 2018 年第 213 号:"关于公布《中华人民共和国海关《〈内地与澳门关于建立更紧密经贸关系的安排〉货物贸易协议》项下进出口货物原产地管理办法》的公告"。
[114] 海关总署公告 2018 年第 214 号:"关于公布《中华人民共和国海关《〈内地与香港关于建立更紧密经贸关系的安排〉货物贸易协议》项下进出口货物原产地管理办法》的公告"。
[115] 海关总署公告 2018 年第 218 号:"关于全面推广加工贸易边角废料内销网上公开拍卖共管机制的公告"。
[116] 海关总署公告 2018 年第 23 号:"关于启用保税核注清单的公告"。
[117] 海关总署公告 2018 年第 24 号:"关于扩大自主申报、自行缴税适用范围的公告"。
[118] 海关总署公告 2018 年第 28 号:"关于企业报关报检资质合并有关事项的公告"。
[119] 海关总署公告 2018 年第 50 号:"海关总署关于全面取消《入/出境货物通关单》有关事项的公告"。
[120] 海关总署公告 2018 年第 52 号:"关于海关特殊监管区域和保税物流中心(B 型)保税货物流转管理的公告"。
[121] 海关总署公告 2018 年第 59 号:"关于全面推广以企业为单元加工贸易监管改革"。
[122] 海关总署公告 2018 年第 69 号:"关于公布修改《亚洲—太平洋贸易协定》原产地规则》的公告"。
[123] 海关总署公告 2018 年第 77 号:"关于《中华人民共和国船舶吨税法》实施有关事项的公告"。
[124] 海关总署公告 2018 年第 80 号:"关于发布适用船舶吨税优惠税率国家(地区)清单的公告"。
[125] 海关总署公告 2018 年第 85 号:"关于出口监管仓库货物出入仓清单有关事项"。
[126] 海关总署公告 2019 年第 127 号:"关于开展'两步申报'改革试点的公告"。
[127] 海关总署公告 2019 年第 136 号:"关于公布《中华人民共和国海关《中华人民共和国与东南亚国家联盟全面经济合作框架协议》项下经修订的进出口货物原产地管理办法》的公告"。
[128] 海关总署公告 2019 年第 13 号:"关于暂时进出境货物监管有关事宜的公告"。
[129] 海关总署公告 2019 年第 17 号:"关于利比里亚共和国籍的应税船舶适用船舶吨税优惠税率的公告"。
[130] 海关总署公告 2019 年第 18 号:"关于修订《中华人民共和国海关进出口货物报关单填制规范》的公告"。
[131] 海关总署公告 2019 年第 205 号:"关于公布《中华人民共和国海关《中华人民共和国政府和新加坡共和国政府自由贸易协定》项下经修订的进出口货物原产地管理办法》的公告"。
[132] 海关总署公告 2019 年第 210 号:"关于简化保税物流中心(B 型)延续有效期工作的公告"。
[133] 海关总署公告 2019 年第 216 号:"关于全面推广'两步申报'改革的公告"。
[134] 海关总署公告 2019 年第 218 号:"关于精简和规范作业手续 促进加工贸易便利化的公告"。
[135] 海关总署公告 2019 年第 232 号:"关于调整进出口货物报关单报文格式的公告"。
[136] 海关总署公告 2019 年第 39 号:"关于公布《中华人民共和国海关《中华人民共和国政府和智利共和国政府自由贸易协定》项下进出口货物原产地管理办法》的公告"。
[137] 海关总署公告 2019 年第 58 号:"关于特许权使用费申报纳税手续有关问题的公告"。
[138] 海关总署公告 2019 年第 62 号:"关于新增查询报关单数据传输状态信息有关事宜的公告"。
[139] 海关总署公告 2019 年第 63 号:"关于调整《中华人民共和国进境物品归类表》和《中华人民共和国进境物品完税价格表》的公告"。
[140] 海关总署公告 2019 年第 66 号:"关于发布《报关单证电子转换或扫描文件格式标准》的公告"。
[141] 海关总署公告 2020 年第 107 号:"关于进一步调整水空运进出境运输工具监管相关事项的公告"。
[142] 海关总署公告 2020 年第 10 号:"关于滞报金票据电子化有关事宜的公告"。

[143] 海关总署公告 2020 年第 113 号:"关于调整公路进出境运输工具及货运舱单管理有关事项的公告"。

[144] 海关总署公告 2020 年第 128 号:"关于公布《中华人民共和国海关〈中华人民共和国政府和毛里求斯共和国政府自由贸易协定〉项下进出口货物原产地管理办法》及相关实施事宜的公告"。

[145] 海关总署公告 2019 年第 160 号:"关于分段实施准入监管 加快口岸验放的公告"。

[146] 海关总署公告 2020 年第 44 号:"关于全面推广跨境电子商务出口商品退货监管措施有关事宜的公告"。

[147] 海关总署公告 2020 年第 45 号:"关于跨境电子商务零售进口商品退货有关监管事宜的公告"。

[148] 海关总署公告 2020 年第 75 号:"关于开展跨境电子商务企业对企业出口监管试点的公告"。

[149] 海关总署公告 2020 年第 92 号:"关于扩大跨境电子商务企业对企业出口监管试点范围的公告"。

[150] 海关总署公告 2021 年第 100 号:"关于深化海关税款担保改革的公告"。

[151] 海关总署公告 2021 年第 105 号"关于实施《中华人民共和国海关经核准出口商管理办法》相关事项的公告"。

[152] 海关总署公告 2021 年第 106 号:"关于《区域全面经济伙伴关系协定》实施相关事项的公告"。

[153] 海关总署公告 2021 年第 107 号:"关于公布《中华人民共和国海关〈中华人民共和国政府和柬埔寨王国政府自由贸易协定〉项下进出口货物原产地管理办法》的公告"。

[154] 海关总署公告 2021 年第 116 号:"关于推行过境运输申报无纸化的公告"。

[155] 海关总署公告 2021 年第 16 号:"关于《中华人民共和国海关进出口货物减免税管理办法》实施有关事项的公告"。

[156] 海关总署公告 2021 年第 34 号:"关于优惠贸易协定项下进出口货物报关单有关原产地栏目填制规范和申报事宜的公告"。

[157] 海关总署公告 2021 年第 39 号:"关于调整必须实施检验的进出口商品目录的公告"。

[158] 海关总署公告 2021 年第 44 号:"关于公式定价进口货物完税价格确定有关问题的公告"。

[159] 海关总署公告 2021 年第 47 号:"关于在全国海关复制推广跨境电子商务企业对企业出口监管试点的公告"。

[160] 海关总署公告 2021 年第 5 号:"关于实施铁路进出境快速通关业务模式的公告"。

[161] 海关总署公告 2021 年第 51 号:"关于实施滞报金减免证明事项告知承诺制的公告"。

[162] 海关总署公告 2021 年第 61 号:"关于巴拿马共和国籍的应税船舶适用船舶吨税优惠税率的公告"。

[163] 海关总署公告 2021 年第 70 号:"关于全面推广跨境电子商务零售进口退货中心仓模式的公告"。

[164] 海关总署公告 2021 年第 78 号:"关于发布 2022 年版《协调制度》修订目录中文版的公告"。

[165] 海关总署公告 2021 年第 80 号:"关于全面推广企业集团加工贸易监管模式的公告"。

[166] 海关总署公告 2021 年第 9 号:"关于执行《鼓励外商投资产业目录(2020 年版)》有关问题的公告"。

[167] 海关总署公告 2022 年第 1 号:"关于发布原产地证书数据及附件导入接口规范的公告"。

[168] 海关总署公告 2022 年第 61 号:"关于明确进出口货物税款缴纳期限的公告"。

[169] 海关总署公告 2022 年第 122 号:"关于执行《鼓励外商投资产业目录(2022 年版)》有关事项的公告"。

[170] 海关总署公告 2022 年第 129 号:"关于《区域全面经济伙伴关系协定》实施新增事宜的公告"。

[171] 海关总署公告 2023 年第 75 号:"关于进一步规范保税仓库、出口监管仓库管理有关事项的公告"。

[172] 海关总署公告 2023 年第 109 号:"关于增列保税展品及保税中转监管方式的公告"。

[173] 海关总署公告 2023 年第 166 号:"关于实施放宽加工贸易深加工结转申报时限等措施的公告"。

[174] 海关总署公告 2023 年第 178 号:"关于优化铁路快速通关业务模式的公告"。

[175] 海关总署公告 2023 年第 190 号:"关于公布《中华人民共和国海关关于〈中华人民共和国政府和尼加拉瓜共和国政府自由贸易协定〉项下进出口货物原产地管理办法》的公告"。

[176] 全国人民代表大会常务委员会:"中华人民共和国海关法"(1987 年 1 月 22 日第六届全国人民代表大会常务委员会第十九次会议通过;根据 2000 年 7 月 8 日第九届全国人民代表大会常务委员会第十六次会议《关于修改〈中华人民共和国海关法〉的决定》第一次修正;根据 2013 年 6 月 29 日第十二届全国人民代表大会常务委员会第三次会议《关于修改〈中华人民共和国文物保护法〉等十二部法律的决定》第二次修正;根据 2013 年 12 月 28 日第十二届全国人民代表大会常务委员会第六次会议《关于修改〈中华人民共和国海洋环境保护法〉等七部法律的决定》第三次修正;根据 2016 年 11 月 7 日第十二届全国人民代表大会常务委员会第二十四次会议《关于修改〈中华人民共和国对外贸易法〉等十二部法律的决定》第四次修正;根据 2017 年 11 月 4 日第十二届全国人民代表大会常务委员会第三十次会议《关于修改〈中华人民共和国会计法〉等十一部法律的决定》第五次修正;根据 2021 年 4 月 29 日第十三届全国人民代表大会常务委员会第二十八次会议《关于修改〈中华人民共和国道路交通安全法〉等八部法律的决定》第六次修正)。

[177] 全国人民代表大会常务委员会:"中华人民共和国船舶吨税法"(2017 年 12 月 27 日第十二届全国人民代表大会常务委员会第三十一次会议通过;根据 2018 年 10 月 26 日第十三届全国人民代表大会常务委员会第六次会议《关于修改〈中华人民共和国野生动物保护法〉等十五部法律的决定》修正)。

[178] 全国人民代表大会常务委员会:"中华人民共和国国境卫生检疫法(2018 修正)"。

[179] 全国人民代表大会常务委员会:"中华人民共和国进出口商品检验法"(1989 年 2 月 21 日第七届全国人民代表大会常务委员会第六次会议通过;根据 2002 年 4 月 28 日第九届全国人民代表大会常务委员会第二十七次会议《关于修改〈中华人民共和国进出口商品检验法〉的决定》第一次修正;根据 2013 年 6 月 29 日第十二届全国人民代表大会常务委员会第三次会议《关于修改〈中华人民共和国文物保护法〉等十二部法律的决定》第二次修正;根据 2018 年 4 月 27 日第十三届全国人民代表大会常务委员会第二次会议《关于修改〈中华人民共和国国境卫生检疫法〉等六部法律的决定》第三次修正;根据 2018 年 12 月 29 日第十三届全国人民代表大会常务委员会第七次会议《关于修改〈中华人民共和国产品质量法〉等五部法律的决定》第四次修正;根据 2021 年 4 月 29 日第十三届全国人民代表大会常务委员会第二十八次会议《关于修改〈中华人民共和国道路交通安全法〉等八部法律的决定》第五次修正)。

[180] 全国人民代表大会常务委员会:"中华人民共和国食品安全法"(2009 年 2 月 28 日第十一届全国人民代表大会常务委员会第七次会议通过;2015 年 4 月 24 日第十二届全国人民代表大会常务委员会第十四次会议修订;根据 2018 年 12 月 29 日第十三届全国人民代表大会常务委员会第七次会议《关于修改〈中华人民共和国产品质量法〉等五部法律的决定》第一次修正;根据 2021 年 4 月 29 日第十三届全国人民代表大会常务委员会第二十八次会议《关于修改〈中华人民共和国道路交通安全法〉等八部法律的决定》第二次修正)。

[181] 全国人民代表大会常务委员会:"中华人民共和国文物保护法"。

[182] 全国人民代表大会常务委员会:"中华人民共和国药品管理法"。

[183] 商办配函〔2015〕494 号:"商务部办公厅关于印发《货物进出口许可证电子证书申请签发使用规范(试行)》的通知"。

[184] 商配规发〔2020〕208 号:"商务部关于印发《进口许可证申请签发使用工作规范》的通知"。

[185] 商配规发〔2020〕209 号:"商务部关于印发《出口许可证申请签发使用工作规范》的通知"。

[186] 商务部、海关总署公告2013年第2号:"自动进口许可证联网核查系统上线运行公告"。
[187] 商务部、海关总署公告2015年第59号:"关于调整加工贸易禁止类商品目录的公告"。
[188] 商务部、海关总署公告2015年第63号:"关于加工贸易限制类商品目录的公告"。
[189] 商务部、海关总署公告2018年第109号:"关于取消《加工贸易企业经营状况及生产能力证明》的公告"。
[190] 商务部、海关总署公告2023年第62号:"关于公布《自动进口许可管理货物目录(2024年)》的公告"。
[191] 商务部、海关总署公告2023年第65号:"关于公布《出口许可证管理货物目录(2024年)》的公告"。
[192] 商务部、海关总署公告2023年第64号:"关于公布《进口许可证管理货物目录(2024年)》的公告"。
[193] 商务部、海关总署公告2023年第66号:"关于发布2024年度《两用物项和技术进出口许可证管理目录》的公告"。
[194] 商务部、海关总署联合公告2014年第90号:"关于公布《加工贸易禁止类目录》的公告"。
[195] 商务部、海关总署令2004年第26号:"货物自动进口许可管理办法"。
[196] 商务部、海关总署令2005年第29号:"两用物项和技术进出口许可证管理办法"。
[197] 商务部、科学技术部令2009年第2号:"禁止出口限制出口技术管理办法"。
[198] 商务部令2004年第14号:"对外贸易经营者备案登记办法"(根据商务部令2016年第2号《商务部关于废止和修改部分规章和规范性文件的决定》、商务部令2019年第1号《商务部关于废止和修改部分规章的决定》和商务部令2021年第2号《商务部关于废止和修改部分规章的决定》修订)。
[199] 商务部令2008年第11号:"货物出口许可证管理办法"。
[200] 商务部令2009年第1号:"禁止进口限制进口技术管理办法"。
[201] 商务部令2009年第8号:"两用物项和技术出口通用许可管理办法"。
[202] 税委会公告2023年第10号:"国务院关税税则委员会关于2024年关税调整方案的公告"。
[203] 税委会公告2023年第12号:"国务院关税税则委员会关于发布《中华人民共和国进出口税则(2024)》的公告"。
[204] 中国人民银行、海关总署联合令2015年第1号:"《黄金及黄金制品进出口管理办法》"。
[205] 中国人民银行、海关总署令2020年第3号:"中国人民银行 海关总署关于修改《黄金及黄金制品进出口管理办法》的决定"。
[206] 中华人民共和国国务院令1997年第209号:"中华人民共和国海关稽查条例"(根据2011年1月8日《国务院关于废止和修改部分行政法规的决定》第一次修订;根据2016年6月19日《国务院关于修改〈中华人民共和国海关稽查条例〉的决定》第二次修订;根据2022年3月29日《国务院关于修改和废止部分行政法规的决定》第三次修订)。
[207] 中华人民共和国国务院令2001年第328号(2004年修订):"中华人民共和国反倾销条例"。
[208] 中华人民共和国国务院令2001年第329号(2004年修订):"中华人民共和国反补贴条例"。
[209] 中华人民共和国国务院令2001年第331号:"中华人民共和国技术进出口管理条例"。
[210] 中华人民共和国国务院令2001年第332号:"中华人民共和国货物进出口管理条例"。
[211] 中华人民共和国国务院令2003年第377号:"中华人民共和国文物保护法实施条例"。
[212] 中华人民共和国国务院令2003年第392号:"中华人民共和国进出口关税条例"(根据2011年1月8日《国务院关于废止和修改部分行政法规的决定》第一次修订;根据2013年12月7日《国务院关于修改部分行政法规的决定》第二次修订;根据2016年2月6日《国务院关于修改部分行政法规的决定》第三次修订;根据2017年3月1日《国务院关于修改和废止部分行政法规的决定》第四次修订)。

[213] 中华人民共和国国务院令 2003 年第 395 号:"中华人民共和国知识产权海关保护条例"(根据 2010 年 3 月 24 日《国务院关于修改〈中华人民共和国知识产权海关保护条例〉的决定》第一次修订;根据 2018 年 3 月 19 日《国务院关于修改和废止部分行政法规的决定》第二次修订)。

[214] 中华人民共和国国务院令 2004 年第 403 号:"国务院关于修改《中华人民共和国保障措施条例》的决定"。

[215] 中华人民共和国国务院令 2004 年第 416 号:"中华人民共和国进出口货物原产地条例"。

[216] 中华人民共和国国务院令 2004 年第 420 号:"中华人民共和国海关行政处罚实施条例"。

[217] 中华人民共和国国务院令 2005 年第 447 号:"中华人民共和国进出口商品检验法实施条例"(根据 2013 年 7 月 18 日《国务院关于废止和修改部分行政法规的决定》第一次修订;根据 2016 年 2 月 6 日《国务院关于修改部分行政法规的决定》第二次修订;根据 2017 年 3 月 1 日《国务院关于修改和废止部分行政法规的决定》第三次修订;根据 2019 年 3 月 2 日《国务院关于修改和废止部分行政法规的决定》第四次修订)。

[218] 中华人民共和国国务院令 2006 年第 465 号:"中华人民共和国濒危野生动植物进出口管理条例"(2006 年 4 月 12 日国务院第 131 次常务会议通过,2006 年 4 月 29 日中华人民共和国国务院令第 465 号公布,自 2006 年 9 月 1 日起施行;根据 2018 年 3 月 19 日国务院令第 698 号修改,根据 2019 年 3 月 2 日国务院令第 709 号修改)。

[219] 中华人民共和国国务院令 2008 年第 538 号:"中华人民共和国增值税暂行条例"。

[220] 中华人民共和国国务院令第 581 号:"中华人民共和国海关事务担保条例"(根据 2018 年 3 月 19 日《国务院关于修改和废止部分行政法规的决定》修订)。

[221] 中华人民共和国卫生部:"中华人民共和国国境卫生检疫法实施细则"。

[222] 中华人民共和国主席令(第十五号):"中华人民共和国对外贸易法"(1994 年 5 月 12 日第八届全国人民代表大会常务委员会第七次会议通过;2004 年 4 月 6 日第十届全国人民代表大会常务委员会第八次会议修订;2016 年 11 月 7 日第十二届全国人民代表大会常务委员会第二十四次会议通过的"全国人民代表大会常务委员会关于修改《中华人民共和国对外贸易法》等十二部法律的决定"进行修改)。

主要网络资源:

[1] 国家统计局:http://www.stats.gov.cn/
[2] 国家外汇管理局:http://www.safe.gov.cn/
[3] "互联网+海关":http://online.customs.gov.cn
[4] 中国电子口岸门户网站:www.chinaport.gov.cn
[5] 中国国际贸易单一窗口:https://www.singlewindow.cn
[6] 中国人民银行:http://www.pbc.gov.cn/
[7] 中华人民共和国财政部关税司:http://gss.mof.gov.cn/
[8] 中华人民共和国海关总署:http://www.customs.gov.cn/
[9] 中华人民共和国商务部:http://www.mofcom.gov.cn/
[10] 中华人民共和国天津海关:http://tianjin.customs.gov.cn/

附录：与报关工作相关的法律、法规

教师服务

感谢您选用清华大学出版社的教材！为了更好地服务教学，我们为授课教师提供本书的教学辅助资源，以及本学科重点教材信息。请您扫码获取。

▶▶ 教辅获取

本书教辅资源（课件、大纲、思政表），
授课教师扫码获取

▶▶ 样书赠送

国际经济与贸易类重点教材，教师扫码获取样书

 清华大学出版社

E-mail: tupfuwu@163.com
电话：010-83470332 / 83470142
地址：北京市海淀区双清路学研大厦 B 座 509

网址：http://www.tup.com.cn/
传真：8610-83470107
邮编：100084